기본소득이 온다

BASIC INCOME

기본소득이 온다

분배에 대한 새로운 상상

김교성·백승호·서정희·이승윤

사회평론아카데미

기본소득이 온다

분배에 대한 새로운 상상

2018년 2월 22일 초판 1쇄 찍음
2021년 1월 25일 초판 4쇄 펴냄

지은이   김교성, 백승호, 서정희, 이승윤

펴낸이   윤철호·고하영
편집   최세정·임현규·정세민·김혜림·김채린·강연옥·서은비
디자인   김진운
본문조판   토비트
마케팅   최민규

펴낸곳   ㈜사회평론아카데미
등록번호   2013-000247(2013년 8월 23일)
전화   02-326-1545
팩스   02-326-1626
주소   03993 서울특별시 마포구 월드컵북로6길 56
이메일   academy@sapyoung.com
홈페이지   www.sapyoung.com

ISBN 979-11-88108-49-7 93330

* 이 저서는 2015년 대한민국 교육부와 한국연구재단의 지원을 받아
  수행된 연구입니다. (NRF-2015S1A3A2046566)

가이 스탠딩Guy Standing, 기본소득지구네트워크 공동대표

기본소득이 왜 사회정책의 미래에 관한 논쟁에서 주류가 되었을까? 이유는 분명하다. 우리가 지금 절체절명의 위기에 놓여 있기 때문이다. 이와 관련해 우리는 과학철학으로부터 중요한 교훈을 얻을 수 있다. 오래전 토마스 쿤은 그의 유명한 저서에서 과학은 패러다임에서 패러다임으로 전환한다고 주장한 바 있다.

그는 이 책에서 '정상과학'의 시기와 '과학혁명'의 시기를 대비시킨다. 오랜 기간 동안 하나의 패러다임, 혹은 하나의 모델, 혹은 하나의 인식체계가 지배한다. 이 시기 주류 연구자들은 스스로를 기존 연구들에서 학습된 주제에서 파생된 수수께끼를 푸는 사람으로 여기고, 그 전통 속에서 그들의 저작에 타당성과 중요성을 부여한다. 이 패러다임은 과학계가 답할 만한 가치가 있고 타당하다고 여겨지는 문제들에 대해 정의하고, 같은 이유로 다른 문제 혹은 다른 개념들을 비과학적이거나 타당하지 못한 것이라고 배제한

다. 이 패러다임 안에서 연구하는 사람들은 과학계에서 존중을 받지만, 그렇지 않은 사람들은 과학계에서 제명당할 위험에 처한다.

문제는 사람들이 계속해서 제기하는 문제들에 대해 지배적 패러다임이 더 이상 답할 수 없을 경우이다. 개념과 가정들은 현실과 괴리를 보이기 시작한다. 임금님은 벌거숭이라는 외침처럼 급작스럽게 모든 예측이 실패로 드러나고, 낡은 패러다임에 집착하는 연구자들 대부분이 사소한 활동과 궤변에 허우적거리는 것처럼 보인다. 하나의 패러다임이 붕괴되는 순간이다. 그러나 쿤과 그와 같은 생각을 가진 사람들은, 낡은 패러다임이란 오직 또 다른 패러다임 혹은 또 다른 인식체계가 탄생하여 안팎에서 제기된 문제들에 답할 수 있을 때에만 폐기될 수 있다는 사실에 주목한다.

사회과학의 경우 이 시기가 되면, 그러니까 하나의 패러다임이 붕괴되는 것의 시작은, 사회과학계 전반에서 사회과학자들이 다루고 있는 현실이 지배적 패러다임과 조응하지 못하고 자신들의 전문지식이 존중되지 못하고 있다는 것을 깨닫게 되면서 도래한다.

기본소득은 복지에 관한 낡은 패러다임the old paradigms of welfare을 뛰어넘는 전형적인 정책이다. 낡은 복지 패러다임의 본질을 해체해 보면, 그것은 베버리지나 비스마르크 원칙에 기초하거나, 에스핑-안데르센의 저작으로 유명해진 복지국가 유형에 기초한다. 이는 사회보장 정책이 노동 수행, 기꺼이 노동을 수행하려는 의지, 노동하는 사람과 결혼한 상태, 노동하는 어떤 사람의 자녀라는 요건에 기초하고 있음을 의미한다.

노동중심 패러다임the labourist paradigm을 지지하는 사람들은 그 사회에서 여성의 종속적 지위가 일종의 규범으로 자리하는 시기에만 복지에 관한 낡은 패러다임을 그럭저럭 유지해 나갈 수 있다. 그러나 노동중심 패러다임은 심히 성차별적이고, 가부장적이며, 최소한의 자유만을 존중한다. 복지국가의 황금기로 돌아가고자 하는 그리고 여전히 이것을 가르치고 있는 구태의연한 학자들은 그들이 선호하는 모델이 얼마나 성차별적인지 잊곤 한다. 그들은 해방적 가치들에 대해서 관심을 거의 기울이지 않는다.

유급노동labour이 아닌 많은 종류의 일work이 존재하고 있다는 것을 깨닫고, 무엇보다 돌봄노동이 어떤 형태의 노동과도 평등하게, 또는 더 높은, 대우받을 가치가 있다는 것을 인정하기 시작하면, 우리는 사회보험방식의 사회보장제도가 불공평하다는 것을 확인할 수 있다.

이 깨달음은 우리를 낡은 패러다임과의 결별로 인도한다. 그 어떤 낡은 사회정책도 사회적·경제적 불안정성을 감소시킬 수 없는 것으로 판명되었으며, 그리고 보다 면밀하게 살펴보면 낡은 사회정책은 인간 본연의 권리와 완전한 자유 혹은 공화주의적 자유로서 기본 보장basic security의 강화와 양립할 수 없다는 것을 보여준다.

다양한 이념적 지향을 가진 다양한 사람들이 기본소득을 매혹 그 자체로 받아들이게 된 절체절명의 위기적 요인은 우선 세계화, 지속적인 과학기술혁명, 유연한 노동시장의 출현, 프레카리아트의 증가, 전 세계적으로 퍼져버린 총체적 불평등 등으로 20세기 소득재분배 시스템이 파괴되었다는 사실에 대한 자각이다. 거의 모든 곳에서 국민소득 중 노동소득분배율은 하락하고 자본소득분배율은 증가하고 있다.

한국의 문재인 대통령은 2020년까지 중위소득의 70%까지 최저임금을 올리겠다고 한다. 그러나 이 정책은 영구적 일자리에 있는 사람들과 일시적이고 비공식적인 일자리에 있는 사람들 간의 분절을 강화하고 사용자로 하여금 일하는 사람들을 후자의 범주, 즉 프레카리아트로 전환시키는 데 기여할 수 있다. 보다 많은 소득이 자본과 지대로부터 소득을 얻는 사람들에게 집중되는 장기적 경향은 지속될 것이다.

기본소득의 필요성이 강력하게 제기되는 두 번째 이유는 더욱 많은 사람들이 현재의 불평등 경향이 사회정의의 이념과 정반대라는 것을 깨닫기 시작했다는 점이다. 나는 사회정의를 제공하는 것이 기본소득의 제1의 윤리적 근거라고 지속적으로 주장해 오고 있다. 여러 시대를 거쳐 시민 모두가 생산한 부는 집합적 부로 간주되어야 하고, 모든 거주민에게 지급되는 기본소득은 그 부에 기초한 사회적 배당금이 될 것이다.[1] 하지만 이러한 사회정의와는 대조적으로 현재 전 세계 사람들은 그들의 주변을 둘러싸고 있는 부와 소득의 총체적 불평등에 따른 정의의 결핍 때문에 확실히 분노하고 있다.

세 번째 이유는 대다수의 사회과학자들과 평론가들이 기본소득의 진정한 가치를 충분히 존중하지 않는다는 것이다. 아무리 낮은 수준의 기본소득일지라도, 기본소득은 개인의 자유와 공동체의 자유(착취적 관계 혹은 압제적 관계로부터의 자유, 사용자 혹은 관료에게 '아니요'라고 말할 자유, 공화주의적 의미에서의 자유, 타인의 지배로

---

1   Standing, G., 2017, *Basic Income: And How We Can Make It Happen*, London: Pelican Books, Chapter 3.

부터 자유를 누릴 수 있는 사회를 만들어 낼 수 있는 자유)를 강화시킬 것이다. 우리가 인도 기본소득 시범사업에서 확인할 수 있었듯, 기본소득의 해방적 가치는 온정주의적이고 선별적인 근로 조건부 복지제도 및 자산조사 제도와는 대조적으로 화폐의 단순가치를 능가한다고 결론지을 수 있는 많은 근거들이 있다.

네 번째 이유는 현존 사회보장제도가 사람들에게 기본적인 소득보장을 해주는 데 실패하고 있다는 것이다. 경제적 불안정은 모든 곳에서 만성적으로 나타나고 있다. 이는 사람들의 정신건강과 지능을 약화시키고, 타인과 이방인에 대한 이타심과 인내심을 상실하게 만든다. 사회는 모든 구성원들에게 기본적인 안전망을 제공할 필요가 있다.

이것은 기본소득의 다섯 번째 당위성과 연결된다. 이제 기본소득은 정치적 의무가 되고 있다. 시장경제가 지속되는 동안 현재의 불평등을 상당히 축소시킬 다른 방법이 있는가? 만약 현행 정책들이 지속되는 동안 불평등과 불안정성이 지속적으로 증가한다면, 우리가 미국에서 본 것처럼 조만간 정치적 격변이 발생할 것이다. 잘 설계된 기본소득은 ―홀로 생존하기에 불충분한 낮은 수준으로 지급된다고 하더라도― 불평등과 불안정을 감소시킬 것이다. 그러므로 불평등과 불안성정이 수반하는 정치적 위험과 사회적 긴장들을 감소시킬 것이다.

이 책은 기본소득에 관하여 위에서 말한 모든 이슈들을 다루고 있고, 특히 한국 사회 관점에서 매우 구체적으로 기본소득을 논하고 있다. 때문에 나는 이 책을 정책결정가, 정치인, 언론인, 학생, 사회운동가들에게 적극 권한다. 근본적인 문제에 대해 충분히 공부하거나 고찰해 보지 않은 수많은 적대적 비판자들을 많이 경험한 한 사람으로서, 나는 독자들이 이 책의 모든 장들을 열린 마음으로 읽어주기를 간곡히 부탁한다.

우리 본연의 아름다움을 기억하자. 우리는 우리의 친구들인 동시대와 후세대의 사람들이 사회정의, 자유, 기본 보장을 향유하기를 희망한다. 만약 기본소득이 새로운 분배 시스템을 만들어 가기 위한 초석, 그리고 좌표가 될 수 있다면, 우리는 매우 당연하게 기본소득을 지지해야만 하고, 기본소득이 실현될 수 있도록 노력해야 한다.

추천사

이정우 경북대학교 경제통상학부 명예교수

기본소득이란 개념은 모든 사람에게 그 경제적 형편이나 노동 유무를 묻지도, 따지지도 않고 동일 액수의 현금을 지급한다는 것이다. 이런 발상의 뿌리는 1516년에 출판된 토머스 모어의 『유토피아』라는 설도 있고, 250년 전 『상식』이란 명저를 남긴 토머스 페인이라는 설도 있으나, 하여튼 몇 세기의 유구한 역사를 가진 학설이라는 점에서 대단히 이례적이다. 게다가 이 아이디어는 세계 각국에서 정열적 신봉자들을 확보하면서 세계적 운동으로 발전하고 있다. 당연히 예상되듯이 기본소득에 대해서는 찬반 논쟁이 대단히 뜨겁다.

이번에 김교성, 백승호, 서정희, 이승윤, 이 네 명의 연구자들이 심혈을 기울여 내놓은 저서 『기본소득이 온다: 분배에 대한 새로운 상상』은 우리나라에서 점차 불붙고 있는 기본소득 논의에 큰 장작더미를 보태 놓았다. 세계적으로 기본소득 논쟁이 벌어진 지

오래고, 국내에서도 몇 년 전부터 기본소득 논의가 활발하다. 기본소득이 사람들의 관심을 끈 계기가 된 것은 무엇보다 국제적 '기본소득네트워크'의 결성, 그리고 스위스에서의 기본소득 도입 여부 투표였다고 생각한다. 비록 스위스의 기본소득 제안은 국민투표에서 부결되고 말았지만 멀리 떨어진 나라 한국에서 이 문제에 대한 국민적 관심은 크게 고조되었다. 그 뒤 캐나다, 핀란드, 스코틀랜드의 기본소득 실험이 언론에 소개되면서 기본소득에 대한 관심은 계속 커져 가고 있다. 이번에 나온 본격적인 기본소득 연구서인 이 책은 기본소득에 대한 관심과 이해를 한 단계 격상시킬 것임에 틀림없다.

이 책은 기본소득 개념이 등장하게 된 배경을 인공지능 출현에 따른 일자리 소멸 위협, 노동시장에서 불안정 노동의 일상화, 노동중심형 사회로부터 소비중심형 사회로의 전환, 복지국가의 문제점에 대한 각종 공격 등 자본주의의 기본 성격이 변화한 데서 찾고 있다. 저자들은 기본소득의 특징으로 보편성, 무조건성, 충분성 등 일곱 가지 조건을 설명하고 있으며, 기본소득의 개념, 역사, 논쟁을 소개해 준다. 그리고 기본소득의 구체적 사례로서 알래스카, 인도, 나미비아 등 여러 나라에서 지금까지 행해진 각종 실험을 소개하면서, 한국에서 그 맹아라고 할 수 있는 성남시와 서울시의 청년배당 정책까지 설명해 줌으로써 독자들의 이해를 높여 준다.

그리고 결론적으로 기본소득과 기존 사회보장제도와의 관련성을 분석하면서 우리나라에 도입될 만한 소위 한국형 기본소득 모형을 모색하고 있다는 점에서 대단히 실천적이고, 현실에 적용 가능성을 크게 높이고 있다. 저자들은 문재인 정부가 역점을 두고 있는 임금주도성장보다는 기본소득이 현재 한국경제의 문제를 푸는 데 더 나은 처방이라는 점을 강조하면서, 우리 실정에 맞는 기본소득 모델을 찾아내는 데 상당한 노력을 기울이고 있다.

이 책의 저자들은 기본소득을 도입하는 이행경로를 혁명형, 개혁형, 온건형 등으로 분류한 뒤 실현가능성이 가장 높아 보이는 온건형을 제안하는 신중함도 보이고 있다. 아직 사회보장의 발전단계가 일천하고 복지와 세금에 대한 국민의 인식이 상당히 보수적인 한국 상황을 고려한 대단히 합리적인 선택으로 보인다.

지금까지 나온 기본소득 책자 중 그 내용이 가장 포괄적이고 구체적일 뿐 아니라 의욕적으로 한국에 당장 실천 가능한 모형을 직접 제시하고 있는 이 책을 많은 시민이 읽어 이해를 높이고, 나아가서는 실천적 방안 마련에도 나서 주기를 바라면서, 이 역저를 적극 추천하고 싶다.

현실과 이상의 시차에서
분배에 대한 새로운 상상은 시작된다

> "가장 어두운 시대에도 인간은 무언가 밝은 빛을 기대할 권리가
> 있는데, 그러한 밝은 빛은 이론이나 개념에서보다는 오히려
> 불확실하면서 깜박이는 약한 불빛에서 나올 수 있다."
> – 한나 아렌트, 『어두운 시대의 사람들』(1968)

우리나라는 경제 수준을 세계 10위 안으로 끌어올렸지만, 다른 모든 것에서 치명적인 적신호가 켜졌다. 무엇보다 분배구조가 심각한 수준으로 망가져 있다. 자산과 임금 수준이, 협상력과 의사결정권이, 문화를 향유하며 건강하고 사람답게 삶을 영위할 개인들의 권리는 말할 것도 없이, 자라나는 어린이들의 꿈의 크기조차 점점 더 한쪽으로만 심각하게 기울어져 있다. 구체적인 수치를 언급하지 않아도 상식적인 수준의 분배도 이루어지고 있지 않다는 것을 우리는 오감을 통해 느끼고 있다. 다만, 매일 경험하며 하루하루 무뎌지고 있을 뿐이다. 일상의 평범함은 오늘도 우리를 길들이고 있고, 풍요로운 삶의 의미와 자유에 대한 기억은 상실되었다.

가난한 노인들은 오늘도 어김없이 폐휴지를 주워야하고, 많은 노인이 삶의 끝을 자살로 선택하도록 내몰린다. 청년들은 이미 다 잡아가버려 좋은 물고기가 없는 바다에서 계속해서 물고기 잡는

법을 배워야만 살 수 있다고 주입받는다. 권리에 대한 기억은 이들에게서 서서히 퇴색했고, 젊은 영혼들은 음료공장 현장실습 과정에서 기계에 가슴이 눌려 목숨을 잃기도 하고, 콜센터에서 실습교육 대신 실적압박에 눌려 스스로 목숨을 끊기도 한다. 그나마 일이 있는 어른들은 긴 근로시간을 버텨내야 한다. 날마다 지쳐서 집으로 돌아오는 부부는 아이와 놀아줄 시간도 없다. 출산은 아득하고, 한 번쯤 꿈꿔봤던 '행복한 집'에 대한 바람도 완전히 소멸되었다. 부모가 바깥 세계에서 몰고 들어온 불안감으로 어린이와 청소년들도 반문 없이 달린다. 어린이들의 행복지수는 세계에서 가장 낮고, 청소년의 자살률은 가장 높다.

불평등은 심화되고 있지만 지금 이 순간에도 이 나라에서 부는 계속해서 만들어지고, 축적되고 있다. 그런데 전체 부의 반은 토지나 빌딩과 같은 자산이다. 그리고 자산에서 얻어지는 소득은 노동소득보다 훨씬 쉽고 빠르게 늘어난다. 상위 10%가 전체 부의 절반 정도를 가지고 있는데, 부의 불평등은 미국 다음으로 높은 세계 2위이다. 아이들의 꿈은 빌딩주인이고, 가장 '좋은' 부모나 배우자가 되려면 자산이 있어야 한다.

노동시장 또한 유례없이 불안정하다. 한국의 노동자는 OECD에서 가장 장시간 노동에 시달리고 있으며, 한국의 비정규직 비율은 OECD 국가 중 가장 높다. 정규직과 비정규직의 임금격차도 생산성 등의 경제학적 이론으로는 도무지 설명되지 않는다. 해고에 대한 불안으로, 좀처럼 오르지 않는 임금에 대한 불만조차 꺼내보지 못하는 노동자가 3명 중 1명이다. 자신의 미래에 대한 예측 가능성, 자원에 대한 통제력과 협상력은 낮아지고 있고, 개별 노동자들의 불안정성은 확대되고 있다. 작아지는 밥그릇 자체에 대한 의문 없이, 어느새 싸움은 노동 대 자본이 아니라, 불안정노동자와 '좀 더' 불안정한 노동자 간의 싸움이 되었다. 이렇게 우리 곁에 불안정노동이 확대되고 있는 가운데, 우리는 이미 인지자본주의의 시대에 진입하였다. 과거가 역사가 되기도 전에 미래는 어둠으로 다가올 조짐을 보이고 있다.

인지자본주의 시대의 도래와 함께 플랫폼 노동이 확대되면서 고용관계도 점점 더 모호해지고 있다. 플랫폼 노동자들은 현행법에서 노동자로 인정받을 가능성이 낮아 사회보험에서 법적으로 배제된다. 플랫폼을 통한 노동력의 활용은 기업의 이익극대화 논리에 기초하고 있기 때문에, 노동력을 착취하는 특별한 작업방식이 조장되는 경향을 보인다. 사회보장제는 이제 노동력의 재생산에 기여하지 못하고 있을 뿐 아니라, 사용자에게도 더 이상 자본축적을 위한 매력적인 도구가 아니다.

미래는 과거와 달리 생산과정에 직접적으로 참여하는 노동자뿐 아니라, 직접적 생산과정의 외부에 있는 많은 사람들에 의해 만들어진 빅데이터가 자본축적의 핵심적 역할을 하게 된다. 변화는 이미 시작되었다. 하지만 이렇게 생산된 지대는 현재의 지대 형성에 기여한 우리에게 분배되기보다는 플랫폼 기업들이 독점하고 있는 것이 현실이다. 인지자본주의 시대의 '가상 토지'라는 공유지에서 기업들은 새롭게 지대를 추구하고 있고, 플랫폼 경제에서 이러한 지대는 시간이 갈수록 더 커지는 경향이 있다. 이 과정의 분배구조는 정의롭지 못하다. 또한 표준적 고용관계의 노동을 전제로 전통적 산업사회에 만들어진 사회보험 중심의 복지체제는 더 이상

인지자본주의에서의 생산체제 변화를 반영하여 공정한 분배를 이루어내지도, 개인들의 권리를 보장하지도 못하고 있다.

분배구조가 이미 망가진 한국의 자본주의 위로 몰아치는 인지자본주의의 물결에 우리는 주목할 필요가 있다. 우리 사회에서 일어나고 있는 자본주의의 질적인 변화를 포착하고 지금까지의 복지국가에 대해 다시 반문해야 한다. 과거와 미래의 사이에서, 지금 우리는 어떤 고민을 해야 할 것인가. 우리 사회의 분배구조에 대한 개인들의 고통, 분노, 아픔, 그리고 범죄를 공적영역으로 끌어들여 새로운 분배에 대한 논의를 시작해야 한다. 모든 것이 이렇게 망가진 채 성장에 대한 맹목적 허기로 우리는 언제까지 달리기만 할 것인가. 한국의 경제성장은 상식적인 수준의 분배조차 가져오지 못했다. 일하지 않거나 못하는 사람들에 대한 복지에는 그토록 엄격하면서, 자산으로 인한 불로소득에는 어떻게 이토록 관대할 수 있는가. 가상토지에서의 지대에 대한 독점에는 규제조차 없는 실정이다.

지금 우리에게 필요한 것은 급진적 상상력이다. 이것은 일과 소득의 새로운 관계, 공유자산에 대한 새로운 규칙, 성장과 분배에 대한 새로운 패러다임이다. 분배에 대한 새로운 상상이 필요하다. 우리를 압도시킬 만큼 아름다운 사회에 대한 상상을 기본소득으로 시작해 본다.

현실과 이상, 그 찰나의 시차에서 새로운 상상은 시작된다. 새로운 패러다임에 대한 토론을 이제 본격적으로 시작해 보자.

2018. 1. 30.
상상하는 리얼리스트들

차례

CONTENTS

BASIC
INCOME

I부   왜 기본소득인가?

자본주의 질적 변화와
복지국가 혁명

　4차 산업혁명이 화두다.[1] 4차 산업혁명은 '기술혁명을 통해 디지털, 물리학, 생물학 등의 경계가 없어지고 융합되며(정민·조규림, 2016: 3), 모든 것이 연결되고 보다 지능적인 사회로 변화하는 과정(World Economic Forum(WEF), 2016: 13)이고, 변화의 속도와 범위에서 패러다임 전환이 발생하는 혁명(Schwab, 2016)'으로 정의된다. 4차 산업혁명에 필수적인 것은 온라인의 가상공간과 오프라인을 연결시키는 디지털화 기술, 그리고 그것을 다시 오프라

---

[1]　4차 산업혁명은 2016년 클라우스 슈밥Klaus Schwab이 독일의 '산업4.0'을 홍보하는 과정에서 도입한 개념이다(허재준, 2017: 62). 이 개념은 제레미 리프킨이 인터넷 혁명을 3차 산업혁명으로 명명한 지 채 3년도 안된 시점에서 세계경제포럼이 이례적으로 2016년과 2017년 2년에 걸쳐 주요 주제로 논의해 왔다. 특히 한국에서 4차 산업혁명에 대한 관심은 다른 나라들에 비해 압도적으로 높다. 1차 산업혁명과 2차 산업혁명이 각각 증기기관과 전기동력을 통해 오프라인 시장에서 대량생산의 물질사회를 가능하게 했다면, 3차 산업혁명은 인터넷을 통해 온라인에서 초연결 사회를 가능하게 하였다. 4차 산업혁명은 이러한 온라인과 오프라인의 융합을 통한 초연결지능사회로의 변화를 의미하기도 한다.

인의 현실공간과 연결시키는 아날로그화 기술의 발전이다(이민화, 2017). 디지털화 과정을 통한 빅데이터의 축적과 알고리즘 기술의 혁신적 발달로 가능해진 인공지능AI은 빅데이터 분석을 통해 미래를 예측하고 재화와 서비스를 생산하는 과정으로 다시 오프라인과 융합된다.

4차 산업혁명이 화두가 된 중심에 인공지능이 존재한다. 인공지능이 사람들의 머릿속에 각인된 계기는 알파고와 프로 바둑기사들과의 대국이었다. 알파고는 중국의 프로기사이며, 유럽 바둑 챔피언인 판후이 2단에게 2013년부터 2015년까지 5전 전승, 2016년 3월 9일과 15일 일주일 사이 한국의 프로기사 이세돌 9단에게 5전 4승 1패를 거두었다. 그리고 2017년 5월 23일에서 27일에 걸친 바둑 세계랭킹 1위 커제와의 대국에서 3승을 거두고 유유히 바둑계 은퇴를 선언했다. 공식 전적 13전 12승 1패이며 기보를 남긴 대국 기준으로 총 74전 73승 1패 다. 2017년에는 기존의 바둑대국 기보 데이터 없이 스스로 학습하여 기존의 알파고들을 간단히 제압한 알파고 제로까지 등장하였다. 의료계에서는 인공지능 IBM 왓슨이 의사들을 대체할 것으로 예상하고 있다.

최근 몇 년 사이에 불가능할 것으로 보였던 일들이 인공지능을 통해 현실화되고 있다. 가상공간에서 일반 시민들의 다양한 활동들이 빅데이터로 구축되고, 알고리즘과 인공지능 기술의 발전이 결합되면서 이러한 변화는 가속화될 것으로 보인다. 이러한 변화에 대해 미래의 일자리가 사라져 노동 없는 미래가 도래할 것이라는 전망(Frey and Osborne, 2017; Brynjolfsson and McAfee, 2016)과 이전의 산업혁명 과정에서도 그랬던 것처럼 새로운 형태의 일자리가 만들어질 것이라는 전망(Autor, 2015; Mokyr et al., 2015)이 동시에 제기되고 있다.

1. 노동의 양적 변화: 노동 없는 미래?

미래사회는 어떻게 변화할 것인가? 우선 노동 없는 미래에 대한 전망을 살펴보자. 노동 없는 미래에 대한 예측은 2016년 1월 스위스 다보스에서 '제4차 산업혁명'Mastering the Fourth Industrial Revolution을 주제로 열린 세계경제포럼 이후에 많이 인용되고 있다. 이 포럼에서 발표된 『일자리의 미래The Future of Jobs』 보고서는 로봇이 사람들의 일자리를 대신함으로써 2020년까지 200만 개의 일자리가 새로 만들어지겠지만, 총 710만 개의 일자리가 사라짐으로써 노동 없는 미래가 펼쳐질 것이라고 전망하였다(WEF, 2016: 13). 이 보고서는 사무·행정 직업군에서 가장 많은 480만 개의 일자리가 사라지는 것을 비롯하여 제조업, 건설, 예술, 디자인, 스포츠, 법률 직업군에서 일자리가 감소할 것으로 전망하였다. 반면 비즈니스와 금융, 경영, 컴퓨터, 설계, 판매, 교육훈련 관련 직업군에서 일자리가 증가할 것으로 예측하였다.

현실세계의 변화는 이러한 예측이 멀지 않은 미래임을 짐작하게 해준다. 예를 들면 아마존은 아마존 고Amazon Go라는 인공지능 마트를 2016년 12월 개점하였는데, 이곳은 인공지능, 컴퓨터 인식 기술 등을 활용해 6명의 직원만으로 4,000여 개의 제품을 판매하고 있다. 미국의 마트 평균 점원 수는 89명이다. 아마존 고 점포에는 계산대가 없고 재고도 로봇이 정리한다. 뿐만 아니라 미국 대통령 경제자문위원회는 자율 자동차로 인해 220만 개에서 310만 개의 일자리가 대체될 것으로 전망하고 있다(고상원 외, 2017).

한국도 예외는 아니다. 한국고용정보원의 『기술변화에 따른 일자리 영향 연구』 보고서에 따르면, 2016년에 각 직종에 대해 인공지능과 로봇의 기술적인 대체 가능성을 조사한 결과, 2025년에 고용에 위협을 받는 이는 1,800만 명가량인 것으로 나타났다. 전체 취업자 2,560만 명의 70%가 넘는다. 직군별로 보면 고소득 직종이 몰린 관리자군의 경우 대체율이 49%에 불과한 반면, 단순노무직군의 경우 90%가 넘었다(박가열 외, 2016).

이런 전망과 달리 4차 산업혁명으로 인해 노동 없는 미래가 도래할 것이라는 전망에 부정적인 견해도 많다. 지금까지의 산업혁명 과정이 그러하였듯이 새로운 일자리들이 만들어진다는 것이다. 기술진보로 인해 기계화가 진전되면서 육체노동 중심의 전통적 제조업 일자리가 기계로 대체되었지만(대체효과), 도입된 기계를 다룰 노동력의 수요가 증가하기도 하며(보완효과), 기술진보로 인해 생산성이 향상되면서 관련 산업이 성장해 결국 고용이 증가(생산효과)할 수 있기 때문에(정혁, 2017), 기술진보가 곧 바로 노동 없는 미래로 이어지지 않는다는 것이다. 이러한 전망에 따르면, 4차 산업혁명 과정에서 제조업 영역의 고용은 감소하겠지만 돌봄, 지식 집약적 산업, 첨단 기술 영역에서 더 많은 일자리가 만들어질 것으로 보인다.

역사적으로 보아도 산업혁명은 일자리를 줄이기보다 더 늘리는 방향으로 작용해 왔다. 1차에서 3차까지의 산업혁명이 단기적으로는 노동력을 대체하는 효과가 컸지만, 중장기적으로는 생산효과와 보완효과가 지배적이었다(정혁, 2017). 19세기의 1차 산업혁명으로 인해 방직공정이 자동화되었지만, 그로 인해 면직물 가격이 하락하고 수요가 급증하여 1830년에서 1900년 사이에 방직공의 고용이 네 배 이상 증가하였다(고상원 외, 2017: 13). 뿐만 아니라 20세기 말의 ATM 보급으로 은행원 수가 일시적으로 감소했으나, 은행 지점당 운영비가 절감되고, 더 많은 지점이 설치되면서 은행원의 고용이 증가한 역사적 사례도 존재한다(Autor, 2015). 기술혁신이 숙련 노동자의 생산성을 높임으로써 숙련편향적 노동수요가 증가한다는 설명도 설득력 있게 제시되어 왔다. 결국 과거에 진행된 산업혁명의 역사적 경험을 미루어 볼 때 산업혁명과 기술혁신은 노동을 대체하기보다 더 많은 일자리들을 만들어 왔다는 것이다(고상원 외, 2017).

이상과 같은 일자리의 미래에 대한 비관론과 낙관론은 각자의 논리와 근거를 가지고 주장이 타당함을 설명하고 있지만, 그야말로 예측에 불과해서 어떤 주장이 옳고 그른지를 논하기 어렵다. 그러나 노동 없는 미래를 전망하는 입장과 새로운 일자리의 창출을 전망하는 입장은 각각의 일자리의 양적인 변화에 대해서 서로 상반된 입장을 표명하고 있지만, 일자리의 질적 변화에 대한 전망에서는 서로 큰 이견이 없다(Katz and Kryeger, 2016). 이 두 입장은 자동화로 인해 저숙련 노동자들이 일자리를 잃을 뿐 아니라, 인공지능이 지식 노동의 성격을 바꾸어 중간 숙련 일자리까지 대체할 것이고(Baweja et al., 2016: 14-15; Goos et al., 2016: 10),[2] 이들 중

---

2 1993년과 2010년 사이 EU 16개국의 직업 변동을 분석에 따르면, EU 16개국의 대부분의

일부는 재훈련을 통해서 고숙련 일자리로 진입이 가능하겠지만, 대부분은 불안정 노동자로 전락할 가능성이 더 높다는 점에 동의하고 있다(정원호 외, 2016: 23).

2. 노동의 질적 변화: 플랫폼 경제

자본주의 경제체제를 지탱해 왔던 표준적 고용관계가 1970년대 이후 서비스경제로의 전환과 함께 해체되고, 새로운 고용형태들이 그 자리를 차지해 왔다는 사실은 이론의 여지가 없다(백승호, 2014; 이주희, 2011; Kalleberg, 2000; 2009; Bosch, 2004). 불안정 노동의 확산은 이러한 표준적 고용관계에서의 이탈과 밀접하게 관련되어 있다. 가짜 자영업이 대표적이고, 최근에는 플랫폼 노동의 확대가 주목받고 있다. 플랫폼 노동이란 온라인 플랫폼에서 상품처럼 거래되는 노동을 의미한다(박제성, 2016a: 3-4).

플랫폼은 원래 물리적 구조물의 의미로 사용되었다. 기차역 플랫폼, 아이폰, 네트워크 등과 같은 하드웨어 플랫폼이 대표적이다. 그러나 최근 플랫폼의 개념은 소프트웨어 플랫폼, 특정 애플리케이션 서비스 그 자체를 의미하는 것으로 확장되어 사용되고 있다. 소프트웨어 플랫폼은 마이크로소프트의 윈도우즈, 애플의 iOS, 구글의 안드로이드와 같이 애플리케이션들이 작동하는 기반이 되

나라들과 미국에서 고임금 일자리가 크게 늘고 저임금 일자리가 다소 늘어났지만, 중간 임금 일자리가 크게 감소하였다(Goos et al., 2016: 10).

는 운영체제를 의미한다. 그리고 서비스 플랫폼은 소프트웨어 플랫폼에서 작동하던 특정 애플리케이션이 플랫폼으로 진화하여 자체 생태계를 구축하고 상품의 수요와 공급을 매개하는 시장기능을 수행하는 것을 말한다(이성춘, 2011: 3). 결국 플랫폼이란 재화와 서비스가 거래되는 온라인상의 기반을 의미하며, 플랫폼 노동이란 이러한 온라인 플랫폼에서 상품처럼 거래되는 노동을 의미한다(박제성, 2016a: 3).

이와 같이 재화와 서비스의 생산과 분배, 소비뿐 아니라 고용계약관계 등의 경제활동이 온라인 플랫폼을 통한 주문에 기반해서 이루어지기 때문에, 이러한 경제시스템을 플랫폼 경제platform economy 또는 주문형 경제on-demand economy라 칭하기도 한다. 그리고 긱 경제gig economy[3]라는 개념도 사용되는데, 이 개념은 온라인 플랫폼을 통한 고용계약관계가 임시적이고, 일시적이며 불안정한 속성을 가지고 있기 때문에 이러한 특징을 강조하고자 할 때 주로 사용된다(황덕순, 2016b).[4]

플랫폼 경제와 주문형 경제, 긱 경제는 노동력의 수요와 공급 및 상품의 거래가 온라인 및 모바일 네트워크를 통해 실시간으로

---

3   긱Gig이라는 용어는 원래 1920년 미국 뉴올리언스의 재즈 음악공연에서 유래하였고, 하룻밤의 재즈 공연을 의미하는 속어로 사용되었다. 당시 재즈 공연이나 콘서트는 지역의 재즈 연주자들이 단기간, 임시로 동원되어 악기를 연주하고 일당을 받는 형태였다(Wikipedia, 2018). 여기에서 유래하여 긱 경제는 단기계약이나 프리랜서, 임시직, 유연노동이 일상화된 경제를 의미할 때 사용된다.

4   각 용어에 대한 번역은 국내에서 다양하게 등장했는데, 적절한 용어가 없어 주로 소리 나는 대로 적은 번역이 대부분이다. 예를 들어 온디맨드 경제, 크라우드 워크, 플랫폼 경제, 긱 경제 등이 그러한 예이다. 본 서에서는 용어에 대한 고민의 흔적이 엿보이는 황덕순의 번역을 따랐다. 다만 크라우드워크 대신 크라우드 노동으로 번역하였다.

직접 이루어진다는 점에서 공통점이 있다. 차이점은 플랫폼 경제와 주문형 경제 개념이 경제활동이 이루어지는 기반으로서의 플랫폼을 강조하는 개념이라면, 긱 경제 개념은 노동시장의 불안정성을 극대화시키는 플랫폼 생태계의 특성을 강조하는 개념으로 주로 사용된다(De Stefano, 2016: 6). 구체적으로 긱 경제 개념은 극단적인 노동시장 유연화와 노동자에게 위험이 전가되는 경향성, 노동의 임시직화casualization, 그리고 소득의 불안정성 등을 강조하고자 할 때 주로 사용된다(황덕순, 2016a). 물론 플랫폼 노동은 자신이 원할 때 일하고, 원하지 않을 때 일하지 않는 근로시간의 자유와 자신이 원하는 장소에서 일할 수 있는 활동의 자유를 제공할 수 있다는 점에서 긍정적으로 평가될 수도 있다. 그러나 현재 실현되고 있는 플랫폼 노동에서는 자율성 보장이라는 긍정적 측면보다 근로관계의 불안정성 확대라는 부정적 측면의 문제가 보다 심각하게 나타나고 있다. 근로관계의 불안정성은 자율성을 제약하기 마련이다.

플랫폼 경제에서의 근로관계 혹은 계약관계는 다양한 유형으로 구현되고 있으나, 일반적으로 두 가지 유형의 플랫폼 노동으로 유형화된다. 하나는 크라우드 노동crowdwork이고, 다른 하나는 주문형 앱 노동on-demand work via app이다. 이러한 형태의 고용관계 또는 계약관계에 기초하여 노동력을 제공하는 노동자를 각각 크라우드 노동자, 주문형 앱 노동자라 부른다. 지금까지는 각 용어들을 혼용하여 사용하기도 하고, 분리해서 사용하기도 하였으나, 최근 미국의 법원의 판결에서 두 플랫폼 노동의 특성이 다르다고 판시하고, 개념을 분리시켜 법을 적용하도록 함으로써 개념정의가 보다 명확해졌다(Ratti, 2017).

먼저 주문형 앱 노동자는 온라인 플랫폼이 수요와 공급의 중개역할을 하지만, 오프라인에서 대면접촉이 이루어지는 형태의 노동에 종사하는 노동자를 의미한다. 택시서비스를 제공하는 우버, 한국에서의 대리운전 및 퀵서비스 음식배달 앱 노동이 대표적인 예이다(황덕순 외, 2016). 반면에 크라우드 노동은 온라인 플랫폼에서 중개되어 온라인으로 불특정 다수의 노동자들이 참여하여 이루어지는 군중노동을 의미한다. 일반적으로 군중노동은 공장이나 작업장에서 다수의 노동자들이 함께 일하는 것을 지칭하지만, 크라우드 노동은 군중노동 중 공장이나 작업장이 아닌 디지털 플랫폼을 매개한 노동만을 의미한다(박제성, 2016a: 3-4). 아마존 미캐니컬 터크Amazon Mechanical Turk: AMT가 대표적이다. 아마존 미캐니컬 터크는 작업 요청자가 플랫폼에 작업 내용을 등록하면, 다수의 군중들이 작업을 하고 작업한 양만큼 보상을 받는 서비스이다. 크라우드 노동자는 대량의 데이터를 정교한 방법으로 짧은 시간에 저비용으로 처리하고 생성할 수 있다. 더 숙련된 기술이 필요하고 높은 임금을 지불해야하는 작업이라도 플랫폼 기반 작업을 하면 그렇지 않을 때보다 상대적으로 저렴한 보수를 지불하는 경향이 나타난다.

물론 기존의 노동력도 노동시장을 통해서 수요와 공급이 이루어진다는 측면에서 보면 노동시장을 무형의 플랫폼이라 볼 수도 있다. 그러나 일반적으로 플랫폼 노동은 오프라인 플랫폼이 아닌 온라인 플랫폼을 기반으로 하는 노동을 의미한다. 온라인을 통해서 노동력의 수요와 공급이 이루어지기 때문에 노동자는 사용자를 직접 대면하지 않고도 고용계약을 맺는 것이 가능해졌고, 작업장 workplace이라는 제한된 오프라인 공간을 넘어서 업무를 수행하는 것이 가능해졌다. 이는 전통적 노사관계나 노동계약관계와는 전혀 다른 형태의 노동과정이 가능해졌음을 의미한다. 또한 작업장에서의 고용계약관계에 기반한 전통적 산업사회의 노동법 및 사회보장법에서의 보호 규정들이 적용되지 않을 가능성이 높아졌음을 의미하기도 한다. 그 결과 불안정 노동이 전통적 산업사회에서보다 더 급속하게 확산되고 있다.

이상과 같은 플랫폼 경제의 고용관계는 기존의 산업노동관계와 구분하여 '디지털 고용관계'로 명명되기도 한다(박제성, 2016b). 디지털 고용관계에서는 고객과 서비스를 제공하는 노동자가 플랫폼을 통해 업무에 대한 계약을 체결하게 된다. 이 경우 전형적인 삼각 계약관계가 관찰된다. 한편으로는 고객(기업, 최종사용자, 클라이언트, 작업요구자)이 있고, 다른 한편으로는 노동자(재화와 서비스 제공자)가 있으며, 온라인 플랫폼이 이들을 중개함으로써 경제과정이 이루어진다(Ratti, 2017). 고객은 온라인 플랫폼에 일감을 의뢰하고, 노동자는 그 일을 받아 가는데, 온라인 플랫폼 운영자는 웹사이트를 관리하고 개발하거나, 노동자와 고객의 계약관계를 중재하는 일종의 노동시장 기능을 수행하는 것이다.

그런데 이러한 방식에서는 누가 이용자인지, 누가 근로자인지 사전에 알기 어렵고, 고객이 특정인을 선택할 수도 없다. 이 과정에서 노동력을 제공하는 자가 근로자인지, 아니면 자영업자인지, 또한 사용자는 누구인지 규명하기 어려운 문제가 발생한다. 결국 이들 플랫폼 경제에서의 고용관계는 표준적 고용관계와는 전혀 다른 형태로 존재하게 된다. 모호한 고용관계(이주희 외, 2015), 가짜 자영업관계(서정희·박경하, 2015)가 온라인 플랫폼 기반에서 훨씬 더

용이해진다.

현재까지 플랫폼 노동의 규모가 어느 정도인지에 대한 정확한 실태조사는 거의 없다. 지속적으로 증가추세에 있는데다가 플랫폼 노동에 대한 개념들이 국가마다, 학자마다 상이하기 때문에 정확한 추정치를 도출하기는 어렵다. 그러나 최근 네덜란드, 독일, 스웨덴, 영국, 오스트리아 등 유럽 5개국의 플랫폼 노동에 대해 체계적인 조사를 진행한 허트포드셔Hertfordshire 대학의 조사 결과에 따르면, 16세에서 65세 성인들 중 소위 플랫폼을 사용해 유급 일자리를 찾으려고 시도한 사람들의 비율은 스웨덴 24%, 독일 22%, 영국 21%, 네덜란드 18%, 오스트리아 36%에 달했으며, 실제로 스웨덴 12%, 독일 14%, 영국 11%, 네덜란드 12%, 오스트리아 23%는 플랫폼 노동자라고 응답한 것으로 나타났다(Huws et al., 2016).

또한 맥킨지글로벌 연구소의 최근 보고서는(Manyika et al., 2016) 독립노동자에 대한 현황조사를 통해 플랫폼 노동이 널리 확산되고 있음을 확인하였다. 이 보고서는 독립노동자의 특성을 '높은 수준의 자율성, 업무나 판매량에 기반한 보상, 소비자와의 단기간 계약관계'로 정의하고 영국 등의 독립노동자를 조사하였다. 조사 결과에 따르면, 프랑스 30%, 미국 26%, 독일 25%, 스웨덴 28%, 스페인 31%가 독립노동자로서 온라인 플랫폼을 사용하고 있었다. 미국의 프리랜서 유니온에 따르면 2014년 전체 노동인구의 34%가 긱 노동자, 일용직, 임시직, 우버 드라이버를 포함한 온/오프라인 인력업체 계약자 등 독립계약자와 자영업자라고 보고하고 있고, 회계법인 인튜이트Intuit는 2020년 전체 노동인구의 40%가 독립계약자, 프리랜서 등으로 채워질 것이라고 예측하고 있다(Intuit, 2010).

우리나라도 다르지 않다. 하지만 한국의 경우 온라인 플랫폼 노동에 대한 정확한 실태파악이 이루어지지는 않았다. 다만 플랫폼 노동의 일부를 포함할 것으로 예상되는 특수형태근로 종사자의 규모를 통해 간접적으로 그 규모를 예상해 볼 수 있다. 한국의 특수형태근로 통계는 자료 출처에 따라 편차가 크다. 통계청의 경제활동인구조사에 따르면 특수형태근로 종사자의 규모는 2016년 임금근로자의 3.5%에 불과하고 감소 추세인 것으로 나타난다. 하지만 이 통계는 근로자성을 인정받지 못한 특수형태근로 종사자가 규모 추정에서 배제된 결과이며, 이를 반영하여 추정할 경우 특수형태근로 종사자의 규모는 전체 취업자의 8.9%로 증가추세에 있는 것으로 조사되고 있다(조돈문 외, 2015: 44).

여기에 전통적 자영업자까지 포함하면 한국의 불안정 노동의 규모는 외형상으로도 상당한 수준에 달할 것으로 보인다. 더욱이 플랫폼 경제의 확대에 따른 플랫폼 노동이 확산되고 있는 상황을 반영하면 특수형태고용 근로자의 규모는 더 증가할 것으로 예상된다.

온라인 플랫폼을 통한 노동력의 활용은 기업의 이익극대화 논리에 기초하고 있기 때문에, 노동력을 착취하는 특별한 작업방식이 조장되는 경향을 보인다. 그 결과 플랫폼 노동자들은 사회적 보호 수준이 매우 열악할 뿐 아니라, 대부분 최저소득 집단에 속해 있으며, 근로조건이 매우 열악한 것으로 조사되고 있다(황덕순, 2016c). 먼저 한국의 경우 플랫폼 노동의 사회보험 배제 수준은 매우 높게 나타나고 있다. 플랫폼 노동의 사회보험 배제는 특수고용형태 노동자들의 사회보험 배제를 통해 유추할 수 있다. 플랫폼 노동은 특수형태근로의 조직방식 변화, 임금근로자의 특수형태근로 전환과 분리될 수 없기 때문에(황덕순, 2016c: 45), 플랫폼 노동에서도 특수형태근로와 동일한 논리로 사회보험의 법적 배제가 발생한다. 기존의 조사 결과들을 살펴보면, 특수형태근로 노동자들의 사회보험 적용률은 불과 7% 수준에 머무르고 있었다. 사회보험 적용 비율은 산재보험이 12%인 것을 제외하면, 고용보험, 공적연금, 국민건강보험에서의 적용률이 약 7% 수준에 불과했다(조돈문 외, 2015: 119).

플랫폼 노동자들은 사회보험에서 배제된 것뿐만 아니라 소득수준도 매우 낮다. 대리운전과 앱음식 배달업에 대한 실태조사 결과를 보면, 대리운전의 경우 프로그램 사용료, 대리운전보험료, 이동비용을 제외한 월 순수입은 평균 181.5만 원이었고, 200만 원 미만인 사람들의 비율이 60%에 달했다(황덕순, 2016c: 70). 앱음식 배달업의 경우에는 각종 비용을 제외한 월 순수입이 평균 230만 원으로 전체 근로자 평균임금과 비슷한 수준이었으나, 이는 61% 이상이 10시간 이상 일하는 앱음식 배달업의 장시간 노동 관행이 반영되었기 때문이며, 시간당 임금은 8,790원에 불과한 것으로 나타났다(황덕순, 2016c: 55).

또한 플랫폼 노동자들의 소득 수준은 편차가 큰 것으로 보인다. 2015년에 국제노동기구ILO에서 실시한 미국과 인도의 크라우드 노동자 조사 결과에 따르면, 이들 노동자의 평균 소득은 1-5.5달러였지만, 아마존 미캐니컬 터크 노동자의 10%는 시간당 10달러 이상의 수입을 유지하기도 하는 것으로 나타났다(Berg, 2016). 하지만 아마존 미캐니컬 터크 업무의 90%는 시간당 2달러 이하의 업무였다(Mandl, 2016: 152). 플랫폼 노동의 소득 수준은 대부분의 저소득 노동자와 일부 고학력, 고숙련 중심의 고소득 노동자로 양극화되고 있다고 할 수 있다.

플랫폼 노동자뿐만 아니라 한국의 노동자는 OECD에서 가장 장시간 노동에 시달리고 있으며, 사회보험에서의 배제비율도 매우 높다. 경제활동 인구 중에 국민연금 실질 가입비율은 49%에 불과하며, 다른 사회보험에 비해 노동자들을 포괄할 가능성이 가장 높은 산재보험의 경우에도 전체 취업자의 26%는 급여혜택을 보기 어렵다. 실업급여 또한 최소 가입기간 등의 수급조건이 까다로워 실업급여 수급자격은 불과 10% 수준에 머무르고 있다(박찬임, 2016: 284). 이러한 상황에서 현재의 사회보험제도로도 포괄하기 어려운 계약 및 작업방식을 특징으로 하는 플랫폼 노동을 사회보험에 포괄하는 것은 더욱 어려워 보인다.

3. 인지자본주의로의 전환

그렇다면 일자리의 변화와 표준적 고용관계의 해체, 그로 인한 불안정 노동의 일상화와 불평등의 구조화 원인은 무엇인가? 단순히 신자유주의적 정책의 확산에 따른 결과인가? 아니면 보다 근본적인 원인이 존재하는가? 전자가 이유라면 신자유주의 정책의 수정만으로 문제의 해결은 가능할 것이다. 그러나 이러한 현상들의 근본적인 원인을 신자유주의 정책에서 찾는 것은 한계가 있다. 현재 불안정 노동의 일상화와 불평등의 구조화 문제는 정도의 차이가 있을 뿐, 신자유주의 정책을 추진하고 있는 국가들뿐 아니라 그렇지 않은 국가들에서도 나타나는 보편적인 현상이기 때문이다. 4차 산업혁명으로 인한 일자리의 변화와 표준적 고용관계의 해체, 그로 인한 불안정 노동의 일상화는 현대 자본주의의 특징을 보여주는 하나의 현상들일 뿐이다.

이러한 현상들의 원인은 보다 근본적으로 자본주의의 질적인 변화에서 찾을 필요가 있다. 그 변화의 핵심은 산업자본주의에서 인지자본주의로의 전환이다. 전통적 산업자본주의에서는 상품화된 노동력에 의해서 가치가 창출되었다. 그러나 인지자본주의 단계[5]에서는 지식과 정보에 의해서 가치가 창출된다. 전통적 산업사회와 달리 지식과 정보가 생산과정에서의 본질적인 재료라는 것이다(Castells, 1997). 따라서 자본은 전통적 산업사회와는 달리 노동과의 타협에 의존하여 생산을 조직화할 동기가 줄어들고, 지식의 조직과 확산에 관심을 가진다. 전통적 산업자본주의에서 생산성 향상이 노동과정의 통제와 밀접히 관련되어 있었다는 점과 비교하면, 인지자본주의 단계에서 자본축적 방식은 질적으로 변화하고 있는 것이다(안현효, 2012: 218-219).

지식의 조직화를 통해 자본이 축적된다는 것은 자본형성에서 사회적 성격이 강화됨을 의미한다. 여기서 사회적 성격은 지식축적의 역사성, 집단성과 관련된다. 지식은 오랜 시간을 거쳐 축적되는 역사성을 가지고 있다. 또한 지식은 동시대 대중들의 집단적 활동에 의해 축적된다. 이는 인지혁명의 시대에 특히 더 그러하다. 보

---

[5]   인지자본주의론에서는 자본주의의 발전이 상업자본주의, 산업자본주의를 거쳐 인지자본주의 단계로 질적인 변화가 진행되고 있음을 강조한다(안현효, 2012).

통 사람들이 인터넷 공간에서 자료를 검색하고, 이메일을 보내고, 온라인 쇼핑을 하는 과정에서 빅데이터가 구축된다. 심지어는 재화와 서비스를 소비하고, 일상생활을 영위하는 과정에서도 빅데이터는 구축된다.

이 빅데이터는 알고리즘 기술의 혁신적 발달과 결합하며 자본 형성 과정에서 중요한 역할을 하고 있다.[6] 과거와 달리 생산과정에 직접적으로 참여하는 노동자뿐 아니라, 직접적 생산과정의 외부에 있는 많은 사람들에 의해 만들어진 빅데이터가 자본축적의 핵심적 역할을 하고 있는 것이다. 물론 일반 제조업이나 서비스업 기반 기업들도 빅데이터를 광고 및 생산과정에서 활용함으로써 가치를 창출한다. 프로슈머prosumer[7]라는 개념은 이러한 현상들을 정확하게 포착하고 있다.

따라서 기업들은 초과이윤을 극대화하기 위해 자신들이 개발한 알고리즘을 공개하여 하나의 플랫폼을 만들고, 많은 사람들이 그 알고리즘 속에서 활동함으로써 지대를 극대화하게 하는 전략을 선호한다(강남훈, 2017). 이것이 이른바 플랫폼 경제 과정이다. 하지만 이렇게 생산된 지대는 현재 지대 형성에 기여한 일반지성에게 분배되기보다는 플랫폼 기업들이 독점하고 있는 것이 현실이다. 전통적 산

---

6   애플, 구글, 페이스북 등 기업 시가총액 순위에서 선두를 달리고 있는 기업들의 가치는 주로 빅데이터를 통해 창출된다. 2018년 1월 기준 기업 시가총액은 애플 927조 원(1위), 구글 778조 원(2위), 페이스북 547조 원(5위)이다. 2017년 한국의 명목 국내총생산GDP은 1,600조 원이다.

7   프로슈머prosumer는 앨빈 토플러가 『제3의 물결』에서 처음 사용한 용어로, 생산자producer와 소비자consumer를 합성한 신조어이다. 이 개념은 소비자가 소비뿐 아니라 제품개발과 유통과정에서 생산성 향상에 기여하고 있음을 강조하기 위해 사용되고 있다.

업사회의 토지라는 공유지에 비견되는 인지자본주의 시대의 '가상토지'라는 공유지에서 기업들은 새롭게 지대를 추구하고 있고, 플랫폼 경제에서 이러한 지대는 시간이 갈수록 더 커지는 경향이 있다. 그럼에도 불구하고 이러한 플랫폼 기업들의 지대 독점에 대한 규제는 매우 제한적이다. 가이 스탠딩(Standing, 2016)은 지식 특허에 과도한 독점권을 부여하고 지대 추구를 용인하는 현대 자본주의를 지대자본주의rentier capitalism라 명명하며 비판하고 있다.[8]

이러한 과정이 인지자본주의에서 가치가 생산되고 분배되는 핵심과정이다. 그런데 그 분배과정은 정의롭지 못하다. 역사적으로 축적된 지식, 일반지성들에 의해 확대된 지식을 활용하여 자본이 축적되고 있음에도 불구하고, 경제적 성과는 일부 기업에 의해 독점되고 있기 때문이다. 기본소득은 이러한 부의 불공정한 분배를 넘어 일반지성들에 의해 축적된 공유 부를 공평하게 배당함으로써 정의로운 분배 시스템을 만들고자 하는 기획이다.

인지자본주의로의 전환은 직접적이든 간접적이든 생산과정에 기여한 일반지성들에 대한 시장에서의 1차적 분배를 왜곡시키고 있을 뿐 아니라, 재분배 시스템에도 영향을 미치고 있다. 전통적 산업사회에 만들어진 사회보험 중심의 복지체제는 노동을 전제

---

8 2016년 기준 구글이 '플레이스토어'를 통해 한국에서 벌어들인 매출 규모만 약 4조 5,000억 원인 것으로 추정된다. 구글은 이 매출의 30%를 수수료 명목으로 가져가기 때문에, 플레인스토어 판매 수수료 수익만 1조 3,000억 원 규모이다. 이런 매출에 부과할 수 있는 세금이 부가가치세와 법인세이다. 부가가치세는 2015년부터 부과되었는데, 구글은 부과된 부가가치세 10%만큼 앱 가격을 인상하여 과세부담을 소비자들에게 전가하였다. 법인세의 경우 국내에 고정사업장을 둔 기업에 부과할 수 있는데, 구글은 고정사업장이라 할 수 있는 '서버'를 싱가폴에 두고 있기 때문에 수수료 수익에 대해 국세청은 법인세를 부과하고 있지 못하다. 구글뿐 아니라, 페이스북, 애플 등도 마찬가지이다.

로 한 재분배 시스템이다. 그러나 인지자본주의하에서의 노동시장은 '플랫폼 노동', '모호한 고용' 등이 확산되면서 전통적 사회보험 시스템에 포괄되지 못하는 광범위한 사각지대를 만들어 내고 있다. 사회보험 중심의 복지체제는 인지자본주의에서의 생산체제 변화를 반영하여 사회적 보호의 기능을 충분히 실현하는 데 한계가 있다. 전통적 산업사회의 복지체제와 새롭게 변화되고 있는 생산체제 사이의 제도적 부정합은 복지국가의 지속가능성을 위협할 것이다. 이러한 상황에서 일자리 창출 전략이나 사회보험 강화 전략이 장기적으로 지속가능하지 않아 보인다. 이것이 사회보험 중심의 복지국가에서 더 나아가 기본소득 중심의 새로운 복지국가 혁명이 필요한 이유이다.

물론 여기서 언급하는 복지국가 혁명이라는 것이 현 시점에서 기본소득으로 사회보험을 대체해야 한다는 주장은 아니다. 기본소득과 사회보험은 상호보완적으로 구성될 필요가 있다. 사회보장의 역사적 발전과정을 보아도 사회변화에 의해서 새롭게 도입된 제도와 이전의 제도들 사이의 관계는 대체 관계가 아닌 상호보완적인 관계였다. 16세기에 서구에서 대량 빈곤이 발생하자 기존의 빈곤구제 방식이었던 자선은 대량 빈곤의 문제를 해결하기에 한계가 있었다. 대량 빈곤이라는 새로운 문제는 사회부조의 제도화로 이어졌다. 하지만 사회부조 이전 시기 빈곤구제의 역할을 담당했던 자선은 사라지지 않고 사회부조와 상호보완적인 기능을 수행하였다.

19세기 말 이후 빈곤을 넘어 실업, 질병, 노령으로 인한 소득 상실의 문제가 새로운 사회문제로 등장하면서 기존의 사회부조 제도로는 이 문제를 해결할 수 없었다. 이는 사회보험의 도입으로 이어졌고, 사회보험이 복지국가의 핵심적 제도로 안착되는 과정에서도, 사회부조 제도는 소멸되기는커녕 오히려 사회보험과의 상호보완적 관계 속에서 발전되어 왔다. 현 시기 필요한 복지국가 혁명도 마찬가지다. 앞서 언급한 불공정한 분배의 문제뿐 아니라, 기존의 사회보험으로는 포괄할 수 없는 사회적 위험에 대한 새로운 접근으로서 기본소득이 요구되고 있다. 지금 우리에게 필요한 논의는 기본소득과 기존 사회보장제도의 정합적 재구성 방식에 있다.

4. 이 책의 구성

기본소득은 모든 사람에게 태어날 때부터 합법적 권리를 가지고 있는 공유자산에 대한 배당을 지급함으로써 시장에서의 정의를 실현하는 방법이다. 또한 기본소득은 노동중심에서 권리중심으로 재분배 시스템을 수정함으로써 인간의 진정한 탈상품화를 가능하게 하는 복지국가 혁명이다. 그리고 기본소득은 새로운 분배/재분배구조의 확립과 단계적 확산을 통해 '평등한 사회'를 실현하기 위한 장기적 기획이다. 노동의 위상이 축소되고 있는 유동화된 근대사회에서 (유급)노동과 소득/복지를 완전하게 분리하고, 인간의 욕구를 시민권적 권리를 통해 충족시킴으로써, '진정한 탈상품화'와 '실질적 자유'의 '평등한 분배'라는 사회정의 (Van Parijs, 2006: 39)의 이념을 달성하기 위한 제안이다. 개인화된 사회에서 '개인'에게 평등한 자원을 분배하여 불평등 수준을 감소시키고, 총수요를 확대·창출하여 경제 활성화까지 주도할 수 있다.

이 책에서 우리는 기본소득 중심의 복지국가 재구성 전략을 제안해 보고자 한다. 이 책은 단선적인 오해와 불필요한 논쟁의 모호성을 극복하기 위해 기본소득의 필요성과 기본소득에 관한 전반적인 내용과 다양한 논의를 개괄하고, 우리 사회에 적합한 기본소득(안)과 기존 사회보장제도와의 정합적 재구성을 작성하여 전반적인 실행방법과 함께 제안하고자 한다. 이 책의 구체적인 구성은 다음과 같다.

1장 서론에 이어 2장과 3장에서는 기본소득 논의의 배경인 복지국가의 변화와 불안정 노동의 일상화에 대해 살펴본다. 2장에서 우리는 근대 복지국가의 토대가 되었던 노동중심 경제사회 구조가 소비중심으로 전환하고 개인화가 확산됨에 따라 기존 복지국가 시스템이 위기에 직면하게 된 것을 지적한다. 그리고 노동의 비중이 축소된 후기 자본주의 사회의 새로운 복지국가 원리로는 임금주도 성장론보다 기본소득이 더 적절함을 주장한다. 3장에서는 불안정 노동의 일상화가 어떻게 불평등을 구조화하는지 살펴본다. 청년, 노인, 여성을 중심으로 한 불안정 노동의 일상화가 소득 수준의 양극화 및 의료와 교육의 양극화로 이어져 한국 사회의 불평등 구조를 고착화하고 있으나, 기존의 사회보험 중심 사회보장제도는 표준적 고용관계에서 벗어난 새로운 일자리들을 포괄하지 못하기 때문에 이를 해결하기 위해 복지국가의 혁명적 재구성이 필요하다는 것이 우리의 주장이다.

4장에서는 노동시장의 변화와 사회보험 중심 사회보장제도 사이의 제도적 부정합성을 다룬다. 노동시장에서의 고용형태는 전통적 산업사회와 달리 다양한 형태로 균열이 진행되고 있지만, 사회보장제도는 여전히 전통적 산업사회의 정규직 보호 시스템에 머물러 있다. 이 현상이 제도적 부정합이다. 사회정책 연구에서 고용형태에 주목해야 하는 이유는 사회정책의 근간이 유급노동, 특히 임금근로자를 주요 대상으로 설정하고 있기 때문이다. 그런 점에서 임금근로자로 인정받는 것은 사회보장의 전제조건이다. 이 장에서는 고용계약관계를 회피하는 전략들이 어떻게 사용되어왔는지를 살펴본다. 그리고 최근 확대되고 있는 플랫폼 노동의 확산이 고용형태의 다각화를 어떻게 가속화시키고 있는지를 보여준다.

다음으로 2부에서는 기본소득이란 무엇인지에 대해 살펴본다. 5장은 기본소득의 개념과 철학을 소개한다. 기본소득은 "정치공동체가 심사와 노동요구 없이 모든 개인에게 주기적으로 무조건 지급하는 현금"을 말한다. 보편성, 무조건성, 개별성, 충분성, 정기성, 현금지급 등 기본소득의 특징에 비추어 볼 때 참여소득과 부의 소득세, 사회적지분급여는 완전기본소득으로 보기 힘들다. 특히 사회수당에 대해서는 일부 논쟁의 여지가 있다. 사회수당의 기본원리는 기본소득과 거의 유사하지만, 특정 생애주기의 욕구를 보완하는 수준으로만 지급될 뿐 현재 변화하는 자본주의 체제를 변혁시킬 가능성은 낮다는 점에서 기본소득과 결정적인 차이가 있다.

6장에서는 기본소득의 국내외 사례를 살펴본다. 현재 기본소득 원칙에 가장 충실하다고 평가받는 제도는 미국 알래스카주의 영구기금배당금 제도이며, 스위스, 핀란드, 캐나다 등지에서는 각국의 정치경제적 상황, 기존 사회복지제도들과의 정합성, 대중적 동의 수준 등에 따라 다양한 방식의 기본소득 유사 실험을 진행하고 있다. 한편 7장에서는 한국에서의 기본소득 논쟁을 세 시기로 나누어 개괄한다. 기본소득 아이디어는 2000년대 초반 소개되었으며, 2010년 전후 완전기본소득 '구상'에 대한 학술적 논의를 거쳐 2016년 이후 최근에는 기본소득 '실행'에 관한 본격적인 찬반 논쟁이 확산되고 있다.

3부에서는 '이상적인' 기본소득이 '어떤' 기본소득인지에 대해 고민한다. 8장에서는 완전기본소득이 도입된 한국형 복지국가의 설계도를 제시한다. 우리는 이상적인 기본소득으로 모든 시민에게 중위소득 30% 이상에 해당하는 현금을 지급할 것을 제안한다. 2016년 기준으로 월 50만 원이다. 그러나 완전기본소득제가 기존의 복지정책을 모두 대체하는 것은 아니기 때문에, 기본소득 도입 시 다른 제도와의 정합성을 고려할 필요가 있다. 9장에서 12장까지는 기본소득과 기존 사회보장제도와의 관계를 차례대로 논한다.

우선 9장에서는 기본소득과 사회보험의 관계를 국민연금과 고용보험을 중심으로 살펴본다. 시민에게 소득 상실이나 위험 발생 시 기존의 소비 수준을 유지해 주는 것은 사회보험의 핵심 기능 중 하나이다. 즉, '보험수리의 원칙'은 사회보험의 핵심적인 원칙이기 때문에 공적연금의 소득비례 급여와 고용보험의 구직급여는 개별적 공평성 보장 차원에서 기본소득이 도입되더라도 유지될 필요가 있다. 특히 건강보험의 경우 기본소득과 별개로 유지해야 한다. 고용보험의 출산전후휴가와 육아휴직, 육아기 근로시간 단축제도, 상병 급여는 고용보험에서 분리하여 보다 보편적으로 확대하는 것이 바람직하다.

다음으로 10장은 기본소득과 사회부조의 관계를 살핀다. 개인 단위 기본소득을 가구 단위로 합산할 경우 가구원 수가 증가할수록 더 높은 수준의 소득을 기대할 수 있기 때문에 대표적인 현금형 사회부조인 생계급여, 기초연금, 장애수당은 폐지하는 것이 바람직하다. 그러나 의료급여와 주거급여, 교육급여 등 사회서비스형 사회부조는 보충성의 원리를 유지하는 선에서 지속적으로 제공되어야 한다.

11장에서는 기본소득과 사회수당을 살펴본다. 현재 사회수당을 부분기본소득과 동일시하여 기본소득의 범주에 포함할 것인지에 대한 논쟁이 지속되고 있다. 기본소득 담론 확산을 위해서는 사회수당을 부분기본소득으로 명명하여 '전환적'transitional 기본소득으로 활용하는 방안을 고려해 볼 수도 있을 것이다. 한편 2017년 현재, 우리나라에서는 양육수당이 유일한 보편적 사회수당으로 지급되고 있는데, 여성의 노동권에 미치는 부정적 효과를 완화하기 위해서는 보육서비스와의 균형적 확대를 모색할 필요가 있다. 마지막으로 12장에서는 기본소득이 도입되더라도 사회서비스는 강화할 필요가 있다고 주장한다. 교육, 의료, 돌봄 등은 불완전한 정보와 높은 거래비용으로 인해 시장실패를 전제하는 공공재이기 때문에 시장이 아닌 '국가'가, 현금이 아닌 '현물'로 제공하는 것이 효율적이기 때문이다.

이어서 4부에서는 한국에서 현실적으로 실현가능한 기본소득을 탐색해 본다. 13장에서는 기본소득을 보편성, 무조건성, 충분성 원칙에 따라 총 8개의 유형으로 분류하고, '혁명형', '개혁형', '온건형'의 세 가지 이행경로 중 현실적인 방안을 고민한다. 단기간에 도입하여 빠르게 실행하면 혼란을 초래할 가능성이 있고, 장기적 차원에서 준비하면 경제·사회적 환경의 변화에 따라 도입 자체가 무산될 우려가 있다는 점에서 우리가 제안하는 것은 단계적 도입 방안에 해당하는 '온건형'이다.

14장에서는 구체적으로 완전기본소득제 실현을 위한 하나의 단계로서 청년기본소득제를 제안한다. 적정 기본소득을 산정하기 위해 통계청의 「가계동향조사」 2014년 원 자료를 활용하여 청년들의 생활비용 수준을 파악하였다. 현실적 제약을 고려하여 우리는 19-24세의 모든 청년들에게 기본소득으로 정액인 약 30만 원을 청년기본소득으로 지급하는 방안을 제안했으며, 약 13조 원[9]의 예산이 소요될 것으로 예상하였다.

다음으로 15장에서는 기본소득의 '실현가능성'을 모색한다. 규범적 당위성이나 기능적 필요성에 동의하더라도 재정적 실현가능성은 쉽게 해결할 수 없는 난제이자 정치적 차원의 이슈이다. 한국의 기본소득 실현가능성을 '재정적', '전략적', '제도적', '심리적', '행태적' 차원에서 탐색한 결과, 전 국민을 대상으로 월 50만 원의 기본소득을 지급하기 위해 필요한 예산은 현재 총복지예산의 약 2.69배에 해당하는 총 305조 원[10]으로 조세체계의 점진적 개혁을 통해 충분히 조달할 수 있는 수준이지만, 이를 실현하기 위해서는 정치적 선택과 사회구성원들의 지지의 과정이 중요할 것이라고 결론 내리고 있다. 생산과 노동중심의 패러다임을 분배중심의 패러다임으로 전환하는 과정에서, 이를 추동할 수 있는 정치적 주체와 사회적 용인 수준이 가장 중요하며, 활발한 논의와 소통의 과정을 통해 연대의 외연을 확장하기 위한 끊임없는 노력은 기본소득 도입을 위한 필요조건이다.

---

9   한국 GDP의 1%도 안되는 예산이다.

10   305조 원은 한국 GDP의 20%에 해당되는 예산이다. 복지 선진국들은 이미 GDP의 30% 이상을 복지에 지출하고 있다.

O2 | 복지국가의 변화

    근대 복지국가는 상대적으로 안정된 노동시장구조와 인구·가족구조를 기반으로 황금기를 구가할 수 있었다. 다양한 사회적 위험에 대한 사전·사후의 연대적 처방을 제공하면서 사회적 평등을 추구하는 데 중요한 역할을 해왔다. 경제성장과 더불어 실질임금과 사회적 급여가 확대 제공되었고 불평등 수준은 낮아졌다. 하지만 후기 근대사회 들어 경제·사회적 기반의 균열과 함께 성장의 동력은 떨어졌고 공정한 분배는 요원해지고 있다. 재/분배를 위한 국가의 역할이 축소되면서 양극화 현상은 심화되었고 글로벌한 차원까지 확산되었다. 복지국가가 중요한 가치 중 하나인 '평등한 사회' 구현에 실패하면서 복지국가의 '쓸모'에 대한 의문은 커질 수밖에 없다. 이런 의문은 국가 역할에 대한 기본적인 신뢰가 추락하는 수준까지 확대되고 있다. 무엇이 잘못되었을까? 대안은 없나?

    본 장은 근대 복지국가가 기반했던 토대들이 근본에서부터 변화를 경험하고 있기 때문에, 근대 복지국가에 새로운 혁명적 전환이 필요한 이유들을 살펴보고자 한다. 근대 복지국가의 토대는 생산주의적 근본주의, 즉 노동중심적 패러다임이었다면, 최근에는 이러한 노동중심적 패러다임의 해체 경향이 발견되고 있다. 복지국가를 둘러싼 토양이 변화하고 있는 것이다. 본 장은 먼저 복지국가의 황금기에 대한 좋은 기억을 회상하며 복지국가의 기본적인 작동원리를 살펴본다. 핵심은 원활한 복지국가의 작동을 가능하게 했던 경제·사회 구조의 분석에서 부각된다. 다음 절에서는 근대사회와 유동적 근대의 노동중심에서 소비중심의 사회로 전환되는 과정을 면밀하게 분석하여 복지국가의 정합성과 실효성에 의문을 제기한다. 마지막 절에서는 불평등 문제 해결을 위한 대안으로 부상하고 있는 임금주도성장론의 주요 내용과 한계를 지적하고, 기본소득을 실현 가능한 대안으로 제시하고자 한다.

1. 복지국가의 과거: 황금기에 대한 추억

과거 몇몇 국가에서는 복지국가 혹은 사회국가[1]를 구축하여 나름 '평등한 사회'를 경험한 적도 있었다.[2] 강력한 임금교섭, 적절한 고용보호, 관대한 복지제도를 통해 일반 시민들에게 충분한 수

---

[1] 바우만(Bauman, 2013: 28)은 물질적 분배보다는 재화의 제공을 통해 공동체 건설을 추진한다는 동기를 강조하는 측면에서 '사회국가'라는 용어를 선호한다.

[2] 우리나라의 경우 일정 기간 동안 중앙집권적인 경제성장과 '낙수효과'가 유사한 기능을 담당했다.

준의 임금과 급여가 제공되던 시기였다. 자본주의 사회에서 필연적으로 발생할 수밖에 없는 불평등의 문제는 '케인지언'적 합의와 '보편적'인 복지제도의 실행을 통해 완화되었고, '완전고용'과 '경제성장'의 목표도 함께 달성되었다. 이는 노동-자본-국가 간 합의와 타협의 결과였다. 분배와 격차의 해소는 모두에게 이익이라는 신념과 그에 따른 상호협력에 기반하여 세 행위자 간 장기적이고 안정적인 관계가 형성되었으며, 완전고용은 상호관계 유지의 필수 조건이었다(Judt, 2010: 70).

국가는 노동과 자본의 합의를 중재하여 성장의 과실을 최대화하면서 공정하게 배분하는 역할을 담당했다. 성장의 결과로 늘어난 세금을 활용하여 시장경제로부터 보호받을 수 없는 개인의 최소한의 소득을 직접 보장하고, 사회적 위험으로부터 오는 가족의 경제적 불안정 정도를 축소시키며, 국민의 삶과 관련한 문제 해결에 핵심적인 역할을 담당했다(Briggs, 1961: 221-258).

자본은 '계급'화된 노동자와 적극적인 합의 과정을 통해, 생산한 재화와 서비스를 충분히 구매할 수 있을 만큼의 적정 임금과 안정적인 일자리를 제공함으로써, 지속적인 이윤 추구와 부의 축적이 가능해졌다. 노동자는 자본이 제공하는 고정된 작업공간에서 —자본의 통제와 임금을 맞바꾸며— 안정적인 생산 활동에 참여하면서, 생계 혹은 노동과 관련된 자본주의 사회의 '불확실성'과 '불안정성' 문제에 대비할 수 있게 되었다. 다양한 사회적 급여와 함께 평등한 생활을 향유하였고, 동시에 총수요를 확대하여 경제성장과 일자리 창출을 견인하였다. 노동자들이 직업안정성과 더불어 사회적 지위와 신분 상승을 경험하면서, 공동체의 발전을 통해 자신감과 연대감이 확산되는 부수적 효과도 있었다.

이러한 복지국가는 사민주의자들의 작품이었다. 핵심 가치는 자유, 평등, 연대이다. 사회적 평등은 구성원들로 하여금 개인이 추구하는 '좋은 삶'을 지향할 수 있도록 보장함으로써 실질적 자유의 크기를 확대시켜 왔다. 여기서 의미하는 자유는 자유지상주의자들이 주장하는 것과 완전히 다른 개념이다. 다른 사람에게 종속된 자유는 실질적인 자유가 아니라는 전제가 깔려있다. 약자(노동자)에 대한 강자(자본)의 억압과 차별이 배제되어 있는 평등한 사회에서 개인은 실질적인 자유를 향유할 수 있다.

불평등이 만연한 사회에서는 인간의 존엄과 본성 유지가 불가능하고, 능력과 재능이 낭비되며, 개인이 비효율적 경제 활동을 하게 된다. 불평등은 사회정의와 자연권에 배치되며 그 자체가 부정의하고 비도덕적이다. 평등에 대한 지향은 특권이 없는 사회에서 기회를 평등하게 제공하고 사회적 이동의 가능성을 향상시키며 부의 불평등을 해소하기 위한 노력이다. '균등한 대우'와 '동일한 기회'의 제공을 통해 다수의 '실질적 자유'를 보장할 수 있다.

따라서 자유에 대한 권리는 평등하게 제공되어야 하고, 평등은 자유를 보장하기 위한 전제조건이 될 수 있다. 개인의 복지를 위해 상호의존적일 수밖에 없다는 '연대' 의식도 중요하다. 연대는 사회적 위험에 대한 예방과 상호책임을 위해 집단적 자기이익의 관점을 초월하고, 연대적 재정충당 방식을 선호하며, 경쟁보다 협동, 권리보다 의무, 개인보다 공동체, 자조보다 의타심을 강조한다(Brandal et al., 2013: 165-191; Carlsson and Lindgren, 2009: 25-

48).[3] 복지국가는 사회구성원들이 직면한 다양한 사회적 위험의 공동 관리를 통해 집합적 연대를 높은 수준에서 달성하며,[4] 평등한 보호를 통해 자본주의 경제에서 발생할 수 있는 불평등 수준을 크게 완화해 왔다(신정완, 2014). 역설적이게도 다소 사회주의적 접근을 통해 자본주의는 생존과 번영을 추구할 수 있게 된 것이다(Judt, 2010: 56). 유럽의 많은 국가가 유사한 경험을 통해 형성한 동질적인 사회는 이후 유동적이고 이질적인 사회로 변화하게 된다.

복지국가를 둘러싸고 있는 기본적인 환경과 기반이 변화하면서 일부 국가에서 주요 정책 기조 변화가 감지되었다. 1970년대 들어 경제성장률의 감소, 실업률의 증가, 정부부채의 확대 등 복지국가와 관련한 부정적 성과가 가시화되면서, 복지국가의 위기, 축소, 재편, 재구조화 논의가 끊임없이 반복되었다(김교성, 2008: 29-30).[5] 후기산업사회로 이행하는 과정에서 자본주의 경제·사회구조가 급격하게 변화하여 구사회위험에 대응체계로 기능하던 복지국가의 유효성은 축소되었고, 복지국가를 지탱하던 전통적 합의구조도 위기에 당면했다(Esping-Andersen, 1996; 2002; Taylor-Gooby, 2004). 동시에 신사회위험에 대한 인식이 부상했고, 비용억제, 재상품화,

---

3   초창기의 노동자 연대는 다소 강제성을 띠었고 비조합원에 대한 배제의 내용을 담고 있었다. 보편적 연대의 목표는 평등한 사회의 건설이었지만 노동자 간 '차이'에 대한 인식도 없었고 일부 노동자 간 결속에 기초하여 젠더, 인종, 지역, 노동유형 등이 다른 노동자나 실업자에 대한 배제의 특성을 보인다(Zoll, 2008: 82-85).
4   복지국가라는 차갑고 추상적인 기구가 구성원의 복지를 책임지게 되면서 가족이나 이웃, 지역사회 등 소규모 공동체 구성원 간에 형성될 수 있는 자연스럽고 친밀한 연대감이나 배려, 책임의식 등이 훼손된다는 다른 주장도 있다(신정완, 2014: 28).
5   경제위기로 인한 복지수요의 증가, 지속적인 정치적 지지, 광범위한 복지이해관계자(공급자와 수급자)의 존재 등으로 인해 '위기나 축소'라기보다 질적인 변화를 경험하고 있다는 '적응 혹은 재편'의 관점이 보다 설득력 있는 설명이다.

재조정 전략을 활용하여 합리화rationalization 혹은 최신화updating의 과정을 경험했으며(Pierson, 2001a), 새로운 복지국가 체계에 대한 논의도 자연스럽게 등장했다.[6] 그 과정에서 케인스주의에 입각한 복지와 경제 간 선순환적 관계보다는 복지의 비생산성을 강조하며 양자 간 상충관계를 가정하는 신자유주의 논리가 현실적합성을 지닌 양 지배담론으로 자리 잡았다(김교성·유희원, 2015: 433-434).[7]

한편 일국적 차원에서 황금시절을 구가하던 복지국가의 기억 속에 글로벌 불평등 문제에 대한 관심은 존재하지 않는다. 이 시절의 '케인스주의-베스트팔렌적'Keynesian-Westphalian[8] 복지국가는 글로벌 이슈에 대한 성찰도 없었고 분배 문제와 관련하여 단지 영토국가 내부에 존재하는 경제적 불평등 문제에만 집중해 왔다. 글로벌 불평등의 문제를 빈국의 국내적 영역의 문제로 치환하여 그 원인이 글로벌한 차원에 있다는 것을 알지 못하도록 전환하고, 당사자를 문제해결의 장에서 완전히 배제하였다. 글로벌 이슈의 원인이 글로벌 정치·경제체계에 존재하는 것이 아니라 '고통받는 사회들'의 내부 구

6　구사회위험에서 비롯된 소득중단 및 상실의 위험에 대응하던 소비적/사후적/수동적 성격의 소득보장정책 외에 신사회 위험에 대한 대응기제로 작동할 수 있는 투자적/사전적/적극적 성격의 신사회정책과 사회투자국가에 대한 논의가 본격화되었다(Perkins et al., 2004; 김교성·유희원, 2015: 434에서 재인용).

7　'TINA'there is no alternative를 강변하던 영국의 대처Margaret Thatcher 수상은 복지국가의 사회적 급여가 경제성장에 방해가 된다고 역설했다. 실업급여와 사회부조는 실업과 빈곤을 생산하고 연금과 현금형 급여는 저축률을 축소시켜 낭비적인 복지국가는 지속가능하지 않다고 주장한다(Atkinson, 2015: 370-371). 자본의 자유로운 이전을 위해 금융규제 완화정책을 실행하면서 감세와 임금/복지축소 그리고 '경쟁'체제 안에서 성장을 도모했다.

8　복지국가의 황금기 시절 진행된 정의justice의 적용 범위가 근대적인 영토국 내부에 제한되어 있다는 사실을 기술하기 위한 표현이다(Fraser, 2010). 참고로 1648년에 체결된 베스트팔렌조약은 주권적 영토국가와 근대적 국가체제의 핵심적인 특징과 규칙을 확립하고 완성한 조약이다.

조와 결함에 있다는 것이다. 이는 지구화 시대의 부정의injustice 문제를 정치적 경계로 구분된 국내적 문제의 틀에서 조망하는 '메타-정치적 부정의'로 규정할 수 있다(Fraser, 2010). 복지국가는 이런 방식으로 전 지구적 차원에서 신식민주의적 착취 그리고 인종과 민족에 대한 일련의 배제와 무시에 의존해 발전해 왔다(Fraser and Honneth, 2014). 글로벌한 문제와 이슈에 대한 '관심'과 해결 '능력'의 부족은 일국적 복지국가에 내재되어 있는 원천적 결함이다.

2. 복지국가의 변화: 구조의 변화와 소비중심 사회

경제 · 사회구조의 변화

후기산업사회에 들어와 다양한 차원에서 변화를 목격할 수 있다. 이러한 변화 과정을 통해 자본의 힘은 더욱 강화되었으며 노동과 자본 간 결속은 크게 침식되었다. 변화의 핵심적인 내용은 기술의 진보, 세계화, 산업구조 및 인구·가족구조의 변화 등으로 요약할 수 있다(Huber and Stephens, 2001; Pierson, 2001a; 2001b; Schwartz, 2001; Taylor-Goodby, 2004).[9]

---

9   슈워츠는 복지국가의 변화를 추동하는 용의자로 SAM, ILSA, RICK을 주목하고 있다 (Schwartz, 2001). SAMlow wage Southern competition, technological Advances, Monetary policy constraints은 기술혁신과 세계화로 인한 실업의 증가와 불평등 구조의 확산 등의 외부적 요인을 의미하고, ILSAInflation control, Low Service sector productivity growth, and Ageing는 물가, 인구고령화, 서비스 섹터의 성장과 낮은 생산성의 문제 등 내부적 문제와 관련이 있으며, RICKproperty Right, Income streams, and Coalitions은 시장과 다양한 행위자 간 정치적 선호와 압력 등을 가리키는 말이다.

첫째, 기술의 진보로 인해 우리는 생산양식과 노동시장의 변혁을 모두 경험하고 있다. 과학기술의 발전에 따라 생산성 증가와 탈산업화가 가속화되면서 일자리는 지속적으로 감소할 것이라는 주장이 제기되어 왔다. 리프킨(Rifkin, 1995)은 이미 20년 전부터 기술혁신과 자동화로 인해 생산과정에서 인간의 노동력이 필요 없는 '노동의 종말'을 예견해 왔다. 향후 로봇기술, 인공지능AI, 생명과학, 사물인터넷, 자율 주행차 등 다양한 분야에서 과학기술의 발전에 의한 4차 산업혁명이 순조롭게 진행된다면 멀지 않은 미래에 수많은 일자리가 사라지게 될 것이다.

　　전통적 일자리가 사라지는 대신 새로운 일자리가 창출될 것이라는 긍정적 전망도 존재하지만, 일자리 감소 경향은 부인할 수 없는 엄연한 사실이다. 새롭게 만들어지는 일자리도 저임금이거나 고용유지 차원에서 불안정한 특성을 보이는 좋지 않은 일자리일 가능성이 높다. 기술혁신은 직접적인 일자리의 감소뿐만 아니라 생산양식의 변화도 추동하였다. 노동시간과 장소의 탈집중화를 가속화하여 집단적 생산 활동 자체를 축소시키고, 노동과 비노동간 경계를 약화하여 고용관계의 유연화를 주도하였다. 이에 따라 전형적 고용관계를 가진 노동자의 수는 큰 폭으로 감소하고 있으며 탄력적 시간제 노동자의 비중은 상당히 증가하고 있다. 노동의 세분화로 인해 복지국가의 핵심 가치인 노동자 간 연대와 결속의 약화가 관찰되며, 이 시대 노동의 본질과 의미에 대한 근본적인 (재)성찰이 요구되고 있다.

　　둘째, 무역의 증가, 생산의 다국적화, 자본의 이동, 금융/자본/통화시장의 규제완화 등의 세계화 현상이 일반화되었다(Huber and

Stephens, 2001; Pierson, 2001a). 자본의 자유로운 이동과 글로벌 금융시장의 통합과정을 통해 국민국가는 환율과 이자율에 대한 통제력을 상실했으며, 자본의 이탈을 방지하고 새로운 자본을 유치하기 위해 시장에 대한 규제완화를 지속적으로 추진했다(Pierson, 2001a). 자본은 노동자 계급의 협조 없이 어디서든 값싼 노동력의 확보가 가능해지면서 더 많은 이윤을 추구했고, 노동자의 임금교섭력이 약화되고 노동과 자본 간 균형적 관계의 변화가 목도되면서 복지국가를 지탱하던 전통적인 노동자 '계급'은 붕괴하고 말았다.

세계화 현상은 신자유주의적 노동시장의 유연화 정책과 맥을 같이 한다. 자본은 임금 수준의 격차를 확대(임금유연)하거나 해고를 쉽게 하는 방식(수량적 유연화)으로 '고용 없는 성장'을 주도했다. 유연화된 노동시장은 불평등 수준과 높은 상관관계를 가진다. 인원감축과 구조조정을 통해 실업자와 불안정 노동자의 수는 급증했고 임금격차 수준이 확대되면서 불평등 현상은 심화되었다.[10] 손쉬운 해고와 비전형 근로자에 대한 적극적인 활용은 전통적인 노동의 개념도 변화시켰다. 고정된 일터에서 동일한 시간 동안 표준화된 작업에 종사하며 균일한 노동력을 제공하는 전형적 형태의 일자리는 빠르게 잠식되었다. 종신고용이 보장되었던 정규직 노동자 수는 크게 감소했으며 수백만의 '프레카리아트'precariat가 생겨났다.[11] 이

---

[10] 실업자의 양산은 자본이 이동하기 전·후 국가 모두에서 공히 발견할 수 있다. 선진국에서는 노동비용이 낮은 주변국이나 개발도상국에 대한 직접적인 투자를 통해 자국 제조업 분야의 노동시장에 대한 수요 감축과 실업률 상승을 견인했다. 신흥국에서는 외국자본의 직접 투자가 갖는 높은 생산성이 자국 기업의 폐업을 유도하여 높은 수준의 실업을 유발했다(Schwartz, 2001).

[11] '불안정'precarious과 '노동자 계급'proletariat이 합성된 말이며 전자의 특징이 부각되는 반

들은 장기고용에 대한 보장이 없고 소득이 불확실하며, 일에 기반한 정체성이 결여되어 있어 사회적 급여에서 배제되어 있는 특징을 보인다. 고용주가 누구인지, 함께 일하는 피고용인이 얼마나 되는지, 장래에는 얼마가 될 것인지에 대해 알지 못하고 관심도 없으며, 안정적이거나 예측 가능한 신분과 임금도 보장되어 있지 않은 사람들이다(Standing, 2012: 21-33). 기본적인 시민권을 박탈당한 '외부자'이며 노동연계형 복지가 발달되어 있는 국가에서 배제 현상은 더욱 부각될 수밖에 없다.

특히 세계화의 과정은 국민국가가 홀로 대응하기 어려운 다양한 문제를 양산했다. 초국가적 기업과 국제적 환투기세력은 국경을 자유롭게 넘나들며 개별 국민국가에 강력한 영향력을 행사했다. 글로벌 불평등을 비롯하여 지구온난화, 국제 테러리즘, 이민자, 전염병, 초강대국의 일방주의 등 다양한 측면에서 지구적 차원의 전환이 가속화되고 있음에도 불구하고, 문제 해결을 위한 노력은 아직까지 영토 중심의 일국적 차원에 머물러 있다. 글로벌 이슈에 대한 특별한 성찰 없이 내부 질서의 문제에만 집중하고 있는 것이다. 아니면 초국가적 사적 권력의 지배하에 문제 해결을 위한 능력을 배양하지 못했거나, 글로벌한 과제들을 다루기에 부적합하며 할 수 있는 일도 없는 '국가 없는 국가주의'의 전형을 보여주고 있는지도 모른다(Bauman and Bordoni, 2014: 38-44; 54-55). 유럽연합EU과 같은 지역 단위의 실험에서도 지구적 대안의 가능성은 쉽게 포착되

면 후자의 계급적 특성은 다소 파편화되고 있다. '불안정한 삶을 사는 노동자'라는 비계급적 의미가 강하며, 일종의 '형성 중인 계급'a class-in the making이다(Standing, 2014; 이광일, 2013).

지 않고 있다(김원식, 2010: 116-117).

셋째, 산업구조의 변화는 반숙련 제조업의 쇠퇴 및 서비스 부문의 확장과 관련이 있으며, 생산성 하락과 경제성장 둔화에 영향을 미친다. 포드주의는 복지국가의 황금기를 추동한 생산양식이었다. 그러나 포스트 포디즘으로의 변화는 중앙집권화한 연대교섭의 약화를 초래했고 실질임금의 축소와 불평등의 확대로 귀결되었으며, 낮은 수준의 경제성장과 복지국가의 재정적 압박의 원인으로 작용했다(Huber and Stephens, 2001; Pierson, 2001a). 이제는 부의 창조도 육체노동이 아닌 금융, 지식, 기술에 기반한 서비스 산업을 중심으로 이루어지고 있다. 서비스 분야의 일자리는 연속적이기보다는 프로젝트 중심인 경향이 많고 노동수요의 변화에 민감하게 반응하기 때문에 일시적 혹은 임시직 노동의 증가를 추동한다(Standing, 2011: 73-75). 세계화/금융화로 인해 많은 노동력이 필요하지 않은 글로벌 금융자본이 상주하면서 서비스 영역의 정규직 대체와 불안정 고용의 확산은 강화되었으며, 저숙련, 저임금, 서비스직 노동자들은 실업과 취업을 반복하거나 더 불안정한 일자리에 취업하며 근로빈곤층이 되어 갔다. 제조업 기반 생산체계의 붕괴는 불안정 노동자와 근로빈곤층의 확산을 통해 노동자의 계급의식 혹은 연대의식을 상실하게 한 주요 원인 중 하나로 작용하였다.

넷째, 인구구조의 변화는 세대 간 갈등과 재정압박의 핵심 요인으로 작용했다. 노동인구에 의존하는 고령인구의 규모가 확대되면서 미래 세대는 생산과 복지에 대한 '불확실성'과 '불안정성'을 갖게 되었다. 이는 분배와 관련한 '세대 간 갈등'으로 비화되고 있다. 사회적 급여수준이 낮은 국가의 노인들은 늦은 나이까지 근로

활동에 종사하며 미래 세대와 불안정한 노동시장에서 경쟁하고 있다. 성숙한 복지국가의 노인들은 미래 세대에게 막대한 재정적 부담을 책임 지우는 '짐'일 뿐이다.

한편 가족구조의 변화는 욕구의 '다양성'과 '유동화'를 추동하고 있다. 여성의 경제적 자율성 향상은 가계의 새로운 수입원으로 작용할 수 있는 동시에 출산, 육아, 가족 돌봄에 대한 정치적 요구를 자극한다. 또한 출산율은 떨어지고 한부모 가구와 단독 가구는 증가하여 전반적인 가구의 크기가 감소되는 현상도 나타나고 있다(Pierson, 2001a). 세대/가족 간 부양과 관련한 의식과 관습, 공적 약속과 연대의식 등이 흔들리면서 '개인화'된 시민들의 사회적 위험과 욕구도 모든 세대와 전 생애에 걸쳐 다양해지고 유동화된 특성을 보인다(주은선, 2013: 92). 남성 생계부양자를 중심으로 설계된 고전적 복지국가의 변화가 요구되는 지점이다.

변화의 과정에서 복지국가는 다양한 사회적 위험과 불평등 문제에 적절한 대응책을 제공하지 못했다. 복지급여와 관련된 약속을 지키지 않거나 이행할 능력이 없는 존재가 되어 버렸으며, 세계화 시대의 피해자인 동시에 경제발전을 가로막는 장애물로 인식되었다. 불평등 문제의 구조적 책임은, '근로동기의 약화'라는 명분하에 '재상품화'와 '보조화'의 과정을 통해 개인에게 전가됐다. '탈규제'와 '민영화' 같은 신자유주의적 정책 구현과 '작은 정부'에 대한 지향으로 인해, 다수의 시민들은 정리해고와 파산을 경험하고 부채를 상환하며 삶에 대한 의욕을 상실한 '프레카리아트'로 전락해 버렸다(Bauman and Bordoni, 2014: 32-33).

노동중심 사회에서 소비중심 사회로

근대사회가 원활하게 발전해 온 과정에서 인간의 노동력은 성장의 핵심 동인으로 작용해 왔다. 산업화의 과정에서 재/생산과 자본축적의 핵심에 노동이 자리하고 있었기 때문이다. 생산이 중심적인 역할을 담당하면서 지속적인 노동공급을 통한 생산성 상승은 부를 축적시켰고, 인간의 노동력은 자유로운 교환과 거래가 가능한 '상품'이 되어 갔다. 임금노동은 경제적 독립을 보장해 주는 동시에 인간의 자기실현으로 미화되었다. 그 과정에서 경제발전과 자본주의 체제의 유지를 위한 기능적 도구로서 근면한 노동을 강조하고 노동력 유지에 방해가 되는 게으름을 배척하는 윤리가 바람직한 삶의 기준으로 제시되었다.

종교적 의무와 결합하면서 노동은 자연스럽게 사회 구성원의 주요한 의무와 규범으로 자리 잡게 되었다. 이 규범에 따르면, 대부분의 사람들은 노동력을 판 대가로 생계를 이어가며, 사람들이 소유하고 있는 것은 모두 그들이 판 노동에 대한 보상이자 미래에도 쉼 없이 노동에 종사하겠다는 의지에 대한 보상이다(Bauman, 2010a: 13-14). 인간의 노동은 '정상'적인 것으로 규범화되었으며 일하지 않는 것은 '비정상'으로 간주되었다. 근대화의 과정에서 대부분의 사람들에게 내재된 '노동윤리'work ethic는 다양한 차원에서 사회의 중심적인 지위를 차지하게 되었다.

개인의 측면에서 노동은 기본적인 생계수단이지만 정체성 형성의 중요한 수단으로도 활용되며 자신감과 긍지의 주요한 원천으로 작용하였다. 가족 측면의 노동윤리에서 권장하고 인정하는 노동은 구매와 판매가 가능한 유급노동만을 의미하기 때문에, 가족 구성원의 생활은 생계부양자의 노동과 가족임금family wage에 종속되며 다른 구성원의 무급노동이 인정되지 않는 '가부장적' 가족이 등장하게 되었다. 체제 측면에서 부의 확장과 체제의 재생산을 위해 노동의 상품화는 필수적이었으며 구성의 핵심에 노동윤리가 있었다. 근대사회의 발전을 추동한 핵심 요인이었던 것이다(Bauman, 2010a: 3-40).

그러나 사회구조와 생산방식의 변화로 인해 노동은 더 이상 사회의 중심적인 위치를 갖지 못하게 된다. 전근대사회에서는 귀속적 지위에 따라 개인의 정체성이 형성되었다면 근대사회에서는 노동을 통해 사회적 인정과 지위가 결정되었다. 지위는 대체로 평생직장에 근무하면서 취득하는 영구적인 정체성이었다. 하지만 유동화된 근대사회에 들어오면서 영구적이며 안정적인 확실한 일자리가 감소하면서 '정체성의 유연화' 현상이 발생하게 되었다.

좀 더 구체적으로 살펴보자. 바우만(Bauman, 2010b)은 근대성과 탈근대성의 본질과 변화를 '고체' 근대성과 '유동적' 근대성으로 구분하여 설명한다. 고체 근대국가는 노동과 자본의 강한 결속을 바탕으로 한 표준화된 국민국가의 시기이다. 전근대사회의 붕괴로 인한 혼돈을 극복하기 위해 국민국가는 노동과 자본의 공고한 결합과 강고한 가족체계에 기반하여 인간의 자유로운 활동을 안정적으로 지원하는 '고정체'solidity의 역할을 수행해 왔다. 국민국가에 기초한 복지국가는 고체 근대사회의 절정이라고 할 수 있다(김기덕, 2014: 169-170).

유동적 근대사회에서는 앞서 설명한 사회구조의 변화로 인해 대부분의 근대적 기획과 구조가 전면적으로 용해된다. 단단하게 고정되어 있던 구조에 균열이 발생하면서 고정체의 약화와 '유동성'liquidity의 강화 현상이 동시에 목격된다. 경직성은 완화되고 기존의 질서들은 침식되며 새로운 질서가 구축되는 과정으로 변모한다. 이러한 구조는 완전히 새로운 것은 아니며 근대와 현대, 그리고 미래의 구조가 연속선상에서 중첩되는 과정이다. 근대에 고정되어 있던 사회의 축이 붕괴되는 것이 아니라 점차 용해되면서 유동화된 근대사회의 새로운 모습이 근대사회와 중첩되어 나타나는 것이다. 그 과정에서 욕구의 다양성 혹은 유동성이 부각되면서 개인화와 함께 불확실성과 불안정성의 시대적 특징이 나타나기 시작한다(김기덕, 2014: 169-170; 이혁수, 2016: 26-27).

'노동중심'의 사회는 유동화liquid modernity되면서 '소비중심'의 사회로 변화하게 된다. 이는 우리의 삶이 노동에 의해 전적으로 결정되지 않는다는 인식으로부터 시작되고(김진석, 2007: 34), 근대사회에서는 모든 사람이 생산자(혹은 노동자)이길 기대하였지만 유동화된 사회의 모든 사람은 소비자로 변모하여야 한다는 의미이다(Bauman, 2010b). 근대사회에 대한 분석은 생산과 노동 측면의 변화로 설명해 왔지만 그것은 동시에 발생한 소비의 발전과 확장을 전제로 하고 있다(Campbell, 2010). 경제발전을 설명하는 핵심 동인 중 하나는 수요의 증가였으며 구매력의 증대가 생활 수준의 상승을 의미하는 것이었다.

유동화된 근대사회에서는 생산뿐만 아니라 소비도 사회적 삶의 경험에서 실질적이고 중요한 역할을 수행한다는 점에 주목한다(Bourdieu, 1979; 이혁수, 2016: 38에서 재인용). 즉, 노동의 윤리가 지배했던 부분을 이제 '소비의 미학'이 지배하고 있다는 논리이다(Bauman, 2010a: 63). 노동윤리의 강제와 노동에 대한 통제로 작동하던 사회는 더 이상 지속되지 않으며, 새로운 규범과 운영방식은 소비자의 소비할 수 있는 '능력'과 '자발성'에 의해 구성된다. 모든 사람들은 소비를 통해 자신의 욕망을 충족시키고 정체성을 찾게 되며 자유를 향유하게 된다(김기덕, 2014: 171). 소비를 위한 선택의 자유가 많을수록 개인이 가질 수 있는 사회적 지위는 높아지고, 존경과 자부심의 크기는 커지며, '멋진 삶'이라는 이상에 가까워지게 되는 것이다(Bauman, 2010a: 60). 소비는 개인의 선택에 의존하여 욕망을 충족하는 경제적 차원의 행위만이 아니라 사회구조 속에서 발생하는 관계적 활동으로, 노동을 대신하여 사회와 개인이 관계를 형성하고 자유를 확장하는 수단이 되었다. 따라서 자본주의의 핵심도 생산이 아니라 소비가 (생산을) 결정하는 것이며, 소비되지 않는 생산물은 자원의 낭비이다. 오로지 재생산되고 소비되는 것만이 생산물로 의미를 갖게 된다. 더 많은 소비가 소비사회를 작동시키는 원천이 되는 것이다(이혁수, 2016: 36-40).

소비사회의 구체적 모습은 노동자를 소비자로 변환하는 작업이다(Bauman, 2010a). 소비중심 사회로의 이동도 사실은 노동중심 사회의 핵심 기제였던 노동중심적 복지제도의 발전으로 인한 결과이다. 국가는 노동력을 재생산하고 증가하는 생산물의 수요를 확대하기 위해 노동자에게 적정 수준의 임금과 소득을 보장해 주었고, 여가와 소비를 위한 충분한 시간적 여유도 제공했다. 임금인상과 같은 다양한 활동과 지원을 통해 노동자 계급을 소비자로 변환시켜 왔다. 따라서 소비중심 사회는 노동중심 사회의 발전에 따라 나타난 양상으로 볼 수 있다. 특정 계급(자본가)만 소비하여 사용했던 물건들이 누구나 구매 가능한 상품으로 대중화되면서 노동자의 소비욕구는 더욱 확대되었고, 소비의 대중화와 함께 노동자는 소비자로 변환되어 갔다. 사회 구성원은 이제 노동을 할 수 있는지의 여부가 아닌 소비를 할 수 있는 능력이 있는 사람과 없는 사람으로 구분된다(이혁수, 2016: 41-43). 소비사회에서 역할이 없거나 '쓸모' 없는 사람은 소비를 할 수 없는 사람이고, 소비할 능력이 없는 청년과 빈곤층이 부수적 피해자가 될 수 있다.

유동적 근대사회에 들어와 개인화 현상은 이전의 노동중심의 사회에 비해 두드러지게 관찰된다. 이는 인간관계의 변화에서도 목격되며 이러한 현상은 소비의 개별성과 관련이 있다. 소비는 생산과 달리 개인적이고 독립적이며, 외로운 활동이고 집합적 소비는 존재하지 않는다(Bauman, 2010a: 59). 개인이 자신의 운명을 책임지게 되면서 자기성찰과 자기계발이 개인이 수행하여야 할 가장 중요한 덕목으로 부상하였고, 인간관계는 필요할 경우에만 접속하고 언제든 원할 때 단절이 가능한 관계로 전락하고 말았다(김기덕, 2014: 171-172).

이는 근대사회에서 개인과 공동체를 공동운명체로 결합시켰던 사회적 통합과 연대의식이 해체되는 것을 의미한다(이혁수, 2016: 31). 분배 권리를 위한 투쟁을 경험하지 않았던 개인화된 소비자들은 과거의 공동체주의적 사회질서에 순응하는 자세 자체를 부정하고 있다.[12] 개인화 현상은 '욕구의 유동성'과도 관련이 있다. 표준화된 생애주기에 적합한 사회적 위험의 예방과 사후 치료에

---

12 심지어 긍정적 차별 혹은 집합적 복지급여를 통해 만족할 만한 삶을 살아온 수급자가, 그러한 성취를 개인의 재능과 근면한 노력의 결과로 간주하고, 사회적 임금의 부정적 영향과 철폐를 주장하며 사다리를 걷어차고 있다(Bauman, 2010a: 110-114).

집중하던 복지국가의 사회보호 체계는 모든 생애에 걸쳐 동시다발적으로 발생하는 다양한 신·구사회위험에 대응하기 위해 다변화될 필요가 있다.

소비윤리와 개인화의 확장은 전통적 복지국가의 토대를 약화시키고 쇠퇴시키는 방향으로 작동한다(Bauman, 2010a; 김기덕, 2014; 이혁수, 2016). 근대사회의 속성들이 용해되면서 나타난 노동의 위기와 소비사회로의 변화는 탈노동 복지국가의 쟁점을 소득의 불평등 문제가 아니라 소비의 불평등과 부채 문제로 전환시키고 있다. 노동중심 사회에서 노동이 윤리였던 것처럼 소비사회에서 소비가 윤리가 될 수 있다. 소비가 중요한 사회행위이자 의무로 정당화되고 있는 것이다. 소비자 중심의 개인적인 윤리의 등장은 사적 이익과 행복을 추구함에 있어 집단적 혹은 상호의존적 비용을 분담하던 방식을 포기하고, 개인의 선택과 책임에 따른 개별적인 행위와 사회적 비용의 충당으로 대체하는 과정이라고 할 수 있다. 사회의 중요한 가치도 노동자 계급에 대한 충분한 보상과 시민의 욕구 충족에서, 개인의 삶의 질, 만족, 행복 등을 추구하는 방향으로 변화하고 있다. 이제 복지국가는 새로운 사회적 가치를 내세우며, 집단적인 물질적 보장의 강화시키기보다 개인에게 공평한 기회와 접근성을 배분하는 데 집중되어야 한다(Surender, 2004).

3. 복지국가의 위기[13]

복지국가는 개인의 존엄한 생존과 기본적인 생활을 집합적 비용부담의 방식을 통해 보장하는 국가체계이다. 노동자 문제의 수용과 해결을 위해 계급 간 혹은 계급을 초월한 연대를 추구했다. 시민권에 기반하여 다양한 복지급여를 제공했지만 사실은 노동에 종사하는 남성 생계부양자 중심의 제한적인 시민권에 불과하다.[14] 복지국가는 생산에 필요한 표준화된 남성 노동자를 중심으로 완전고용을 추구하며 노동력 유지와 재생산을 위한 가부장적 가족구조를 지지했다. 남성 노동자는 안정적인 고용의 유지와 적절한 임금을 수령하여 가족을 부양하였고 여성은 가족임금family wage에 의존하며 가정에서 육아와 돌봄 기능을 수행하여 생계와 노동력 재생산에 용이한 환경을 조성했다.[15] 전형적인 구호의 대상도 평균적인 생계부양자(노동자)와 피부양자들(가족)이었으며 복지국가를 지지하는 사람들도 구사회위험의 보호를 받는 '내부자

---

13 1980년대 신자유주의와 함께 찾아온 '복지국가의 위기론'에서 의미하는 재정적 위기가 아니라 복지국가의 운영을 추동해 온 기본적인 원리의 해체라는 차원에서 위기를 의미한다.

14 복지급여에 대한 수급권이 노동시장에 정규직으로 참여하는지의 여부에 따라 결정된다는 점에서 '허구의 탈상품화'라는 평가도 있다. 급여 수급을 위해 시장이 내리는 지시에 따라야 하기 때문에 시장으로부터 자유로워졌다고 말하기 어렵다는 의미이다(Standing, 2011: 91-92).

15 이 부분에서 '젠더' 불평등과 관련한 복지국가의 다른 한계가 부각된다. 복지국가는 일면 계급투쟁의 과정에서 노동자 계급의 인정투쟁 과정으로 설명될 수도 있지만, 다른 측면에서 보면 처음부터 노동자가 아닌 집단 혹은 일로 인정되지 않는 노동에 종사하는 집단에 대한 무시와 함께 발전해 왔다. 노동 측면에서 남성과 여성을 분리하고 유급/무급의 차원에서 여성의 가사노동에 대한 종속을 당연하게 생각해 온 것이다.

들'이었다.

자본축적과 생산방식의 변화로 인해 노동과 자본의 사회적 합의의 필요성이 감소하면서 양자 간의 관계는 약화되었다. 국가와 노동은 악화된 조건에서 초국가적 자본을 붙잡아야 하는 상황에 접어들었다. 복지국가가 추구했던 전반적인 사회/경제 질서에 대한 관리체계는 노동과 자본의 합의가 붕괴하고 국가에 대한 영향력이 축소되면서 실현불가능한 목표가 되었다. 복지국가의 가장 큰 위기는 근대적인 복지국가가 노동과 자본의 연계, 가족구조, 국경의 의미가 변화하면서 발생한 새로운 사회적 욕구와 위험에 대응하는 능력을 잃어가고 있다는 데 있다.

복지국가의 기본적인 운영방식에는 '노동할 수 있는 사람은 모두 노동에 종사해야 한다'라는 완전고용의 전제가 깔려있다. 국가는 노동시장에 건강하고 고용 가능한 노동력을 끊임없이 유지·공급하기 위해 노동과 연계된 복지제도를 운영한다. 노동이 가능한 집단에게는 노동과 기여를 전제로 한 급여를 제공하고 노동이 불가능한 집단에게는 노동을 조건으로 복지를 제공하여, 가입자의 지속적인 노동을 통해 지지되거나 수급자의 고용 가능성을 높이는 방식으로 제도가 설계되어 있다.

이러한 내용은 '엘리자베스 구빈법'의 도입에서부터 사회보험의 실행과 근로연계복지의 강화까지 꾸준하게 진행되어 온 복지정책의 자명한 역사이다. 복지국가는 언제나 노동능력 유무에 따라 노동이 가능한 집단과 불가능한 집단으로 대상을 구분하고 노동계층을 중심으로 제도를 설계하여 운영해 왔다. 노동계층은 노동경력을 전제로 노동과정에서 발생한 사고와 질병에 의한 일시적인 노동능력 상실을 보상받았으며,[16] 비노동계층은 노동계층에 종속된 존재로서 차별적인 대우와 배제를 경험할 수밖에 없었다.[17] 급여의 수급은 호혜성의 원리를 강조하며 '자격 없는 빈자'라는 낙인과 함께 노동의무에 대한 이행을 통해 완수되었다.

사회보험은 노동과 자본의 장기적인 관계가 성립되지 않을 경우 제도의 운영 자체가 불가능하다. 장기적인 사회보험의 세대 간 합의도 노동중심의 경제체제와 기여 기반의 확대가 지속적으로 유지될 것이라는 가정하에 성립된 약속이다. 후기산업사회에 들어와 괜찮은 일자리의 지속적인 창출과 노동공급의 유지는 구조적으로 불가능해졌다. 노동시장의 유연화로 인해 노동과 관련한 기존의 확고한 관계가 단기적이고 개별적인 노동의 형태로 변화했고, 많은 사람들이 실업과 비정규직 취업을 통해 사회보험의 사각지대에서 어렵고 불편한 생활을 지속하고 있다. 완전고용의 신화가 무너지면서 복지국가의 가장 기본적인 기반에 균열이 발생하기 시작한 것이다.

여기서 잠깐 우리나라 사회보험제도의 사각지대 현황을 살펴보자. 〈표 1〉에서 볼 수 있듯이 정규직 임금근로자(직장)의 국민연

16 　사회보험은 노동계층을 중심으로 상호 연대성에 기초하여 발전해 왔다. 노동과 자본의 계급 간 상호의존을 통해 제공되는 보험급여는 노동을 전제로 '선가입'하고 위험이 발생한 이후 '후지급'하는 방식이다. 위험에 대한 예방을 강조하는 것처럼 보이지만, 실제는 노동력 상실분에 대해 보충해 주는 후불 임금적 성격이 강하다. 임금에 기반한 기여금을 전제로 사회적 위험에 대한 보상을 제공하며 임금 수준과 기여기간을 반영하여 '차등적' 급여 수준이 결정된다(이혁수, 2016: 59).
17 　대상 측면에서 비노동계층은 노동계층에 종속된 형태로 살아가는 것을 전제로 한다. 노동 능력이 없는 사람은 최저 수준의 급여를 제공받으며, 부조의 재원은 유급노동이 가능한 사람들에게 의존할 수밖에 없다.

표 1 임금근로자의 종사상 지위에 따른 사회보험 가입률 추이

(단위: %)

		2011	2012	2013	2014	2015	2016
국민연금 (직장)	정규직	79.1	80.3	81.2	82.1	82.0	82.9
	비정규직	38.2	39.0	39.2	38.4	36.9	36.3
건강보험 (직장)	정규직	80.9	82.2	83.5	84.1	84.8	86.2
	비정규직	44.1	45.4	46.2	44.7	43.8	44.8
고용보험	정규직	77.4	78.9	80.6	82.0	82.4	84.1
	비정규직	42.3	43.3	43.6	43.8	42.5	42.8

출처: 통계청(2017)

금 가입률은 2016년 현재 82.9%, 건강보험은 86.2%, 고용보험은 84.1%에 이르고 있다. 그러나 비정규직 근로자의 사회보험 가입률은 정규직 근로자의 절반 수준이며, 시계열적 변화 없이 거의 고정되어 있거나 축소되고 있다. 임금근로자의 종사상 지위에 따른 광범위한 사각지대 문제는 우리나라 복지국가가 비정규직 근로자의 증가와 같은 신사회위험에 얼마나 취약한지를 단적으로 보여주는 증거이다. 사회보장제도 정비의 가장 주요한 과제이며, 보편주의적 복지국가 수립을 저해하는 핵심 요인이다.

임금이 축소되고 사회적 급여 수준이 감소하면서 노동자의 생활 수준은 악화되었고 불평등 수준은 확대되었으며, 총수요의 감축과 더불어 국가경제도 침체에 빠지고 말았다. 경제성장의 신화도 함께 추락하면서 복지국가의 제도들이 제 기능을 수행하기 어렵게 된 것이다. 집단적 비용부담 방식의 지속가능성에 의문이 생기면서 사회적 위험에 스스로 대비해야 한다는 사고가 확산되었다. 국가는 매번 자본의 요구에 따라 위기담론(예를 들어 경제위기,

외환위기 등)을 동원하여 공적 영역의 책임을 회피하고 사회적 위험에 대한 책임을 개인에게 전가하고 있다. 근대사회의 복지국가는 표준화된 방식으로 사회적 위험에 대비하였다면, 유동화된 근대사회의 사회적 불확실성과 불안정성에 대한 국가의 보호기능은 기대하기 어렵게 되었고, 개인과 가족, 이웃 등의 사적 네트워크가 활성화되면서 '개인화' 시대가 전면에 등장했다.

이제 산업화 이후 유지되어 오던 노동에 관한 믿음을 내려놓고, 노동과 소비를 동시에 고려하여 소비가 일자리를 창출하고 일자리가 소비를 창출하는 경제와 사회적 가치의 폭을 확장해야 할 필요가 있다. 복지국가의 역할은 노동을 위한 복지뿐만 아니라 소비를 위한 복지로 전환되어야 한다. 더욱 평등한 재/분배를 위해 소비사회에 보다 적합한 방식을 고민해 봐야 할 시점이다. 이러한 패러다임의 변화는 결과의 재분배에서 기회의 재분배로의 전환을 의미한다. 최근 부상하고 있는 임금주도성장론이 대안이 될 수 있는지 살펴보자.

4. 복지국가의 대안?: 임금주도성장론의 내용과 한계

글로벌 금융위기 이후 후기 자본주의 경제의 대안적 담론으로 부상하고 있는 임금주도성장론wage-led growth의 기본 원리와 주요 쟁점에 관해 논의해 보자.[18] 이 담론은 지난 30년에 걸쳐 진행된 임

---

18 우리나라에선 임금주도성장 이외에 소득주도성장income-led growth이라는 용어가 널리 사

금안정화 정책이 복지국가의 다른 목표인 경제성장을 추동하는 데 실패했다는 전제에서 출발한다. 과거 정부는 노동시장 유연화, 최저임금 인하, 단체교섭과 고용보호 관련법 약화, 복지축소 등의 기업친화적 혹은 친자본적 분배제도의 운영을 통해 임금억제를 위한 '바닥으로의 경주'를 지속해왔다(Lavoie and Stockhammer, 2013: 12). 노동비용을 축소시켜 글로벌 경쟁력을 강화하기 위한 신자유주의 정부와 기업의 주된 전략이었다.[19] 실질임금 수준의 하락은 불평등 수준의 확대로 귀결되었다. 경쟁력 강화를 통한 기업의 이윤추구와 상류층에게 축적된 부가 많은 사람들을 부유하게 만들 수 있다는 '낙수효과'의 주장은 사실상 거짓으로 밝혀졌다(김교성, 2014). 빈부격차는 확대되었고 경제발전의 성과는 미미했으며, 총수요가 추락하면서 경기는 장기적 침체기에 접어들었다.

임금주도성장론의 핵심 내용은 경제성장에 부정적인 역할을 한다고 이해되었던 임금(노동비용)을 총수요와 노동생산성을 창출하고 확대하는 새로운 전략으로 활용하자는 것이다. 임금인상과 총수요의 확장을 통해 평등한 소득분배와 내수 진작을 모색하고 노동생산성의 증대와 더불어 경제성장을 도모한다는 전략이다.

용되고 있다. 자영업자가 많은 우리 사회의 특수성을 반영하여 '임금'이 '소득'으로 개명된 것으로 보인다. 두 용어 모두 노동소득을 의미하며, 자영업자의 조정된 임금소득의 비중adjusted wage share까지 포함한다. 본 장에서는 담론의 형성과 확장을 주도하고 있는 국제노동기구ILO, 국제노동조합총연맹ITUC, 국제연합무역개발회의UNCTAD 등에서 활용하고 있는 원어의 의미를 살리기 위해 '임금'을 선택한다.

19 최상위층의 임금을 올려 주고 기업의 세금을 감면해 주면 '기업가 정신'이 확산되어 경제적 파이가 더 커질 수 있다고 가정한다. '규제완화'라는 명목하에 진행되어 온 여러 사회적 변화들은 최상위층과 (대)기업, 금융산업을 위한 '노다지'였던 셈이며, 지난 30년간 성장한 경제적 파이의 대부분은 그들의 소득과 부의 축적에 활용되었다(Lanseley, 2012).

사실 총수요 부족의 문제를 해결하기 위한 다른 두 가지 방식도 존재한다. 하나는 자국의 유효수요 부족의 문제를 다른 국가에서 찾는 방식이다. 다른 국가에서 새로운 수요를 창출하기 위해 '수출주도형' 경제체제export-led economic regime를 강화하는 방식이며, 독일, 일본, 한국, 중국 등이 여기에 해당한다. 다른 방식은 가계가 부채를 활용하여 점차 커지는 소비를 유지하는 '부채주도형' 경제체제 debt-led economic regime로 미국, 영국, 호주 등이 대표적인 국가이다.

두 가지 방식 모두 문제를 가지고 있다. 전자에는 일국이 순수출을 늘리면 다른 국가는 순 수입을 늘릴 수밖에 없는 '구성의 오류'가 존재한다. 일국의 임금억제를 통한 '근린궁핍화전략'beggar-thy-neighbor policy은 전 지구적 차원의 수요관리 측면에서 유용한 전략이 아니다. 후자인 가계부채의 증가는 경제성장을 저해하고 경기 대몰락의 주된 요인으로 작용할 가능성이 높으며, 우리는 이미 대위기를 경험하였다(Hein and Mundt, 2013; Lavoie and Stockhammer, 2013; 이상헌, 2014). 임금주도성장론은 친노동적 분배정책(복지확대)을 함께 추진하지만 핵심은 가계소득을 견인하는 실질임금의 상승에 있다. 실질임금과 노동생산성, 총수요와 경제성장, 고용성장 간 관계를 실증적으로 분석한 스톰과 나스테파드(Storm and Naastepad, 2013: 108-110)에 따르면, 임금협상을 통해 실질임금 수준이 오르면 —실질임금이 노동생산성에 비해 다소 높게 상승한다는 가정하에— 국민총소득에서 임금이 차지하는 비중wage share도 함께 상승하며, 이것이 총수요의 확대와 경제성장은 물론이고 고용증대까지 견인할 수 있다.

일국의 국민총소득 중 임금 비중의 증가가 총수요의 구성요소들(소비, 민간투자, 정부지출, 순 수출)의 합의 증가를 가져오는 경제를 임금주도경제체제라고 하고, 이윤 비중의 증가(임금 비중의 감소)가 총수요의 구성요소들의 합의 증가를 가져오는 경제를 이윤주도체제라고 한다(Lavoie and Stockhammer, 2013; Onaran and Galanis, 2013). 한 경험적 연구의 결과에 따르면, 세계경제의 다수는 임금주도경제체제wage-led economic regime에 해당된다. 따라서 모든 국가가 동시에 친노동적 분배정책을 추구한다면 총수요는 증가할 수 있다. 반대로 임금삭감이 모든 국가에서 발생하면 기업의 경쟁력 확보는 불가능하며, 노동자의 소득이 침식되면서 소득분배의 악화와 수요/고용침체를 초래할 수 있다(Blecker, 1989; 이상헌, 2014: 84 재인용). 다만 지난 30년간 다수의 임금주도체제에서 신자유주의적·친자본적 분배정책을 추구함으로 인해 발생한 내재적 특성 사이의 모순으로 인해 경기침체에 빠지게 된 것이다(Lavoie and Stockhammer, 2013: 33). G20 국가를 대상으로 한 오나란과 갈라니스(Onaran and Galanis, 2013: 83)의 연구에 따르면, 모든 국가들이 동시에 노동소득분배율을 1%p 상승시키면 전 지구의 총생산은 0.36%p 성장할 것으로 추산된다.

따라서 임금주도성장론은 신자유주의의 대안으로 선택 가능한 담론이며 국제적 공조가 이루어진다면 성공할 가능성이 가장 높은 전략이 될 수 있다. 임금주도성장론의 다른 표현이 '글로벌 케인스주의 뉴딜'Global Keynesian New Deal인 이유이다(Hein and Mundt, 2013). 논의의 핵심은 금융시장에 대한 규제완화, 분배의 불평등성, 글로벌 비균형성 등이 초래한 문제를 해결하기 위해 금융섹터에 대한 (재)규제, 거시경제정책의 방향 전환, 국제적 공조를 위한 재구조화 등의 정책을 추진하는 데 있다. 금융시장을 규제하기 위한 방안으로는 금융시장의 투명성 강화, 장기적 투자자에 대한 보상, 금융거래세 도입 등이 있으며, 세부적인 경제·사회정책에는 최저임금 인상,[20] 누진적 소득세와 자본소득에 대한 과세, 분배적 사회정책 강화, 임금교섭력 증대 등이 구체적으로 소개되고 있다. 임금주도성장론이 성공하기 위해서는 우선 몰락하고 있는 노동자의 임금교섭력을 강화해야 한다. 이윤 추구 활동을 통해 쌓인 기업의 거대한 이익도 다시 축소되어야 하며, 금융 중심의 경제가 공공/비금융 중심의 경제로 전환될 필요가 있다(Hein and Mundt, 2013: 174-179).

임금주도성장론의 한계는 노동의 비중이 축소되고 있는 후기 자본주의 사회의 기본적 토대에 적합한 대안인가 하는 질문과 관련이 있다. 임금상승을 위한 다양한 논의의 주 내용도 고용창출 문제와 상충하는 측면이 있다. 임금/소득으로 표현되는 노동소득은 총고용과 평균 노동소득을 활용하여 계산되므로 대체로 고용친화적이지만, 임금성장과 고용성장 간에는 부(-)적 관계가 형성되어 있다는 것이 경제학의 일반적인 이해이다. 스톰과 나스테파드 (Storm and Naastepad, 2013: 110-113)는 실질임금이 1%p 증가하면 노동생산성과 총생산은 각각 0.38%p와 0.16%p 정도 증가하지만 고용성장률은 오히려 0.30%p 정도 감소한다는 실증적 연구의

---

20 최근 최저임금 '대폭 인상'에 대한 실험이 전 지구적 현상으로 확산되고 있다. 영국과 미국은 물론 말레이시아와 같은 개발도상국에서도 최저임금의 대폭 인상이나 생활임금의 대체 적용 등을 통해 가계소득의 상승을 주도하고 있다. 대체로 12,000-15,000원 수준이 논의되고 있으나 우리나라의 2018년 최저임금안은 7,530원에 불과하다. 이것도 전년도에 비해 16.4%가 인상된 결과이다.

결과를 발표했다. 임금상승과 총수요의 증가는 노동생산성의 상승 효과를 동반하지만,[21] 생산성의 향상이 이윤 비중의 증가로 이어져 임금 비중이 다소 축소되며, 총수요와 경제성장 규모의 감소를 유발하여 고용확대에 부정적 영향을 가져온다는 설명이다.

두 변수 간 관계는 역사적 사실을 통해 다시 확인된다. 1980년대 네덜란드의 루버스Rudd Lubbers 총리는 과도한 복지지출과 경기침체 문제Dutch Disease를 극복하기 위해 공무원 임금을 삭감하고 '바세나르 협약'Wassenaar Agreement이라는 사회적 합의를 이끌어 고용의 기적Dutch Miracle을 만들어 냈다. 노동자와 사용자는 임금인상 자제와 근로시간 단축을 통해 새로운 일자리를 창출했고 경제성장과 완전고용의 두 목표를 동시에 달성했다. 이는 잘 알려진 사실이고 '유연안정화'flexicurity 정책[22]의 성공적 모델로 평가된다. 그러나 실제 성과는 알려진 사실과 다소 차이가 있다. 1980년대 네덜란드의 실질 GDP 성장률은 이전 시기에 비해 낮은 수준으로 확인되

---

21 실질임금이 증가하면 기업은 노동비용의 축소를 위해 노동생산성을 높이기 위한 투자에 힘쓰게 되므로 임금 수준과 노동생산성 간에는 정적(+)인 관계가 형성될 수 있다Kaldor-Verdoorn effect. 반대로 생각하면, 임금억제는 노동생산성의 하락을 가져올 수 있으며, 임금억제를 통한 경제침체의 본질은 생산성의 위기에 있다고 해도 과언이 아니다.

22 네덜란드의 유연안정성은 각종 비정규직 노동자의 노동권을 정규직 수준으로 상승시킨다는 점에서 덴마크의 '황금의 삼각형'golden triangle과 차별화된 접근이다. 정규직에 대한 해고보다는 비정규직의 불안정성을 안정화하여 노동시장을 유연화하는 방식으로 높은 수준의 시간제 근로와 파견근로자의 사용을 특징으로 한다(정희정, 2007: 62). 이러한 내용은 수량적 유연성 측면에서 영미국가들과 크게 다르지 않을 수 있지만, 관대한 사회보장제도와 적극적 노동시장 정책을 운영하는 사민주의 복지국가의 특성을 반영하는 것이다. 그러나 유연화된 노동시장에서 노동생산성이 떨어지는 미숙련 노동자들은 점차 노동시장에서 배제되어 빈곤층으로 전락할 위험이 높다는 한계가 존재한다. 적극적 노동시장 정책의 재정적 압박이 가중되면서 정부는 실업급여를 비롯한 관대한 사회보장제도에 대한 축소를 통해 정부지출을 감축하려는 시도도 존재한다(정원호, 2005: 65).

고 있으며, 임금억제로 인해 총수요가 축소되면서 가계소비의 원천이 자산이나 부채를 활용한 것에 불과했다는 평가이다. 임금 수준이 하락하면서 실업률은 낮아졌지만 노동생산성과 총생산의 하락과 같은 부정적인 영향을 동반했다. 낮은 실업률은 단지 저임금과 시간제 근로자로 대표되는 노동시장 유연화의 결과일 뿐이었다(Storm and Naastepad, 2013: 100-104).

그러나 임금 수준이 하락하면 지표상의 고용률이 증가할 수 있다는 면에서 두 변수 간 부(-)적 관계는 확인된다. 따라서 임금 수준을 인상하면 고용확대에 대한 기대는 다소 요원해질 수 있다. 문제를 해결하기 위해 공공부문이나 환경 분야green jobs에서 새로운 일자리를 창출하거나 노동시간을 '단축'하는 대안이 제시되기도 한다. 다만 단축된 노동시간만큼 부족한 임금을 어떤 방식으로 충당할 것인가가 새로운 문제로 부상한다. 이 지점에서 우리가 선택할 수 있는 대안은 '기본소득'밖에 없다. 좀 더 급진적이고 변혁적인 변화가 필요하다.

03 | 불안정 노동의 일상화와 불평등의 구조화

앞 장들에서는 자본주의와 복지국가의 질적 변화의 과정과 내용을 살펴보았다. 이 장에서는 불안정 노동의 일상화와 불평등의 확산 및 구조화 현상을 살펴볼 것이다. 불평등의 확산과 구조화는 노동 없는 미래, 노동중심 패러다임의 해체 그리고 불안정 노동이 일상화된 결과이기도 하며, 이러한 변화와 기존 사회보장제도의 부정합의 결과이기도 하다. 다양한 논의를 통해 왜 복지국가의 혁명이 필요한지에 대한 답을 찾고자 한다.

1. 불안정 노동의 일상화

불안정 노동의 일상화는 산업구조의 변화와 관련이 크다. 1970년대 이후 자본주의 경제체제의 특징은 서비스경제로의 전환, 비전형적이고 유연한 고용의 확대로 인한 표준적 고용관계 SER: Standard Employment Relationship의 해체로 요약할 수 있다(백승호, 2014; 이주희, 2011; Kalleberg, 2000; 2009; Bosch, 2004; Castel, 2003). 이러한 변화들은 인지자본주의로의 질적인 변화와도 관련된다(안현효, 2012). 지난 수십 년 동안 이러한 경제, 사회구조의 변화는 삶의 불안정성을 일상화했다. 특히 불안정 고용precarious employment이 전 세계적으로 주요한 이슈로 등장하였다.[1]

재화에서 서비스로의 소비패턴 변화, 서비스 부문 노동수요의 증대로 인해 우리 사회의 산업구조도 서비스경제로 진입했다. 이 과정에서 서비스업 중심으로 증가된 일자리는 질 낮은 일자리로 채워졌고, '낮은 임금'과 '빈번한 고용단절'의 불안정한 고용관계가 확대되었다. 결국 일하면서도 빈곤한 근로빈곤층working poor이 양산되어 왔다(서울사회경제연구소, 2011). 이들 일자리의 대부분은 여성, 노인, 청년 등 노동시장 취약계층에 의해 충당되었다.

또 하나 주목할 변화는 전통적 산업사회와는 전혀 다른 새로운 고용형태들이 등장하고 있다는 것이다. 서비스경제로의 전환과 노동시장의 불안정성을 단순히 비정규직과 같이 고용계약관계가 불안정한 임금노동자의 확대로 설명하기에는 너무나 새롭고 다양한 비임금근로의 고용계약 형태들이 만들어지고 있다. 특수형태노동, 크라우드 노동자 등이 대표적이다. 현재로서는 어떤 고용형태들이 존재하고 있는지 실태파악조차 제대로 되지 않고 있는 실

I   그러나 불안정 노동에 대한 합의된 정의는 없다. 국가, 지역, 정치시스템 등 경제사회적 맥락과 그러한 맥락에 따른 노동시장 상황이 다양한 형태로 존재하기 때문이다(백승호, 2014; ILO, 2011).

정이다(이승윤 외, 2017).

이러한 불안정 노동의 확대와 관련하여 기존의 노동시장의 불안정성에 대한 연구들은 두 가지로 구분할 수 있다(Burgress and Campbell 1998: 6-8). 첫째는 '누가 불안정 노동자인가?'에 대한 답을 찾고자 하는 연구들이다. 이러한 접근은 불안정 노동에 속한 사회경제적 집단이 누구인지를 규명하는 데 관심을 갖는다(이병훈·윤정향, 2001; 김유선, 2014; 서정희·박경하, 2015; Kalleberg, 2009; Standing, 2011; Kroon and Paauwe, 2013 등). 이들은 비정규 고용 non-standard employment, 취약근로vulnerable work, 일용근로disposable work, 임시근로contingent work 등과 같은 고용안정성이 부재한 임금 노동자를 불안정 노동자로 정의해 왔다. 스탠딩(Standing, 2009)의 경우에는 프레카리아트precariat라는 개념을 사용하여 불안정 노동을 사회경제적 집단의 관점에서 접근한다. 이러한 접근은 불안정 노동집단을 명확하고 가시적으로 드러낼 수 있다는 장점이 있는 반면, 탈산업화시대에 나타나는 노동 불안정성의 복잡성과 모호성을 충분히 반영하기 어렵다는 한계가 있다.

둘째는 불안정성의 속성에 주목하는 연구들이다. 이들 연구들은 노동 안정성이 결핍된 다양한 상태(백승호, 2014, 백승호·이승윤, 2014; 서정희·박경하, 2015; Vosko et al., 2009; ILO, 2012; Standing, 2011)에 집중하며, 임금 측면의 불안정성, 고용관계의 불안정성, 사회적 임금으로부터의 배제에 의한 불안정성, 자원의 결핍에 대한 불안정성 등 한 개인이 경험할 수 있는 불안정성을 다양한 측면에서 논하고 있다(이승윤 외, 2017).

최근 우리나라에서 노동시장의 변화를 가장 직접적으로 경험하고 있는 대표 집단은 청년들이다. 표준적 고용관계에서 벗어난 고용계약 형태들, 지식기반 서비스경제 사회에서 새롭게 등장하는 고용 및 일의 형태들을 청년층이 주로 경험하고 있다. 한 가지 예로 기존에는 음식점의 배달원들이 음식점의 사장과 일대일 고용관계를 맺었다면, 최근에는 여러 음식점의 정보를 모아두고 휴대폰 이용자들로부터 직접 주문을 받아 음식점에 전달하는 일종의 '주문 중개인'과 같은 스마트폰 어플리케이션이 대중화됐다. 이 과정에서 배달원들은 한 음식점에 고용되지 않으며 고용주가 누구인지 모르고 계약관계도 불분명한 고용관계를 맺게 된다. 이렇게 고용형태의 다변화뿐 아니라, 히키코모리, 니트족 등 청년층에게서 다양한 형태의 삶의 변화가 확대되고 있다. 청년층에서 새로운 고용 및 일의 형태 다변화가 관찰되고 있는 시점에서 기존 논의들은 이들을 취업준비생, 가사도 통학도 하지 않는 자 등으로 분리할 뿐 크게 주목하고 있지 않다(이승윤 외, 2017).

우리나라 청년들의 전반적인 노동시장 참여 현황을 보면, 경제활동 참가율은 2000년 47.2%에서 2015년 45.7% 수준으로, 절반 이상의 청년들이 경제활동에 참가하고 있지 않다. 고용률은 2016년 40%를 조금 넘는 수준이다. 2016년 청년실업률은 9%를 상회하여 1999년 공식 통계 집계 이후로 가장 높으며, 구직 활동을 포기한 청년니트 비율은 18.5%로 OECD 평균 15.4%를 상회하고 있다. 취업준비자, 구직 단념자 등을 포함한 청년 실질 실업률은 청년 공식 실업률에 비해 약 세 배 이상 높아 30%가 넘는다. 노동시장에서 일하고 있는 경우에도 상황은 그리 좋지 않다. 임금노동자 중 29세 이하 청년들의 비정규직 비율은 보수적인 통계치를 제시하고 있는 통계청 발표에 근거해도 2010년 33.6%에서 2015년 35%로 증가 추세에 있다. 전체 15세-64세의 다른 연령층에서는 비정규직 비율이 감소하고 있지만 청년층에서는 증가하고 있다(이 승윤 외, 2017).

우리 사회의 노인들도 노동시장에서 불안정하게 일하고 있다. 2017년 1월 현재 65세 이상 노인 인구는 약 700만 명이다. 이는 전체 인구의 약 16% 정도인데, 이 비율은 2020년이 되기 전에 약 20%가 될 것으로 예측되고 있다. 65세 이상 인구 중 경제활동인구는 약 200만 명으로 노년층의 경제활동참가율은 약 30% 정도이다. 다른 나라에 비해 많은 노인들이 일하고 있지만 노인들의 고용불안정 수준은 매우 높다. 조사 시점의 차이가 있기는 하지만 최근에 이루어진 근로형태별 취업자 자료를 보면, 2014년 8월 현재 60세 이상의 임금근로자가 약 170만 명인데, 그중 약 68%에 해당하는 120만 명이 비정규직에 종사하고 있다. 또한 노인들의 소득불안정 수준도 높다. 2014년 8월 한국경제활동인구조사 부가조사에 따르면 법정 최저임금 미달자는 전체 임금근로자의 약 12% 정도인데, 이를 다른 연령층과 비교하면, 그 비율은 각각 25세 미만의 28%, 25-34세는 4.4%, 35-44세는 5.2%, 45-54세는 8.9%, 55세 이상은 30%이다. 즉 우리나라는 가장 저임금이고 불안정한 일자리에서 노인과 청년들이 일하고 있다는 것을 말해준다(이승윤 외, 2017).

청년과 노인이 불안정 노동시장에 집중되어 있다면, 여성의 경우는 불안정이 이에 한 겹 더해진다. 청년의 경우도 여성이, 노인의 경우도 여성노인이 남성노인에 비해 더욱 불안정한 노동시장에 집중되어 있다. 역사적으로 한국의 여성 노동시장은 1960년대와

1970년대에 경공업 부문을 중심으로 농촌 출신의 젊은 미혼여성의 노동력이 동원되었고, 1980년대 이후 저임금 여성 미혼노동자의 부족으로 인해 기혼여성 노동력이 새로운 노동공급원으로 대두되었다(김미숙, 2006). 이 시기 기혼여성의 경제활동참가 증가율은 남성이나 미혼여성 대비 높았고 특히 판매 서비스직이나 생산직에 종사하는 비율이 늘어나기 시작했다(김태홍 외, 1992). 1980년대 말부터 기업은 여성, 중고령자, 청년 등 유휴노동력을 활용하고자 했으며(김미숙, 2006), 여성 근로자의 증가는 임시직 및 일용직을 중심으로 이루어졌다(금재호, 2000). 즉, 유휴노동력의 차원에서 동원되기 시작한 여성 노동력의 증가는 비정규직에 여성이 집중되면서 여성의 불안정 노동시장을 확대시켰다. 남녀 모두 1999년과 2000년에 임시·일용근로의 비중이 최고점에 도달한 이후 지속적으로 감소하였음에도 불구하고, 여성의 임시·일용근로 비중은 남성 대비 항상 높은 수준으로 지속되었다(이승윤 외, 2016).

여성의 다양한 비정규직의 형태를 파악하기 위해 통계청의 "경제활동인구조사 부가조사"를 살펴보면 비정규직의 규모[2]는 2015년 8월 기준 627만 명으로 전체 임금노동자 중 32.5%를 차지하며, 남성 임금노동자 중 26.5%, 여성 임금노동자 중 40.2%가 비정규직으로 분류된다(통계청, 2015). 한편 한국노동사회연구소는 통계청 경제활동인구조사 부가조사 결과에서 보고되는 비정규직 기준에 고용계약을 맺지 않고 장기간 임시직으로 근로하는 장기임

---

2   한국 통계청은 경제활동인구 부가조사 결과를 분석할 때 근로형태에 따라 한시적 근로자, 시간제 근로자, 비전형근로자(파견근로자, 용역근로자, 특수형태근로자, 일일근로자, 가정내 근로자)를 비정규직으로 산출한다.

시근로자와 업체에 소속되지 않은 자유노동자, 계절근로자를 포괄할 것을 주장하였으며, 비정형이 아닌 임시·일용직 근로자들이 낮은 임금과 열악한 고용조건을 보인다는 결과를 보고하였다(김유선, 2015).[3] 이와 동일한 방식으로 장기임시근로, 한시적근로, 시간제, 비전형근로로 구성된 비정규직을 산출하면(이승윤 외, 2016), 2015년 8월 기준 비정규직 근로자는 869만 명으로 전체 임금노동자 중 45%를 차지하며, 이는 통계청 등에서 산출한 비정규직 비중보다 12%p 이상 높은 수치이다. 남성 임금노동자 중 36.8%, 여성 임금노동자 중 55.4%가 비정규직으로 분류되며, 여성의 비정규직 비율은 남성에 비해 매우 높은 수준이다(이승윤 외, 2016).

앞서 설명하였지만, 현재 노인층뿐만 아니라 청년층도 각각 약 30%에 해당하는 사람들이 최저임금 미달 또는 그 수준에 해당되는 저임금으로 일하고 있다. 우리나라 노동시장에서 저임금 근로자의 비중은 2013년 기준 24.7%로 OECD 국가 중 미국 다음으로 가장 높은 비율이다(OECD 평균은 16.3%). 청년 또는 노인의 경우에도 여성청년과 여성노인의 비중이 남성에 비해 더 높다. 우리나라의 불안정 노동의 규모를 구체적으로 분석한 이승윤 외(2017)의 연구에 따르면 불안정 노동을 고용관계, 소득 수준, 사회적 보호의 세 가지 차원을 종합하여 측정하였을 때 세 가지 모두에서 안정적인 집단의 비율은 25%에 불과하다. 즉, 우리나라의 노

---

3   한국노동사회연구소는 2000년대 초부터 장기임시근로자가 통계청 등 정부 통계에서 제외됨을 지적하였다. 김유선(2015)은 한시근로를 고용될 때 근로기간을 정한 기간제 근로자 혹은 근로기간을 정하지 않은 자로서 현 직장에 계속 고용 가능할 것이라 생각하지 않는 자로 정하고, 장기임시근로는 종사상 지위가 임시·일용인 자 중에서 한시근로를 제외한 나머지로 정하여 비정규직을 산출하였다.

동시장에서 부분적으로 또는 모든 측면에서 불안정한 삶에 노출된 노동자는 전체의 75%이다.

2. 불평등의 확산과 구조화

이러한 불안정 노동의 일상화는 불평등의 확산과 구조화로 이어진다. 우리는 매우 불평등한 사회에 살고 있다. 일국적 차원과 글로벌 차원 모두에서 문제의 심각성이 부각된다. 우선 일국적 차원의 분배구조는 다수의 국가에서 양극화되고 있다. 정도의 차이가 존재하지만 '자유주의' 복지국가에서 두드러지게 관찰된다. 다양한 증거는 역사 속에 축적되어 왔다. 지난 30년간 지니계수, 소득 10분위, 5분위 배율, 소득점유율 등 소득불평등과 관련된 수치가 이를 예증한다. (최)상류층이 전체 소득에 상당 부분을 독식하며 자체 추진력에 의해 불평등 수준은 계속 심화되고 있다.

세계화와 각국의 금융규제에 대한 동시적 완화는 불평등 문제를 글로벌한 차원까지 확대시켰다. 무역의 증대와 글로벌 기업의 '초국가적' 투자 확대는 일부 부유한 국가의 최상위층에게 이윤을 몰아주었고 발전의 수혜를 일부 국가로 제한하였다. 전 세계 인구의 최상위 1%가 전체 부의 약 50% 정도를 소유하고 있으며, 하루 2달러 미만으로 살아가는 사람들이 28억 명이나 존재한다는 사실은 글로벌 불평등 현상을 보여주는 하나의 상징이다. 최근 글로벌 불평등 현상에 관한 방대한 분석 결과를 발표한 밀라노비치(Milanovic, 2017: 44)에 따르면, 1988년부터 2008년까지 전 세계

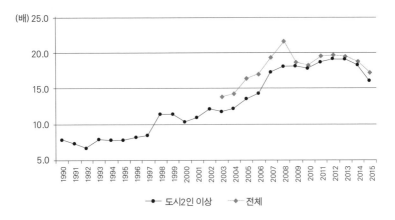

그림 1 소득 10분위 배율 추이

출처: 통계청(각년도)

소득 증가분의 44%가 세계의 상위 5%에게 돌아갔으며, 약 20%가 최상위 1%의 차지가 되었다. 동 기간 동안 전 세계 최상위 1%의 소득이 약 67% 이상 증가하면서, 세계화의 과실이 이른바 '슈퍼리치'에게 집중되었고, 글로벌 불평등 현상은 국가 내 불평등 수준보다 훨씬 더 심각하게 악화되고 있다.[4]

그렇다면 우리 사회의 불평등 수준은 어떠한가? 〈그림 1〉은 우리 사회의 소득 불평등 수준도 지속적으로 악화되고 있다는 사

---

4 세계화의 승자에는 ─글로벌 금권집단이라고 불리는 최상위 1% 집단 이외에─ 아시아 신흥국가의 빈곤층과 중간계층이 포함된다. 전 세계 인구의 약 20%에 해당되고 전 세계 소득분포의 약 40-60분위에 속하는 이들은 지난 20년 동안 실질소득이 약 70% 이상 증가했다. 세계화의 최대 패자는 고소득국가의 중하위층이다. 전통적인 부자국가로 인식되는 OECD 회원국의 하위 5분위에 속하는 이들로 누적 소득증가율은 0~7%에 불과하다. 세계화 정책의 주된 설득 대상이 정책의 실행을 통해 최대 피해자로 전락하고 말았다 (Milanovic, 2017: 29-34).

실을 보여주고 있다. 통계청에서 제공하는 가계수지 자료에 기초하여 소득 1분위 대비 10분위의 배율을 산정해 본 결과,[5] 1997년 외환위기 이전까지 시장소득에 기초한 10분위 배율은 상대적으로 안정적인 수준(6.63-8.13배)으로 유지되고 있다.[6] 그러나 외환위기 이후 소득 10분위 배율은 11.45배로 급속하게 확대된다. 기업의 구조조정과 정리해고의 과정에서 노동자의 임금은 상실되거나 축소되었고, 국가의 복지체계는 일부 확대되었지만 제대로 된 기능을 발휘하지 못했다. 노동시장 유연화와 불안정 노동의 확대 현상도 분배구조에 지속적인 악영향을 행사하고 있다. 그 결과 소득 10분위 배율은 2005년 13.53배, 2010년 17.81배로 크게 확대되었으며 2013년에는 무려 19.10배를 기록하고 있다. 이른바 '소득 양극화' 현상이 급속도로 심화되고 있는 것이다.

분석의 대상을 전국 단위로 확대하면, 분위별 격차는 더욱 확대된다. 지니계수, 소득 5분위 배율, 그리고 상대적 빈곤율에 대한 분석을 통해 유사한 결과를 확인할 수 있다. 지니계수는 1990년 0.256에서 2000년 0.266, 2010년 0.289로 증가 추세에 있으며, 소득 5분위 배율도 1990년 3.72배에서 2000년 4.05배, 2010년 4.82

5　이 자료는 두 가지 한계점을 가지고 있다. 우선 가계조사에 포함된 대상이 2인 이상의 도시 근로자 가구로 한정되어 있다. 문제를 극복하고자 2003년부터 전국의 1인 이상 가구로 대상을 확대하였으나, 표본 가구의 수가 1만 가구에 불과하여, 세부적인 분석의 한계가 존재한다. 최고 부유층의 소득과 생활조건 등에 대한 분석이 불가능하며, 이주민에 대한 정보도 누락되어 있다.

6　주된 이유로 '정치적 민주화' 효과를 들 수 있다. 과거 부정되었던 노동삼권이 인정되고, 임금 인상을 위한 단체교섭과 파업이 합법화되면서, 제조업 분야를 중심으로 저임금 노동자의 임금이 상승되고 불평등 수준은 약화되었다. 노동운동의 활성화가 분배구조의 변화를 추동했다는 설명이다(신광영, 2013: 43-44).

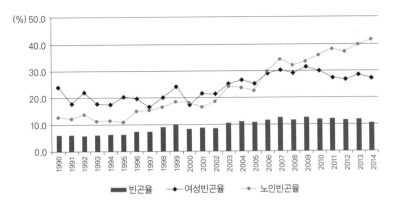

그림 2 상대적 빈곤율과 여성 · 노인 빈곤율 추이

출처: 통계청(각년도)

배까지 확대되고 있다. 상대적 빈곤율(2인 이상의 도시 가구, 가처분 소득 기준)은 1990년 7.1%에서 2000년 9.2%, 2010년 12.5%까지 상승하여 지속적인 악화 경향을 보인다. 특히 여성과 노인의 빈곤율은 전체 빈곤율에 비해 2-3배 이상의 수준을 보이며, 빈곤 현상의 심각성을 부각시키고 있다. 우리나라의 소득 불평등 수준은 그 어느 때보다 좋지 않은 상황이다(김교성, 2013: 36-37; 김교성, 2014: 283-285).

소득 불평등의 숨겨진 진실은 상위 10%가 아니라 상위 1%의 소득집중도에 있다. 우리 사회의 최상류층도 전체 소득의 상당 부분을 독식하고 있다. 김낙년(2012)은 1979-1985년과 1995-2010년 등 제한된 시기의 소득세 자료를 이용하여 상위 1%의 소득집중도를 추계하였다. 그 결과 상위 1%의 총소득 점유 비중은 외환위기 전후 7%대로 안정적으로 유지되다가, 2000년대 이후 지속적으로 상승하여, 2010년에는 11.93%에 이르고 있다. 분석의 범위를

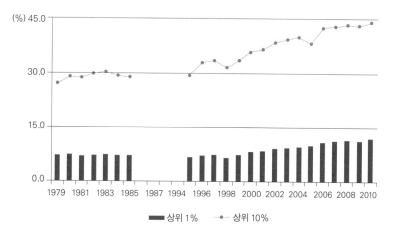

그림 3 상위 1%와 상위 10%의 소득집중도 추이

출처: 김낙년(2012)

상위 10분위까지 확대해 보면, 2010년 기준 총소득 점유율은 무려 42.4%에 달해, 통계청 자료에 기초한 분석의 결과를 무색하게 만들고 있다.[7]

특히 외환위기 이전 30%대 초반에 머무르던 수치와 비교해 볼 때, 1997년 외환위기 이후 우리 사회 소득집중도의 심화 현상은 급속하게 진행된 것으로 이해할 수 있다.[8] 부유층은 단지 부자이기 때문에 점점 더 부유해지고, 저소득층은 단지 가난하기 때문에 점점 더 빈곤해지는 자체의 추진력에 의해 불평등은 계속 심화

---

7   김낙년(2012: 16-17)은 가구주 비중과 인구구조를 감안할 때, 그의 연구 상위 5%, 10%의 소득비중이 통계청 가구조사 자료의 상위 10%, 20%와 대응된다고 설명하고 있다.
8   선대인경제연구소의 발표에 따르면, 상류층의 소득집중도 수준이 더욱 높게 나타나고 있다. 전체 종합소득금액에서 상위 10%가 차지하는 비중이 45.4%(1996년)에서 54.3%(2012년)로 늘었으며, 최상위 1%의 비중도 동 기간 14.9%에서 21.7%로 증가하고 있다(한겨레신문, 2014. 6. 12).

되고 있다. 바우만(Bauman, 2013: 21-22)의 비유처럼 이제 불평등은 역사상 최초로 '영구기관'perpetuum mobile이 되어가고 있는 것처럼 보인다. 그리고 우리나라도 미국과 같이 분명한 '승자독식의 사회'winner-takes-all society가 되어가고 있다(Hacker and Pierson, 2010).

문제는 이러한 현상이 일시적인 것이 아니며 지속적 속성과 함께 '구조화'되고 있다는 점이다(신광영, 2013: 18). 의료와 건강의 양극화, 교육의 양극화로 연결되어 부와 빈곤의 세대 간 이전과 불평등 구조의 영속화 혹은 고착화에 기여하고 있다. 다른 문제는 불평등 현상이 우리 사회의 다양한 측면에 나쁜 영향을 미치고 있다는 사실이다. 불평등과 병리적 현상들 간 높은 상관관계는 이미 여러 연구를 통해 확인되었다. 이는 대체로 범죄, 10대 임신, 비만, 건강, 사회적 배제 등 다양한 사회문제의 원인으로 작용하고 있다(Wilkinson and Pickett, 2010). 소득 불평등은 독립적인 사회문제가 아니며, 대부분의 사회문제는 사회의 경제적 수준이 아니라 사회가 얼마나 불평등한지에 의해 결정된다.

우리 사회의 자살률, 범죄율, 강력 범죄율, 출산율 등의 수치와 비교해 보자. 〈그림 4〉는 우리나라의 인구 10만 명당 자살자 수와 소득 10분위 배율의 연도별 추이를 보여주고 있다. 확실한 비교를 위해 각 변수의 표준화 수치standardized value를 활용하였다. 동반 상승하는 유사 궤적을 보면 두 변수 간 밀접한 관계를 추정할 수 있다. 상관관계 분석의 계수(r=0.928)를 통해 정(+)의 관계가 확인된다. 소득 5분위(r=0.908)나 지니계수(r=0.874)를 활용해도 유사한 결과가 도출된다. 사회적 타살 현상과 소득 불평등 수준은 명백하게 연결되어 있다. 최근 발생하고 있는 다수의 생계형 자살 혹은 사회적 타살 현

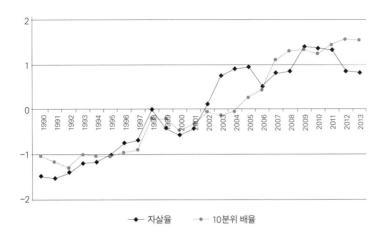

상을 목격하면서 불평등 수준이 더 이상 묵과할 수 없을 만큼 악화되어 있다는 사실을 추정할 수 있다. 이러한 분석의 결과는 오늘날 진행되고 있는 사회문제의 일면만을 보여주는 것이다.

초저출산율과 높은 범죄율 등 나쁜 수치들도 자살률과 경쟁하고 있으며, 현상은 갈수록 악화되고 있다. 〈그림 5〉와 〈그림 6〉을 보면 소득 10분위 배율은 범죄건수(r = 0.832), 강력범죄 건수(r = 0.889)와 높은 상관관계를 가지고 있고, 합계출산율(r = -0.724)과 부(-)의 상관관계를 보인다. 소득 불평등이 심화될수록 범죄율이 증가하고, 출산율도 감소한다는 사실을 쉽게 추론할 수 있다. 다양한 사회적 위험과 문제를 예방하기 위해서는 불평등의 문제부터 해결해야 한다(김교성, 2013: 40; 2014: 283-287).

경제적 불평등이 정치적 불평등에 영향을 미치면 민주주의의 악화, 사회정의와 공정성의 훼손, 개인과 조직에 대한 신뢰성 하락,

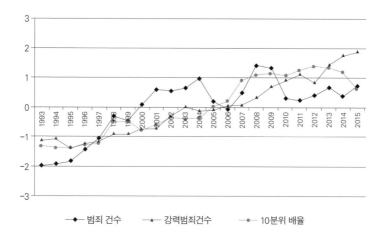

그림 5 범죄건수와 소득 10분위 배율

출처: 통계청(각년도)

국가 정체성의 위기 등의 '대가'도 지불해야 할지 모른다(Stiglitz, 2013). 이 또한 모든 구성원이 부담해야할 비용이다. 불평등 확대가 경제성장에 역효과를 미친다는 연구결과까지 발표되고 있다(Atkinson, 2015; Reich, 2015; Sturn and Van Treeck, 2013).

최근 불평등 논의의 화두인 '기능적 소득분배'functional income distribution 관련 연구에 따르면, 대부분의 국가에서 개인 혹은 가계의 불평등 현상이 확대되고 있는 동시에 국가 총소득에서 노동자에게 귀속되는 총보수의 비중이 크게 감소하고 있다. 실질임금 수준의 축소로 인해 소득분배가 더 불평등해졌다는 의미이며(Atkinson, 2015: 107), 이는 총수요의 감소와 함께 국가 전반의 경기침체로 이어지게 된다(Sturn and Van Treeck, 2013: 128). 따라서 불평등에 대한 논의도 가계 혹은 소득 불평등이라는 좁은 영역을 넘어 사회 전반의 실질임금 수준이나 노동소득분배율과 같은 거시적 지표

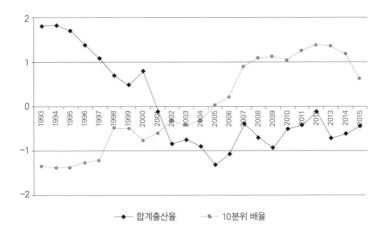

그림 6 합계출산율과 소득 10분위 배율

출처: 통계청(각년도)

변화에 관심을 가질 필요가 있다. 다시 말해 국가총소득에서 노동과 자본, 임금과 이윤 간의 소득분배 문제에 주목해야 한다는 의미이다.

우리 사회의 노동소득분배율은 외환위기를 거치면서 등락을 거듭하였지만, 다소 하락하는 모습을 보이고 있다(김교성, 2014: 290).[9] 이러한 현상은 우리나라만의 문제는 아니다. 다른 복지국가의 노동소득분배율도 1970년대 말까지 상승세를 보이다가 1980년대 들어 하락세로 전환하였고 추세는 지속되고 있다(이상헌, 2014: 75).[10] 전반적인 불평등 수준이 확대된 시기와 일치한다. 핵심은 노

9   우리나라에서는 국민계정에 '노동자 총보수' 항목으로 잡혀있는 수치를 사용한다(이상헌, 2014: 71). 다만 자영업자의 노동소득과 이윤소득에 대한 구분의 어려움으로 인해 정확한 측정이 쉽지 않은 실정이며, 보편적으로 적용될 수 있는 보정방식에 대한 합의도 마련되어 있지 않다.

10 16개국(호주, 오스트리아, 벨기에, 캐나다, 덴마크, 핀란드, 프랑스, 독일, 아일랜드, 이탈

동소득분배율이 경제성장에 부(-)적인 영향력을 행사한다는 점이다. 실질임금 증가의 둔화와 소득분배의 악화는 수요 측면에서 내수를 위축시키고 공급 측면에서 생산성 증가에 부정적인 영향을 미치고 있다(홍장표, 2014).

불평등의 가장 큰 원인은 (대)기업의 '이윤독점'에 있다(Atkinson, 2015; Bauman, 2013a; Hacker and Pierson, 2010; Reich, 2015; Stiglitz, 2012; 김교성, 2014; 장하성, 2015). 지난 30년 동안 경제가 성장하면서 기업의 순이익은 증가하였고 현금성 자산과 사내유보금 비중도 확대되어 왔다. 노동시장의 유연화와 임금억제 방식을 활용하여 기업의 경영수익은 확대되었으나 노동자의 실질임금은 크게 인상되지 않았다. '임금 없는 성장'의 결과로 경제성장의 혜택은 기업에게 집중되고, 노동자의 삶은 가계부채의 증가와 더불어 점점 더 황폐해지고 있다(김교성, 2014: 288-292).

일부 학자들은 정부의 활동이 불평등 심화와 관련이 없다고 주장한다. 자본주의 불평등 확대의 상당 부분이 정부가 개입하기 이전인 시장소득에 기초하여 발생한다는 논리이다. 그러나 승자독식의 사회를 건설하는 데 관여한 정부도 불평등의 원인으로부터 자유롭지 않다. 기업과 부유층 감세에 집중하고 불공정한 임금교섭 과정을 못 본 척 하며, 낮은 수준의 임금과 복지지출을 방관하고 오히려 노동조합과 복지 때문에 경제가 망한다고 협박하고 있

리아, 일본, 네덜란드, 스페인, 스웨덴, 영국, 미국)을 대상으로 한 추세이다. 하락 폭이 '과소평가'되었다는 지적도 있다. 노동소득에 상위 1%의 소득도 포함되어 있기 때문인데, 이를 '노동소득'으로 분류해야 하는지에 대한 논란이 존재한다. 그들의 소득을 제외하면 노동소득분배율은 2-6%p 정도 더 하락하는 것으로 추정되고 있다(ILO, 2013; 이상헌, 2014: 75에서 재인용).

다(Hacker and Pierson, 2010). 특히 과거 우리나라 정부는 법인세와 관련하여 과세표준 구간의 조정과 세율 변경의 방법을 통해 기업에 막대한 혜택을 안겨주었다.[11] 여기에 각종 세금감면 조치가 더해지면 기업들이 실제 부담하는 실효법인세율은 더욱 감소하게 된다.[12] 감세정책의 효과는 경제성장의 둔화, 불평등 수준의 강화, 국가채무의 확대 등 참혹한 결과로 되돌아 왔다.

시장소득 분배의 과정에서 정부가 관여할 수 있는 부분은 임금상한제, 최저임금, 임금조정, 고용보호 등 다양한 방면에 존재하고 있다. 다만 그렇게 하지 않을 뿐이다. 우선 최저임금제, 임금조정, 임금상한제 등과 같은 노동규제를 통해 실질임금과 가계소득을 증가시킴으로써 임금격차와 불평등 문제를 해결하는 효과를 가질 수 있다. 이 제도들은 대체로 중앙화된 임금교섭의 여부에 영향을 받는 것으로 이해되며, 자본의 다양한 압력에 대한 국가의 대응 방식을 살펴볼 수 있는 중요한 준거가 될 수 있다. 북구의 복지국가들은 오랜 기간 연대임금과 적정 최저임금의 실행을 통해 성공적으로 '시장에 저항하는 복지정치'politics against market를 수행해 왔다(김교성 · 김성욱, 2011: 139; 146).

반면 자유주의 복지국가의 대표주자인 미국과 영국, 우리나

---

11   2008-2012년 전체 기업의 당기 순이익은 25%, 과세표준액은 32% 정도 증가한 반면, 세금은 8%밖에 증가하지 않았다. 법인세 실효세율의 인하와 각종 세제혜택 덕분이다(새로운 사회를 여는 연구원, 2014: 228).

12   국세청에서 매년 발표하는 과세표준액 대비 총 부담세액의 비중을 살펴보면, 실효법인세율은 1990년대 중반까지 다소 상승하는 모습을 보이다가, 1995년부터 감소하여, 2002년까지 23.0%대를 유지하고 있다. 이후 지속적으로 하락하여, 2010년부터 16.0%대로 크게 축소되었으며, 2012년에는 16.8%에 불과하다.

라에서는 불안정한 저임금 일자리가 정규직을 대체하면서 엄청나게 높은 임금분산 수준을 보이고 있다. 노동시장을 규제하는 법률이나 단체협약, 관행 등의 고용보호 제도도 실업, 고용불안, 저임금으로부터 노동자의 삶을 보호함으로써 소득분배 구조에 영향을 미치는 것으로 간주되어 왔다(황선자·이철, 2008: 43). 우리나라의 고용보호 수준은 형식적으로는 매우 높은 수준이나 급증하고 있는 불안정 노동의 현상을 보면 제도 실행의 실효성에 높은 점수를 주기 어렵다. 특히, 비정규직에 대한 고용보호 수치만 비교해 보면 OECD 평균보다 낮은 수준이다.

이는 정부의 의지도 박약하지만 약화된 노동조합의 영향력과 연관이 있을 것으로 추정된다.[13] 시장에서 불평등하게 배분된 자원을 좀 더 평등하게 재분배하는 일도 정부의 다른 역할 중 하나이다. 북구의 복지국가들은 누진적인 조세체계와 보편적인 복지제도의 실행을 통해 불평등 현상을 일정 수준까지 축소시키고 있다. 그러나 우리나라의 복지제도는 낮은 급여수준과 제도의 미성숙, 그리고 폭넓은 사각지대로 인해 낮은 재분배 효과를 보이고 있다. 정부는 재정지출 수준을 확대하여 가구소득의 증대와 불평등 현상을 완화시키고 자연스럽게 유효수요의 증가와 더불어 경제성장의 선순환 시스템까지 확립할 수 있다(김교성, 2014: 302-305, 310-313).

더욱 심각한 문제는 일국적 복지국가(혹은 현존하는 국제기구)

---

13 우리나라 노동조합 가입률은 1989년에 최고 수준(19.8%)까지 확대되었으나, 지속적으로 감소하여 2010년에는 절반 수준(9.8%)으로 축소되었다(통계청, 2014). 단체교섭의 적용범위도 14%밖에 되지 않아, 두 수치 모두 OECD 국가 중 최저 수준이다(신광영, 2013: 80-82). 임금협상이나 노사관계에서 노동자의 영향력이 제한적일 수밖에 없다.

가 글로벌 불평등의 문제를 해결할 만한 능력이 부족하다는 데 있다. 개인들은 세계경제와 관련하여 구체적인 결정을 할 능력도 없고 적절한 사회적 안전망을 제공할 능력도 없으며 통제받지 않는 글로벌 금융세력의 막대한 권력 앞에 또 다른 피해자일 뿐이다(Bauman, 2010a: 172-174). 불평등의 당사자인 개인은 영토국가 내 정치적 공간의 한계로 인해 동등한 분배와 참여의 제한을 경험하면서, 자신의 복지를 스스로 책임지거나 단지 자선과 구호의 대상으로 전락하고 있다(Bauman, 2013: 39-44).[14]

---

14 포기(Pogge, 2001: 14)는 ① 지구적 빈곤층은 잘못된 과거 역사로 인해 불리한 위치에 처하게 되었고, ② 인류 전체가 단일한 지구적 경제 질서 속에서 공존하고 있으며, ③ 동일한 자연자원에 의존하고 있는 상황에서 부유한 나라들만 그것을 독차지 하고 있다는 점에서 지구적 빈곤과 불평등에 대한 재분배 의무를 정당화하고 있다(김원식, 2010: 125에서 재인용-).

04 노동시장과 사회보장제도의 부정합

앞 장에서 불안정 노동의 일상화와 불평등의 구조화에 대해 구체적으로 살펴보았다. 불안정 노동의 일상화는 표준적 고용관계의 해체, 서비스경제화, 인지자본주의로의 전환으로 이어지는 자본주의의 질적인 변화에 따른 결과라 할 수 있다. 불평등의 구조화는 노동소득분배율은 낮아지고, 지식자산에서 발생한 소득이 최상위층에게만 귀속되는 등 1차적으로 노동시장에서의 분배 시스템이 잘 작동되지 않기 때문이며, 고용형태의 다각화가 심화되고 변화하는 노동시장 구조와 사회보험 중심의 재분배 시스템이 정합적이지 않아 제 기능을 충분히 하고 있지 못한 결과이기도 하다. 이 장에서는 재분배의 문제인 노동시장 변화와 사회보장제도의 부정합에 대해 구체적으로 살펴보고자 한다.

인지혁명으로 인해 고용관계의 질적 변화가 가속화되고 있다. 물론 이는 전적으로 새로운 변화라기보다는 그동안 진행되어 온

고용형태의 다각화가 심화되고 변형된 형태라 할 수 있다. 사회보장정책 연구에서 고용형태에 주목해야 하는 이유는 사회보장정책의 근간이 유급노동, 특히 임금근로자를 주요 대상으로 설정하고 있기 때문이다. 그런 점에서 임금근로자로 인정받는 것, 다시 말해 근로자성 인정이 사회보장의 전제조건이 된다. 이 장에서는 그동안 진행되어 온 고용형태의 다각화가 근로자성을 회피하는 전략으로 어떻게 사용되어 왔는지 살펴보고, 최근 시작된 플랫폼 노동이 근로자성을 어떻게 피해가고 있는지 분석한다.

1. 고용형태 다각화의 심화: 유기계약 및 사용종속관계 회피전략의 확산

사회정책의 기반은 표준고용관계이다. 완전고용을 전제로, 고용되어 있는 노동자의 건강과 생산력을 유지시키고, 노동시장에서 벗어난 사람들(실업자, 은퇴자, 아픈 사람)에게는 이전 노동시장에서의 소득에 연동한 기여를 기반으로 소득보장과 의료보장을 제공하고, 노동시장에 진입하지 못한 사람들에게 최소한의 문화적 생활보장을 지향한다. 사회정책의 설계는 완전고용을 전제로 하고 있기 때문에 노동시장에서 고용관계에 있는 사람들이 정책의 주요 대상이며, 이들의 고용관계는 표준고용관계가 일반적이었다.

또한 전통적 산업노동관계에서의 유급노동은 사용자와 노동자라는 2자 관계를 바탕으로 하는 정규 고용을 특징으로 한다. 그러나 1980년대 이후 서비스 산업으로 산업구조가 변화하고, 노동자 계급의 힘이 약화되었으며, 상대적으로 자본가 계급이 힘의 우위를 점하게 되었다. 그리고 힘의 우위를 바탕으로 사용자들은 노동비용을 절감하고자 삼각고용관계를 확산시키고, 비정규 고용의 다각화를 도모하였다(Kalleberg, 2009). 그 결과 전통적인 노동관계는 변화되고 불안정성이 심화되어 왔고 행위주체인 노동자와 사용자의 법률적 지위에 균열이 있어 왔다. 행위주체의 법률적 지위가 중요한 이유는 근로자로 규정되어야 노동권을 향유할 수 있고, 동시에 사회보험과 같은 사회보장의 대상자 적격성을 충족시킬 수 있기 때문이다. 또한 사용자가 누구인지 명확해져야 사회보장비용을 누가 분담할지 결정되고, 근로조건 보장 등의 주체가 결정되기 때문이다.

기본적으로 정규 고용관계는 다섯 가지를 특징으로 한다. 기간의 정함이 없는 무기계약이고, 전일제이며, 종속 고용이며, 상당한 근로소득을 제공하고, 정부의 보조금 지원이 없는 고용관계이다(Eichhorst, 2012: 77). 그러나 정규 고용관계는 전 세계적으로 지속적인 감소추세에 있고(ILO, 2003; 2012a; 2012b), 동시에 정규 고용관계를 벗어난 비표준적 고용형태의 다각화가 심화되고 있다. 고용형태의 다각화 방식은 여러 가지가 있는데, 크게 근로기간을 제약하는 방식과 고용관계의 속성을 2자 고용관계에서 삼각고용관계나 위장된 고용관계로 변형시키는 방식(가짜 자영업, 파견근로나 용역근로와 같은 삼각고용관계, 도급근로)이다.

우선 근로기간을 제약하는 유기계약 방식이 확산되고 있다. 근로기간을 제약하는 방식은 기간의 제한이 없는 무기계약을 기간제, 단기 근로, 일시 근로와 같은 유기계약으로 확대하는 방식이다

(ILO, 2012a: 30-33). 유기계약은 주로 해당 국가의 노동법 보호 최소 계약기간에 따라 계약기간이 달라진다. 우리나라의 경우 기간제법에 근거하여 2년, 코스타리카의 경우 3개월이다. 유기계약 방식은 이 기간 이내의 유기계약을 체결하고, 계약기간 만료 후 무기계약으로 전환하지 않고, 계약을 만료시킨 후 다른 노동자를 채용하는 방식이다.

예를 들어 중앙노동위원회의 현대자동차 부당해고 구제 재심 신청 판정 사례의 경우(중앙노동위원회, 2015부해394 판정), 현대자동차 사측이 대법원의 사내불법파견 판결 이후 근로자들을 단기 기간제 근로로 사용하고 있음을 보여준다. 동 사건에서 비정규 근로자는 1년 11개월 동안 무려 16회에 걸친 단기 기간제 근로계약을 맺고, 연차휴가조차 한 번도 사용하지 않고 성실히 근무하였음에도 계약만료를 통보받았다. 유기계약을 체결한 한시 근로자는 자신의 노동 계약이 언제까지 계속될지 불확실하기 때문에 결혼을 하거나 아이를 낳거나 집을 장만하는 장기 계획을 세우기 어렵다 (ILO, 2012a: 36). 한시 근로자들이 며칠, 몇 개월, 몇 년이라는 불안정한 단기계약을 받아들이고 일을 하는 이유는 이보다 더 나은 일자리가 없기 때문으로 조사된 바 있다(ILO, 2003: 20).

비표준적 고용관계가 다각화되는 두 번째 방식은 사용자와 노동자 간에 성립하는 고용계약관계에서의 종속성 요인들을 변화시키는 것이다. 이를 위장된 고용관계disguised employment relationship라 명명하기도 하는데 이는 다시 두 가지로 세분화된다. 첫째, 고용관계에서 인적 종속성과 경제적 종속성이 존재함에도 불구하고 이러한 종속성을 탈각시키는 방법, 둘째, 계약관계를 전통적인 2자 고용관계에서 벗어난 삼각고용관계나 다각고용관계로 전환시킴으로써 사용종속관계의 주체를 분산시키는 방법이다.

첫째 방식은 고용관계에서의 노동자와 사용자 간에 존재하는 종속성을 탈각시키는 것으로서, 종속성 판단지표인 '사용종속관계'의 요인들을 회피하는 전략이라 할 수 있다. 사용종속관계의 지표들은 고용계약 관계에서 계약 당사자가 근로자인지 자영업자인지를 구분하는 기준이 된다. 그 주요 기준 근거는 사업상 위험 부담 유무와 근로과정에서의 자율성(혹은 종속성)이다(Carré et al., 2015). 사업상의 위험을 부담하면서 근로의 자율성이 있는 경우 자영업자로 분류되고, 위험을 부담하지 않고 근로의 자율성이 없는 경우 근로자로 구분된다. 사업상의 위험과 근로의 자율성(혹은 종속성)을 판별하는 기준은 국가마다 다소 상이한데, 우리나라에서는 자영업자와 근로자를 구분하는 기준으로 사용종속관계의 4가지 요소를 종합적으로 판단하여 구분하고 있다.

우리나라에서 자영업자와 근로자를 구분하는 사용종속관계의 구체적인 요소를 도식화하면 〈표 1〉과 같다. 외국 논의에서의 사업상 위험에 해당하는 내용이 '자영업자성 요소'이고, 자율성(혹은 종속성)에 해당하는 내용이 '지휘명령성 요소'와 '임금성 요소', '기타 요소'에 해당한다. 그러나 최근 사업상의 위험은 감수하면서 근로관계의 자율성은 존재하지 않는 고용유형이 확산되면서, 이러한 고용유형이 갖는 불안정성에 대한 문제가 제기되어 왔다. 이는 주로 고용계약을 도급 근로 방식으로 체결하면서 비롯된다. 고용계약이 아닌 도급 방식의 일감 수주 계약은 민법상 혹은 상법상 계약이다. 이러한 유형의 계약에서 도급 근로의 상당수는 기업에 의해

표 1 사용종속관계의 구체적 판단요소

사용종속관계 요소	구체적인 판단요소
지휘명령성 요소	• 근로자가 담당하는 업무의 내용이 사용자에 의해 정해지는지 여부 • 취업규칙·복무규정·인사규정 등의 적용 여부 • 업무수행 과정에 대한 상당한 지휘감독 여부 • 사용자에 의해 근무 시간과 근무 장소가 지정되고 이에 구속을 받는지 여부
임금성 요소	• 기본급이나 고정급 규정 유무(*) • 보수가 근로 자체의 대상적 성격을 갖는지 여부
자영업자성 요소	• 독립하여 자신의 계산으로 사업을 영위할 수 있는지 여부 (① 근로자 스스로 제3자를 고용하여 업무를 대행하게 하는 등 업무의 대체성 유무 ② 비품·원자재·작업도구 등의 소유 여부) • 노무제공을 통한 이윤의 창출과 손실의 초래 등 위험을 스스로 안고 있는지 여부
기타 요소	• 근로 제공 관계의 계속성 • 사용자에의 전속성의 유무와 정도 • 근로소득세의 원천징수 여부나 사회보장제도에 관한 법령에서의 근로자 지위 인정 여부(*)

주: (*) 표시는 2006년 대법원 2006. 12. 7. 선고, 2004다29736 판결에서 사용종속관계 판단 시
부수적 지표로 제시한 부분이다.
출처: 대법원 2006. 12. 7. 선고, 2004다29736 판결(서정희 외, 2013: 105에서 재인용)

공급되는 장비를 사용하거나 1인 고객이어서 기업 통제에 대해 예민하기 때문에 불안정할 수밖에 없다(ILO, 2003: 27).

예를 들어 트럭 운전사의 경우 이전에는 운송회사와의 고용계약을 통해 임금근로자로 고용되어 있었으나 현재 트럭 운전사들은 도급업자로 전환되거나, 자기 소유의 차를 임대차 계약을 하거나, 자영업 운전사로 전환되었다. 이 경우 트럭 운전사는 이전과 본질적으로 같은 업무를 수행하고 있음에도 불구하고 법적으로 기업과 분리된다. 실질적 고용관계에서 여전히 같은 고용주와 종속적 지위에 놓여 있음에도 불구하고, 형식적 고용관계에서 트럭 운전사는 자영업자이고, 트럭 비용을 감내해야 하고, 노동 보호를 받지 못

한다(ILO, 2003: 31).

이렇게 도급 계약을 통해 고용계약을 체결하고 법적 지위가 노동자가 아닌 자영업자로 분류되는 유형을 '가짜 자영업'bogus self-employment이라 명명하는데, 가짜 자영업자는 순수 자영업자처럼 사업상 위험은 전적으로 부담하면서도, 순수 자영업자와 달리 경제적 측면과 근로관계 측면에서 모두 종속적이다(Böheim and Müehlberger, 2009: 183). 가짜 자영업자의 경제적 종속성은 가짜 자영업자가 고용계약이 아니라 민사상 (하)도급 계약으로 노동을 제공하기 때문에 사업상 위험을 감수하면서도, 그들의 실제 소득은 주로 한 사람의 도급업자와 체결한 하도급 계약의 주문에 의존하기 때문에 발생한다(Muehlberger and Pasqua, 2009: 202).

동시에 순수 자영업자는 근로시간, 근로장소, 근로내용을 자신이 자유롭게 선택하거나 변경할 수 있는 반면, 가짜 자영업자는 이 모든 것을 자유롭게 선택하거나 변경할 수 없고 계약의 상대방이 근로내용 등을 지시하고 이 지시사항을 이행하기 때문에 근로관계 측면에서도 종속적이다(Böheim and Müehlberger, 2009: 183). 경제적 종속성과 근로관계 종속성은 가짜 자영업자가 주로 한 사람의 도급업자와 계약을 체결에 의존하고, 다른 회사와 계약하기 어려울 뿐만 아니라, 그 한 사람의 계약자가 가짜 자영업자의 근로시간이나 업무량 등을 통제하고, 이로 인해 가짜 자영업자는 자신의 노동력이나 상품을 독립적인 형태로 생산 및 판매할 수 없음을 의미한다(Eurofound, 2013; Muehlberger and Pasqua, 2009).

사용자의 입장에서 고용관계가 노동법상 근로자가 아니라 자영업자와의 계약관계로 설정되면, 노동법을 피해갈 수 있고, 사회보험료와 소득세 등의 비용을 절감할 수 있다(Mckay et al., 2012). 미국 재무부는 사용자가 종속 근로자를 자영업자로 분류함으로써 매년 사회보장 기여금 26억 달러, 소득세 16억 달러를 납부하지 않은 것으로 추정한다(ILO, 2003). 사용자는 근로자를 자영업자로 분류함으로써 자신의 책임을 회피하고 근로자의 권리를 제한할 수 있게 되는데, 이러한 이점 때문에 가짜 자영업 방식이 널리 사용되고 있다(ILO, 2012a: 50). 운송회사의 트럭 운전사, 전기 기술자, 배관공, 프로그래머, 1인 고객 기업이 대표적인 예이다. 가짜 자영업자는 공식적으로 자영업자이기 때문에 병가, 휴일, 모성 보호, 해고 보상, 직업적 건강, 작업장 안전성 등에 관해 청구할 수 없고, 이러한 위험들은 전적으로 근로자에게 전가된다. 우리나라의 경우 사업장이 없는 자영업자 중 가짜 자영업자의 비율은 2013년 현재 무려 28.5%에 이른다(서정희·박경하, 2016).

둘째, 사용종속관계의 주체를 분산시키는 방식은 위장된 고용관계로서 삼각고용관계triangular employment relationship를 확대하는 전략이다. 삼각고용관계는 통상적인 2자 고용관계 내에 제3자가 추가되어 고용계약이 이루어지는 방식을 말한다. 삼각고용관계는 노동자가 파견사업주와 고용계약을 맺었으나, 노동자는 자신의 파견사업주가 노동 혹은 서비스를 제공하기로 계약한 제3자(사용사업주)를 위해 근로를 수행하는 방식이다. 삼각고용관계는 대개 파견사업주와 사용사업주 간에 민법상 계약 혹은 상법상 계약을 체결함으로써 노동법적 고용관계를 회피하는 방식인데, 가장 잘 알려진 방식은 파견근로, 용역근로, 도급근로, 프랜차이즈이다. 전통적인 산업 부문인 건설업, 의류산업뿐만 아니라 백화점 판매 직원,

슈퍼마켓과 대형마트 같은 도매 유통에서의 특정 일자리, 민간 보안업체 등과 같은 새로운 산업 부문에서도 관찰되어 삼각고용관계 부문으로 대표된다(ILO, 2003).

삼각고용관계의 문제점은 우선, 삼각고용관계에서 노동자는 근로조건 등을 교섭해야 할 때 두 명 이상의 교섭 당사자를 상대해야 하는 어려움이 있다. 전통적인 2자 고용관계에서 사용자는 노동자의 업무를 할당하고, 업무를 수행하기 위한 수단과 도구를 제공하고, 노동자의 성과를 감독하고, 임금을 지불하고, 위험을 가정하고, 이윤을 취하고, 고용관계를 종결시킨다(ILO, 2003: 47). 그러나 삼각고용관계에서(예를 들어 파견근로의 경우) 노동자는 고용계약은 파견사업주와 체결하였지만, 업무지시는 사용사업주가 하기 때문에 노동자 입장에서 누구와 어떤 교섭을 해야 하는지가 불투명하다. 이 상황에서 근로자들은 누구를 위해 일하고 있는지, 보수 지급을 정확히 누구에게 청구할 것인지, 산재에 대한 보상을 누구에게 청구할 것인지를 알기 어렵다(ILO, 2003: 48).

다음으로, 삼각고용관계는 노동자의 권리를 침해할 여지가 많다. 그래서 상당수 국가들이 입법을 통해 엄격하게 규제하고 있는 고용 방식이다(박제성 외, 2016: 2). "근로자 파견은 근로자 공급의 한 형태로, 자신의 지배하에 있는 근로자를 타인의 지휘 아래 사용하는 사업이기 때문에 이를 자유로이 허용하면 타인의 근로에 개입하여 영리를 취하거나 임금 등의 근로자의 이익을 중간에서 착취하는 폐단이 생길 염려가 있어 원칙적으로 이를 금지(대법원 2008. 9. 18. 선고, 2007두22320)"하는 방식이다. 파견사업주가 얻게 되는 사업상 이익은 파견사업주의 정당한 노동의 대가로 보기 어렵고(서정희, 2015: 22-23), 파견사업주의 영업이익은 파견노동자의 임금의 일부를 수수료 명목으로 받아서 취하게 되는 것이므로 파견노동자의 실질임금을 감소시켜 노동자의 불안정성을 증가시킨다. 최근 삼각고용관계의 불안정성은 4각, 다각 고용관계의 등장으로 더욱 확장되고 있다(김근주, 2017).

이상에서 논의한 고용형태 다각화의 모든 전략들은 일방적으로 사용자에게 유리한 방식으로 진행되어 왔다. 노동법과 사회보장법의 근로자 범주를 벗어난 방식으로 사용종속관계의 종속성 요인들을 탈각시키는 전략은 최저임금법이나 근로기준법 등의 노동법의 적용에서 벗어나 있기 때문에 근로를 제공하는 사람들에게 근로에 관한 최저기준이라는 근로기준법이나 그 외의 노동권의 보호를 허용하지 않고, 사회보장비용 회피 전략으로 활용된다.

우리나라의 경우 2012년 현재 임금근로자의 12.5-14.1%는 합법적으로 사회보험에서 배제된다(서정희·백승호, 2014). 비표준적 고용관계 다각화의 두 번째 방식인 사용종속관계의 주체를 다각화하고 분산시키는 삼각고용관계 전략은 사용사업주의 비용부담과 사업상의 부담을 파견사업주에게 전가시킴으로써 사용사업주의 이득을 극대화하고, 동시에 사용자가 둘 이상이 됨으로써 노동자의 협상력을 약화시킨다. 이러한 전략들이 사용되는 이유는 사용자의 인건비 절감 의도가 반영되기 때문이다. 사용자가 근로자를 정규직으로 채용하지 않고, 자영업자나 초단시간 시간제 근로자, 또는 그 외의 사회보험 등을 회피할 수 있는 방식으로 계약을 체결하면 사용자는 순수 인건비 이외의 인건비성 경비를 대략 20% 정도(2015년 기준 18.66%) 절감할 수 있다(서정희·이지수, 2015: 293).

인건비 등의 제반 비용을 줄이고 이윤을 극대화하려는 사용자의 의도는 비정규 고용계약을 통해 임금을 최소화할 뿐 아니라 사회보험을 보장하지 않음으로써 실현된다. 최근 노동시장에서 고용계약의 상당수가 이러한 방식으로 이루어지는데, 결국 상당수의 비정규 고용계약을 맺은 노동자들은 사회보험에서 배제되는 현실에 놓이게 된다. 이러한 불안정성은 플랫폼 노동에서 더욱 가속화되어 나타난다.

2. 플랫폼 노동에서의 사용종속관계

최근 새롭게 부상하고 있는 플랫폼 경제에서 노동자들은 현행 노동법과 사회보장법의 적격성 요건을 충족시킬 '근로자'로서의 지위를 획득할 수 있을 것인가? 플랫폼 노동의 대표적인 두 가지 유형인 크라우드 노동과 주문형 앱 노동은 노동과정이 다소 상이하기 때문에 분류해서 살펴볼 필요가 있다.

크라우드 노동은 온라인 플랫폼을 통해 특정 업무가 불특정 다수에게 공시되고 업무가 완료되는 방식으로 잠재적으로 고객과 노동자의 연결은 지구적 차원에서 수행된다(De Stefano, 2016). 이 유형에서 가장 중요한 지구적 온라인 플랫폼 중 하나는 아마존 미캐니컬 터크이지만(Ratti, 2017: 478), 노동력 규모에서는 크라우드플라워Crowdflower, 크라우드소스Crowdsource, 클릭워커Clickworker 등이 그 규모를 능가할 만큼 성장하기도 하였다(Smith and Leber-stein, 2015).

크라우드 노동자의 경우 사업상 위험과 자율성(종속성) 기준을 모두 충족시키기 어려울 것으로 예상된다. 크라우드 노동 종사자의 경우 계약을 체결하는 단계에서 사용되는 용어 역시 '이용자'user라는 개념이 사용되고, 당사자 간에 합의를 바탕으로 '서명'을 하기 때문에 계약 단계에서 근로자로서의 지위를 획득하기에 어려움이 있다. 또한 사업상의 위험은 근로자 본인이 부담하기 때문에 자영업자적 성격을 띠고, 여러 플랫폼에 기반하여 일감을 수주하고, 한 플랫폼에서 받게 되는 업무가 매우 세분화된 형태로 할당되기 때문에 한 사람의 노동자가 한 사람의 사용자에게 경제적으로 종속되어 있지 않다. 유일하게 적용가능한 종속성은 근로관계 종속성이지만, 최종 제출된 결과물에 대한 평가를 플랫폼이 아니라 최종 이용자final user가 수행하며, 산출물에 대한 요청이나 일의 완료 시점 등에 관한 근로에 대한 몇 가지 지시권 역시 최종 이용자가 가지고 있다(Ratti, 2017: 485-486).

또한 구체적인 근로시간, 작업장, 근로방식과 같은 근로관계 종속성에서의 업무 '지시권'은 이제 보다 간접적이고 효율적인 방식의 '평가권'으로 전환되었다(박제성 외, 2016). 이러한 이유로 크라우드 노동자의 사용자는 누구인가(최종 이용자인가, 플랫폼인가, 둘 다인가) 하는 문제가 제기되지만, 이 문제 역시 답변이 쉽지 않다. 업무에 대한 최종 평가는 최종 이용자가 수행하지만, 이러한 평가 결과들의 축적을 통해 플랫폼이 평가 점수가 낮을 경우 계약관계를 해지할 수 있기 때문에 플랫폼 역시 사용자로서의 성격을 일부 갖는다(Prassl, 2016). 이러한 속성들을 고려할 때 크라우드 노동자의 경우 우리나라의 근로자성 판별기준인 사용종속관계 역시 인정되기 어려울 것으로 예상된다. 다만 우리나라의 플랫폼 노동은 언어장벽의 문제로 인해 국제적 수준에서의 크라우드 노동이 아직까지 활성화되고 있지 않아서, 크라우드 노동자의 사용종속관계 문제는 이슈화되지 않고 있다.

주문형 앱 노동의 경우 사업상 위험 및 종속성 요건 충족 여부가 크라우드 노동과는 다르게 적용될 여지가 존재한다. 주문형 앱 노동은 앞에서 설명한 것처럼 온라인 플랫폼에서 서비스 이용자(혹은 요청자)와 제공자가 연결되지만, 실제 근로 제공은 오프라인에서 이루어지는 방식의 노동이다(De Stefano, 2016). 제공되는 근로는 운전, 청소 등과 같은 전통적인 근로에서부터 사무직 업무까지 확대되어 왔는데, 가장 대표적인 플랫폼은 운전과 관련된 우버Uber, 리프트Lyft, 사이드카Sidecar 등이 있고, 가사 서비스를 제공하는 핸디Handy, 태스크래빗Taskrabbit, 케어닷컴Care.com이나 배달서비스를 제공하는 포스트메이츠Postmates가 대표적이다(Smith and Leberstein, 2015). 우리나라의 경우 크라우드 노동은 활성화되지 못했으나 주문형 앱 노동은 크게 증가하였다. 주로 카카오 드라이버, 카카오 택시 등의 운전서비스 앱과 제트콜, 배달의 민족, 요기요, 배달통, 배민라이더스, 푸드플라이와 같은 음식배달 앱이 주요 플랫폼이라 할 수 있다(황덕순, 2016).

주문형 앱 노동은 서비스 제공자와 이용자가 플랫폼을 통해 중개되지만, 실질 서비스는 대면 접촉을 통해 이루어진다는 점을 고려하면 근로관계로서의 특질이 보다 선명해 보인다. 우리나라의 배달앱 종사자들은 일주일에 5일 이상 근로하는 비율이 93%에 이르고, 하루 근로시간이 8시간 이상인 경우가 82%이며, 출퇴근 시간, 근로시간, 휴일 등의 근로조건에 대한 통제가 이루어지고 있다(황덕순, 2016). 근로관계의 종속성, 경제적 종속성이 존재한다고 판단되는 지점이다. 그러나 배달에 필요한 오토바이 구입비용이나 주유비 등을 80% 이상 서비스 제공자가 부담해야 하고, 보수가 실적에 비례하여 지급된다는 점에서(황덕순, 2016) 사용종속관계의 자영업자성을 충족시킨다. 외국의 논의와 소송에서도 주문형 앱 노동자가 근로관계의 종속성이 존재한다는 점에서의 근로자성과 사업상의 위험 부담을 지고 있다는 자영업자성이 쟁점으로 다루어졌다.

여러 국가에서 주문형 앱 노동자의 근로자성과 관련한 소송들이 제기되었다. 미국에서는 플랫폼 노동자의 근로자성과 관련한 수많은 소송들이 근로자 지위에 대한 근본적인 문제는 건드리지 않고 합의로 끝나거나 소송이 진행 중이다(Cherry, 2016). 미국의 소송에서 합의로 종결되는 사례는 미국 소송 구조의 특성상 근로자성 인정이 될 가능성이 높아지고, 사용자 측이 패소할 가능성이 높으며, 합의가 배상액이 적을 것으로 추정되는 경우이기 때문에 (Cherry, 2016), 미국에서의 주문형 앱 노동자의 근로자성은 일부 인정되고 있다고 추론할 수 있다. 영국의 경우 2016년 고용재판소가 우버 택시 운전자의 근로자성 및 우버 플랫폼의 사용자성을 인정하였다. 그러나 우리나라의 서울행정법원은 배달앱 배달대행기사의 근로자성을 인정하지 않았다(서울행정법원 2014구합75629, 산재보험료 부과처분 취소).

이를 종합적으로 고려하면 주문형 앱 노동 종사자는 근로자로 인정하는 것이 타당해 보인다. 근로조건에 대한 통제가 존재하여 자율성이 존재하지 않고, 일방적으로 서비스 제공에 필수적인 재화 구입비나 유지비 등을 서비스 제공자에게 전가시킨 것이 사업상 자율성으로 보기는 어렵기 때문이다. 그러나 근로자성 인정에 유독 인색한 우리나라의 그간의 사법부 판결들을 고려할 때, 주문형 앱 노동자의 근로자성 인정은 앞으로도 긴 시간동안 요원할 것으로 예상된다.

크라우드 노동자와 주문형 앱 노동자의 근로자로서의 지위는 외국의 경우 주문형 앱 노동자가 일부 국가에서 일부 플랫폼 종사자의 근로자성을 확보하였다. 그러나 여전히 크라우드 노동자는 근로자로서의 지위를 인정받지 못할 것으로 예상된다. 우리나라의 경우는 두 가지 플랫폼 노동 모두에서 근로자성을 인정받지 못했다. 이러한 문제는 플랫폼 경제에서 계약관계가 노동자와 사용자라는 고용관계에 기반하지 않고, 생산자와 소비자의 관계로 설명되기 때문이다. 상품과 서비스를 제공하는 사람들인 생산자는 근로자가 아니라 자영업자로 간주된다.

플랫폼 노동은 그동안 고용형태의 다각화의 종합선물세트라 할 수 있다. 근로기간을 제약하는 방식이자, 가짜 자영업의 확대이자, 삼각고용관계이며, 도급근로이다. 비정규 고용형태의 여러 가지 특성들을 동시에 내포한 플랫폼 노동은 3차 산업혁명 시기에 제기되었던 '공유경제'라는 낙관론을 실현시키지 못한 채, 새로운 형태의 복합적 불안정 노동으로 현실화되고 있다(황덕순, 2016). 플랫폼 노동 종사자들의 불안정성은 노동법적 보호와 사회보장법적 보호가 기본적으로 '근로자성' 인정을 기반으로 하기 때문이다. 근로자성이 인정되지 않기 때문에 발생하는 문제는 심각하다. 최저임금이 적용되지 않고, 이는 플랫폼 노동자의 빈곤과 저임금으로 이어진다. 사용자는 채용과 해고의 자유로움을 만끽할 수 있고, 낮은 금액으로 매우 높은 노동 강도의 업무를 부과할 수 있다. 심지어 새로운 방식의 임금체불이 다양한 방식으로 나타나고 있다.

이러한 문제들을 해결하기 위해 최근 플랫폼 노동과 관련한 많은 소송들이 제기되고 있지만, 소송을 통한 해결방식은 몇 가지 한계가 있다. 첫째, 기본적으로 소송을 통한 해결은 그 시간과 비용이 많이 소요되기 때문에 저임금 근로자가 선택하기 어려운 대안이다. 또한 승소 가능성도 높아 보이지 않는다. 둘째, 현재 플랫폼 노동과 관련한 소송은 주로 주문형 앱 노동에만 한정되어 있을 뿐, 크라우드 노동의 경우 활발하지 못하다. 그 이유는 주문형 앱 노동의 경우 근로관계의 종속성이 인정될 여지가 있어서 소송을 통해 다투어 볼 여지가 있지만, 크라우드워크의 경우 자영업자성 요소가 강하고 근로관계 종속성이 약해서 종속성을 기준으로 한 근로자성을 다툴 여지가 없어 보인다. 그러므로 대규모의 크라우드 노동 방식의 플랫폼 노동은 사각지대가 된다.

3. 사회보장제도의 부정합 해소 전략

고용형태 다각화는 기존의 사회보장제도가 정합적으로 작동하지 못하게 하는 주요 요인이다. 이러한 문제를 해결하는 방법으로 우선 근로자성 판단 기준을 확대하는 전략이 가능할 수 있다. 이 전략은 현행 근로기준법이나 사회보장법들의 변화를 최소화하는 방안으로서 유의미할 수 있다. 하지만 이 전략은 4차 산업혁명과 함께 변화되는 노동시장의 변화속도를 법제도가 신속하게 따라갈 수 있을 때 유의미한 전략이다. 그러나 법제도의 변화는 노동시장의 변화에 뒤늦게 반응하는 '제도적 지체 현상'을 보이는 게 일반적이어서 급속한 변화가 진행될 시기에는 유효한 전략으로 작동하기가 어렵다.

두 번째 전략은 고용관계와 사회보장의 기여 및 수급 사이에 존재하는 직접적 연결고리를 해체하는 전략이다. 이 전략은 새로운 형태의 고용에 대해 근로자성 여부를 판정해야 하고, 판정결과가 나오기까지 노동자들이 사회보장의 사각지대에 놓일 수밖에 없는 상황에서 자유로울 수 있다는 장점이 있다. 그러나 여전히 사회보장제도가 노동을 통한 소득에 기초하여 작동하게 함으로써 노동 없는 미래의 대안으로서는 충분하지 않을 뿐 아니라, 노동시장의 이중구조 문제에서 자유롭지 않다는 단점이 있다. 따라서 이 문제를 보완할 수 있는 또 다른 대안적 제도를 고려할 필요가 있다. 두 번째 전략과 결합된 기본소득 전략이 그것이다.

기본소득 전략은 노동 없는 미래에 유효한 대안으로 기능할 수 있다. 노동 없는 미래의 모습은 사람이 일을 하지 않는 미래가 아니라 사람이 자유의지로 노동을 선택할 수 있는 미래를 의미한다. 생존을 위해 어쩔 수 없이 노동을 선택해야 하는 산업사회의 노동에서 벗어난다는 의미에서 탈노동de-labourization 사회 또는 생존적 노동labour에서 벗어나 다양한 활동을 가능하게 한다는 의미에서 다중활동multi-action, 포스트 노동post-labour 사회를 기본소득은 지향한다. 즉 기본소득의 지향은 착취에 기반한 임금노동에서 자유롭게 벗어난 상태이며, 이를 기반으로 능동적이고 적극적으로 자신이 원할 수 있는 다중활동의 기회를 보장하는 사회이다. 다중활동이라 함은 생존을 위한 노동labour을 넘어, 인간 실존의 조건을 확인하게 해주는 다양한 일work과 행위activity를 포괄한다(Arendt, 2015). 여기에는 자원봉사활동, 정치활동, 환경보호활동 등이 포함된다(Raventós, 2016).

그렇다면 왜 탈노동인가? 앞 장들에서 서술하였듯이 최근 전통적 산업사회와는 전혀 다른 형태의 노동이 등장하고 있고, 그 결과 표준적 고용관계에 기초하였던 전통적 사회보장제도는 변화된 노동시장 구조를 따라가지 못하는 제도적 지체현상으로 인해 사회적 보호의 사각지대가 확대되고 있다. 이에 대한 대응 전략은 앞 절에서 제시한 전통적 사회보장제도에 대한 부분적 수정, 즉 새로운 고용형태를 포괄할 수 있는 사회보장제도를 구축하는 방법이 하나일 것이고, 다른 하나는 기존의 사회보장제도에 보완적인 장치로서 새로운 제도를 구상하는 것이다. 그중 하나로서 이 책에서는 기본소득을 제안한다. 기본소득 중심으로 사회보장제도를 재구성하는 전략은 노동 없는 미래에 대한 효과적인 대응전략일 수 있으며, 노동시장의 변화에 따라 사회보장제도를 신속하게 재구성하는 데 한계가 있다는 점을 고려할 때 가장 효율적인 대응전략일 수 있다.

앞서 살펴보았듯이 플랫폼 노동은 그 특성상 근로자성에 대한 논란을 야기할 수밖에 없을 뿐 아니라, 그 규모를 파악하는 것도 쉽지 않다. 특히 크라우드 노동은 일국적 범위를 넘어서 노동이 중개되기도 하기 때문에 국민국가 내에서의 노동을 전제로 하는 기존의 사회보장제도가 사회적 보호의 기능을 충분히 실현하기 어렵다. 하지만 기본소득은 비록 공인된 거주권을 대상으로 범주를 제한한다고 하더라도 한 국가 내에 누가 어떤 형태의 고용관계를 맺고 있느냐와 무관하게 권리를 부여하기 때문에 사회적 보호의 사각지대 문제에서 자유로울 수 있다.

법과 제도의 개선은 언제나 현실과 부정합성이 존재할 수밖에 없다. 법과 제도가 현실에 앞서 제·개정될 수는 없는 노릇이기 때문에 현실의 변화가 먼저 이루어지고, 이를 포괄하여 해결할 수 있는 법제도의 개선에 대한 사회적 의제화 단계가 필요하며, 이에 대한 사회적 합의가 이루어졌을 때에야 비로소 법과 제도의 변화가 수반된다. 현실과 법, 그리고 제도 간의 괴리현상은 필수 불가결하다. 이러한 한계를 인정한다 하더라도, 현 시기 사회적 변화는 그 속도가 너무도 빠르다. 안정적 시기와 달리 시대가 역동적으로 변화하는 시점에서 법과 제도는 부분적인 개정만으로는 그 변화의 속도를 따라가기 어렵기 때문에, 보다 근본적인 패러다임의 전환이 모색될 필요가 있다.

현재 사회보험 중심의 복지국가가 노동시장의 변화와 정합적이지 못한 측면이 있다는 점을 전제로 할 때, 정합성을 높이고, 사회보험의 기능을 보완할 수 있는 제도로서 기본소득은 복지국가의 지속가능성을 위해 매우 중요하다고 할 수 있다. 다만 기본소득의 원칙과 실현 등에서 다양한 이견들이 존재하는 만큼, 기본소득을 실현하기 위한 다양한 논의가 전 사회적으로 구체화되는 것이 현 단계에서 가장 우선적으로 필요하다.

2부

기본소득이란 무엇인가?

05 | 기본소득의 개념과 철학

1. 기본소득의 개념과 속성

기본소득은 단순한 제도이다. 기본소득의 도입을 전 지구적 차원에서 논의하기 위해 만들어진 기본소득지구네트워크BIEN: Basic Income Earth Network는 기본소득을 '자산조사와 근로에 대한 요구 없이 모든 개인에게 무조건 교부되는 주기적 현금[1]'으로 정의하고 있다. BIEN의 공동대표이자 기본소득의 이론화 작업에 가장 큰 역할을 한 판 파레이스(Van Parijs, 2006)가 규정한 개념도 크게 다르지 않은데, 기본소득은 '자산조사나 근로요구 없이 모든 개인에게 무조건적으로 지급되는 주기적 현금급여'를 의미한다.

---

[1] 기본소득지구네트워크의 홈페이지에 "A basic income is a periodic cash payment unconditionally delivered to all on an individual basis, without means-test or work requirement"라고 나와 있다.

이러한 정의에 기초하여 보다 구체적으로 기본소득의 속성을 살펴보면 다음과 같다.

첫째, 기본소득은 보편성universality을 특징으로 한다. 보편성은 어떤 정책이나 제도에서 포괄하는 인구집단의 범위와 관련된 개념이다(De Wispelaere, 2015: 50). 엄격한 의미에서 기본소득은 특정 인구집단이 아니라 전체 인구집단을 포괄한다. 기본소득이 보편적이기 위해서는 특정 범주, 상황이나 특정한 속성을 가진 사람으로 대상이 제한되지 않아야 한다. 그러나 어떠한 사회보장제도도 완전하게 범주조건에서 자유로운 제도는 없다(Clasen and Siegel, 2007: 172).

예를 들어 아동수당은 아동이어야 수급 가능하며, 기초연금은 노인이어야 수급이 가능하다. 기본소득조차도 시민권으로 그 인구학적 범주를 한정하는 것이 일반적이다. 기초연금이나 아동수당이 인구학적 범주를 특정 생애주기로 제한하는 반면, 기본소득은 시민권이나 공인된 거주권으로 대상자의 범주를 제한하고 있다(Raventós, 2007). 기본소득의 기본 철학은 공유경제를 통해서 축적된 부의 분배와 관련되기 때문에 일반적으로 시민권이나 공인된 거주권만을 유일한 조건으로 제시한다. 다만 외국인의 경우 최소한의 거주기간이나 조세목적으로 규정된 거주조건을 충족시켜야 한다.

둘째, 기본소득은 무조건성unconditionality을 특징으로 한다. 어떤 정책에 조건을 부여한다는 것은 대상자의 자격에 제한을 가함을 의미한다. 기본소득에서 무조건성 원칙은 기본소득 수급권이 노동이나 기여를 조건으로 하지 않고no work related, no contribution,

개인의 소득으로부터 완전하게 독립되어no means test 결정되어야 함을 의미한다. 앞선 보편성의 원칙이 사회보장 수급 대상자의 인구학적 범주와 관련된 원칙이라면, 무조건성의 원칙은 그러한 범주에 추가로 부가된 상황이나 행동조건과 관련된다. 인구학적 범주와 무관하게 급여 수급을 위해 특정 상황조건이나 행동조건이 요구된다면 이는 조건부과에 해당한다(De Wispelaere, 2015: 52; Martinelli, 2017: 4).[2]

일반적으로 상황조건은 범주조건이 아니라 수준이나 기간조건의 형태를 취한다(De Wispelaere, 2015: 53). 사회부조의 소득수준조건이나 사회보험의 근로기간 및 기여조건이 여기에 해당한다. 행동요구조건은 사회부조 수급을 위한 근로조건, 취업성공패키지 등의 훈련참여조건, 고용보험의 구직활동조건 등 급여 수급 유지를 위해 부과된 행동요구 사항이 그 예이다. 기본소득은 명시적으로 이러한 조건을 부과하지 않을 것을 표명한다. 따라서 기본소득은 유급노동에 참여하고 있는지의 여부와 무관하게, 소득 수준과 무관하게, 가구 형태와 무관하게, 사회적 기여 여부와 무관하게 주어지며, 무조건성 원칙을 특징으로 한다.

셋째, 기본소득은 개별성individual base을 특징으로 한다. 개별

---

2 사회보장제도에서 부과되는 조건은 크게 세 가지로 구분할 수 있다. 범주조건conditions of category, 상황조건conditions of circumstance, 행위조건conditions of conduct이 그것이다 (Clasen and Siegel, 2007). 범주조건은 노령연령 수급요건으로서 노인 범주, 실업급여 수급조건으로서 실업자 범주 등이며, 상황조건은 사회보험에서 기여조건, 사회부조에서 자산조사 조건 등이다. 그리고 행위조건은 수급자격을 결정하는 조건이라기보다는 수급 자격을 유지하기 위한 조건으로서 수급을 위한 근로조건 등이다. 그러나 일반적으로 범주조건에 기초한 급여 수급은 무조건적인 것으로 간주된다(De Wispelaere, 2015; Martinelli, 2017: 4).

성은 정책이 집행되는 표준 단위와 관련된다(De Wispelaere, 2015: 5). 표준 단위는 일반적으로 개인과 가구이다. 기본소득에서는 가구의 상황과 무관하게 개인에게 직접 할당되도록 하는 개별성 원칙이 옹호된다.

가구 단위의 할당 원칙은 가구의 특성을 반영할 수 있다는 장점이 있다. 1인 소득자 가구와 2인 소득자 가구, 장애인 가구와 비장애인 가구, 빈곤 가구와 비빈곤 가구 등에 대한 차별화된 할당을 통해서 가구의 욕구에 기반한 할당이 가능하다. 그러나 가구에게 지급된 소득보장 급여가 각 가구 구성원에게 균등하게 배분된다는 전제의 타당성에 대한 논란이 있으며, 가구에 대한 정의에 따라 정책 효과가 달라질 수 있다는 비판 또한 존재한다. 따라서 기본소득 지지자들은 개별성 원칙을 더 선호한다. 가구 내에서 자원배분의 공평성을 더 확보할 수 있게 하며, 특히 젠더 평등을 더 가능하게 함으로써, 기본소득의 궁극적 목적인 모든 개인의 실질적 자유를 확대할 수 있기 때문이다. 개별성의 원칙은 기본소득의 가장 중요한 특징으로 간주되기도 한다(Van Parijs, 2004; Martinelli, 2017). 또한 개별성은 보편성 원칙에 포괄될 수도 있다. 보편성 원칙의 핵심은 시민권이며, 시민권은 개인 단위의 권리이기 때문에 보편성 원칙에 개별성이 이미 내포되어 있다고 할 수 있기 때문이다(백승호, 2017).

넷째, 기본소득은 정기성을 특징으로 한다. 정기성은 기본소득 수급의 빈도 또는 간격 그리고 기간과 관련된다(De Wispelaere, 2015: 55). 정기적으로 제공된다고 하는 것은 대체로 '월' 단위 급여를 의미한다. 물론 일 주, 일 년, 일 분기 단위의 기본소득도 가능하다.

기본적인 생활보장을 강조하는 사람들은 짧은 간격으로 기본소득이 지급되는 것을 선호하며, 동등한 기회의 제공을 선호하거나, 가부장주의적 통제의 위험성을 걱정하는 사람들은 간격을 길게 두고 기본소득을 지급하는 것을 선호한다(De Wispelaere and Pêrez-Muñoz, 2015). 정기성의 또 다른 측면은 기본소득 수급의 기간 제한과 관련된다. 일반적으로 기본소득은 생애 전 기간에 걸친 수급을 특징으로 한다. 물론 수급기간을 제한하는 변형된 형태의 제도들이 제안되기도 한다. 주로 무임승차에 대한 우려(White, 2003), 탈산업화된 사회에서 유동화된 사회적 위험에 대한 대응의 필요성(주은선, 2013), 청년수당과 같이 기존의 소득보장정책을 보완하기 위한 실용적 이유 등으로 수급기간 제한이 선호된다(De Wispelaere, 2015: 56). 대표적인 제도가 한시적 시민수당(주은선, 2014)과 사회적지분급여(Ackerman and Allstot, 2004)이다. 한시적 시민수당은 개인의 자유로운 선택에 의해 수급기간을 일정 기간으로 제한한다는 점에서 기본소득과 다르다. 또한 사회적지분급여는 일시금으로 지급되기 때문에 탕진의 위험이 있고, 실질적 평등의 실현에서 한계가 있어 개인들의 실질적 자유를 실현하기 어렵다고 비판받는다(Van Parijs, 2010). 기본소득은 한 번의 목돈을 지급하고 이후의 상황은 개인에게 전적으로 책임을 전가하는 사회적지분급여stakeholder grants와 기회의 평등을 보장하기 위해 필요한 현금을 매 순간 지급하는 극단적인 방법의 절충안이다(Van Parijs, 1995).

다섯째, 기본소득은 현금 지급을 특징으로 한다. 기본소득은 시민들 스스로가 소비와 투자의 내용을 결정할 수 있도록 함으로써 개인들의 실질적 자율성을 보장하는 것이 목표이기 때문이다. 현물이 아닌 현금 지급이 개인들의 실질적 자유 실현에 가장 좋은 방법이다. 기본소득의 다른 속성들을 모두 가지고 있으면서, 교육이나 여행 바우처, 주거, 음식쿠폰 등과 같은 형태로 저축할 수 없고, 특정 기간 내에 소비해야 하는 특수한 형태로 제공되는 급여가 배제될 필요는 없지만, 일반적으로 기본소득은 현금 지급 원칙이 선호된다(Standing, 2008; Van Parijs, 1995).

여섯째, 기본소득은 중앙정부, 지방정부, 혹은 초국적 정치단위에서 제공되는 것이 원칙이다. 기본소득 제공 주체를 명시하는 이유는 기본소득 재원 마련 방안과 관련되기 때문이다. 대부분의 기본소득 제안은 중앙정부나 지방정부 차원에서 세금을 통해 지급되는 것을 가정한다. 기본소득의 재원으로는 추가적인 소득세, 소비세, 법인세뿐 아니라 자본에 대한 과세인 토빈세, 디지털화폐인 비트코인 등의 크립토통화crypto-currency 등이 제안되어 왔다(De Wispelaere, 2015: 57). 이들 재원은 주로 중앙정부를 통해 마련되게 된다. 지방정부 차원에서 기금마련을 통해 기본소득을 실현하고 있는 대표적인 경우는 알래스카 영구기금Alaska Permanent Fund Dividend: PFD이 있다. 초국적 정치단위에서 제안되는 기본소득은 유럽연합이나(Genet and Van Parijs, 1992; Ferry, 2000; Van Parijs and Vanderborght, 2001), 유엔 수준에서의 기본소득 제안(Kooistra, 1994; Barrez, 1999; Frankman, 2001)이 존재한다(Van Parijs and Vanderborght, 2017). 공동체인 종교단체나 시민단체 수준에서 기본소득에 관한 소규모 실험이 시범적으로 시도되기도 한다.

일곱째, 기본소득은 충분성을 특징으로 한다. 충분성은 대상자의 기본적 욕구를 충족시키는 역량으로서 기본소득 급여의 관대성 수준과 관련된다. 충분성 원칙은 기본소득이 기본적 욕구를 충족시키고, 실질적 자유를 실현할 수 있을 정도의 수준으로 지급되어야 한다는 원칙이다. 실제 기본소득의 목적이나 다양한 장점들도 충분한 기본소득이 제공된다는 전제에 기초한 것이다. 충분성은 기본소득 여부를 결정하는 기준이라기보다, 기본소득이 실현되었을 때 그 목적을 달성할 수 있느냐와 관련된 원칙이다.

그러나 기본소득에서 어느 정도의 수준이 적정한지는 논란이 있기 때문에 그 수준을 고정하여 논의하고 있지는 않다(Van Parijs, 1995). 기본소득은 공유된 부에 대한 배당의 성격을 갖기 때문에 어느 정도가 충분한지는 해당 사회의 정치·경제적 맥락에 따라 달라질 수 있다(Van Parijs, 1995). 공유된 부의 범위와 수준은 정치경제적 맥락에 따라 다르게 평가될 수 있고 제공 주체의 재정적 역량에 따라 달라질 수 있기 때문이다.

그럼에도 불구하고 기본소득의 기본적인 출발점으로 제안되고 있는 충분성의 수준은 '평균소득의 50%', '최저생계비' 혹은 '상대적 빈곤선'(중위소득의 30%)이 일반적이다. 판 파레이스와 판더보르트(Van Parijs and Vanderborght, 2017)는 기본소득이 지속가능하기 위한 온당한 수준임과 동시에, 큰 변화를 가져올 수 있을 정도로 관대한 수준으로서의 기본소득 총지급액으로 1인당 GDP의 25%를 제안하고 있다(Van Parijs and Vanderborght, 2017: 11). 국제통화기금IMF의 발표자료에 기초해서 계산해 보면 2017년 기준으로 볼 때 미국은 월 1,197달러, 스위스는 월 1,650달러, 영국은 835달러, 한국은 574달러 정도의 수준이다. 충분한 수준의 기본소득 관대성이 확보되지 못한 경우를 보통 부분partial 기본소득이라 명명하기도 한다. 기본소득의 수준은 연령 등에 무관하게 동일한 수준으로 지급될 수도 있고 일부 차별화될 수도 있다(Van Parijs and Vanderborght, 2017: 9).[3]

2. 기본소득 개념 논쟁

상술한 내용을 요약하면 기본소득의 원칙은 보편성, 무조건성, 개별성, 충분성, 정기성, 현금 지급이라 할 수 있고 다양한 지급주체를 가정하고 있다. 이 원칙들을 기준으로 기본소득과 기본소득이 아닌 제도들이 구분된다(윤홍식, 2016; 백승호, 2017). 이 과정에서 무엇을 기본소득으로 규정할 지에 대한 논쟁이 전개되고 있다. 이 논쟁은 기본소득의 정의에 기초하여 기본소득을 엄격하게 개념 정의해야한다는 주장과 완전한 기본소득을 실현해 가는 과정에서 기본소득의 속성이나 철학을 크게 훼손하지 않는 경우까지 포괄하여 기본소득으로 정의해야 한다는 실용적 주장으로 나뉜다.

이들은 주로 보편성과 충분성에 대한 원칙에서 서로 다른 접근을 취하고 있으며, 무조건성과 관련해서는 크게 이견이 없어 보인다. 물론 개별성, 정기성, 현금 지급과 관련된 이견도 일부 존재한다. 개별성과 관련하여 개인 단위가 아닌 가구 단위의 기본소득을 제안하거나, 임금 지급 단위인 주week 단위 지급을 주장하거나, 현물 기본소득을 주장하는 입장들이 그것이다. 그러나 이들 원칙

---

3 급여액을 연령별로 차등하는 방안도 존재한다. 다만 인구학적 구간(아동, 청소년, 성인, 노인 등) 설정의 문제가 있고, 차등지급의 정당성이 확보되어야 한다. 일반적으로 생활 비용이 많이 소요되는 성인기에 최고 수준의 급여를 제공하는 안이 선호된다.

에 대해서는 일반적으로 개별성, 월month 단위 정기성, 현금 지급 원칙을 유지해야 한다는 주장이 지배적이다. 따라서 이 장에서는 보편성, 충분성과 관련된 논쟁들만 소개하고자 한다.

먼저 보편성 원칙과 관련된 논쟁이다. 보편성 원칙은 기본소득이 시민권에 기초하여 모든 시민에게 지급되어야 한다는 원칙이다. 이와 관련하여 자격규정에 제한을 두고 있는 사회수당을 기본소득으로 볼 것인지에 대한 논쟁이 존재한다. 사회수당은 특정 생애주기로 대상 범주를 제한하였을 뿐 기본소득의 대부분의 속성을 포함하고 있기 때문이다. 다수의 기본소득 옹호자들은 완전기본소득을 제도화하기 위한 전략으로서 사회수당 도입의 단계를 거친 점진적 접근을 선호한다(Jordan, 2012). 기본소득의 실현과정에서 아동수당과 노인수당을 시작으로 인구학적 범주를 점차로 확대해 감으로써 완전기본소득으로 발전할 수 있을 것으로 기대한다. 따라서 명목적 보편주의를 강조하여 사회수당에 기본소득이라는 이름을 부여할 것인지 아닌지에 대해 지나치게 민감하기보다, 이러한 수당들의 확대를 통해서 실질적인 보편주의를 달성하는 것이 더 중요하다는 견해가 일반적이다(De Wispelaere, 2012: 48). 라벤토스(Raventós, 2007)는 인구학적 범주를 제한하는 사회수당을 기본소득으로 보지 말자는 주장을 '세련되지 못한 정치적 오류'crude political errors라고 지적한다. 그리고 일반적으로 특정 인구학적 생애주기 범주에 포함되었느냐의 여부에 따른 수급자격 제한의 경우 보편성의 원칙을 위배하지 않는 것으로 보는 견해가 일반적이다.

보편성 원칙과 관련된 다른 논쟁은 외국인, 범죄자 등에 대한 기본소득 적용 여부이다. 외국인의 경우, 전 지구적 기본소득이 주장되기도 하지만, 현실적인 이유로 거주기간의 제약(조건)이 부과된다. 범죄자에 대해서는 감옥에 수감되어 있을 경우 의식주가 제공되기 때문에 이 비용이 기본소득을 대체하는 것으로 전제된다. 그 대신 수감생활을 마치고 사회로 나오게 되는 시점부터 다시 기본소득 대상에 포함된다.

다음으로 충분성과 관련된 논쟁이다. 충분성과 관련해서는 충분하지 못한 기본소득은 그 목적을 달성할 수 없기 때문에 기본소득으로 보지 않는 것이 타당하다는 주장과, 현재 세대에게 충분한 기본소득을 제공하여 경제적 부를 소진하고, 다음 세대에게 상대적으로 낮은 수준의 기본소득을 제공하는 것도 세대 간 정의 측면에서 올바른 선택은 아니라는 정의론적 주장이 존재한다. 기본소득 지지자들도 이러한 주장에 대해 부정하지 않지만, 앞서 지적했듯이 세련되지 못한 정치적 오류를 피한다는 관점에서 낮은 수준의 기본소득을 부정하지 않는다.

뿐만 아니라 다른 모든 원칙이 유지된다면 낮은 수준의 기본소득은 완전기본소득의 실현으로 가는 중요한 경로일 수 있다고 판단한다. 오히려 낮은 수준의 기본소득에 대한 우려보다는, 충분성의 원칙을 실현하기 위해, 부유한 사람은 가난한 사람보다 기본소득 재정에 더 기여하도록 조세 시스템의 개혁이 동반되어야한다는 점을 강조한다. 생산 잠재력, 분배 효율성, 세율의 구조와 수준, 인구 증가, 생태적 효과 등을 종합적으로 고려하여 최고의 평균 기본소득을 유지할 수 있는 안을 선택하도록 제안되고 있다(Van Parijs, 1995).

이상과 같이 기본소득을 명확하고 엄격하게 구분하는 것이 소모적인 논쟁일 수 있음에도 불구하고, 기본소득과 기본소득이 아닌 것을 구분하는 것은 학술적으로는 유용할 수 있으며 필요한 작업이 될 수 있다. 그러나 이러한 엄격한 구분이 기본소득 변용들의 유용성에 대한 부정을 의미하지는 않는다. 분명 기본소득은 과거에 기여금을 낼 수 있을 만큼 충분한 기간 동안 유급노동에 종사한 사람에게 제공되는 사회보험이나, 현재 근로의무 조항을 수용하여 노동에 참여하거나 기꺼이 참여할 의지가 있는 사람에게 제공되는 근로연계복지와 기본적인 성격이 다르다. 자산조사를 실시하지 않는다는 점에서 사회부조와 구별되며, 수급자를 선별하기 위한 심사과정과 행정적 거래비용[4]을 절감할 수 있고, 운영과정에서 발생할 수 있는 사각지대와 낙인의 문제도 존재하지 않는다. 실질적 자유의 확대를 위해 '현금'급여를 원칙으로 하며, 소득보장 이외의 보건, 의료, 복지서비스, 교육, 주택 등의 사회서비스를 대체하지 않는다.[5] 이러한 관점에서 보면, 기존의 사회보험, 사회부조, 사회서비스는 명확하게 기본소득과 구분된다. 다만 사회수당을 비롯하여 일부 제도들은 기본소득과의 구분이 모호한 점이 존재한다.

따라서 이 장에서는 기본소득과 기본소득이 아닌 제도의 구분을 위해 다음의 절차를 제안한다. 우선, 특정 제도나 정책 제안들

---

4   우파 버전의 기본소득 주장에서는 기본소득이 행정비용을 줄일 수 있다고 가정한다. 기존의 모든 사회보장제도를 기본소득으로 대체하는 것을 전제로 하기 때문이다. 그러나 좌파 버전의 기본소득 주장에서는 기본소득을 통해 행정비용이 축소된다고 보지 않는다. 기본소득을 통해 줄어드는 비용은 행정비용이 아니고, 기존의 복지수급자 선별 등을 위해 필요한 거래비용이 줄어든다고 보는 것이 타당하다. 이를 통해 사회복지 전문요원 등 복지 관련 종사자들이 불필요한 행정업무에서 자유로워질 수 있고, 사례관리나 권익옹호 등의 본연의 업무에 더 충실할 수 있게 될 것이다.

5   '현물' 기본소득으로 사회서비스(교육, 의료 등)를 포함시키는 논자도 있지만, 기본적으로 선호되는 급여의 형태는 현금이며, 기존의 직·간접적인 현금급여 모두를 대체하는 것으로 구상되는 경우가 많다(이명현, 2014).

이 앞서 제시한 보편성, 무조건성을 만족시키고 있는지를 확인하여 이들 원칙중 하나의 원칙만이라도 지켜지지 않는다면 기본소득이 아닌 것으로 분류한다. 둘째, 보편성, 무조건성 원칙을 모두 만족시키고 있는 경우에는 기본소득의 나머지 원칙들을 판단 기준으로 활용하여 기본소득인지 아닌지를 판단한다. 참여소득, 부의 소득세, 사회적지분급여, 사회수당 등 기본소득과 관련해서 자주 인용되는 제도들의 예를 들어보면 다음과 같다.

먼저 참여소득이다. 참여소득은 사회적으로 유용하다고 판단되는 활동을 하고 있는 시민들에게만 제공되는 금전적 지원이다(Raventós, 2007). 사회적으로 유용한 일이란 자원봉사, 유급노동, 가사노동, 훈련 등이 해당된다. 엣킨슨(Atkinson, 1996)이 제안한 정책이다. 참여소득은 기본소득의 무조건성에 대한 사회적 반발을 완화하기 위해 제안되었다. 그러나 참여소득은 여러 지점에서 기본소득과 차이를 보이고 있다. 사회적 시민권에 기반하여 기본소득 대상이 선정되는 것도 아니며, 금전적 지원도 사회적으로 유용한 일에 종사하는 경우로 제한되기 때문이다. 기본소득의 핵심 원칙인 보편성과 무조건성의 원칙을 위배하고 있다. 물론 참여소득이 기본소득이 아니라는 판정이 참여소득이 의미가 없다는 주장은 아니다. 참여소득은 호혜성의 원칙을 확장하고 궁극적으로 무조건성 원칙의 수용 가능성을 높일 수 있도록 할 수 있다는 점에서 기본소득 실현 전략에서 중요하게 활용될 수 있다.

둘째, 부의 소득세NIT: Negative Income Tax는 면세점 이하의 소득계층에게 일정 세율을 적용하여 계산된 금액을 조세환급을 통해 지급하는 제도이다. 자유주의 경제학자 프리드먼Friedman이 제안한 정책이다. 이 제도는 일부 현금을 보존해 주는 제도라는 점에서 기본소득과 유사한 제도로 취급된다. 그러나 부의 소득세 역시 다양한 측면에서 기본소득으로 인정하기 어렵다. 소득을 기준으로 부의 소득세 급여대상 및 그 수준이 결정되기 때문에 기본소득의 보편성과 무조건성의 원칙에 위배된다. 총소득이 일정 수준 이하인 일부 계층만을 대상으로, 개인이 아닌 가구 단위로 급여를 제공하므로, '보편성'과 '개별성'의 원칙에도 위배된다. 복지 거버넌스 구조를 단순화하여 관리비용을 축소하고 다양한 사회복지제도를 대체하기 위한 목적으로 일부 시장주의자들이 선호하는 방식이나, 소득조사로 인해 일정 수준의 행정비용이 수반되며, 급여지급 관련 시간 지연의 문제도 발생할 수 있다. 기본소득 도입과 관련한 논의를 활성화하는 데 일부 기여했지만, 사회 변혁을 추구하는 기본소득과 지향점이 근본적으로 다른 제도이다. 그러나 부의 소득세 역시 기본소득으로 이행하는 단계적 과정에서 유의미한 역할을 할 수 있다. 현 단계에서 기본소득을 위한 다양한 실험들이 제안된다면 캐나다에서와 같이 수용 가능성의 측면에서 부의 소득세 방식은 유용할 수 있기 때문이다.

셋째, 사회적지분급여stakeholder grant는 모든 사람이 법적으로 성인이 되었을 때, 국가가 일정액의 현금을 한 번에 지급하는 제도이다. 일정 연령에 이른 사람에게 사회에 첫발을 내딛는 밑천stake의 의미로 일정 수준의 급여를 일률적으로 제공하자는 제안이다. 모든 사람에게 무조건 제공한다는 점에서 사회적지분급여는 기본소득과 가장 유사한 제도라고 할 수 있다. 영국에서는 아동신탁기금child trust fund이라는 이름으로 유사한 제도가 시행되었고, 미국에서 애커먼과 알스토트(Ackerman and Alstott, 1999)가 특정 교육 이상을 받은 21세 인구 중에서 범죄 기록이 없는 사람들을 대상으로 8만 달러를 지급할 것을 제안하기도 하였다. 이러한 제안은 기본소득의 급여 수준이 너무 낮아 실질적인 자유를 보장할 수 없다는 비판에서 비롯된 것이나, 지분탕진stake blowing의 문제나 기회의 평등 정책이 가지는 문제를 유지하는 한계가 있다(Ackerman and Alstott, 2006; 서정희·조광자, 2007)

사회적지분급여는 급여 수급에서의 무조건성 원칙에는 동의하고 있지만, 시민권을 특정 연령에 국한하고 있다는 점에서 보편성에 대한 완화된 기준을 제안하고 있다. 다시 말하면 무조건성의 원칙과 제한적이지만 보편성의 원칙을 담지하고 있다고 할 수 있다. 그러나 사회적지분급여는 결정적으로 정기성의 원칙을 위배하고 있다. 이외에도 사회적지분급여는 '기회의 평등'을 통해 시장 내에서 자신의 역할을 잘 수행하기 위한 더 나은 환경의 제공을 목표로 한다는 점(Raventós, 2007)과 '자산재분배'를 추구한다는 점 (서정희·조광자, 2008)에서, 결과적으로 소득재분배를 추구하는 기본소득과 철학적 기반이 다르다. 기본소득과 다른 형태의 접근으로 보는 것이 올바른 시각이다.

넷째, 사회수당은 자산조사나 노동의무와 같은 조건이 부과되지 않는 소득보장제도로서, 특정 인구학적 집단의 욕구를 충족시키고자 하는 시민권적 소득보장제도이다. 사회수당은 기본소득과 같이 무조건성 원칙이 적용된다. 그러나 보편성의 원칙에서 기본소득이 모든 시민의 권리에 주목하고 있다면, 사회수당은 특정 인구학적 집단으로 시민권 적용을 제한한다. 즉 사회수당은 시민권 기반이긴 하지만, 아동, 노인, 청년 등 특정 인구집단의 욕구 충족을 위한 현금이전을 강조한다. 사회수당 역시 사회적지분급여와 마찬가지로 보편성에 대한 완화된 기준에 근거하고 있는 것이다. 따라서 사회수당은 무조건성 원칙을 충족시키고 있고, 보편성의 원칙을 제한적이지만 적용하고 있다는 점에서는 기본소득의 하부 유형으로 인정하기도 한다.

물론 수당과 기본소득은 철학적 기반이 다르다. 기본소득과 달리 수당이 시민권에 대한 제한적 적용에 기초하고 있다는 점은 앞서 언급하였다. 뿐만 아니라 기본소득론자들은 현대 자본주의를 공유경제로 규정하고, 여기에서 축적된 부를 공유된 부로 보고 있기 때문에, 기본소득을 공유된 부의 분배 수단으로 간주하고 있다. 이런 점에서 아동, 노인 등 특정 생애주기의 욕구에 기반한 분배 원리를 가지고 있는 사회수당과의 차이점이 부각된다. 수당은 아동, 노인, 청년 등 특정 생애주기의 욕구에만 기반하고 있다는 점에서 기본소득과 다르다고 할 수 있다. 그리고 기본소득은 높은 수준의 금전적 지원을 통해 자본주의 체제 변혁의 가능성을 전제하고 있다는 점에서 사회수당과 철학적 기반이 다르다. 따라서 이러한 철학적 기반의 차이에 근거해서 본다면 사회수당은 엄격한 의미에서 기본소득이라고 보기 어렵다.

이렇게 사회수당을 기본소득 범주에 포함시킬 것인지에 대해서는 논란의 여지가 많다. 반면에 수당 중에서 명확하게 기본소득에 포함시킬 수 없는 경우도 존재한다. 장애수당이나 실업수당 등이 그것이다. 장애수당은 보편성의 원칙을 위반하고 있다. 시민권에 기반하고 있다기보다 장애 진단이라는 특정 욕구의 인정 여부에 기반하고 있기 때문이다. 마찬가지로 실업수당은 고용이력이 전제된 실직 여부에 근거하여 1차적인 대상자 선정이 이루어지기 때문에 보편성의 원칙을 위배하고 있어 기본소득이라고 보기 어렵다.

결론적으로 참여수당, 사회적지분급여, 부의 소득세는 기본소득으로 인정하기 어렵다. 다만 사회수당을 기본소득으로 볼 수 있을지에 대해서는 논란의 여지가 있다. 위의 기준으로 볼 때 현재 제안되거나 실행되고 있는 유일한 기본소득은 알래스카의 영구기금배당금이다. 1976년에 조성된 알래스카 영구기금은 석유수입을 기반으로 지급되는 배당금 형태의 종신기금이다. 미국 영주권을 갖고 1년 이상 알래스카주에 거주하는 시민이라면 연령, 성별, 임금 소득과 관계없이 배당금을 받는다. 2015년에 1인당 2,072달러가 지급되었다.

이와 같이 구체적인 제도의 내용은 해당 정치공동체의 정치적 합의 수준에 따라 다양하게 변용될 수 있다. 사회적으로 유용한 활동에 대한 의무를 부과하여 호혜성의 원칙을 강화하는 '참여소득'부터, 생애 일정 기간 동안 한시적으로 제공하는 한시적 시민수당, 아동이나 노인과 같은 특정 인구집단에게 지급하는 수당 등이 여기에 해당한다. 현재 성남시에서 실행하고 있는 '청년배당'은 또 다른 좋은 예이다. 이 정책은 정부의 재정적 부담을 고려하여 급여 수준을 낮게 책정한 뒤 점차 올려가는 전략적 선택으로서 의미가 있다. 그 외의 다양한 유사 제도들은 기본소득의 핵심 원칙에 대한 일부 조정이 필요하므로 진정한 의미의 무조건적 기본소득이라고 보기 어렵다. 기본소득이 가지는 효과를 제대로 달성하기 위해서는 '탈생산주의적'이어야 하며, 충분한 수준의 급여가 전 생애주기에 거쳐 안정적으로 제공되어야하기 때문이다. 그럼에도 불구하고 여기서 살펴본 정책들이 기본소득으로의 이행단계에서 유의미한 제도라는 것을 부인할 수는 없다.

3. 기본소득의 철학적 기초: '모두를 위한 실질적 자유'

기본소득 논의에 가장 큰 이론적 공헌을 한 판 파레이스(Van Parijs, 1995: 1)는 현대 사회에 용납할 수 없는 불평등이 만연해 있으며, 자유의 가치가 가장 중요하다는 문제의식에서 출발하여 지속가능한 최대의 기본소득에 대한 철학적 정당화를 시도하고 있다. 그는 기본소득론의 철학을 가장 체계적으로 제시하고 있으며, 로머Roemer, 롤스Rawls, 드워킨Dworkin, 노직Nozick을 일부 수용하고 부분적으로 비판하면서 기본소득의 철학을 재구성하였다(곽노완, 2013: 10). 이 절에서는 기본소득의 철학을 대표하는 판 파레이스의 '실질적 자유론'을 살펴봄으로써, 기본소득의 정치철학적 기초를 이해하고자 한다.

일반적으로 자유지상주의libertarian는 사회정의의 초점이 자유에 있으며, 자유의 실현은 불평등을 해소하기 위한 (재)분배노력과 양립할 수 없다고 주장해왔다. 그러나 기본소득의 현대적 논의를 주도해온 판 파레이스는 '모두를 위한 실질적 자유Real Freedom for All' 개념을 통해, 분배의 정의를 실질적인 기회의 평등으로 정식화함으로써, 자유의 실현과 분배정의의 문제가 결코 양립 불가능한 것이 아님을 보이고 있다. 그는 자유를 지키기 위해 불평등을 감내

할 수밖에 없다는 자유지상주의의 입장을 비판적으로 검토할 뿐 아니라, 반대로 불평등을 해소하기 위해서는 자유를 제약할 수밖에 없다는 단순히 평등주의적일 뿐인 '좌파 자유지상주의'Left-libertarianism와 구분되는 실질적 자유지상주의Real-libertarianism를 주장한다(금민, 2010). '모두를 위한 실질적 자유'를 불평등 해소와 자유의 가치를 동시에 담아낼 수 있는 정의로 제안하고 있는 것이다.

그는 "사회정의는 스스로 좋은 삶이라고 생각하는 것을 실현할 수 있는 실질적 자유의 평등한 분배상태"로 정의한다(Ackerman et al., 2006: 39). 실질적 자유는 개인이 원할 수 있는 모든 일을 할 수 있는 자유를 의미하며 이를 실현할 수단과 기회를 포함한다(Van Parijs, 1995). 그의 '모두를 위한 실질적 자유론'은 적극적 자유와 소극적 자유, 자유의 목표들, 형식적 자유와 실질적 자유의 구분 등을 엄밀하게 검토함으로써 재구성되었다(금민, 2010). 판 파레이스는 권리보장security, 자기소유권self-ownership 그리고 기회의 최소극대화lexicographic maximin: leximin라는 세 가지 조건이 만족될 때 자유로운 사회가 가능하다고 본다. 권리가 잘 지켜지는 사회구조(권리보장)에서 각 개인은 스스로를 소유하며(자기소유권), 각 개인이 원할 수 있는 것이라면 무엇이든 할 수 있는 기회가 최대화되어 있는(기회의 최소극대화) 사회가 실질적인 자유가 보장되는 사회라는 것이다. 이때 권리보장, 자기소유권, 기회의 최소극대화 순으로 우선순위가 있지만, 기회의 최소극대화가 실질적 자유의 실현을 위해 가장 중요하다고 강조한다. 사회 전체의 기회가 줄어들더라도 최약자의 기회가 최대한 증가되는 사회를 실질적인 자유가 보장된 정의로운 사회라고 보는 것이다(Van Parijs, 1995: 27). 권리보장과 자기소유권만 존재할 경우 형식적인 자유는 존재하지만 실질적인 자유는 확보될 수 없다(Van Parijs, 1995: 21). 예를 들어, 실질적 자유론에 따르면 다른 어떤 일자리도 구하지 못해 생존을 위해 악조건의 일자리를 거부할 수 없다면 실질적 자유는 실현될 수 없다(Raventós, 2007). 그 이유는 일할 권리와 일을 선택할 자유가 존재하기 때문에 형식적 자유는 보장된다고 할 수 있지만, 좋은 일자리를 원할 때 좋은 일자리에 취업할 수 있는 기회가 제약되기 때문이다. 이때 판 파레이스의 제안은 '실질적 자유'를 위해 '결과의 평등'을 위한 분배가 아니라 '기회의 평등'을 위한 분배가 필요하다는 입장이다. 그는 양도 가능한 자원, 기술과 같이 체화되어 양도 불가능한 자원의 불평등뿐 아니라, 특정 모국어, 인종, 국정 등 특정한 사회관계가 낳는 모든 특권적 자원의 향유로 얻어진 추가소득을 조세로 환수하여 지속가능한 최대한의 기본소득을 모두에게 지급하는 것이 정의라고 주장한다(Van Parijs, 2010: 17).

앞의 예에서 좋은 일자리 자체가 '고용지대'employment rent를 발생시키는 특권적 자원에 해당하며(Van Parijs, 1995: 119-124), 직업만족도도 높으며 높은 소득을 발생시키기 때문에, 이 고용지대를 모두에게 평등하게 분배하지 않으면 착취에 해당한다(곽노완, 2013: 11). 좋은 일자리 자체는 금수저론에서 이야기되듯이 좋은 지능이나 부모의 경제력 등이 함께 작용한 결과이며, 사회적으로 만들어진 측면이 있기 때문에, 개인의 노력을 넘어서는 소득과 직업적 특권은 기회의 불평등에서 유래한 착취라는 것이다(곽노완, 2013: 12).

그러나 좋은 일자리 등의 모든 생산 자원과 기회를 최대한 평등하게 분배할 수가 없기 때문에, 판 파레이스는 그로부터 유래하는 특권적 추가소득을 최대한 환수하여 모든 시민들에게 최대한 평등하게 분배함으로써, 실질적 기회를 극대화할 수 있는 기본소득을 실현하는 것만으로 분배정의는 달성될 수 있다고 본다. 어떤 사람의 선호가 외부 주체에 의해서 형성되는 것이 아니라, 자율적으로 형성될 수 있을 때 실질적 자유가 실현되기 때문에 기본소득은 실질적 자유를 위해 중요하다(Van Parijs, 1995: 19). 결국 판 파레이스는 결과의 평등을 보장하는 수단인 기본소득이 기회의 평등을 극대화할 수 있다는 독특한 철학적 정의론을 제안하고 있다. 곽노완(2013: 15)은 그 과정이 어떻게 실현되는지를 다음과 같이 설명하고 있다.

"첫째, 실질적인 삶의 기회를 지속가능한 수준에서 최대한 평등하게 만들려면, 실질적인 기회의 수단 내지 자원이 평등하게 분배되어야 한다. 둘째, 그리고 그러한 자원에는 각자의 노력을 벗어나는 모든 것들이 포함된다. 로머나 드워킨이 제시한 개별적인 외부천부(자연자원, 유산 및 증여, 그리고 기술) 및 내부 천부(건강, 소질, 외모)에 한정되지 않고, 사회적이고 시대적이며 나아가 국제적으로 특권적인 선물gift, 그리고 헤아릴 수 없는 우연적인 선물(좋은 선생님이나 좋은 친구 내지 이웃과의 만남)과 사랑도 포함된다. 또 무엇보다 고용지대employment rent를 낳는 좋은 일자리가 포함된다. 셋째, 그런데 이처럼 각자의 노력을 넘어서서 무상이나 우연적으로 주어지는 기회 내지 자원 중에는 분할할 수 없는 것들이 많다. 예를 들어 신체나 인격체에 결부되어 있는 기술, 소질, 건강, 외모, 인종, 성, 특정 모국어, 자기가 사랑하는 사람으로부터 받는 사랑 등이 그렇다. 넷째, 그래서 대안으로 그처럼 각자의 노력을 벗어나는 특권적인 자원의 독점적 소유와 사용으로부터 발생하는 특권적인 불로소득을 조세 등을 통해 최대한 환수하여 롤스의 차등의 원칙Difference Principle대로 최소수혜자에게 돌아갈 사회경제적인 기회를 최대화하는 것이 기회의 평등을 최대로 보장하는 분배정의라 할 수 있다. 다섯째, 이때 자원의 독점에서 유래하는 추가소득에 대한 과세는 일시적인 최대치가 아니라 지속가능한 최대치가 되어야 하며, 여섯째, 이를 모두에게 평등하게 기본소득으로 분배하면 실질적인 기회의 평등은 지속가능한 최대치에 도달한다(곽노완, 2013: 15)."

판 파레이스는 기본소득과 선별적 이전급여의 결합 가능성을 '비우월적 다양성'undominated diversity 원칙을 통해 제시하고 있다. 그는 사회에서 어떤 한 사람이 부여받은 내적 외적 자산endowment의 집합을 다른 사람의 자산 집합보다 모두가 더 선호한다면, 그러한 분배는 정의롭지 못하다고 규정한다. 비우월적 다양성은 어떤 다른 사람이 부여받은 자산을 더 선호하지 않는 분배 상태이며, 비우월적 다양성이 존재하는 사회를 정의로운 사회로 본다(Van Parijs, 1995: 59).

판 파레이스의 비우월적 다양성 개념은 애커먼(Ackerman, 1980)이 유전적 특징에만 적용했던 열등다양성dominated diversity 개념을 일반화한 것이다. 판 파레이스(Van Parijs, 1995)는 유전적 특징뿐 아니라 재능이나 인간이 내적으로 부여받은 자산을 포괄한 일반화된 개념으로 비우월적 다양성 개념을 사용한다. 그는 '부여받은 자산이 열등한 사람the dominated'은 '부여받은 자산이 우월한 사람the dominator'보다 최소한 한 가지 다른 측면에서 어떤 것을 분배받을 수 있는 상태가 '비우월적 다양성'이 달성된 정의로운 상태라고 주장한다(Van Parijs, 1995: 73). 결국 비우월적 다양성은 전체적으로 볼 때 특별히 불리한 내적 자산을 가진 사람이 많지 않은 상태를 의미한다.

이러한 논리에 따라서 기본소득과 욕구에 기반한 선별적인 사회적 이전(현금이든 현물이든)이 결합 가능하다. 기본소득에서 정의는 모두가 부여받는 내적 자산이 동등하다는 전제에서 출발하여 동일한 액수가 모든 시민에게 제공될 때 달성된다. 그러나 이러한 전제가 성립하지 않는 경우는 장애인, 돌봄이 필요한 아동이나 노인 등이 해당된다. 이들에 대해서는 추가적인 수당이나 사회복지 서비스와 기본소득이 결합될 수 있다. 이들은 비우월적 다양성에 포괄되지 못하기 때문에 추가적인 급여를 제공받는 것이 정당화된다(Van Parijs, 1995: 79-82).

이상으로 기본소득론에서 주장하는 핵심적 정의론으로서 실질적 자유론에 대해 살펴보았다. 간략하게 요약하면 실질적 자유론의 핵심적 가치는 '자유'이며, 이를 실현하기 위해서는 '실질적 기회'가 최대한 보장되어야 한다는 것이다. 그리고 실질적 기회의 보장은 모두에게 최고로 지급되는 기본소득을 통해서 가능하다. 기본소득은 모든 사람에게 기본적인 소득에 대한 권리를 인정함으로써 개인의 실질적이고 적극적인 자유를 확대하고 '기회의 평등'을 보장하기 위한 제도이다. 사회권의 확장을 통해 헌법에서 보장하고 있는 개인의 자유를 확대·보장할 수 있다. 여기서 말하는 자유란 자유로운 삶을 위해 근로에 종사해야 하는 '형식적' 의미의 자유가 아니라, 개인이 일을 원하지 않으면 일하지 않아도 살 수 있고, 일을 원하면 스스로 선택하여 할 수 있는 '실질적' 자유를 의미한다. 다른 사람에게 종속된 자유는 실질적인 자유가 아니다. 약자(노동자)에 대한 강자(자본)의 억압과 차별이 배제되어 있는, 오직 평등한 사회에서 개인은 실질적 자유를 향유할 수 있다. 이를 위해 시민의 '권리'는 잘 보장되어 있어야 하고, 개인은 자신에 대한 '소유권'ownership이 있어야 하며, 자신이 하는 일에 대한 '기회'와 '가능성'이 최대화되어 있어야 한다(Raventós, 2007).

불평등이 만연해 있는 사회에서는 인간의 존엄과 본성 유지가 불가능하고, 능력과 재능이 낭비되며, 개인도 비효율적인 경제활동을 하게 된다. 기본소득은 기회를 평등하게 제공하고, 사회적 이동의 가능성을 향상시키며, 부의 불평등을 해소하기 위한 노력이다. 온전한 시민으로서 동등한 참여를 가능하게 하는 실질적 의미의 자유와 정의를 보장하기 위한 '수단'과 '기회'로 작용할 수 있다. 물론 실질적 기회의 평등을 보장하는 방법이 기본소득만 있지는 않다. 다양한 대안들이 이와 관련해서 논의될 수 있을 뿐 아니라, 기존의 사회복지서비스 등 사회보장제도들과 정합적으로 결합하는 것도 중요하다.

기본소득 국내·외 사례

1. 기본소득의 현실적 실험

전 세계적으로 '기본소득'에 대한 관심이 뜨겁다. 사실 기본
소득에 대한 구상은 특별히 새로운 것도 아니다. 250년 전 토마
스 페인Thomas Paine(1737-1809)이 주장한 '복지기금'에서 출발했
다는 주장도 있고, 500년 전 토마스 모어Thomas More(1478-1535)
의 『유토피아Utopia』(1516)라는 책에서 기원을 찾기도 한다(서정희,
2017; Van Parijs, 1995). 서구에서 기본소득에 대한 연구가 본격화
된 것은 1970년대와 1980년대 초였다. 벨기에 루뱅대학의 '샤를
푸리에 그룹'Charles Fourier Collective이 1986년에 '기본소득'L'allocation
Universselle; Basic Income이라는 논문을 출간한 것과, 같은 해 '기본소
득유럽네트워크'BIEN: Basic Income European Network의 설립부터이다
(Raventós, 2007: 37). 이 조직은 2004년부터 '기본소득지구네트워

크'Basic Income Earth Network로 발전하여 지금까지 전 세계 기본소득 논의의 확산을 주도하고 있다. 이러한 긴 역사 속에서 기본소득은 '사회배당'National, Teritorial or Social Dividend, '보장소득'Guaranteed Income, '시민소득'Citizen's Income, '보편적 보조금'Universal Grant, '사회수당'Social Allowance 또는 '데모그란트'Demogrant, '연간 보장소득'Guaranteed Annual Income, '국가 보너스'State Bonus 등 다양한 이름으로 불려왔다(백승호, 2010; Van Parijs, 2006).

기본소득의 정의는 단순하지만, 현실 가능성을 고려한 전략적 기획으로서의 기본소득은 개별 국가들의 상황과 조건을 반영하여 다양하게 변용된 형태로 제기되어 왔다. 이는 충분한 수준의 기본소득 도입이 즉각적으로 가능한 국가가 존재하지 않기 때문에, 기본소득의 본질을 크게 훼손하지 않으면서 일부 요소의 수준을 낮춘 이행 전략으로서 기본소득 기획이 도모되었기 때문이다. 특히 학술적인 논의 차원을 넘어 실제 정책 구상으로 제기되다 보니, 개별 국가들에서 여러 수식어를 붙여서 제시된 다양한 제안들은 기본소득 명칭에 대한 개념적 혼란을 가중시켰다. 기본소득의 요소들을 수정한 '유사' 기본소득 혹은 '변형된' 제도들은 무엇이 기본소득이고 무엇이 기본소득이 아닌지에 대한 논쟁을 불러일으켰고, 그로 인해 발생한 기본소득에 대한 개념적 혼선은 기본소득에 대한 비판과 반비판의 영역에서 더욱 가중되었다.

이론적으로 엄밀하게 어떤 제도를 기본소득이라고 명명하는 경우는 앞에서 논의한 주요 원칙들, 즉 보편성, 무조건성, 충분성을 모두 충족시켰을 경우로 한정되어야 한다. 이것이 기본소득의 이념형이자 이상형이다. 이러한 기준에 의거해서 지금까지 제기된 여러 가지 기본소득 제안들을 기본소득이냐 아니냐 하는 이분법으로 구분하는 것은 어렵지 않다.

그러나 현실적 실현가능성이라는 근본적 한계들을 고려한 현실 제도로서의 기본소득제도는 일부 원칙들이 수정되고 변형되어 제안되었다. 원칙 수정의 내용과 정도가 다양하기 때문에 이분법적 판단이 쉽지도 않고 바람직하지도 않다. 이러한 이유로 현실 수정안들이 각 원칙들을 얼마나 수정해서 기본소득 이상형으로부터 얼마나 그리고 어느 방향으로 변용되었는가를 고찰할 필요가 있다.

학술적 측면에서는 세 가지 요건을 모두 충족시킨 완전기본소득 유형만을 '기본소득' 혹은 '완전기본소득'으로 명명하고, 보편성과 무조건성 원칙은 지켜졌으나 급여 수준의 충분성 면에서 부족한 경우를 '부분기본소득'(Fitzpatrick, 1999; De Wispelaere and Stirton, 2004), 완전기본소득으로 나아가기 위한 첫 단계로서 현재의 복지제도를 수정하여 일부 기본소득의 요소를 도입한 경우를 '과도기적 기본소득'(Fitzpatrick, 1999)으로 분류한다. 그러나 현실 대안으로 제기되고 있는 기본소득 제안들은 한 가지 요건만 충족시킨 경우에도 기존 복지제도와의 차별성 부각을 위해 기본소득이라는 명칭을 사용해 왔는데,[1] 이 경우 대개 '과도기적 기본소득'에 해당한다.

기본소득의 개념적 구상은 오랜 역사가 존재하지만, 현실적인

---

[1] 학술적 엄밀함의 중요함은 누구도 부인할 수 없는 학문의 전제조건이다. 그러나 현실적 어려움을 극복해 보고자 숙고하고 고심하여 제안된 현실적 기본소득 제안들을, 기본소득 요건이 불충분하다는 이유로 이행 전략으로서의 제도적 타당성조차 검토하지 않는 것은 이론적·정책적 기여를 학문의 목적으로 중시하는 (사회정책학) 학자들의 직무유기가 될 수도 있다. 이런 이유로 본 장에서는 학술적 차원과 현실 정책적 차원 모두를 포괄하여 기본소득의 다양한 제안들을 논의하고자 한다.

실현은 그리 오래되지도 않았고 그 구체적인 방식 역시 기본소득의 원칙들을 수정하여 제기되었다. 지금까지 기본소득제도를 시행한 사례는 미국 알래스카주의 '영구기금배당금'Alaska Permanent Fund Dividend: PFD, 나미비아의 기본소득 시범사업, 인도의 마디아프라데시주Madhya Pradesh의 기본소득 시범사업, 브라질의 보우사 파밀리아Bolsa Familia, 캐나다의 1970년대의 도핀 지역에서의 민컴Mincome, 우간다와 케냐의 민간 자선단체의 기브다이렉틀리Givedirectly 등이 있다. 부의 소득세Negative Income Tax: NIT 제도까지 기본소득의 변형으로 포함한다면 그 시행 사례는 1960년대에서 70년대에 미국에서의 부의 소득세 시범사업까지 확대된다.

브라질은 룰라 대통령이 집권하자마자 2003년부터 보우사 파밀리아 프로그램Bolsa Familia Program을 시작하였고, 2004년 수플리시가 발의한 법을 통해 전 국민에게 무조건적인 기본소득 급여를 단계적으로 실시할 것을 규정하였다(Lavinas, 2006). 보우사 파밀리아 프로그램의 시행으로 브라질은 빈곤 가구를 빈곤 가구와 극빈 가구로 분류하여 기본급여와 추가급여 두 가지 급여를 2006년 현재 전체 국민의 25%에 이르는 1,100만 가구에 지급하고 있다(Kathy et al., 2007; 김교성, 2009: 44에서 재인용). 그러나 다양한 정치적·재정적 한계를 노정하며 현재까지 전 국민을 위한 기본소득으로 발전하지 못하고 있다.

나미비아는 세계 최초로 무조건적인 현금 이전 실험을 시행한 국가이다(Haarmann and Haarmann, 2012: 33). 2008년 1월부터 오미타라Omitara와 오트지베로Otjivero 지역의 60세 이상 모든 주민들에게 기본소득급여Basic Income Grants를 지급하였다(Haarmann et al.,

2009: 15). 나미비아 기본소득 급여 실시에 대한 보고서를 보면 그 결과는 놀라울 정도이다. 기본소득제도를 실시한 단 1년 만에 식량 부족을 경험하지 않는 비율이 20%에서 40%로 증가하였고, 영양실조 아동 비율이 42%에서 17%로 줄어들었다. 또한 재정적인 이유로 학교 출석을 하지 못하는 비율이 한 달에 12회에서 6회로 50% 이상 낮아졌고, 빈곤 관련 범죄율도 제도 시행 초기보다 절반 이하로 줄어들었다. 소득의 경우 보편수당이 지급되면 탈근로유인으로 작용하여 근로소득이 줄어들 것이라는 우려와 달리, 근로소득이 평균 267달러에서 308달러로 증가하였고, 특히 5분위 분배율에서 가장 극빈한 20%의 계층은 기본소득 급여를 제외하고 측정한 평균소득이 약 200% 증가한 것으로 나타났다. 기본소득 제도가 사람들의 경제적 활동 증가를 자극한 것으로 추정할 수 있다(Haarmann et al., 2009).

보편성, 무조건성, 충분성이라는 기본소득의 3대 원칙을 기준으로 보면, 충분성 요건만 수정하여 세계 최초의 부분기본소득의 실현이라고 평가받는 사례는 미국 알래스카주의 영구기금배당금 제도이다(Widerquist and Sheahen, 2012: 12). 1982년부터 시작된 알래스카주 정부의 영구기금배당금 제도는 석유를 비롯한 천연자원에서 나오는 수입의 일정 비율을 알래스카 영구기금Alaska Permanent Fund: AFD에 적립하고, 그 기금을 주식, 채권, 부동산 등에 투자하여 얻은 수익의 일부를 매년 알래스카 영구기금배당금의 형태로 모든 주민들과 공유하고 있다(Widerquist and Sheahen, 2012: 12). 배당금 신청일 이전 알래스카주에 1년 이상 거주하면 급여를 받을 수 있는데, 1984년 연 331.29달러(약 35만 원)에서 출발해 2015년에는 연 2,072달러(약 230만 원, 월 16만 6천 원)의 배당금을 모든 주민에게 제공하였다. 급여 수준 측면에서 최저생계를 보장할 만큼의 충분성이 확보되지 않았지만, 알래스카주는 미국 내에서 가장 낮은 빈곤율과 가장 높은 경제적 평등 수준을 자랑한다(Vanderborght and Van Parijs, 2005; Widerquist and Howard, 2012).

알래스카의 영구기금배당금 제도는 여러 가지 측면에서 기본소득의 설계와 실행에 대한 시사점을 제공한다. 첫째, 보편성과 무조건성이 갖는 힘이다. 모든 주민에게 조건을 부여하지 않고 지급되는 배당금의 근거는 공유자산에 대한 주민의 권리에서 시작된다. 보편성과 무조건성에 근거한 배당 방식은 알래스카 내에서도 초기에는 대중적인 관심도 적었고, 인기도 많지 않았다(Widerquist and Sheahen, 2012: 14). 그러나 배당이 시작되자 주민들의 제도에 대한 관심이 고조되기 시작했고, 이 제도는 알래스카 내에서는 이제 그 어떤 정치인도 '침범할 수 없는 제도'가 되었다(Widerquist and Sheahen, 2012: 14). 미국인들은 많은 연방 빈곤 제도들에 지속적인 반대를 표명해 왔음에도 불구하고, 빈곤 완화에 무엇보다 효과가 좋은 영구기금배당금 제도에 대한 반대는 나타나지 않는다(Widerquist and Howard, 2012). 복지제도에 대한 정치적 지지가 보편성과 무조건성을 통해 확대될 수 있음을 보여주는 사례라고 할 수 있다.

둘째, 알래스카 제도는 충분성이 갖는 함의가 무엇인지 보여준다. 충분성이 담보되지 않는 부분기본소득은 삶의 기본 욕구를 충족시킬 수 없기 때문에 일종의 보너스 정도의 역할을 수행한다(Widerquist and Sheahen, 2012: 13). 그럼에도 불구하고 빈곤한 사람들에게 제공되는 소액의 현금 배당은 부족하더라도 그들의 삶을 상당히 다르게 변모시키고(Widerquist and Sheahen, 2012: 13), 빈곤에서 벗어나게 하는 힘을 갖고 있다. 1960년대 미국의 민권운동의 선구자였던 마틴 루터 킹 목사가 흑인들이 백인과 같은 식당에 들어갈 권리를 획득하는 것만으로는 충분하지 않고, 흑인들이 식당에 갈 돈이 없다면 그러한 권리는 아무 소용이 없다고 했던 주장은 (강남훈, 2014: 17-19) 단지 권리에 그치지 않고, 실질적이고 물질적인 급여 제공이 왜 필요한지를 깨우치게 한다. 그러므로 충분성 요건이 부족한 부분기본소득은 그 한계도 명백하지만, 동시에 빈곤층 내에서의 현실적인 힘은 과소평가하기 어렵다는 의의도 존재한다.

2. 2017년, 기본소득의 세계적 실험

최근 기본소득을 국가 정책으로 실현하고자 하는 제안들이 급부상하였다. 그동안 저개발국가를 중심으로 기본소득이 제안되고 부분적으로 실현된 데 반해 최근의 시도들은 선진국들이 주를 이룬다. 2016년, 스위스는 기본소득 실현에 관한 국민투표를 실시하였고, 이탈리아의 리보르노시 정부가 기본소득 실험을 시작하였다. 2017년에는 핀란드와 네덜란드, 캐나다, 영국의 스코틀랜드가 시범사업을 통해 기본소득제도를 실험했다.

서구 선진국들을 중심으로 기본소득제도가 실험되는 이유는 저개발 국가들이 주로 빈곤 퇴치 및 완화에 초점을 맞추어 기본소득을 도입하고자 했던 것에 비해 보다 다채롭다. 그리고 개별 국가의 정치, 경제적 상황, 기존 사회복지제도들의 정합성, 대중적 동의 수준 등에 따라 각각의 시범사업의 구체적 형태들 역시 다양하다.

기본소득 원칙에 대한 실험: 스위스

스위스는 2016년 기본소득 도입을 국민투표에 부쳤다. 2006년 '기본소득시민운동'이라는 단체를 중심으로 기본소득 운동이 본격적으로 시작되고, 2008년 '기본소득, 하나의 문화충격'이라는 영화가 100만 명 이상의 관객을 불러 모았다(Häni and Kovce, 2015: 한국어판 서문). 그리고 2013년 '조건 없는 기본소득을 위하여'라는 주제로 13만 명의 서명을 받아 헌법개정안을 발의하였다. 국민투표가 부결되기는 하였으나 전국적으로 기본소득에 대한 격렬한 찬반 논쟁을 불러일으켰고, 일련의 과정에서 전체 국민들이 기본소득제도 도입에 대한 원칙적인 고민을 해 보는 중요한 계기를 만들어 냈다.

스위스 기본소득 운동은 현재 자본주의 구조와 노동시장 그리고 복지제도에 대해 근본적인 문제를 제기하였다. 현 시기 생산력의 발전은 매우 높은 수준에 이르렀기 때문에, 생산물의 양으로 본다면 이 풍요로운 시기에 빈곤과 결핍이 존재한다는 것은 동시에 어떤 부조리함이 존재함을 의미한다(Häni and Kovce, 2015). 생산물이 남아도는 풍요로운 사회는 물건을 만드는 것이 문제가 아니라 물건을 파는 것이 문제가 되는 시장구조를 낳았다. 그럼에도 불구하고 여전히 많은 사람들이 그 물건들을 구매할 수 없다. 스위스 기본소득 운동은 풍요로운 시기의 결핍 문제를 모든 국민들에게 기본소득을 지급함으로써 개인들의 구매력을 상승시키며, 유급 노동 중심의 노동중심주의에서 벗어나 자신이 하고 싶은 일을 할 수 있는 기반을 제공하고, 다가오는 노동 없는 미래에 대비하며, 자신의 삶이 노동으로부터 분리된 현재의 상황을 극복하자고 주장한다(Häni and Kovce, 2015).

스위스 국민투표에서 제안된 헌법 수정안은 다음과 같다.

그림 1 2016년 5월, 스위스 제네바의 한 광장에 설치된 기본소득 도입을 촉구하는 초대형 현수막
출처: Verman(2017. 4. 17.)

제110조 (a) 무조건적 기본소득

스위스 연방은 무조건적 기본소득의 도입을 보장할 것이다.

기본소득은 모든 주민이 인간의 존엄성을 누리며 살고, 공적 생활에 참여하게 할 것이다.

기본소득의 재원을 마련하는 방법과 기본소득의 수준은 법률이 정할 것이다.

스위스의 개헌안에는 기본소득의 재원 및 급여액에 대해서는 법률로 유보되었지만, 스위스 기본소득 운동진영이 팸플릿으로 제기했던 스위스의 성인에게 매달 2,500스위스프랑(약 289만 원, 구매력지수로 환산하면 약 170만 원), 미성년자에게 650스위스프랑(약 75만 원)이라는 현금급여 액수가 개헌안의 내용인 것으로 오인되기도 하였다. 재원에 대한 우려, 이민자의 대량 유입에 대한 우려 등이 제기되면서 스위스 국민투표는 부결되었다. 직접민주주의를 실현하고 있는 스위스에서 한 차례의 국민투표 부결이 기본소득 운동의 종결을 의미하지는 않는다. 스위스 기본소득 운동이 제기했던 근본적인 문제들 그리고 기본소득 원칙에 대한 제안들은 여전히 우리가 깊이 생각하고 고민해야 하는 것들로 남아 있다.

노동시장 참여 효과를 위한 실험: 핀란드

핀란드 정부는 2016년 기본소득 실험 계획을 발표하고, 실험 설계안 마련 등의 준비 작업을 거쳐 2017년 1월부터 기본소득 시범사업을 시작하였다. 실업수당을 받는 25-58세 국민 중 2,000명을 무작위로 선발해 2017년 1월부터 2018년까지 2년 동안 월 560유로(약 70만 원)를 기본소득으로 지급한다.

핀란드의 기본소득 실험은 전 세계 언론의 이목을 집중시켰는데, 그 이유는 그간의 기본소득 실험이 일부 지자체에 국한되었던 반면 핀란드의 실험은 국가 차원에서 도입을 시도하였다는 점에서, 그리고 정치적으로 좌파와 우파의 동의를 모두 얻어냈다는 점에서였다. 그러나 우파 정부인 시필라 내각Sipilä Cabinet은 기본소득 실험에 관한 법안 심의과정에서 "기본소득 실험은 노동생활working life의 변화를 향상시킴으로써 사회보장제도를 개혁하고, 참여와 고용을 촉진시키기 위하여 사회보장제도를 점검하며, 관료제 비용을 줄이고, 공적 재원과 관련하여 지속가능한 방식으로 현재의 복잡한 사회보장 급여 시스템을 단순화하는 것을 목표로" 한다고 명시하였다(Kangas et al., 2016). 또한 실업보장법에 근거하여 기본수당 혹은 노동시장 지원을 받는 25-58세의 사람으로 기본소득 급여대상자를 한정시키고, 기본소득제도의 주요 목적으로 '고용촉진'을 명문화하여 기본소득 실험에 대한 평가 기준 역시 기본소득이 고용을 촉진시키는지 아닌지로 제한하였다(Kangas et al., 2016).

핀란드에서 기본소득 이념은 1970년대에 출현하였다(권정임, 2014: 43). 이후 1980년대 초반부터 '시민소득'이라는 이름으로 일상적으로 논의되기 시작하였고, 2007년 녹색연맹이 기본소득 모형을 만들기 시작하면서부터 기본소득 논의로 명칭이 변경되었다(Perkiö, 2012: 2; 권정임, 2014: 43에서 재인용). 보다 적극적인 기본소득 논의는 1984년부터 2011년 사이에 13개의 기본소득 모델로 제시되었지만 모두 현실화되지 못했다(Koistinet and Perkiö, 2014). 그 이유는 개인 수준 혹은 군소정당에서 제기하거나, 제기한 이후 다수당이 되어도 정책 시행에 적극적으로 노력하지 않았기 때문으로 분석된다(Koistinet and Perkiö, 2014). 최근 핀란드의 실업률은 2012년 현재 7.7%, 청년실업률은 18.9%에 이르고(권정임, 2014: 38), 지난 5년간 연평균 경제성장률이 0%로 사실상 성장이 멈추어 있다(최한수, 2017: 53). 이런 상황에서 핀란드 우파 정부는 관대한 수준의 실업부조로부터 발생할 것으로 예상되어 온 노동유인 저하 문제를 기존의 정책으로 극복하기가 불가능하기 때문에, 그동안 지속적으로 제기되어 온 새로운 정책 수단으로서 기본소득 정책을 제기하였다는 평가가 있다.

　핀란드의 기본소득 실험은 기본소득제도가 정치적으로 좌파와 우파가 모두 동의하는 측면이 있고, 모두 반대하는 측면이 있다는 것을 여실히 보여주는 사례이다. 가장 보편적인 사회보장제도라 할 수 있는 기본소득은 보편성과 무조건성이라는 원칙으로 인해 우파의 반대를 쉽게 예상할 수 있다. 그러나 개인의 가처분소득 증가와 소비 확대를 통해 시장을 활성화할 수 있고, 복지급여 대상자의 근로의욕을 줄이지 않는다는 점에서 우파의 지지를 받기도 한다. 기본소득의 효과를 근로의욕에 한정시켜 평가하고, 그 결과를 바탕으로 기본소득제도의 전국적 도입 여부를 결정하겠다는 핀란드의 실험은 여러 측면에서 우려와 반대를 불러일으키기도 하였다. 특히 기본소득 급여 대상자를 근로 연령대인 25-58세로 한정하고 있다는 점, 그중에서도 실업자로 한정하고 있다는 점에서 기본소득의 보편성 원칙과 무조건성 원칙에서 벗어나 있다. 그럼에도 불구하고 일부 지자체의 국소적인 실험에서 벗어나 전국 차원에서 시도하고 있다는 점, 기여경력 등을 조건으로 하지 않는다는 점, 매월 정기적으로 지급된다는 점에서 실험의 결과를 주목해 볼 만하다.

삶의 다양한 측면에 대한 실험: 캐나다 온타리오주

2016년 2월 캐나다 온타리오주 정부는 기본소득 시범사업 연구의 재원을 마련한다는 예산 약속을 공표하고, 6월 캐나다에서 기본소득을 알리는 활동을 10년 이상 해 온 휴 시걸 전 상원의원을 프로젝트 특별자문위원으로 임명했다. 2016년 11월 기본소득 실험의 설계 및 운영에 관하여 시걸이 종합보고서를 발표하고, 2017년 1월부터 수천 명의 사람들과 조직들이 참여한 여러 차례의 주민의견 수렴 절차가 진행되었다. 온타리오주 정부는 2017년 4월 25일 실험의 구체적인 안을 공포했다(Government of Ontario, 2017).

캐나다 온타리오주 정부가 발표한 기본소득 실험 설계안은 선더베이Thunder Bay, 해밀턴Hamilton, 린제이Lindsay 지역에 거주하는 18-64세의 사람 중 4,000명을 무작위로 선정하여 기본소득 급여를 받는 실험집단과 급여를 받지 못하는 통제집단으로 무작위 배정한다. 급여를 받는 실험집단으로 선정된 참가자들에게 3년 동안 1인 가구 근로소득의 50%가 연간 16,989달러(2인 성인가구 매년 24,027달러)에 미달하는 경우 최대 16,989달러까지 기본소득을 제공한다.

참가자의 소득이 일정액에 미치지 못할 경우 그 부족분에 상응하는 보조금을 지급하는 부의 소득세Negative Income Tax: NIT 방식인데,[2] 근로소득 인정비율을 50%로 높게 책정하여 근로비유인을 제거하였다. 장애인 참가자에게는 연간 6,000달러의 추가소득을 지급한다.

캐나다의 기본소득 시범사업은 방식뿐만 아니라 실험의 효과를 매우 다각도로 규명한다는 점에서 다른 국가의 시범사업과 다른 독창적인 측면이 부각된다. 시걸의 보고서는 그동안 많은 빈곤 정책들이 시행되었음에도 불구하고, 여전히 근로빈곤층이 존재하는 현실에 대해 문제를 제기한다(Segal, 2016: 14). 그는 근로연령대 성인들의 빈곤 문제를 그동안의 진전된 복지정책들도 포괄하지 못하고 있으며, '판단에 근거한'judgment-based 복지급여의 적격성 판단이 이러한 문제를 야기했다고 진단한다(Segal, 2016: 15). 빈곤 문제가 해결되지 않았기 때문에 적절하고 충분한 음식에 대한 보장이 이루어지지 않고, 이는 건강비용의 증가 및 건강불평등에도 영향을 미친다고 보고 있다(Segal, 2016: 18-20).

이러한 현실에 대한 진단은 기본소득의 실험 목표 및 검증 내용에도 영향을 미치고 있다. 핀란드와 네덜란드 정부의 기본소득 실험 목표가 기본소득이 고용에 어떤 영향을 미치게 되는지에 초점이 맞추어져 있다면, 캐나다 온타리오주 정부의 기본소득 실험 목표는 ① 건강과 관련된 결과(1차 진료기관 방문 수, 응급실 및 병원

---

[2]   온타리오주 정부는 부의 소득세 방식의 기본소득을 실험하는 이유로 이 방식을 실험하는 국가가 한 곳도 없기 때문이라고 밝히고 있다. 핀란드와 네덜란드에서 현금을 지급하는 방식을 실험하고 있기 때문에, 부의 소득세 방식인 경우 그 효과가 어떤지 살펴볼 필요가 있다는 것이다(Segal, 2016). 그러나 캐나다는 그동안 기본소득 논의에서 부의 소득세 방식을 선호한 역사가 있다(은민수, 2017).

등의 방문 횟수, 처방전 약 사용 횟수 등) ② 삶의 선택들(훈련, 가족 형성, 출산 결정, 동거형태, 육아 시간 등) ③ 교육성과(참가자들과 자녀들의 고등교육 이수, 교육과정 속성과 수 등) ④ 노동행위, 구직, 고용지위(유급노동 시간, 종사한 일자리 수, 노동시장에서 받은 소득, 구직활동에 참여한 기간과 강도 등) ⑤ 지역사회 수준에서의 영향 ⑥ 직접적인 행정비용 절감 혹은 다른 복지급여 대체 비용 ⑦ 식품보장 상태의 변화 ⑧ 시민권과 포섭에 대한 인식 ⑨ 유동성 및 주택 관련 제도들에 대한 영향 ⑩ 기본소득과 여타 복지 프로그램(캐나다 아동수당 등)의 상호작용 등으로 매우 다양한 영역의 결과들에 관심을 기울이고, 효과 측정 방식도 계량화된 수치 이외에 참여자들과의 구체적인 인터뷰를 실시하도록 설계되어 있다(Segal, 2016: 39-46).

기본소득은 기여경력도, 소득 수준도, 노동참여 여부도 따지지 않고 지급된다는 점에서 개인 삶의 여러 측면에 영향을 미칠 수 있다. 캐나다 온타리오주 정부의 기본소득 실험은 연령 및 소득을 일부 제한하고 있어 보편성과 무조건성의 원칙에 다소 미흡하지만, 보다 보편적이고 무조건적인 기본소득이 왜 필요한지, 그리고 삶의 다양한 측면에 어떤 영향을 끼칠 수 있는지에 대해 가장 잘 이해하고 있으며, 가장 잘 반영하고 있다고 할 수 있다. 캐나다는 실험 종료 이전에 공식적인 중간보고서는 발표하지 않기로 결정하였는데, 2020년 종결 보고서의 결과가 사뭇 궁금해진다.

청년을 위한 변혁적 시도: 성남시의 청년배당

한국에서도 기본소득 원리에 기반하거나 몇 가지 원칙을 수정한 서울시의 청년수당, 성남시의 청년배당, 기본소득대전네트워크의 '띄어쓰기 프로젝트', 한겨레21의 '기본소득 월 135만 원 받으실래요?'라는 펀딩 프로젝트, 기본소득전북네트워크의 '쉼표 프로젝트', 춘천기본소득실험기획단의 '2017춘천 기본소득실험프로젝트' 실시 등 다양한 방식의 기본소득 실험이 전개되고 있다. 민간 단체들의 기본소득 실험은 충분성 원칙과 무조건성 원칙에는 충실하지만, 전체 국민이나 지역 주민들을 대상으로 하는 것이 아니라 추첨을 통해 극소수의 사람들에게 짧은 기간에 한정하여 지급하는 것이기 때문에 기본소득의 의의를 살펴보기에는 한계가 많다.

지방정부의 정책 중 기본소득과 가장 유사한 형태는 성남시의 '청년배당'이다. 성남시의 청년배당은 2016년 성남에 사는 24세의 청년들에게 분기별로 12만 5천 원의 지역화폐(상품권)를 지급하는 정책이다. 성남시의 본래의 정책안은 분기별 25만 원(1년에 100만 원) 지급이었지만, 보건복지부가 청년배당을 실시하면 그 금액만큼 교부금을 삭감하겠다고 재정적 위협을 가했기 때문에, 성남시는 보건복지부의 교부금 삭감액을 고려해 청년배당으로 확보한 예산의 절반을 청년배당 급여액으로, 나머지 절반을 교부금 삭감 시 집행해야 하는 복지 예산으로 할당하였다. 청년배당은 지급 대상 청년층의 연령을 매년 1세씩 확대하여 최종적으로 19-24세의 모든 성남시 청년들에게 청년배당을 실시할 예정이다.

성남시의 청년배당은 '부분'기본소득으로 간주할 수 있다. 급여 대상자가 근로연령대인 청년임에도 불구하고 노동중심성에서 탈피하여 근로유무나 취업 혹은 창업 노력 등을 조건으로 하지 않았다. 또한 자산조사 등의 조건을 부과하지도 않았다. 보편성의 측면에서 전체 시민은 아니더라도 근로연령대의 청년을 대상으로 했다는 점에서 큰 의미가 있고, 무조건성 원칙을 준수하였다는 점에서도 의의가 인정된다. 충분성 측면에서 그 액수가 기본 생활을 하기에 상당히 부족한 액수이지만, 광역 단위가 아닌 기초 단위의 지방정부가 기존 예산을 절약해서 조성한 재정을 통해 재원을 마련했다는 한계와 의의를 고려하면, 급여의 충분성 요건을 충족시키지 못한 측면은 이해가 가는 대목이다. 성남시의 청년배당으로 청년들이 생활에 실질적 도움을 받고, 지방정부가 자신의 삶을 배려한다는 느낌을 갖게 되며, 지역에 관심을 갖게 되었다는 등의 견해와 함께 청년층의 압도적 지지를 받고 있다(성이름, 2016). 충분성 요건을 충족시키지 못함으로써 기본적인 생활을 유지하기 위한 수단으로서 한계가 있음에도 불구하고, 지역이나 정치에 대한 관심 등 제반 생활 영역에서의 변화 가능성을 보여주는 사례라고 할 수 있다.

07 | 기본소득 논쟁

    2016년 이후 우리나라에서도 기본소득에 대한 학술적, 정책적 논의가 급속도로 확산되고 있다. 우리나라에서 기본소득에 대한 학술적 논의는 세 시기로 구분하여 전개되어 왔다. 첫 번째 시기는 기본소득 아이디어를 소개하는 시기로서 2000년대 초반이었다(윤정향, 2002; 성은미, 2003; 윤도현, 2003). 당시의 기본소득 제안은 1997년 경제위기 이후에 확대되기 시작한 노동시장의 '불안정성'에 대한 대안으로 기본소득 아이디어를 소개하는 수준이었다. 사회복지학계에서 기본소득이 처음 소개(성은미, 2003)되었을 때, 이 제안은 현실 세계와 동떨어진 하나의 몽상가적 제안 정도로 취급되었다(백승호, 2017). 그 이후 2000년대 중, 후반까지 기본소득 관련된 논문들이 간헐적으로 발표되었다(이명현, 2006; 2007; 박홍규, 2008 등).

    두 번째 시기는 2010년 전후 기본소득에 대한 학술적 논의가 활성화된 시기이다. 이 시기 기본소득에 대한 관심은 2009년 민주노총 정책연구원에서 발간된 '즉각적이고 무조건적인 기본소득을 위하여'(강남훈 외, 2009)와 2010년 한국에서 개최된 기본소득 국제학술대회를 기점으로 확대되기 시작했다. '기본소득한국네트워크'BIKN: Basic Income Korean Network가 이 국제학술대회를 주최하였고, BIKN 소속의 연구자들이 주도하여 기본소득의 기본적인 개념과 역사, 철학적·규범적 당위성, 한국 기본소득 모델, 비판에 대한 반론, 경제적 이론 등(강남훈 외, 2009; 강남훈·곽노완, 2009; 강남훈, 2010a; 2010b; 2013; 2015; 곽노완, 2007; 2009; 김교성, 2009; 백승호, 2010)을 적극적으로 소개하기 시작하였다. 2010년에는 'Real Utopia Project'[1]의 일환으로 기본소득 논의를 확산시키는 데 큰 영향을 주었던 *Redesigning Distribution*(Ackerman et al., 2006)이 『분배의 재구성』(너른복지모임, 2010)으로 번역되었다.

제1기와 제2기에 걸친 기본소득의 학술적 논의를 분류해 보면 다음과 같다(백승호, 2010). 기본소득에 대한 소개와 도덕적·철학적 원칙에 대한 논의(강남훈 외, 2009; 곽노완, 2007; 2009; 성은미, 2003; 윤정향, 2002; 최광은, 2010; 권정임, 2011, 심광현, 2015), 기본소득과 타 제도의 비교(서정희·조광자, 2008; 이명현, 2006; 2007; 김병인, 2016), 소득 재분배와 같은 사회경제적 효과에 대한 논의(강남훈, 2009; 2010; 김교성, 2009; 안현효, 2010; 백승호, 2010; 김혜연, 2014; 윤자영, 2016), 한국형 기본소득 모델 제안(강남훈, 2010b) 등

---

[1] Real Utopia Project는 1991년 미국의 위스콘신대학교의 A. E. Heaven Center의 후원 하에 급진적 사회변혁을 위한 광범위한 제안과 모델들을 탐색하기 위한 목적으로 시작되었다. 다양한 해방적 비전들에 대한 원칙과 타당성을 규범적으로 검토할 뿐만 아니라, 이러한 비전들을 실현하기 위한 제도설계 방안을 결합하고자 하였다. 프로젝트의 결과물은 영국 런던의 Verso 출판사에서 Real Utopia Project Series로 출간되었다.

으로 구분할 수 있다. 기본소득과 근로동기, 인플레이션 문제 등 기본소득이 도입될 경우 발생할 수 있는 사회경제적 파급효과에 대한 논의들도 일부 소개되었지만(강남훈·곽노완·이수봉, 2009; 강남훈, 2010a), 이는 기본소득 반대 논리들에 대한 소극적인 대응의 성격이 컸다. 따라서 기본소득에 대한 본격적인 논쟁은 전개되지 않았다. 다만 노동중심적 급진 좌파의 입장에서 일부 이념적 비판이 제기되었는데, 기본소득이 '탈노동' 혹은 노동거부의 관점에서 노동과 연계되지 않아 노동해방을 가능하게 하지 않을 것이라는 우려였다(박석삼, 2010).

세 번째 시기는 2016년 이후 기본소득에 대한 본격적인 찬반 논쟁이 전개되고 있는 시기이다. 이 시기 기본소득에 대한 본격적 논쟁의 확산은 기본소득에 대한 대중적 관심의 확산에 따른 결과라고 할 수 있다. 특히 스위스의 국민투표와 다양한 기본소득 실험이 언론에 크게 조명되고, '한국사회복지학회'(2016, 부산)와 '비판사회복지학회'(2016, 서울)에서 관련 주제를 다루는 동시에 '제16차 BIEN 세계대회'(2016)가 아시아에서 최초로 서울에서 개최되면서, 기본소득에 대한 관심은 더욱 확장되었다. 많은 번역서들이 출간되기도 하였다(Douglas, 1933; Van Parijs, 1995/2016; Raventós, 2007; Dunlop, 2016; Furguson, 2015).

다양한 학문 분야에서 다양한 주제로 기본소득 연구가 확산되고 논쟁이 적극적으로 전개된 것도 이 시기부터라고 할 수 있다. 복지국가와 기본소득(김교성, 2016; 이명현, 2006; 2011; 2014; 2016), 여성과 기본소득(이주희, 2012; 박이은실, 2013; 2014a; 2014b; 윤자영 외, 2010; 윤자영, 2016), 생태기본소득(권정임, 2011; 2013) 등으로 논의가 확장되었다. 한시적 시민수당(주은선, 2013)과 청년기본소득(이승윤 외, 2016) 등 정책적 변용으로서 기본소득이 제안되기도 하였다.

최근 연구들에서는 기본소득과 기존 사회정책들의 정합적인 구성방안에 대한 논의(김교성 외, 2017; 김태완·김성아, 2017; 김태완 외, 2016; 서정희, 2017)에서부터, 기본소득의 실행가능성을 탐색하는 연구들(김건위·최인수, 2017; 김교성·이지은, 2017) 등 보다 구체적인 기본소득 실현방안들이 검토되고 있다. 또한 학계뿐만 아니라 일부 정치인들과 진보정당에서도 구체적인 기본소득과 재정모델들을 제안하고 있다. 기본소득에 대한 본격적인 논쟁은 2017년 민주당의 대선경선 과정에서 당시 성남 시장이었던 이재명 후보가 기본소득을 공약으로 채택하면서 시작되었다. 또한 동시에 서울시와 성남시에서 기본소득의 원리를 반영한 형태의 청년정책들이 제안되고 실시되어, 기본소득에 대한 보다 현실적인 논쟁들을 확산시키는 데 큰 역할을 하였다. 이렇게 기본소득의 현실화 가능성이 높아지면서 기본소득에 대한 반대 주장도 적극적으로 개진되었다(양재진, 2017; 윤홍식, 2017; 김영순, 2017).

지금까지의 기본소득에 대한 논쟁은 기본소득 '구상' 수준의 논쟁과 '실행' 수준에서의 논쟁으로 구분할 수 있다. 우리 사회에서 2010년 전후인 기본소득에 대한 학술적 논의가 활성화된 시점까지 두 시기에 걸쳐 기본소득에 대한 논쟁은 주로 구상 수준에서의 논쟁이었다. 더 정확히 말하면 논쟁이 있었다기보다 기본소득 구상의 '논쟁거리'들에 대한 소개에 치중되어 있었다. 하지만 2016년 기본소득에 대한 관심이 증폭된 시기부터 기본소득에 대한 논쟁은 구상이 아니라 실제 정책실행과 관련된 논쟁으로 전환되었으며, 학자들 사이에서 보다 구체적이고 적극적인 논쟁들이 전개되었다. 이 장에서는 그동안 한국사회에서 전개된 기본소득 논쟁을 '구상'과 '실행'으로 구분하여 살펴보고자 한다.

1. 기본소득 구상에 대한 논쟁

기본소득 구상과 관련된 논쟁의 핵심은 기본소득 구상에 대한 세 가지 비판으로 요약할 수 있다. 첫째, 탈노동을 지향하는 기본소득은 사회변혁에 기여할 수 없다. 둘째, 게으른 베짱이에게도 지급되는 기본소득은 정의롭지 않다. 셋째, 기본소득은 젠더 불평등을 완화시킬 수 없다. 이 절에서는 이들 각각의 주장과 그에 대한 기본소득 찬성론자들의 반론들을 살펴보고자 한다.

기본소득은 자본주의 체제의 변혁에 기여할 수 없다.

이러한 주장은 주로 노동계급운동 진영 내에서 제기되어 왔다. 주요 주장은 다음의 서술들에서 드러난다.

"기본소득은 주체세력이 부재한 운동이다. 결국 주체세력이 없는 분배에 치중한 자본주의의 변형형태는 기존의 자본주의 생산관계를 유지하는 교묘한 전략에 불과하며(채만수, 2010: 25), 고용보험이나 실업부조와 마찬가지로 현대 자본주의 유지 메커니즘이고(채만수, 2010: 34), 결국 자본주의적 생산관계를 폐지하려는 어떤 방안이나 당위성, 필요성조차도 제시하지 않고 있다(채만수, 2010: 41)."

"기본소득론자들의 주된 특징은 자본을 부정하는 것이 아니라, 즉 자본과의 치열한 계급투쟁 없이, 다수의 이익과 지지만으로 과세를 통하여, 자본으로부터 의미 있는 양보를 획득할 수 있을 것이라는 낙관론에 있다. …… 자본-임노동관계의 철폐가 노동해방의 이상이 되어야함에도 불구하고, 이러한 적대적 관계의 해소 없이 자본의 기생적 이윤에 대한 제약만으로 노동해방을 이야기하는 것은 동의할 수 없으며, 탈노동 혹은 노동거부의 관점에서 노동과 연계되지 않은 기본소득은 일하는 사람의 노력으로 일하지 않는 사람을 부양하는 부당한 결과를 낳을 것이다(박석삼, 2010: 314)."

"기본소득이 현재 자본주의 생산체계와 어떤 관계가 있는지 답해야 한다(윤홍식. 2017: 101)."

"역사적으로 구빈법과 스핀햄랜드법이 자본의 직접 급여를 축소시키는 역할을 한 것처럼, 기본소득 역시 자본의 직접 급여인 임금을 낮추는 역할을 할 것이다. 화폐로 지급되는 급여는 자본이 강요하는 상품화와 시장화에 기여할 수밖에 없는데도, 이 점을 소득재분배를 통한 내수중심의 성장에 기여한다고 하고 있는 바, 이것은 결코 반자본의 논리가 될 수 없고, 시장에 대한 종속을 강화시키며 욕망의 상품화를 강화시키는 부정적인 결과를 가져올 것이다(박석삼, 2010)."

이러한 비판의 핵심은 기본소득 구상으로는 반자본, 자본주의 체제전환이 불가능하다는 것과 오히려 노동자들의 임금을 낮춤으로써 노동력의 상품화를 강화할 것이라는 데 있다. 그리고 기본소득 구상은 노동과 연계되지 않은 노동 거부의 관점이라는 것이다.[2] 그러나 이러한 비판은 다음과 같은 이유로 타당하지 않다.

첫째, 기본소득 구상은 자본주의 체제의 변혁을 명시적 목적으로 제안하고 있지 않기 때문에 이러한 비판은 타당하지 않다. 기본소득은 모두의 실질적 자유를 확대하고 사회의 불평등을 해소하는 데 기여하기 위해 제안되었다(Van Parijs, 1995). 이러한 비판에 대해 라벤토스(Raventós, 2007: 190)는 다음과 같이 언급하고 있다.

"이러한 기본소득 구상이 반자본주의를 표명하고 있지 않기 때문에 아무런 의미가 없다고 주장하는 것은 '세련되지 못한 정치적 오류'crude-political errors에 해당한다. …… 그리고 기본소득이 사회변혁을 달성할 수 없다고 비판하는 것은 유아사망을 완전히 예방할 수 없기 때문에 말라리아 치료제가 필요 없다고 주장하는 것과 같다."

기본소득이 반자본주의를 표방하고 있지 않다하더라도 기본소득을 통한 자본주의 체제전환이 논리적으로 불가능한 것은 아니다(곽노완, 2010). 그리고 현재의 사회적 불평등과 정의를 일소하는 것이 불가능할지라도 이를 어느 정도 해소할 수 있는 기본소득이 전혀 무의미한 것은 아니라는 것이다.

둘째, 이러한 비판은 다분히 관념적인 비판에 지나지 않는다. 어떤 기본소득이 실현되느냐에 따라 기본소득 구상은 자본주의 체

---

2   이에 대해서는 이 절의 마지막 부분에서 다룬다.

제전환의 역할을 할 수도 있을 뿐만 아니라, 현실 사회에서 기본소득이 온전히 실현되고 있지 않기 때문에, 성급하게 기본소득 구상의 가능성을 재단하는 것은 타당하지 않다. 이러한 성급한 일반화의 오류는 복지국가 발달의 역사 속에서 이미 경험하였다. 사회보험 도입 초기 노동조합의 반대가 그 예이다. 19세기 말 노동조합은 당시의 사회보험 도입을 반대했다. 노동자 계급의 계급성과 투쟁의지를 약화시킴으로써 자본주의 체제변혁을 불가능하게 할 수 있다는 우려가 주된 이유였다. 그러나 사회보험은 노동자들의 탈상품화 수준을 높임으로써 대자본 협상력을 강화했다. 특히 북유럽과 같이 높은 탈상품화 수준을 구현한 복지국가가 그러하였다. 이를 통해 여러 국가에서 노동조합은 강한 조직력을 유지할 수 있었다. 사회보험이 오히려 노동계급운동의 활성화에 기여한 것이다 (Rimlinger, 2009). 기본소득 역시 일반 시민들이 생존 노동의 노예상태에서 벗어나는 것을 가능하게 함으로써 시장에의 의존성을 줄이고, 이는 다시 시민에게 권력을 가져다주는 기제로 작동할 수 있다.

셋째, 기본소득이 저임금을 양산할 것이라는 비판은 잘못된 비교의 오류를 범하고 있다. 기본소득 구상에 대한 비판론자들은 영국의 구빈법 시기 '스핀햄랜드 효과'Speenhamland effect의 예를 들면서 기본소득 구상이 저임금을 양산할 것이라고 주장한다. 그러나 기본소득과 스핀햄랜드 제도는 전혀 다른 구상을 가진 제도이기 때문에 스핀햄랜드 제도의 결과를 기본소득 구상에 적용하는 것은 타당하지 않다. 스핀햄랜드 제도는 농장 노동자들의 임금을 보조하기 위한 임금보조제도였으며, 노동자들에게 직접 임금 부족분을 보조해 준 것이 아니라 대농장의 지주들에게 임금을 보조해

주었다. 그 결과 대농장의 지주들은 낮은 임금을 제공하더라도 국가로부터 보조금이 나오기 때문에 노동자들을 고용하는 데 어려움이 없었으며, 노동자들의 생산성과 무관하게 보조되는 임금은 노동자들의 근로의욕에 영향을 미치기도 했다. 그러나 기본소득은 노동자들에게 직접적으로 소득을 제공·보장함으로써 생존노동으로부터 자유로운 선택이 가능하도록 한다. 그 결과 노동자들은 자본가에 대한 협상력을 강화시킬 수 있다. 기본소득이 임금을 낮추기보다는 오히려 적정임금을 타협할 수 있는 강력한 협상력을 제공해 주는 것이다.

넷째, 현실 자본주의 변혁의 주체가 반드시 임금노동자인지에 대해서도 논란의 여지가 있다. 자본주의 사회에서 착취받고 있는 임금노동자가 사회변혁의 주요 주체임은 부정하기 어려운 사실이다. 이러한 전제는 산업자본주의 시기에 명확해 보였다. 그러나 산업자본주의가 인지자본주의로 질적인 전환이 일어나고 있는 현 시점에서 노동시장에서의 착취는 임금노동자의 범주를 넘어서고 있다. 이제 착취를 넘어 일반대중에 대한 자본의 수탈이 진행되고 있다는 주장은 눈여겨볼 만하다(곽노완, 2010). 그 수탈의 대상은 임금노동자뿐 아니라, 실업자, 영세자영업자, 빈민, 장애인, 대다수의 여성, 이주자 등을 포괄하고 있다(곽노완, 2013a). 또한 인지자본주의론에서 언급하고 있듯이 지식자본에 의한 일반지성이 당하는 수탈에 대해서도 주목할 필요가 있다(안현효, 2012). 스탠딩(Standing, 2009)은 '프레카리아트'라는 새로운 계급이 형성되고 있으며, 이들이 기본소득 중심의 복지체제를 요구하는 새로운 주체로 등장할 것으로 보고 있다. 인지자본주의 사회에서 착취와 수탈은 노동자계급에 국한되지 않고, 실업자와 불안정 노동자 등의 프레카리아트들, 그리고 '일반지성'에게까지 확대되고 있다. 자본주의 체제의 대안사회는 임금노동 과정에서의 착취 뿐 아니라 모든 수탈도 폐지된 사회여야 하며, 이들이 새로운 사회변혁을 요구하는 주체로 역할을 하게 될 것이다(곽노완, 2013a). 기본소득은 이들이 생계노동의 노예 상태에 얽매이지 않도록 함으로써 사회변혁의 주체로 나서는 것을 가능하게 하는 촉매제가 될 것이다.

기본소득이 이러한 촉매제 기능을 충실히 수행하기 위해서는 기본소득의 수준이 중요하다. 따라서 기본소득 구상에 대한 비판은 기본소득이 사회변혁에 기여할 수 있는지의 여부보다는 '어떤' 기본소득을 구상하고 있느냐로 향하는 것이 타당해 보인다. 기본소득을 통한 자본주의 체제 전환과 노동자들의 협상력 강화에서 핵심 전제는 충분한 수준의 기본소득이기 때문이다. 사회보험제도를 가지고 있는 국가들이라 하더라도 사회보험의 탈상품화 수준에는 차이가 있으며, 그것이 노동운동의 활성화에 미치는 영향은 상이했다는 사실들을 볼 때, 기본소득을 통한 사회변혁 역시 기본소득 구상 자체에 내장된 논리보다는 기본소득의 수준에 따라 가능할 수도 있고 그렇지 않을 수도 있기 때문이다.

사회변혁을 지향하는 좌파 기본소득론자들은 '지속가능한 최대의 기본소득'이 인간의 실질적 자유를 실현하고 불평등을 해소함으로써 현재 자본주의 사회의 변혁을 가능하게 할 것임을 명확히 하고 있다(곽노완, 2013b; Van Parijs, 1995). 물론 지속가능한 최대의 기본소득은 그 사회의 정치경제적 맥락과 사회변혁 추진 주체의 역량에 따라 달라진다. 따라서 기본소득과 사회변혁의 관계는 제도 자체에 내장된 원리에 따라 결정되는 것이 아니고, 정치적 역학관계에서 결정되는 것이다.

기본소득 초기 단계에서 낮은 수준의 기본소득이라 할지라도 무의미하다고 할 수 없는 이유도 여기에 있다. 수탈받고 있는 많은 대중들은 현 단계에서 낮은 수준의 기본소득이라도 경험함으로써 기본소득의 이해관계자가 될 것이고, 이후 이들의 요구에 따라 높은 수준의 기본소득으로 이어질 가능성이 더 커질 수 있기 때문이다. 문제는 기본소득 구상 자체에 있는 것이 아니고, 기본소득 구상을 둘러싼 '정치'에 있다. 그 정치의 시작은 기본소득 정치의 가능성을 미리 재단하는 세련되지 못한 정치적 오류에서 벗어나는 것에서 시작될 것이다.

게으른 베짱이에게 기본소득을 주면 사회가 병이 든다

기본소득이 사회변혁을 불가능하게 한다는 주장이 주로 좌파 진영의 기본소득에 대한 비판이라면, 노동윤리의 훼손을 강조하는 이러한 주장은 우파 진영에서 제기된다. 이들의 요지는 기본소득의 무조건성 원리에 대한 비판이다. 기본소득 구상과 관련된 가장 핵심적인 비판이기도 하다. 즉 노동이나 소득에 대한 조건 없는 기본소득은 호혜성의 원리에 반하기 때문에 정의롭지 않을 뿐 아니라, 일하지 않는 베짱이들을 양산함으로써 윤리적으로 타락한 사회를 만들 것이라는 주장이다.

그러나 기본소득 찬성론자들은 실질적 자유의 실현이라는 정의론의 관점에서 무임승차를 이유로 자유로운 생활 선택을 추구할 권리(기본소득)까지 제한하는 것에 비판적이다. 필요한 사람이 수급하지 못하는 (근로)조건형 사회보장제도와 무임승차가 발생할 수 있는 조건 없는 기본소득 중 하나를 선택한다면, 최악의 상황을 피하기 위해 후자를 선택하는 것이 실용적일 뿐 아니라(이명현, 2014) 정의롭다는 것이다. 또한 기본소득론자들은 노동이 시민권의 기본이고 사회존엄의 필요조건일 수 있으나 그것이 반드시 '생산적' 임금노동인가는 매우 모호한 문제임을 지적한다. 생산주의적 근본주의에서 강조하는 생산적 노동을 넘어 자원봉사 등 사회적으로 유용한 활동과 무급노동을 포함시킨다는 면에서 기본소득은 호혜성의 원리를 확장시키는 기획이며, 남성의 가정 내 무임승차 혹은 의존성dependency 문제를 해결할 수 있는 대안이라는 것이다.

또한 '균형적' 호혜성을 넘어 '일반적' 호혜성의 논리까지 인정한다면, 호혜성의 개념으로 기본소득을 부정하는 것은 한계가 있다(이명현, 2014). 우리가 현재 누리고 있는 부는 모두의 공동자산인 자연자원으로부터 나온 것이기 때문에, 노동하지 않는 사람도 기본소득을 배당받을 권리가 있다. 일자리도 중요한 자원의 형태이고 고용된 사람들이 일자리를 독점하여 부가적인 소득을 얻는 것이므로 세금을 납부하는 것은 당연하다(김혜연, 2014). 판 파레이스(Van Parijs, 1995: 441)는 다음과 같은 예를 들어 노동과 무관한 소득에 대한 바람직함을 주장하고 있다.

"토지와 같은 자연자원에 대해 일에 미친 사람Crazy과 게으른 사람Lazy이 동등한 권리를 가지고 있을 때, 가장 효율적이고 공정한 분배방법은 일에 미친 사람이 더 많은 토지를 전유하게 하는 것이며, 그 대가로 게으른 사람에게는 그 가치에 상응하는 보조금을 지급하는 것이다."

다른 비판은 기본소득이 사람들의 게으름을 조장할 수 있다는
점에 있다. 이는 사회부조 수급자의 도덕적 결함에 대한 보수주의
자들의 공격과 맥을 같이 하는 것이다. 이러한 비판에 대해 라벤토
스(Raventós, 2007: 179-181)는 아래와 같이 반박하고 있다(김교성,
2009: 53).

"'일을 하지 않거든 먹지도 마라'는 말은 가난한 사람에게만 적용
되는 말이다. 부자는 일을 하지 않아도 밥을 굶지 않는다. 현 시대
는 토지나 자본을 가지고 있지 않은 사람은 일을 떠나 살 수 없는
시대이다. 오직 선택된 약간의 사람만이 근로의 의무로부터 자유롭
다. 기본소득은 제한적이긴 하지만 모든 사람에게 이러한 선택으로
부터 자유를 주고자 하는 제안이다. 역사상 처음으로 모든 사람에
게 오직 몇몇 부자들만이 할 수 있는 '사회에 아무런 기여도 하지
않으면서 살 수 있는 가능성'을 허락하고자 하는 제도인 것이다."

기본소득은 젠더 불평등을 강화할 것이다

다음으로 일부 여성주의자들은 기본소득이 여성의 돌봄 의무
와 무급노동의 인센티브를 강화하고 경제활동 참여를 단념시켜 젠
더 관점에서 반평등적이므로 그간의 역사적 진보가 한 번에 후퇴
할 것이라고 주장한다(Bergmann, 2010). 특히 돌봄노동care work이
적절하게 평가받지 못하는 사회에서 기본소득은 오히려 여성들에
게 돌봄 제공자 혹은 무급 가사 노동자로 남게 하는 족쇄로 작용할

가능성이 높다고 비판한다(Bobeyns, 2008). 오랜 시간 여성의 일할 권리를 주장해 왔으므로, 일하지 않아도 좋다는 주장이 반동적으로 들릴 수도 있다(이명현, 2014).

그러나 기본소득이 '마미트랙'mommy track을 공고화할 수 있다는 주장은 '기본소득이 우리 사회의 모든 문제를 해결할 수 있다'는 오해에서 기인한다. 기본소득이 남녀 동일임금제도나 보편적인 보육제도와 같이 젠더평등을 구현하는 여러 제도 중 하나로 실현된다면, 여성 '개인'의 사회권을 확대하고 젠더평등 실현에 일조할 수 있다. 경제활동참여 여부와 상관없이 지급되므로 여성의 경제적 독립성을 증가시키고, 남성 생계부양자에 대한 재정적 의존도는 약해질 수 있다. 노동시장 참여와 관련한 자율적 선택의 기회를 제공하며, 가구 내 협상력을 강화하고 권력관계의 변화를 가져와 남성의 가사노동에 대한 참여를 독려하여, '보편적 돌봄 제공자 모델'universal care-giver model의 실현가능성도 높일 수 있는 것이다 (Robeynes, 2008).

따라서 기본소득은 여성에 대한 성차별 해소나 가정 내 성별 분업으로부터의 해방적 관점에서 적절한 수단으로 인식되고 있다. 남성 불안정 노동자뿐만 아니라 '모든' 여성, 청년, 노인, 아동, 장애인 등까지 소득보장의 적용대상을 폭넓게 확대하는 방향을 지향하고 있다. 다만 주의할 점은 모든 개인에게 '무조건적'으로 제공하는 것이지 돌봄노동에 대한 인정이나 보상으로 주어지는 것이 아니라는 점에 있다. 성별 노동분업 이데올로기를 강화할 위험이 있기 때문이다(박이은실, 2014).

탈노동과 탈상품화

이상으로 기본소득 구상에 대한 주요한 비판과 그에 대한 반비판을 살펴보았다. 이 절에서는 기본소득 구상에 대한 논쟁에서 비판론자들에게서 잘못 이해되고 있는 개념적 문제들에 대해 간략히 다루고자 한다. 첫째, 탈노동의 의미이다. 기본소득 구상에 대한 비판론자들은 탈노동을 노동에 대한 거부로 이해하는 경향이 있다. 이는 자본주의 사회에서 노동윤리를 신성시하고, 오랜 시간 사회통합의 주요 기제로 활용되어 왔던 유급노동의 중심적 역할에 대한 위협으로 탈노동을 이해하기 때문이다.

기본소득은 물론 탈노동을 지향한다. 탈노동이란 생존을 위해 선택의 여지가 없는 상품화된 임금노동에서 벗어남을 의미한다. 그러나 기본소득 구상에서 의미하는 탈노동은 노동에 대한 거부가 아니다. 오히려 기본소득 구상에서의 탈노동은 착취에 기반한 임금노동에서 자유롭게 벗어난 상태를 의미하며, 이를 기반으로 능동적이고 적극적으로 자신이 원할 수 있는 다중활동을 할 수 있는 기회를 갖는 상태이다. 기본소득 구상의 지향은 탈노동을 가능하게 함으로써 '다중활동의 기회를 보장'하는 것이다. 여기서 다중활동이라 함은 생존을 위한 노동labour을 넘어, 일work과 행위activity를 포괄한다(Arendt, 1996; Raventós, 2007). 여기에는 자원봉사활동, 정치활동, 환경보호활동 등이 포함된다. 탈노동은 노동에 대한 거부라기보다는 노동의 개념을 생산적 노동에서 확장할 필요성을 강조하고 있다. 탈노동은 인간 실존의 조건을 확인하게 해주는 다양한 활동들이 가능한 상태를 의미한다(김교성 외, 2017).

둘째 탈노동과 탈상품화의 관계이다. 윤홍식(2016: 90)은 탈노동과 탈상품화를 구분하며 다음과 같이 설명하고 있다.

"복지국가의 소득보장정책이 (상품화된 노동력의) 탈상품화decom-modification 원리를 실현하는 정책이라면, 기본소득은 탈노동화de-laborization 원리를 실현하는 정책이다. 탈상품화는 자본주의 사회에서 일시적으로 임금노동을 수행하지 않아도 적절한 생활을 보장받는 권리로써, 권리의 유무가 아닌 그 수준이 중요하다. 반면 탈노동화는 임금노동과 어떠한 직간접적인 연계를 갖지 않는다."

"탈노동화는 탈상품화와 달리 수준이 아닌 탈노동의 여부가 핵심인 권리이다. 쉽게 이야기하면 유급노동을 하지 않고도, 더 나아가 무급돌봄과 같은 공익적 활동을 하지 않고도 인간다운 생활을 보장받을 권리이다. 일부 논자(서정희·조광자, 2014: 132)가 기본소득을 탈상품화의 관점에서 설명하는 것은 기본소득의 탈노동화 성격을 탈상품화로 잘못 이해한 것이다. 기본소득은 분배의 성격을 탈상품화에서 탈노동화로 전환하는 대안적 분배체계의 성격을 갖는다."

그러나 탈노동과 탈상품화를 서로 다른 개념으로 보는 것은 타당하지 않다. 이 두 개념은 노동력의 상품화와 생존 가능성 사이의 연결고리를 해체하는 것을 의미하는 동일한 개념이다. 애초에 에스핑 안데르센(Esping-Andersen, 1990)의 '탈상품화' 개념은 폴라니Polanyi의 노동력 상품화 개념에서 비롯되어 오페Offe에 의해 발전된 개념이다(Knijin and Ostner, 2002). 폴라니는 노동력이 필수 불가결한 최후의 상품으로 전환된 것이 자본주의 시장경제의 특징이라고 언급하면서, 자본주의 시장이라는 '악마의 맷돌'로부터 인간이 보호받을 수 있는 장치가 존재하지 않는 한, 인간은 시장의 영향에 한 순간도 견디지 못할 것(Polany, 1944: 76)이라고 보았다. 따라서 폴라니에게 탈상품화를 위한 사회적 보호는 자유시장이라는 악마의 맷돌로부터 인간을 지키기 위해 필요한 장치였다. 에스핑 안데르센(Esping-Andersen, 1990)은 이러한 폴라니의 논의를 발전시켜 탈상품화를 정의하고 있다. 그러나 폴라니(Polany, 1944)와 에스핑 안데르센(Esping-Andersen, 1990)이 사용하는 탈상품화의 용법은 큰 차이를 보인다. 폴라니(Polany, 1944)에게서 탈상품화 개념은 유급노동이 전제된 상태를 의미하지 않는다. 폴라니의 탈상품화는 노동시장에 진입한 사람이든 그렇지 못한 사람이든 시장이라는 악마의 맷돌로부터 사람들을 보호하는 것을 의미한다. 노동능력이 있는 사람들이라 할지라도 유급노동에서 벗어났을 경우 생존을 유지할 수 있는 가능성이 높다면 탈상품화 수준이 높다고 할 수 있고, 노동능력이 없는 경우 또는 생산적 노동을 선호하지 않는 사람의 경우에도 생존을 유지할 수 있는 가능성이 높다면, 이 역시 탈상품화 수준이 높아 시장으로부터 보호될 수 있다.

　반면에 에스핑 안데르센(Esping-Andersen, 1990)은 그의 탈상품화 개념을 정의할 때 유급노동, 특히 남성의 유급노동을 전제하고 있다. 기존의 연구들에서 탈노동과 탈상품화를 구분하여 사용하는 것은 에스핑 안데르센(Esping-Andersen, 1990)이 협소하게 정의하여 사용하고 있는 탈상품화 개념에 천착하고 있기 때문이다. 이에 대해 페미니즘 진영에서는 에스핑 안데르센(Esping-

Andersen, 1990)의 탈상품화 개념은 돌봄노동과 같은 무급노동을 전혀 고려하고 있지 못하다고 비판해왔고, 이러한 맥락과 비슷하게 스탠딩(Standing, 2009)은 에스핑 안데르센(Esping-Andersen, 1990)의 탈상품화를 '허구적 탈상품화'라고 비판하기도 하였다. 기본소득은 사회보험제도와 달리 임금노동을 전제하지 않는다. 그렇기 때문에 기본소득은 생산적 노동에 종사하는 노동자의 탈상품화뿐 아니라, 무급 돌봄노동, 자원봉사활동, 정치활동 등 다중활동을 수행하고 있는 사람들에게 무조건적으로 지급됨으로써 이들을 시장이라는 악마의 맷돌로부터 보호하는 기능을 수행한다. 기본소득은 에스핑 안데르센(Esping-Andersen, 1990)이 정의했던 협소하고 허구적인 탈상품화를 넘어, 광범위하고 실질적인 탈상품화를 목적으로 한다. 이러한 실질적 탈상품화는 인간 실존의 조건을 확인하게 하는 다중활동을 가능하게 한다. 탈노동을 생존을 위해 선택의 여지가 없는 상품화된 임금노동에서 자유로운 상태로 정의한다면, 결국 탈상품화는 탈노동과 동전의 양면이라 할 수 있다. 이러한 맥락에서 보면, 탈상품화는 수준이 중요하고 탈노동은 여부가 중요하다는 주장도 타당하지 않다.

2. 기본소득 실행과 관련된 논쟁

기본소득 구상과 관련된 논쟁이 다소 개념적이고 추상적인 논쟁이었다면, 기본소득 실행과 관련된 논쟁은 기본소득이 도입될 경우 발생할 수 있는 보다 구체적인 제도들 사이의 정합성 및 실현

전략과 관련된 논쟁이었다. 기본소득 구상에 대한 논쟁은 이론적 유용성에도 불구하고 정책 선택을 위한 논의에서는 유용하지 않다. 예를 들면 기본소득으로 인해 일하지 않는 베짱이들이 양산될지 여부는 쉽게 단언할 수 없을 뿐 아니라, 한 사회의 역사적 유산에 따라 그 결과도 다르게 나타날 가능성이 높기 때문이다(복거일 외, 2017). 한국 사회에서 기본소득에 대한 논쟁이 구상에서 실행과 관련된 논쟁으로 전환된 계기는 성남시와 서울시 등에서의 기본소득 실험과 선거 국면에서 기본소득에 대한 정책 공약이 제시되면서, 이제 더 이상 기본소득이 구상의 문제가 아닌, 실행의 문제로 대중적인 인식이 싹튼 점 등을 들 수 있다. 기본소득의 실행과 관련된 논쟁 지점은 크게 기본소득과 기존 사회보장제도와의 관계 설정 및 재정적 실현가능성으로 구분할 수 있다.

기본소득은 기존의 사회보장제도를 구축할 것이다.

기본소득과 기존 사회보장제도와의 관계에 대한 본격적인 논쟁을 소개하기 전에 타당하지 않은 비판을 정리할 필요가 있다. 서로 다른 분석단위를 비교함으로써 발생하는 오류가 그것이다. 대표적인 표현은 '기본소득보다 복지국가가 우선', '기본소득보다 사회보장이 우선' 등의 표현들이다. 그러나 기본소득과 복지국가 또는 사회보장을 동일한 추상 수준에서 비교하는 것은 타당하지 않다. 기능적 등가의 측면에서 보면, 기본소득은 소득보장의 기능을 가지고 있는 하나의 제도이다. 따라서 분류상 복지국가가 상위 분류라면 기본소득은 복지국가 또는 사회보장의 하위 분류에 속한다. 복지국가 또는 사회보장은 제도들의 묶음으로 구성되며, 기본소득은 그러한 묶음에 포함될 수 있는 하나의 제도에 해당한다. 따라서 기본소득과 복지국가 또는 사회보장을 직접적으로 비교하는 것은 서로 다른 분석단위를 비교하고 있기 때문에 타당하지 않다. 따라서 위의 질문들은 '기본소득 중심의 복지국가(사회보장) 시스템보다 사회보험 중심의 복지국가(사회보장) 시스템이 우선인가?'로 던져지는 것이 타당하다.

이렇게 질문이 던져진다면, 논쟁지점은 기본소득과 기존 사회보장제도의 관계 문제로 넘어간다. 기본소득 반대론자들의 주장은 기본소득이 기존의 사회보장을 구축할 것이라고 주장한다. 이들 비판은 기본소득이 기존 복지국가의 관료제적 특성, 과도한 행정비용, 낮은 재분배 효과라는 비효율성에 대한 문제제기에서 출발하여 복지국가를 대체하기 위한 시도로 등장하였다고 주장한다. 그러나 이러한 주장은 머레이(Murray, 2016) 등의 우파적 기본소득에 대해 적용 가능할 뿐이다.

기본소득이 사회보장제도를 구축할 것이라는 주장의 근거는 첫째, 기본소득이 막대한 재원이 소요되기 때문에, 기본소득 논의가 본격화된다면, 기존의 사회보장제도 특히 사회서비스에 대한 확대가 불가능해질 것이라는 주장이다. 그러나 사회복지제도의 역사적 발달과정에 비추어 보면 이러한 주장이 타당하지 않음을 확인할 수 있다. 기존의 사회보장체계는 17세기 빈민법에서 시작하여 19세기와 20세기를 거치면서 사회보험제도로 확대되었고, 이후 사회복지서비스의 발달로 이어졌다. 그러나 이러한 사회복지제도의 확대과정에서 기존의 제도들이 소멸되지 않았다. 새로운 사회보장제도는 새롭게 등장하는 욕구와 사회적 위험에 대한 대응과 주체세력들의 요구에 의해 확대되었을 뿐 아니라, 그렇게 만들어진 사회복지제도는 새로운 이해관계자를 만들어 냄으로써 축소되거나 구축되기보다 오히려 확대되는 경향을 보여 왔다. 기본소득이 도입된다 하더라도 중산층의 소득유지 욕구를 보장하는 사회보험이나, 신사회위험에 대한 대응으로서의 사회서비스에 대한 욕구가 사라지지 않는 이상, 그리고 그러한 욕구를 보장받고자 하는 이해관계자들이 존재하는 이상 기본소득이 기존의 사회보장제도를 구축하기는 어려울 것이다.

그리고 좌파 버전의 기본소득은 기본소득이 기존의 사회보장을 대체하는 것으로 보지 않는다. 기본소득이 기존의 복지제도를 대체한다는 우려는 '복지'welfare 개념에 대한 오해 또는 오역에서 비롯된 것으로 판단된다. 일반적으로 미국에서 복지는 '사회부조'를 의미하는 용어로 사용되며, 실제 미국에서의 기본소득에 대한 논의는 기존의 '복지' 즉, '사회부조'를 대체하는 개념으로 논의되기도 한다. 이런 차원이라면 기본소득이 기존의 복지를 대체한다는 주장이 타당하다. 그러나 현재 적어도 우리 사회에서 기본소득이 사회부조를 넘어 사회보험 및 사회복지서비스까지 포함한 '복지'를 대체해야 한다는 주장은 존재하지 않는다. 기본소득의 철학적 기초를 다진 판 파레이스(Van Parijs, 1997)는 의료, 교육, 돌봄 등의 공공재적 성격의 재화와 서비스에 대해서는 기본소득으로 대체할 수 없는 영역이라고 명시하고 있다. 기본소득지구네트워크BIEN는 2016년 서울대회를 통해 기본소득이 기존의 복지국가를 대체하는 '대체재'가 아니라 기존 복지국가의 기능을 보완하는 '보완재'로서 위치하고 있음을 명확하게 천명하고 있다.

둘째, 사회보장 구축론자들은 현재 사회보장의 사각지대 문제는 기존의 사회보험제도와 공공부조 등의 제도적 결함들을 보완하는 것이 가능하기 때문에 기본소득을 새롭게 도입할 필요성에 동의하지 않는다.

"기본소득제가 전 세계적으로 주목받게 된 계기는 실업과 표준화된 고용의 감소이다. 사회보험의 사각지대가 크고 향후 개선이 힘들 것이라는 전망이 자리 잡고 있다. 그러나 우리나라의 사회보험을 지나치게 과소평가, 혹은 사각지대 문제를 과도하게 비관하고 있다. 위 5개 중에 사각지대가 존재하는 것은 국민연금과 고용보험이다. 나머지 산재, 의료, 요양에는 사각지대가 실제적으로 존재하지 않는다(양재진, 2017: 40)."

"이들 사회보험의 문제는 사각지대가 아니라 보장성 강화이다. 산재의 경우는, 고용주가 미가입시켰더라도(보험료를 체납하여도), 법정 적용대상 근로자는 산재발생 시 산재보상을 받을 수 있다. 즉, 정부는 선 보상 후에 체납 보험료를 고용주로부터 추징한다. 혜택 기준으로는 사실상 사각지대가 없는 것이다(양재진, 2017: 40)."

그러나 사회보장 구축론의 이러한 주장은 기존 사회보장제도의 한계에 대해 다소 낙관적이다. 예를 들어 산재의 대상 포괄성이 100%이고 사후 추정이나 구상권이 가능하다고 하지만(양재진, 2017), 이는 노동시장의 변화에 대해 지나치게 낙관적인 견해에 해당한다. 현재 노동시장은 사회보험으로 포괄하기 어려운 다양한 고용형태가 확산되고 있다. 근로자성이 인정되지 않는 가짜 자영업, 특수고용 등의 비전형 노동자뿐 아니라, 크라우드 노동자와 같은 플랫폼 노동자들은 근로자성을 인정받고 있지 못한 전형적인 고용형태에 해당한다. 근로자성 인정을 수급요건으로 하는 유급노동 중심의 사회보장제도의 한계는 최대한 수정·보완되어야 하지만 그것만으로 충분하지 않다. 또한 한국의 산재인정률은 그 포괄성에 비해 매우 떨어진다. 게다가 변화하는 노동시장에서 산재인정을 위한 판별도 어려워지고 있다. 변화된 노동시장에 부합하는 기본소득과 같은 대안적 소득보장제도가 필요하다.

기본소득의 재원이 많이 소요되기 때문에 실현불가능하다.

기본소득 실행과 관련되어 가장 강하게 비판받는 지점이 재정적 실현불가능성이다. 기본소득을 시행하기 위해서는 재원이 많이 소요되고, 이를 위해서는 세금을 많이 납부하도록 해야 하는데 이것이 쉽지 않다는 것이다.

이에 대해 강남훈(2017)은 '재정환상' 개념으로 재원과 기본소득의 실현불가능성을 연결하는 것에 대해 비판한다. 흔히 기본소득의 재정적 실현불가능성을 논할 때, 소요되는 재정만 집중적으로 부각시킨다는 것이다. 그러나 기본소득을 위해 세금을 납부해야하는 측면도 있지만, 기본소득은 모두에게 지급되기 때문에 소득이 증가하는 측면도 존재한다. 따라서 기본소득을 위해 납부해야 하는 세금과 기본소득 급여액을 비교해서 설명하는 것이 타당하다는 것이다. 강남훈(2017)의 추계에 따르면 모두에게 기본소득을 지급할 경우 조세설계에 따라 달라질 수는 있지만, 전체 가구의

표 1 우리나라의 추가적인 재정잠재력

연도	2015	2016	2017	2018
GDP(조 원)	1,596.90	1,690.90	1,796.70	1,905.2
연도	'15	'16	'17	'18
조세부담률(% GDP)	17.5	17.7	17.7	17.9
국민부담률(% GDP)	23.9	24	24.1	24.2
OECD 평균(% GDP, 2013년)	34.1	34.1	34.1	34.1
OECD 최고(% GDP, 2013년)	48.6	48.6	48.6	48.6
평균 추가복지 재정잠재력(조 원)	162.9	170.8	179.7	188.6
최고 추가복지 재정잠재력(조 원)	231.6	245.2	260.5	276.3

출처: 강남훈(2017: 27).

80%는 기본소득 수급액이 과세액보다 높다. 결국 사람들은 자신이 납부해야하는 세금만 바라봄으로써 기본소득에 대해 반대하지만, 자신이 기본소득으로 받게 되는 지급액을 제시해 준다면 기본소득을 위한 증세에 부정적이지 않을 것이라는 것이다.

더욱이 우리나라의 재정잠재력에 비추어 기본소득을 위한 재원마련이 전혀 불가능하지 않다. 〈표 1〉에 제시되어 있듯이, 2017년 현재 한국의 GDP는 약 1,800조 원이며, 조세부담률과 국민부담률은 각각 17.7%와 24.1% 수준이다. OECD 평균의 국민부담률이 34.1%와 최고 국민부담률이 48.6%라는 점을 고려할 때, 우리나라가 OECD 평균 수준의 국민부담률을 유지한다면, 평균 추가 복지 재정잠재력은 약 180조 원이고, 최고 수준의 추가적인 복지 재정잠재력은 260조 수준까지 확대된다.

기본소득은 조세방식의 보편적인 복지제도에 익숙하지 않은 복지국가에서 보면 상당히 혁신적인 주장이다. 제대로 된 '사회수당' 하나 운영해 보지 않은 상태에서 자본주의 생산과 분배양식의 근간을 흔드는 변화를 쉽게 수용하기는 어려울 것이다. 사회·경제에 미치는 파급효과가 클 것으로 예상되므로 정교한 분석과 검토가 요구된다(김교성, 2009: 54). 적절한 소득보장과 평등한 사회를 건설하기 위해서는 일정 정도의 대가와 부담이 수반될 수밖에 없다. 시장에서 원천적으로 불공정하게 분배된 임금소득의 공정한 분배와 보다 평등한 재분배의 의미를 따져 보면서 세금인상을 수용하도록 하는 것이 필요하다(Atkinson, 2015: 378).

기본소득과 다른 사회보장제도와의 관계

기본소득은 필요한 재화(예를 들어, 교육이나 의료 관련)를 구입하는 과정에서 선택과 능력의 불평등성이 반영되어 복지급여 자체에 불평등성을 내장하는 방식이라는 비판도 존재한다(Brandal, et al., 2013). 이는 기본소득이 소득 연계형 급여를 포함한 모든 복지제도를 대신한다는 가정에 기초한 기우에 불과하다. 기본소득을 모든 사회적 위험에 대한 '만병통치약'으로 생각해선 곤란하며, 사회적 가치를 긍정적으로 향상시키기 위해선 다른 정책 수단과 연계하여 하나의 정책 '묶음'package으로 활용하는 편이 바람직해 보인다(Offe, 1996; 이명현, 2007). 한편, 낮은 수준의 (부분)기본소득으로 인해 모든 가치재의 구매를 대신하지 못하기 때문에, 교육, 보건·의료, 보육, 대학 학비, 주거, 대중교통, 사회서비스 등이 높은 수준으로 발전된 '스웨덴' 방식의 선진화된 복지국가를 선호하는 주장도 있다(Bergmann, 2010). 완전고용과 남성 생계부양자 중심의 20세기 근대사회 혹은 '노동중심형' 복지국가로 회귀하자는 의지의 표현이다.

　일부에선 복지국가의 기능을 축소하기 위해 일부 정치가들이 기본소득을 선호한다고 걱정한다. 주된 가정은 다음과 같다. 국가 기능의 최소화와 시장의 효율적 작동을 위해 현금급여에 의한 (임금)보조금 형태의 기본소득을 제공한다. 저임금을 보충하고 '빈곤·실업의 덫' 문제를 극복하여 고용주의 임금상승에 대한 부담을 축소시킨다. 복지국가의 소득보장 프로그램을 대체하고, 단순한 현금지급을 통해 국가의 의무는 종료되고 행정적 부담은 축소된다(김혜연, 2014: 108-111). 그러나 기본소득은 노동중심적 복지국가의 한계를 극복하고 더욱 보편적이고 효율적인 복지국가의 운영을 위한 시도이다. 복지국가의 기본적인 철학을 공유하면서, 보편적인 현금급여와 공공 사회서비스의 확대를 통해, 복지국가 내에서 구체적인 내용에 대한 배치가 가능하다. 현금 연계형 사회적 급여의 일부가 대체될 수도 있으나 사회서비스 분야의 확장을 지지하며, '저부담-저복지'의 굴레를 넘어 '보편부담-보편복지'로의 전환을 도모할 수 있다. 즉, 기본소득은 복지국가를 '대체'하기보다 '보완'하고 '확대'하는 역할을 수행할 수 있다. 복지 수혜자와 납세자 사이의 불일치를 극복하고, 국민의 다수(약 70-80%)를 복지의 순 수혜자로 만들어(강남훈, 2014) 진정한 복지국가로 향하는 징검다리 역할을 할 수 있는 것이다.

BASIC
INCOME

3부   어떤 기본소득인가?

o8 | 한국형 완전기본소득

1. 한국형 완전기본소득의 필요성

모든 시민에게 조건 없이 보장되는 기본소득은 노동시장에서 강제되고 있는 다양한 제약으로부터 시민들이 자유로워질 수 있는 기회를 보장한다. 특히 기본적 수준의 '사회적 소득'은 생존하기 위해 받아들일 수밖에 없었던 불합리한 노동조건을 거부할 수 있는 힘을 개인들에게 부여한다. 개인에게 단위당 시간의 '이용가치'와 시장에서의 '교환가치'를 선택하고 판단할 수 있는 권리를 부여하는 것이다. 그 결과 개인들은 기본소득을 통해 '자기 스스로 결정하는 활동'self-activity을 자유롭게 선택함으로써 필요와 욕구를 채울 수 있는 권리를 보장받게 된다.

기본소득 논의에서 주요 쟁점 중 하나는 급여의 무조건성에 있다. 기본소득은 아무 조건 없이 수급자격이 주어진다. 반면에 현행 사회보장제도들은 노동을 통한 소득활동을 전제로 자격이 주어지는 조건부 사회보장제도들이다. 공공부조는 노동을 통한 소득활동이 불가능하여 가난하다는 것을 입증해야 수급자격이 주어지며, 사회보험제도들은 노동을 통해 벌어들인 소득으로 기여를 했다는 기록이 있을 때 수급자격이 부여된다. 따라서 현행 노동법과 사회보장법에서의 사회적 보호는 누가 노동자인지를 명확하게 규정하고, 소득활동에 상응하는 보험료 기여기준을 규정하는 것이 기본이다.

이러한 방식의 사회적 보호는 누가 노동자이고 누가 사용자인지 구분되고, 근로시간이 명확하게 드러나는 표준적 고용관계가 지배적일 때는 잘 작동하였다. 그러나 현재 노동시장에서 표준적 고용관계는 점점 해체되어 가고 있고, 생애주기 동안의 안정적이고 규칙적인 소득활동이 어려워지고 있다. 그리고 사회적 보호의 출발점으로서 법과 제도로 규정되고 있는 '근로자성 여부'의 판단이 점점 모호해지고 있다. 따라서 사회보장 수급자격 '조건'을 정의하는 것이 매우 어려워지고 있다.

기존의 임금노동이 아니라 돌봄노동, 자원봉사와 같은 자발적 voluntary 영역에서의 노동을 수급조건으로 하는 기본소득을 고려해 볼 수도 있다. 그러나 이는 그 노동 자체의 가치를 평가 절하시킨다는 점에서 부정적인 결과를 초래할 수 있다. 왜냐하면 돌봄 노동이나 자원봉사를 기본소득에 대한 조건으로 규정하게 되면 이들 노동의 고유한 가치는 기본소득을 받기 위해 필요한 노동 정도로, 그리고 기본소득의 급여 수준만큼의 노동으로만 가치 평가될 수 있기 때문이다. 따라서 기본소득은 무조건성에 기반하여야 한다.

이러한 기본소득은 사실 새롭게 부상하는 자본주의 경제 시스템에 적합한 급여방식이다. 앞서 설명하였듯이, 현재 탈산업화시대의 자본주의는 여러 방면에서 변화를 맞고 있다. 특히 노동, 일, 생산, 분배의 개념이 전반적으로 변화하고 있다. 지식정보 사회에서의 재화와 서비스 생산에 누구의 노동력이 얼마나 투입되었는지는 점점 측정 불가능하게 되고 있다. 특히 빅데이터를 활용한 재화와 서비스의 생산이 그러하다. 일반지성들의 지식정보활동에서 비롯된 빅데이터를 통해 한 사회의 부가 축적되고 있음에도 불구하고, 지식자산으로 축적된 부는 독점되고 있으며 공정한 분배는 이루어지고 있지 않다. 공정한 분배는 시장에서의 노동력과 자원의 직접적인 교환관계에 의한 분배가 아닌 공유된 부wealth에 대한 배당으로서의 분배개념으로 전환될 필요가 있다. 돈과 상품이 아닌 공유된 지식과 비물질적 자원들에 대한 분배정의가 달성된 새로운 사회에서, 개인은 기본소득을 통해 공적 영역에서의 노동/일과는 별개로 자신의 역량을 발전시킬 수 있을 것이다. 이러한 사회에서 노동의 의미와 필요성은 현재와 같지 않게 될 가능성이 높다. 기본소득은 이러한 새로운 사회에 적합한 제도로, 사회적으로 생산되고 공유된 부를 시민들에게 '배당'하는 것이라 할 수 있다.

그러나 기본소득을 당장 전면적으로 도입하기에는 현실적으로 여러 가지 장애가 존재하는 것도 사실이다. 그렇다고 현재의 사회적 보호 시스템을 개선하는 것만으로 만족하기에는 현재의 사회적 안전망이 너무 낡았고 엉성하다. 이미 임금노동의 정의가 모호해지고 있고, 좋은 일자리, 표준적인 정규직 노동의 수요가 총량적 측면에서 점차 줄어들고 있는 상황에서 현재의 사회보장제도는 많은 한계를 가지고 있다. 특히 우리나라의 경우 사회보장제도가 노동시장의 변화들에 순발력 있게 대응하지 못하는 복지의 제도적 지체현상이 나타나고 있다. 따라서 변화하는 노동시장과 정합성 있고, 복지를 권리로서 보장할 수 있는 새로운 패러다임의 복지국가를 적극적으로 구상할 필요가 있다.

기본소득은 기존의 복지정책들을 모두 대체하는 정책이 아니다. 그렇기 때문에 기본소득이 도입될 때 다른 제도와의 관계를 어떻게 설정할지 신중히 검토할 필요가 있다. 우리나라의 복지국가는 아직 제도성숙기에 진입하지 않았지만(현재 OECD 국가들 중 최하위권의 사회지출 수준으로 2014년 기준 9.7%이다), 노동시장에서 목격되는 변화는 이미 복지 선진국과 크게 다르지 않다. 미성숙한 한국 복지국가와 이미 탈산업화시대에 진입한 한국 노동시장의 조합을 고려했을 때, 완전기본소득제의 도입이 아주 먼 미래에 필요한 제도는 결코 아니다.

완전기본소득제 도입이 현재의 복지정책을 모두 대체하는 것을 의미하는 것은 아니기 때문에, 기본소득제 실현에 있어 세 가지 측면에서 다른 제도들과의 정합성을 살펴봐야 한다. 첫 번째는 기존의 사회보험 및 사회부조 등 사회보장제도와의 관계이고, 두 번째는 사회서비스와의 관계이다. 완전기본소득제가 도입되어도 재생산수단의 재분배에 속하는 보육, 교육, 의료서비스는 양질의 사회서비스로 공급되어야 한다. 세 번째는, 기본소득제의 재정에 관한 사안으로, 기본소득제의 도입을 위한 재정조달 방식을 고려해야 한다.

현재 GDP 대비 한국의 사회복지지출은 〈표 1〉과 같다. 1990년대만 해도 GDP 대비 5% 미만이었던 사회복지지출 수준이 현재

표 1 연도별 GDP 대비 한국 사회복지지출 수준

(단위: %)

	1990	1995	2000	2005	2009	2010	2011	2012	2013	2014
한국	2.7	3.1	4.5	6.1	8.5	8.3	8.2	8.8	9.3	9.7

출처: OECD SOCX
주: 2014년 데이터는 추계 결과

표 2 한국 사회복지지출의 구성비(2013년)

(단위: 십억 원, %)

	2013년	
	총액	구성비
1. 노령	31,909	23.9
2. 유족	3,290	2.5
3. 근로무능력관련급여	8,700	6.5
4. 보건	54,937	41.2
5. 가족	16,086	12.1
6. ALMP	6,556	4.9
7. 실업	3,884	2.9
8. 주거	–	–
9. 기타	8,033	6.0
계	133,393	100.0
GDP	1,429,445	
GDP 대비 비율	9.33	

출처: 고경환 외(2015)

는 3배 이상으로 증가하였지만, 다른 OECD 국가들의 평균치(2014 년 기준 21.1%)보다 한참 낮고, GDP 대비 23.1%(2013년)인 일본의 절반에도 미치지 못한다. 2013년 한국의 사회복지지출을 세부 항 목별로 보면 〈표 2〉와 같다. 사회복지지출의 대부분이 노령과 보건 분야에 할당되어 있다. 한국의 복지 수준은 총지출 측면과 사회적

위험을 어느 정도로 포괄하고 있는지의 측면 모두에서 제한적이고 상당히 소극적이다.

본 장에서는 완전기본소득이 도입된 한국 복지국가 설계도를 제시하고자 한다. 이 설계도의 핵심 내용은 사회보험 중심의 전통적 사회보장 시스템을 기본소득 중심의 사회보장 시스템으로 전환하는 것이다. 또한 4부에서는 장기적으로 완전기본소득을 실현하기 위한 단계적 이행경로를 제시할 것인데, 이를 위해 먼저 완전기본소득제가 도입되었을 때의 한국 복지국가 설계도를 그려보는 것이 중요하다. 이 장에서 제시하고 있는 한국 복지국가 설계도에는 기본소득과 기존의 사회보험 및 사회부조, 사회수당 그리고 사회서비스를 어떻게 정합적으로 재구성할지에 대한 고민이 담겨 있다. 따라서 9장, 10장, 11장, 12장에서는 기본소득과 사회보험, 사회부조, 사회수당 그리고 사회서비스의 관계를 보다 구체적으로 살펴볼 것이다. 이 책에서 제시되는 기본소득 중심의 사회보장 시스템은 기존의 사회보험이나 사회서비스를 기본소득으로 모두 대체하는 우파 버전의 사회보장 개혁안이 아님을 미리 밝혀둔다.

2. 한국형 완전기본소득의 모형과 복지제도

한국형 완전기본소득 모형

우리가 제안하는 완전기본소득(안)은 모든 개인에게 매달 중위소득 30%에 해당하는 현금을 무조건적으로 지급하는 방안이다. 중위소득 30%는 2017년 현재 국민기초생활보장법의 생계급여(중위소득의 30%)에 해당한다. 기본소득 수준은 매년 중위소득에 연동하여 조절하게 된다.[1] 제도가 일정 기간 안정적으로 운영되면, 급여 수준을 점진적으로 '중위소득 50%' 이상까지 확대할 수 있다. 이를 통해 모든 국민의 최소한의 문화적 생활을 유지할 수 있는 권리를 보장하며, 개별 구성원은 각자 하고 싶은 일을 선택할 수 있고 진정 '인간답게' 살 수 있게 된다.

2017년 기준 중위소득은 1인 가구를 기준으로 1,652,931원이 며 4인 가구 기준은 4,467,380원이다. 따라서 2017년 기준 1인 가구의 생계급여 대상자 선정기준 및 최저보장 수준(선정기준과 최저보장 수준은 동일한데 여기서 각 가구의 소득인정액을 뺀 나머지 금액이 보충성의 원리에 따라 생계급여액이 된다)은 495,879원, 4인 가구의 경우는 1,340,214원이다. 생계급여의 경우 가구원 수가 많아지면 1인당 급여액이 감소하지만 기본소득은 가구 단위가 아닌 개인 단위로 지급되기 때문에 가구원 수가 증가해도 개인당 받는 기본소득은 동일하다.

기본소득은 기존의 사회보장 체계를 모두 대체하는 것이 아니므로, 다른 제도와의 정합성을 신중하게 검토할 필요가 있다. 사회보험과 사회부조는 물론이고 사회서비스와 기본소득 간의 이상적인 조합을 구상해야 한다.[2] 앞서 설명한 것과 같이 기본소득제의

---

1   기본소득의 수준에 관한 한 전문가 조사에 따르면, 기본소득의 적정 액수는 '① 1인당 최저생계비 → ② 최저임금 → ③ 전체 가구 중위소득의 60% → ④ 1인당 연간 가처분소득의 50%' 순으로 나타나고 있다(이명현, 2014: 297).

2   여기서 '다른 제도'에는 사회복지제도뿐 아니라 근로시간 단축과 같은 노동시장 정책 등이 포함된다. 특히 완전한 기본소득으로 가는 과도적 단계에서 기본소득과 기존의 사회보장제도 그리고 노동시장 정책 등을 포함한 패키지로서의 기본소득 구상이야말로 개인의 실질적 자유를 확대할 수 있는 최적의 방법이다(윤자영, 2016). 기본소득이 만병통치약은 아니기 때문이다. 그러나 본 장에서는 논의를 좀 더 단순하게 하기 위해 사회보장제도와의 정합성 측면만을 고려한다.

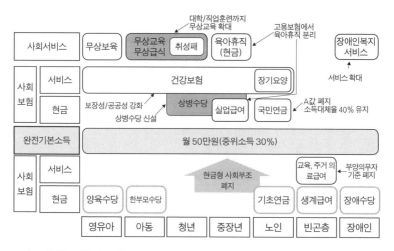

그림 1 한국형 기본소득 모형

도입이 사회보험 및 사회복지서비스의 대체를 의미하지 않기 때문에 복지정책들과 기본소득제의 이상적인 조합을 구상해야 한다.

〈그림 1〉은 완전기본소득이 도입된 우리나라 복지국가의 설계도이다. 기본소득이 도입되면 현금형 사회부조 방식의 급여는 대체되고, 연금과 실업급여의 내용은 일부 조정되며, 교육이나 보육, 의료, 직업훈련과 같은 사회서비스는 적극적으로 확충된다. 각 제도의 구성과 내용을 구체적으로 살펴보자.

국민연금과 기본소득

국민연금은 현금이 지급되는 사회보험인데, 급여 산출 방식은 소득재분배 기능을 하는 A값과 개별 가입자의 소득비례 부분인 B값으로 나누어진다. A값을 통해 가입자 간 '재분배' 효과를 기대할 수 있으며, B값은 가입자 개인의 기여에 비례하여 '공정성'의 가치를 반영할 수 있다. 완전기본소득이 도입되면, 국민연금의 급여 산출식에서 균등화 역할을 담당하는 A값은 삭제할 수 있다. 기여에 비례하는 급여만을 제공하여 소득비례 방식의 제도로 변화하게 됨으로써 중산층 이상의 계층의 기존 소득 유지 욕구를 충족하는 기능에 충실하도록 한다. 다만 연금의 적정 수준을 보장하기 위해 소득대체율은 현행 40% 수준을 유지한다. 기본소득과 40%의 명목소득대체율에 기초하여 연금 급여의 실질소득대체율을 추정해 보면, 2016년에 명목소득대체율을 50%로 상향 조정하자는 제안보다 전체 소득대체율이 인상되는 효과가 있다. 국민연금의 소득대체율에 대한 실질적인 인상 없이, 적절한 노후소득을 보장할 수 있는 동시에 연금기금의 재정안정성과 지속가능성도 함께 도모할 수 있다.

고용보험과 기본소득

고용보험에서 가장 주요한 부분은 실업급여이다. 현재 구직급여의 지급액은 근로자 퇴직 전 평균임금의 50%에 소정급여일수를 곱한 금액으로 산출하는데, 상한액과 하한액이 정해져 있다. 하한액은 퇴직 당시의 최저임금법상 시간급 최저임금의 90%에 1일 소정근로시간(8시간)을 곱한 금액으로, 최저임금의 변동에 따라 하한액도 조정된다. 상한액은 이직일이 2017년 이후인 경우 1일 46,584원으로 결정되어, 2017년 이후 상한액과 하한액이 동일한 금액으로 책정되어 있다. 따라서 현재 1일 실업급여 수급액은 최대 46,584원이고 수급기간은 최대 240일(8개월)이며, 최장기간 상한액을 수급하게 되면 총 11,180,160원을 받을 수 있다. 이를 한 달 기준으로 재산정하면 월 1,397,520원이 된다. 완전기본소득을 도입하면 실업급여의 하한액 문제는 해결할 수 있다. 다만 상한선을 상향 조정함으로써 실질소득대체율을 인상할 필요가 있다. 중기적인 차원에서 소정급여일수에 대한 단계적 확대도 요구된다.

국민건강보험과 기본소득

국민건강보험은 다른 사회보험과 달리 서비스 중심의 급여가 제공되는 영역이다. 따라서 완전기본소득이 제공돼도 건강보험은 그대로 유지된다. 다만 건강보험의 고질적인 문제인 보장성과 공공성 확대의 노력이 요구되며, 사각지대 문제에 대한 적극적인 개선도 필요하다. 비급여 항목에 대한 대폭적인 축소 혹은 폐지와 더불어 민영화된 공급주체에 대한 관리·감독을 더욱 철저하게 수행해야 할 것이다. 동시에 국공립 의료시설에 대한 확충도 필수적이다. 입원이나 수술로 인해 근로/사업소득의 일부가 손실된 경우, 이를 충당해 줄 수 있는 상병수당도 신설해야 한다.

사회부조와 기본소득

완전기본소득을 제공하면, 급여대상을 선정하기 위한 자격심사가 필요하지 않아, 사회부조의 사각지대 문제는 해결될 수 있다. 기본소득은 시민권에 기초하여 모두에게 제공되므로, 급여 수급으로 인한 낙인과 의존성의 문제도 극복할 수 있다. 충분한 급여의 제공을 통해 절대적 빈곤층의 규모를 감소시킬 수 있으며, 공정하고 평등한 사회를 구축할 수 있다. 우리나라의 대표적인 사회부조인 국민기초생활보장제도의 주요 급여는 가구 단위로 제공된다. 따라서 급여의 선정기준도 가구원 수에 따라 다르게 설정되어 있다.

본 장에서 제안하고 있는 기본소득은 2017년 기준 1인당 월 50만 원 수준이다. 따라서 완전기본소득의 합산액은 2017년 모든 가구형태의 생계급여 기준액보다 높은 수준이다. 국민기초생활보장제도의 생계급여액은 가구원 수가 증가하면서 1인당 급여액이 감소하도록 설계되어 있기 때문이다. 따라서 생계급여액 대비 기본소득의 합산액 비중(A/B)은 1인 가구의 100.83%에서 7인 가구 167.94%에 이른다. 현 사회부조의 급여액 선정기준은 가구원 수에 따라 가구균등화 소득이 적용된 수치이다. 따라서 개인에게 동일한 금액을 지급하는 기본소득을 가구단위로 합산할 경우, 가구원 수가 증가할수록 더 높은 수준의 소득을 기대할 수 있는 것이다. 모든 개인과 가구에게 현재 지급되는 급여보다 높은 수준의 급여제공이 보장된다면, 대표적인 현금형 사회부조인 생계급여는 폐지하는 것이 바람직한 선택이다.

그러나 완전기본소득을 도입하더라도, 일정 수준 이하의 소득을 가지고 있는 일부 집단을 대상으로 한 의료급여와 주거급여, 교육급여 등은 지속적으로 제공되어야 한다. 대상자 선정기준으로 중위소득 60%의 최저생계비가 활용될 수 있다. 기본소득의 지지자들은 의료, 교육, 보육, 돌봄 등의 사회서비스는 모든 국민들에게 안정적으로 제공되어야 한다고 주장해 왔다. 모든 사람은 기본적인 사회서비스에 접근할 수 있어야 하고, 이는 모든 구성원이 보편적 시민권으로 요구할 수 있는 권리이다. 따라서 의료급여와 주거급여의 부당한 부양의무자 기준도 철폐되어야 한다.

사회수당과 기본소득

일부 수당적 분배원리를 적용하고 있는 '기초연금'과 수당이라는 명칭만 사용하고 있는 '장애수당' 및 '한부모수당' 등은 현금형 소득보장 체계에 포괄할 수 있으므로 완전기본소득에 통합하여 운영한다. 현재 우리나라에서 실행 중인 기초연금은 국민연금과 연계되어 있다. 급여액의 일부가 국민연금 가입 기간과 연계되어 있어, 국민연금 가입 기간이 짧을수록 더 높은 수준의 급여를 받을 수 있다. 공정성과 충분성 측면에서 많은 비판을 받는 지점이다. 완전기본소득이 도입되면 확장된 대상과 수준의 적용을 통해 현재 기초연금이 가지고 있는 제도의 목적을 충분히 달성할 수 있기 때문에 대체가 가능하다. 한편 현재 만 18세 이상의 등록 장애인을 대상으로 소득 수준(수급자와 차상위계층)과 장애등급에 따라 장애수당(3-6급 대상)과 장애인연금(1-3급 대상)이 지급되고 있다. 욕구가 아닌 시민권에 기초하여 훨씬 높은 수준의 무조건적 기본소득이 지급되면, 현금성 장애인 급여는 대체될 수 있다. 다만 추가비용을 충당하기 위한, 개별적인 수당제도의 마련과 사회서비스의 대폭적인 확충이 전제되어야 한다.

사회서비스와 기본소득

완전기본소득이 도입되면, 사회서비스에 대한 대폭적인 확장도 요구된다. 완전기본소득은 기본적인 생활을 가능하게 하고자 하는 현금급여이다. 이 현금급여에는 시장실패가 전제되어 시장에서 올바르게 실현될 수 없는 공공재의 구입 비용은 포함되어 있지 않다.[3] 고전적인 경제학 이론에서 공공재는 교육과 의료이다. 최근 돌봄서비스 역시 공공재로 다루어지기도 하는데(윤자영, 2016), 교육, 의료, 돌봄서비스는 불완전한 정보, 높은 거래비용, 긍정적 외부효과라는 공통점을 지니고 있어서 시장실패를 전제하고 있기 때문으로 추정된다. 그러므로 시장실패가 전제된 공공재의 효율적인 공급 방식은 시장이 아닌 국가가 현금이 아닌 현물로 제공하는 것이다. 이들 현물급여는 사회적인 욕구를 그 사회가 현물, 다시 말해 서비스 방식으로 충족시킨다는 특성으로 인해서 사회서비스로 명명된다.[4]

기본소득은 현금급여 방식의 소득보장정책이기 때문에 원칙적으로 현물급여 방식의 사회서비스 제도와는 배타적인 제도이다. 그러나 이 배타성이 구축crowding out이나 상쇄관계trade-off를 의미하지는 않는다. 오히려 사회보장의 역사에서 소득보장이 높은 국가에서 사회서비스 정책이 발전함으로써 두 정책은 서로 보완관계에 있었다(문진영·김윤영, 2015). 이런 이유로 사회서비스의 확대 방안을 구체적으로 제시하는 것은 기본소득 논의의 본질에서는 빗겨서 있다. 그럼에도 불구하고 완전기본소득이 도입되었을 때 총체적인

---

3   공공재public goods는 생산되어 공급되면 대가를 지불하지 않은 소비자들을 포함하여 많은 사람이 공동으로 소비할 수 있는 재화나 서비스로서, 개인재private goods와 달리 비배제성으로 인해 무임승차자의 문제가 발생하기 때문에 시장가격이 제대로 형성될 수 없는 문제가 발생하고, 이는 시장실패를 야기한다(Barr, 2008).

4   사회서비스의 범주를 돌봄서비스에 국한시킬 것인지, 교육과 보건의료를 포함시킬 것인지에 대해서는 학자마다 국가마다 차이가 있다. 보건의료서비스, 교육서비스, 적극적 노동시장 정책들을 사회서비스에 포함시키고 있는 국가로는 영연방 국가와 스칸디나비아 국가가 있고(Munday, 2007), 우리나라 역시 사회보장기본법에 의거하여 이러한 방식을 채택한 국가군에 속한다.

사회보장 제도의 이상형을 제시한다는 측면에서 사회서비스의 확장 형태를 영역별로 살펴보면 다음과 같다.

먼저 교육서비스의 경우 현재 실시하고 있는 무상급식은 전국 학교로 확대되어 유지된다. 또한 현재는 중학교까지 의무교육이지만 이 범위가 고등학교와 대학교까지 확장되며 이와 함께 무상급식 또한 고등학교까지 확장된다. 대학교가 무상교육이 되면서 반값등록금 논쟁이 사라지며 청년 빈곤의 주요 원인이 되었던 학자금 대출 문제도 사라지게 된다. 또한 대학교를 넘어서 직업훈련까지 모두 공공 영역에서 무상으로 제공된다. 이로써 대학 이상의 고등교육을 받고 싶지 않은 학생들은 스스로 대학이 아닌 직업훈련의 길을 선택할 수 있으며 지금과 같이 무의미하고 무리하게 대학에 진학하기보다는 자기가 하고 싶은 일을 적극적으로 찾고 이에 맞는 직업훈련을 받음으로써 원하는 직업을 찾을 수 있다.

현재 우리나라는 공공이 제공하는 직업훈련이 일반적이지 않으며 대부분이 대학교에서 고등교육을 받은 후 기업에 입사하여 기업 내부에서 그 기업에 특화된 숙련을 취득하는 방식을 가지고 있다. 그러나 이 방식은 해당 기업에만 적합한 숙련이 형성되기 때문에 실직 혹은 이직 시 다른 일자리를 찾기가 어렵다는 단점이 있다. 고용이 유연화되면서 예전과 같이 한 기업에서 '뼈를 묻는' 식의 종신고용은 점점 줄어들고 있다. 따라서 한 기업에만 특화된 숙련은 기업 밖의 노동시장에서는 별다른 이점을 가져다주지 못한다. 공공 직업훈련이 일반화된다면 노동자가 한 기업에서 실직을 당하거나 이직을 하고 싶을 경우 원하는 만큼 양질의 직업훈련을 받을 수 있어 유연화된 노동시장에서 노동자들도 유연성을 가질 수 있다.

다음으로 일가족양립정책의 경우, 육아휴직의 지원, 돌봄서비
스와 같은 현물 지원, 육아수당과 같은 현금 지원으로 구분할 수
있다. 육아휴직은 「남녀고용평등법」 제정과 함께 도입된 후 1995
년에는 남성근로자도 여성을 대신하여 신청하도록 변경되었으며
2001년부터 만 1세 미만의 영아를 가진 남녀 근로자 모두 휴가를
사용할 수 있도록 개정되었다. 이후 일가족 양립을 목표로 하여 여
성의 출산휴가 및 육아휴직 정책은 지속적으로 적용 대상을 넓히
고 급여 수준을 강화하여 왔지만, 비정규직 여성의 사각지대 문제
는 계속해서 문제가 되고 있다.

완전기본소득이 도입된 복지국가에서는 육아휴직 제도가 고
용보험과 분리되어 근로이력 등의 조건성이 사라진다. 현재 고용
보험 내 모성보호 제도는 출산전후휴가와 육아휴직, 육아기 근로
시간 단축제도가 있는데 완전기본소득제에서는 이러한 제도가 유
지되지만 재원이 현재와 같이 고용보험에서 지급되는 것이 아니고
조세로 충당된다. 이는 고용보험에 가입하지 않은 여성과 출산휴
가나 육아휴직을 받기 위한 기준을 채우지 못한 여성들이 이 제도
를 이용할 수 있게 됨을 의미한다.

2017년 현재 출산휴가는 90일(다태아일 경우 120일)인데 대규
모 기업의 경우 이 중 최초 60일(다태아 75일)은 사업주가, 그 이후
30일(다태아 45일)은 고용보험에서 임금을 지급한다. 육아휴직급여
는 만 8세 이하 또는 초등학교 2학년 이하의 자녀를 가진 근로자에
게 매월 통상임금의 100분의 40(상한액 월 100만 원, 하한액 월 50만
원)을 지급하는 제도로, 육아휴직 기간은 자녀 1명당 1년이다. 현

재 육아휴직급여의 소득대체율은 40%지만 상한액이 월 100만 원으로 정해져 있는데, 완전기본소득제에서는 육아휴직급여의 소득대체율과 상한액 기준선이 높아져 육아휴직급여가 확장된다.

09 | 기본소득과 사회보험

1. 사회보험의 원리와 역사

사회보험은 전통적 산업사회에서 남성 정규직 노동자들의 노동력 재생산과 소득보장 기능을 담당해 왔다. 사회보험의 목적은 시민들에게 발생하는 사회적 위험을 보험방식으로 대처함으로써 국민의 건강과 소득을 보장하는 것이다. 사회보험이 제 기능을 하기 위해서는 완전고용이 전제되어야 했기 때문에, 전통적 산업사회에서 경제정책의 중요한 목표는 완전고용이었다(Esping-Andersen, 1990). 그러나 산업구조가 변하면서 완전고용을 달성하는 것이 어려워지고, 표준적 고용관계의 해체로 인해 비정규직이 증가하면서 사회보험이 포괄하지 못하는 영역이 확대되어 왔다. 이러한 변화로 인해 사회보험 중심의 사회보장 시스템에 대한 개혁의 필요성이 제기되어 왔다. 그러한 개혁안 중에서 최근 주목을 받고 있는 제안이 기본소득 중심의 사회보장 재구성안이다. 물론 기본소득 중심의 사회보장제도 재구성안이 사회보험의 폐기를 의미하는 것은 아니다. 그렇다면 기본소득과 사회보험과의 관계를 어떻게 설정할 것인가? 본 장의 문제의식은 여기에 있다. 이를 위해 먼저 사회보험의 기본원리와 사회보험의 역사적 맥락을 검토함으로써 사회보험에서 유지되어야 할 제도적 속성들은 무엇이고, 사회보험이 정상적으로 작동하기 위한 조건이 무엇인지 살펴볼 필요가 있다.

사회보험의 기본원리

사회보험은 상업보험과 마찬가지로 배타적 자구성의 원칙에 기초하여 가입자의 보험료 수입으로 운영되며, 개별적 공평성의 원리에 따라 본인의 기여에 기반하여 급여가 지급되도록 설계되어 있다. 그러나 상업보험과 달리 사회보험의 목적에는 '사회적 조정' 혹은 '연대적 조정'을 통한 소득재분배 기능이 포함된다. 즉, 소득수준에 상관없이 가능한 많은 수의 시민들에게 사회보장 혜택을 제공하기 위해, 사회보험은 보험수리 원칙을 상대적으로 완화하여 적용하고, 보험 가입 여부와 보험료 납부, 보호의 내용 및 수준을 국가가 결정하며, 운영에 필요한 재원을 가입자가 부담하는 보험료 이외에도 사용주의 보험료 지원 및 정부의 재정 보조로 충당한다. 뿐만 아니라 상업보험은 위험 발생 시 비용 부담을 보험회사가 부담하는 반면, 사회보험은 연대성의 원칙에 따라 전체 가입자의 공동부담으로 해결한다. 사회보험은 노령, 장애, 산업재해, 실업 등으로 소득활동이 일시적 또는 영구적으로 불가능하게 된 경우 별도의 대체 소득을 적절한 수준에서 제공하여 당사자와 가족의 최저생활을 보장하는 한편, 사회적 위험이 생존을 위협하는 일이 생기지 않도록 집합적으로 예방하는 기능을 수행한다(이정우 2002: 113; 182-183).

이러한 보험 원칙의 적용 대상은 보호의 긴급성, 보험료 부담 능력, 행정적 관리능력 등을 고려하여 결정되며, 적용의 종류는 당연적용, 적용제외, 임의적용으로 구분된다. 보호의 긴급성 차원에서는 사회적 위험에 노출될 가능성이 높고 대처능력이 취약한 집단일수록 적용의 필요성이 높아지지만, 일반적으로 이런 필요성은 보험료 부담능력 및 행정적 관리능력과 상반 관계에 있는 경우가 많기 때문에 적용기준 설정에 어려움이 따른다. 경제사회적 특성에 따른 적용 대상의 설정 기준으로는 근로활동 여부, 직종 또는 종사상 형태, 소득 수준을 들 수 있다. 소득 수준을 기준으로 할 경우에는 보험료 부담능력이 없는 저소득층은 보험가입이 사실상 어려울 수 있고, 고소득층은 사회보험제도를 통한 보호가 별 의미를 갖지 못할 수 있다는 점 때문에 소득하한선과 소득상한선을 설정하여 운영하는 경우가 많다. 한편, 영국의 사회보험제도처럼 보편주의 관점에서 전체 국민에게 적용되는 경우도 있다. 이 경우에는 '보험료 부담의 사회화'가 전제되어야 하기 때문에 일반적으로 상당 수준의 국가 보조가 수반되며, 급여 수준은 최소한의 생계유지에 필요한 범위 내에 머물게 된다(이정우, 2002: 234-244).

사회보험의 역사적 맥락

사회보험 아이디어는 프랑스 혁명 당시 수학자이자 정치가였던 니콜라 드 콩도르세Marie Jean Antoine Nicolas de Caritat, Marquis de

Condorcet의 1795년 발간 저서 『인간정신의 진보에 관한 역사적 개요Esquisse d'un Tableau Historique des Progrès de l'Esprit Humain』에서 최초로 제안되었다(Van Parijs and Vanderborght, 2016: 64). 콩도르세의 아이디어는 당시에 즉각적인 영향을 주지는 않았다. 그러나 19세기에 산업혁명이 진행되면서 사회부조제도의 협소한 틀을 넘어서는 노동자 계급을 위한 새로운 사회적 보호의 필요성이 제기되었다. 그리고 중세시대의 길드 전통을 이어받아 유럽의 많은 도시에서 자발적 상호부조협회가 등장하였다. 이러한 상호부조협회, 공제조합들이 사회보험 제도화의 기반이 되었다(Esping-Andersen, 1990). 사회보험은 산업사회를 배경으로 발달해 왔다.

앞서 2장에서 논한 것과 같이 산업사회는 포디즘과 테일러리즘에 기반한 대량생산시대의 개막을 의미하였는데, 이러한 대량생산시대는 제조업에 정규 고용되어 있는 반숙련 산업 노동자들의 역할이 핵심적이었다. 이들 노동자들의 주된 관심은 안정적 시장임금의 확보 및 산재, 상병, 해고 등의 위험에 대비한 사회적 임금의 확보였다. 그리고 자본의 주된 관심은 노동 비용을 줄이고 노동생산성을 높임으로써 지속적인 자본축적을 보장받는 것이었다. 특히 산업노동자들의 소득 상실 및 상병 등에 대한 국가의 개입은 유효수요를 창출함으로써 자본축적에 순기능을 하기 때문에 자본에게도 중요했다(O'Connor, 1990).

자본과 노동의 이러한 이해관계는 정규직 남성 노동자 중심의 사회보험을 핵심적 사회정책 프로그램으로 도입하는 것에 대한 상호동의로 이어졌다(백승호, 2005). 그 결과 복지 황금기라고 불렸던 1950년대와 1960년대의 서구 복지국가에서 사회보험제도를 중심으로 노동자들의 사회적 욕구를 해결하고 자본축적을 원조하는 시스템이 제도화되었다. 그리고 이러한 시스템은 경제적 측면에서 포디즘적 생산방식에 의한 대량생산과 대량소비, 사회정책적 측면에서 사회보험을 통한 유효수요 창출, 정치적 측면에서 사회보험을 지지하는 노동자 계급의 성장 등이 상호보완적으로 작동함으로써 유지될 수 있었다(백승호, 2005: 12).

즉, 임금노동자는 임금을 통해, 실업자 및 은퇴한 노인들은 실업보험과 공적연금으로 제공되는 사회적 임금을 통해 대량생산된 재화를 소비할 여력을 가질 수 있었고, 이는 다시 원활한 자본축적으로 이어졌다. 뿐만 아니라 제조업에서 핵심 노동계급의 성장은 노동과 자본의 힘의 균형을 가능하게 함으로써 사회보험의 지속적 확장과 유지를 가능하게 하였다. 이렇듯 사회보험은 산업자본주의 생산체제의 생산방식과 연계되고, 상호보완적으로 설계됨으로써 전통적 산업사회의 복지국가를 가능하게 하는 기제로 작동하였다.

그러나 1970년대 자본주의 복지국가 위기 이후 사회경제적, 정치적 변화는 사회보험을 중심으로 운영되어 왔던 전통적 복지국가 시스템을 변화시켰다. 탈산업화, 서비스경제화, 기술발전 등으로 인한 불안정 노동의 증가와 장기실업의 증가는 사회보험의 기여 기반을 축소시킴으로써 사회보험 재정을 위협하는 요인으로 작용하였다. 그리고 가족구조의 변화와 여성의 노동시장 참여의 확대로 인한 돌봄의 공백이라는 새로운 사회적 위험이 등장하면서 사회보험 중심의 전통적 복지 시스템에 대한 조정과 합리화가 요구되었다. 여기에 세계화로 인해 자본의 자유로운 이동이 가능해지면서 노동과 자본 간의 힘의 균형이 깨진 결과, 어느 정도의 평형을 유지하던 '기울어진 운동장'이 더 기울어지게 되었다. 이는 노동비용을 절감하려는 자본의 이해가 반영된 사회보험의 개혁을 저지할 수 있는 노동 권력의 약화로 이어졌다.

결국, 표준적 고용관계의 해체와 불안정 노동의 확산, 돌봄의 공백이라는 새로운 사회적 위험, 사회보험을 지켜낼 수 있는 노동 권력의 약화는 정규직 남성 노동자 중심의 사회보험 방식으로 사회적 위험을 관리하는 복지 시스템에 근본적 도전을 안겨주었다 (Lødemel, 2001: xiii). 동시에 자본주의 복지국가는 혁신과 경쟁력을 강화시키는 생산 전략으로 전환할 것을 요구받았고, 그 결과 경제 시스템이 공급 중심으로 전환됨으로써 소득 보장을 통한 유효수요의 창출과 경제성장의 논리가 더 이상 설득력 있게 주장되기 어려워졌다. 이 과정에서 비전형적 고용형태들이 증가함으로써 표준적 고용관계가 해체되고, 사회보험에 포괄되지 못하거나, 사회보험에 포괄된다 하더라도 짧은 기여기간 및 낮은 보험료 기여로 인해 충분한 수준의 사회보험 급여를 받지 못하는 사람들이 늘어났다. 이렇듯 사회보험의 소득보장 기능은 약화되어 왔다.

게다가 대부분의 자본주의 복지국가는 노령연금 개혁, 사회보험 급여 관대성 축소, 프로그램 자격조건 강화, 서비스 전달에서 비용 통제, 노동을 조건으로 한 복지급여의 도입 등을 추진하였다 (Kuhnle and Eitrheim, 2000). 일부 사회서비스를 민영화하기도 했고, 급여의 선별성targeting을 증가시키기도 했다. 복지국가의 재편 과정에 복지급여의 제공보다는 노동work을 통한 자립과 시장에서의 효율성efficiency을 강조하는 경향이 있었다고 할 수 있다(Swank, 2001: 197). 이는 앞서 설명했듯이 1970년대 초반 이후 사회경제적 변화와 이데올로기적 변화로 인해 전통적 복지국가의 확고한 지지 기반을 형성해 왔던 정치지형이 자본에게 우호적인 지형으로 변화했고(Mishra, 2002), 경제적으로는 재정적자로 인해 복지국가에 대한 다양한 회의론과 비판이 제기되어 왔던 결과이기도 하다. 물론 자본주의 복지체제들은 이러한 사회경제적, 정치적 변화에 동일한 방식으로 대응하지는 않았고, 각 국가마다의 정치경제적 맥락에 따라 다양한 대응 방식들을 보여 왔다(Esping-Andersen, 1996).

그럼에도 불구하고 1970년대 복지국가 위기 이후 신자유주의가 확대되고 대부분의 복지국가들에서 비용을 억제하는 방향의 복지국가 개혁이 공통적으로 진행되었다. 복지비용 확대에 대한 제동은 국가별로 다른 방식으로 진행되었다. 사민주의 국가들은 기존의 복지국가 합리화를, 보수주의 국가들은 신사회적 위험에 대응하기 위한 사회서비스 확충을, 자유주의 국가들은 노동의 재상품화를 강화하는 방식의 복지국가 개혁 전략을 추구해 왔다. 세 가지 복지체제의 공통적인 복지국가 개혁 전략으로서 비용억제 전략은 노동연계복지workfare의 강화가 한 축이었고, 사회보험 중에서도 특히 중요한 소득보장제도인 공적연금의 개혁이 또 다른 한 축이었다.

우리나라는 압축적 근대화(Chang, 2009)와 압축적 경제성장을 거치면서 서구에서 100여 년 동안 진행되었던 복지국가의 발전과 개혁을 아주 짧은 시간에 동시적으로 진행해 올 수밖에 없었다. 최초의 사회보험제도는 1963년 제정되고 1964년부터 시행된 산업재해보상보험제도이다. 1963년에 제정된 「산업재해보상보험법」은 500인 이상 사업장 중 광업 및 제조업을 대상으로 제한하였다. 같은 해인 1963년 「의료보험법」이 제정되었지만 적용대상이 임의규정으로 되어 있었기 때문에, 강제가입을 원칙으로 하는 사회보험으로 보기에는 무리가 있다. 「의료보험법」에서 강제가입 원칙을 규정한 것은 1970년인데, 동법 시행령이 1977년에 이르러서야 전부 개정되었기 때문에 실질적인 의료보험제도의 시작은 1977년으로 볼 수 있다. 이후 우리나라는 1988년 국민연금제도, 1995년 고용보험제도, 2008년 노인장기요양보험제도를 도입하여 현재 총 5개의 사회보험제도를 운영하고 있다. 이 중 소득보장이라는 기능적 측면에서 기본소득과 중첩될 가능성이 있는 국민연금제도와 고용보험제도의 도입 및 확대 과정을 자세히 살펴보면 다음과 같다.

국민연금제도는 1973년 「국민복지연금법」이 제정 및 공포되었으나 같은 해 발생한 석유파동의 영향으로 시행이 무기한 연기되었다. 이후 구법을 수정 및 보완하여 1986년 「국민연금법」을 공포하고 1987년 국민연금관리공단을 설립하였으며, 1988년 10인 이상 사업장에 근무하는 18세 이상 60세 미만 근로자 및 사업주를 대상으로 국민연금제도를 시행하게 되었다. 이후 1992년 5인 이상 사업장, 1995년 농어촌 지역, 1999년 도시 지역 자영업자로 확대 적용됨으로써 '전 국민 연금시대'가 출범하였고, 2003년 7월부터 2006년 1월 사이에는 사업장 적용범위가 5인 미만 영세 사업장, 근로자 1인 이상 법인, 전문 직종 사업장까지 확대되었다. 또한 2010년 이후에는 임시·일용직과 시간제 근로자의 가입자격을 완화하고 경력단절 여성을 대상으로 추후 납부를 확대하는 등 '1국민 1연금 시대'를 위한 제도 개선이 진행되었다. 국민연금은 강제가입 원칙을 따르며, 연금의 종류에는 노령연금 외에도 장애연금, 유족연금이 포함된다.

고용보험제도는 1995년 7월에 30인 이상 사업체를 대상으로 하는 구직급여사업과 70인 이상 사업장을 대상으로 하는 고용안정 사업 및 직업능력개발사업으로 출발하였다. 이후 1997년 경제위기와 대량실업사태로 인해 적용범위를 10인 이상 사업장으로 확대하려던 당초 계획을 바꾸어 상시근로자 1인 이상 모든 사업장으로 확대하고, 2004년에는 일용직 근로자에게로까지 확대하면서 현재 가사근로자 및 농림어업 상시근로자, 4인 이하 사업장의 근로자를 제외한 모든 근로자에 적용되고 있다. 적용범위 이외의 제도 개선도 다양하게 이루어져 왔다. 실업급여사업은 1990년대 말 경제위기에 대응하여 기여요건을 기준기간 18개월, 피보험단위기간 12개월에서 기준기간 12개월, 피보험단위기간 6개월로 완화하고 최단 수급기간을 60일로 확대했다가, 2000년부터는 기준기간 18개월, 피보험단위기간 180일로 조정해 현재까지 운영 중이며, 모성보호 지원사업으로 출산전후휴가급여, 육아휴직급여, 육아기근로시간 단축급여도 지급하고 있다.[1]

---

[1] 추가로, 고용안정사업에는 고용유지·창출·촉진을 지원하는 사업과 직장어린이집 지원 사업, 고용정보 제공 및 지원기반 구축 사업 등이 포함된다. 특히 2004년 도입된 고용창출지원사업은 2011년 고령자 고용 촉진 기능을 강화하기 위해 재량지원사업으로 전환된 바 있다. 마지막으로 직업능력개발사업은 사업주가 근로자에게 직업훈련을 실시하거나 근로자가 자기개발을 위해 훈련받는 경우 사업주 및 근로자에게 일정 비용을 지원하는 사업으로서, 2000년대 중반 이후 분담금제도에 기초한 사업체훈련 중심에서 민간기관의 참여와 사업주의 자율을 기초로 하는 수요자 중심으로 패러다임 전환을 시도하고 있다 (황덕순, 2016: 9-14).

2. 사회보험의 문제점

앞서 살펴본 우리나라 사회보험의 발전과정을 보면, 현 시점에서 한국의 사회보험은 보편적 시민권을 완성한 것으로 보인다. 그러나 법적으로도 실질적으로도 사회보험에 포괄되지 못한 사각지대는 매우 넓은 것으로 나타나고 있다(서정희·백승호, 2014; 김유선, 2016). 완전고용이 불가능해지면서 사회보험의 소득보장 기능과 소득재분배 기능이 한계에 직면했다는 지적은 아주 오래되었다(Purdy, 1994). 그럼에도 불구하고 문제는 해결되고 있지 못하다. 그 이유는 사회보험이 제대로 작동하지 못하는 근본적 원인을 보고 있지 못하기 때문이다. 오히려 불안정 고용형태에 대한 지원방안을 강화하기 위한 행정력의 개선으로 사회보험 사각지대 문제가 해결될 수 있다는 희망이 있었다. 이것이 바로 사회보험제도가 가진 허구적 안전성의 핵심이다. 좀 더 구체적으로 사회보험의 허구적 안정성은 두 가지 기준으로 평가될 수 있다. 첫째는 보편적 제도로 언급되고 있는 사회보험이 보편적 적용을 실현하고 있느냐이고, 둘째는 주요 소득보장제도로서 사회보험의 급여수준이 대상자들에게 적절한 수준의 급여를 보장하고 있느냐이다. 전자는 적용범위의 배제와 관련되고, 후자는 급여 수준의 배제와 관련된다. 이 절에서는 이 두 가지 기준으로 사회보험의 한계를 검토하고자 한다.

사회보험 적용범위의 허구적 안정성
사회보험 적용범위의 배제는 법적 배제와 실질적 배제로 구분할 수 있다. 먼저 한국 사회보험제도의 법적 배제 문제를 검토해 보자. 한국의 사회보험제도는 1963년 산업재해보상보험법이 만들어진 이후 사업장 규모에서의 배제를 해소하는 방식으로 발전해왔다(윤정향, 2005). 그 결과 현행 사회보험제도들은 1인 이상의 모든 사업장 근로자와 사용자를 적용대상으로 규정하고 있다. 이 규정을 근거로 많은 연구들에서 4대 사회보험법의 대상포괄성이 법제도적으로는 보편적 적용에 가까운 형태로 확대되었다고 주장된다. "사회보험의 외형상 보편주의"(김진욱, 2010: 71), "법제도적으로는 사회보험의 보편적 적용"(배지영·홍백의, 2012: 214), "적용대상에 제외된 집단을 찾기 어려움"(구인회·백학영, 2008: 176), "거의 모든 사업장까지 법적으로 확대"(윤정향, 2005: 124)되었다는 평가들이 지배적이다(백승호·서정희, 2014).

그럼에도 불구하고 현실에서 사회보험의 배제는 여전히 존재하고 있는데, 그 이유는 "법과 제도의 적용제외 문제라기보다 적용과정의 실패"로 평가된다(윤정향, 2005: 124). 이러한 주장은 사회보험에 대한 합리적 제도개선이 배제 문제를 해소할 수 있을 것이라는 견해를 내포하고 있다. 그러나 사회보험의 배제 문제를 법과 제도의 적용과정에서 행정력이 충분히 작동하고 있지 못하기 때문이라고 한정 짓기에는 무리가 있다.

사회보험 배제는 행정부의 부재에서 기인한다기보다는 사회보험 확대전략에서 찾는 것이 더 타당하다. 한국의 사회보험법 확대 방향은 주로 소규모 사업장까지 적용범위를 넓히는 것이었다. 그러다 보니 특정 고용형태들에 대한 적용제외 규정은 크게 개선되지 못해 왔다(윤정향, 2005). 그 결과 사회보험제도는 탈산업화,

지식정보사회화 과정에서 나타나고 있는 다변화된 고용형태를 충분히 포괄하지 못하고 있다. 게다가 전 세계적으로 최근 노동시장의 비전형 고용은 증가하는 경향을 보이고 있다(Eichhorst et al., 2012). 그리고 이들은 주로 저임금, 저숙련, 짧은 고용이력을 특징으로 하는 외부노동시장에서 주로 발견된다. 이들 시간제 근로, 기간제 근로, 파견제 근로, 특수형태 근로 등의 불안정한 비정규 고용형태는 적용범위나 급여의 적절성 측면에서 사회보험이 포괄하기에는 한계가 있어 보인다.

사회보험이 표준적 형태의 고용을 중심으로 설계되었기 때문에 이러한 비전형 고용형태의 근로자는 사회보험의 법적 테두리 안으로 포섭되기 어려웠다. 그러므로 비전형 고용의 증가는 사회보험의 배제 확대와 필연적으로 연결된다(Häusermann et al., 2012). 게다가 최근에는 플랫폼 경제하에서의 디지털 특수고용 노동자인 플랫폼 노동자, 주문형 앱 노동자, 크라우드워크 노동자라는 전혀 새로운 형태의 노동자들이 늘어나고 있다. 이들은 긱 경제gig economy에서의 파편화된 전형적인 불안정 노동자들이며 근로자성을 인정받기 어려워 기존의 사회보험으로는 더더욱 포괄하기 어렵다.

법적 배제: 적용예외규정

한국 사회보험의 법적 배제를 분석한 서정희·백승호(2014)는 한국의 사회보험제도가 일용근로자(고용기간이 1개월 미만), 월 60시간 미만 시간제 근로자, 소재지가 일정하지 않은 사업장 근로자, 가사서비스업 근로자, 특수형태고용근로자를 여전히 사회보험 직장가입자의 테두리 안에서 포괄하고 있지 못함을 지적하고 있다.

서정희·백승호(2014)를 토대로 현행 「국민연금법」[2]과 「고용보험법」의 법적 사각지대를 살펴보면 다음과 같다.

먼저 국민연금의 법적 사각지대 규정은 다음과 같다.

현행 「국민연금법」은 가입자의 종류를 사업장가입자, 지역가입자, 임의가입자, 임의계속가입자로 분류하고(법 제7조), 이 중 사업장가입자를 "사업장에 고용된 근로자 및 사용자로서 제8조에 따라 국민연금에 가입된 자"로 규정하고 있다(법 제3조 제1항 제6호). 이때 사업장에 고용된 근로자란 "직업의 종류가 무엇이든 사업장에서 노무를 제공하고 그 대가로 임금을 받아 생활하는 자(법인의 이사와 그 밖의 임원을 포함한다)"로서 "대통령령으로 정하는 자는 제외"하고 있다(법 제3조 제1항 제1호). 그러므로 시행령에서 규정하고 있는 근로자를 제외하고, 모든 근로자는 사업장 가입자가 된다.

현행 「국민연금법 시행령」은 3가지 고용형태의 근로자와 상당수 국민기초생활보장 수급자를 적용제외로 규정하고 있다. 이들이 법적 사각지대에 해당하는데, 세부적으로 살펴보면 다음과 같다.

첫째, 고용계약 기간이 1개월 미만인 일용근로자이다. 동 시행령은 "일용근로자나 1개월 미만의 기한을 정하여 사용되는 근로자. 다만, 1개월 이상 계속 사용되는 경우는 그러하지 아니한다."(시행령 제2조 제1호)고 규정하고 있다.[3]

---

2 2017년 3월 21일에 법률 제14693호로 일부 개정되어 2017년 9월 22일부터 시행된 법령을 토대로 분석하였다.

3 「국민연금법」 및 동법 시행령은 일용근로자의 정의를 별도로 규정하고 있지 않고, "일용근로자와 1개월 미만의 기한을 정하여 사용되는 근로자"로 규정하고 있다. 그러나 「국민건강보험법」과 「고용보험법」은 일용근로자를 "1개월 미만 동안 고용되는 자"로 정의하고 있다(「국민건강보험법」 제6조 제2항 제1호, 「고용보험법」 제2조 제6호). 국민연금법

둘째, 일정한 사업장이 없이 일하는 근로자이다. 시행령은 "소재지가 일정하지 아니한 사업장에 종사하는 근로자"로 규정하고 있다(시행령 제2조 제2호). 고용형태로 보면 호출근로나 가내근로가 이에 해당할 것이다. 직업으로 보면 인력시장을 통해서 일을 하게 되는 건설 노동자가 일용근로자에 해당할 수도 있고, 일정한 사업장이 없는 근로자에 해당할 수도 있다.

셋째, 단시간 근로자(시간제 근로자) 중 일부 근로자이다.[4] 시행령은 1개월 동안의 소정 근로시간이 60시간 미만인 단시간 근로자 중 '생업을 목적으로 3개월 이상 계속하여 근로를 제공하는 사람으로서, 「고등교육법 시행령」 제7조 제3호에 따른 시간강사, 생업을 목적으로 3개월 이상 계속하여 근로를 제공하는 사람으로서 사용자의 동의를 받아 근로자로 적용되기를 희망하는 사람, 둘 이상 사업장에 근로를 제공하면서 각 사업장의 1개월 소정 근로시간의 합이 60시간 이상인 사람으로서 1개월 소정 근로시간이 60시간 미만인 사업장에서 근로자로 적용되기를 희망하는 사람'을 적용제외의 예외조항으로 규정함으로써(시행령 제2조 제4호) 60시간 미만의 단시간 근로자의 일부를 사업장 가입자로 규정하고 있다.

넷째, 「국민기초생활 보장법」에 따른 생계급여 수급자와 의료

의 규정에 의하면 일용근로자와 1개월 미만의 기간 동안 일하는 근로자는 다른 의미로 해석될 여지가 있다. 그러나 「국민연금법 시행령」은 적용제외 근로자 규정에서 "일용근로자나 1개월 미만의 기한을 정하여 사용되는 근로자. 다만, 1개월 이상 계속 사용되는 경우는 그러하지 아니하다"는 단서조항을 추가하고 있어서, 사회보험의 적용제외 기준은 타법과 같은 맥락으로 풀이된다.

4   단시간 근로자란 시간제 근로자와 같은 의미로 해석된다. 이와 관련하여 판례 대법원 2011두22938 과징금부과처분취소 판결 참조.

급여 수급자이다(법 제2조 제4항). 후술하겠지만 「국민기초생활 보장법」에 따른 수급자는 사업장 가입자 여부를 선택하게 되어 있어 강제가입의 원칙에 위배된다. 그러므로 이들은 사업장 가입자의 적용제외 근로자로 보는 것이 타당하다.

이 외에도 국민연금은 사회보험의 강제가입 원칙에 위배되는 규정을 두고 있는데, 이 또한 사각지대에 해당한다. 사회보험이 강제가입 원칙을 세우고 있는 이유는 일부 사람들의 근시안과 역선택 문제 때문이다. 임의가입을 허용할 경우 사회보험 미가입으로 인해 발생하는 당장의 가처분소득 증가에 안주하게 되고, 미래에 언제 어떤 규모로 발생할지 예상할 수 없는 위험에 대해 대비하지 않으며(근시안), 위험발생 가능성이 높아졌을 때 가입하고자(역선택) 하기 때문이다. 이러한 이유로 강제가입이 아닌 본인 희망에 의한 임의가입은 사회보험의 존립을 위태롭게 한다. 그럼에도 불구하고 「국민연금법」은 사업장가입자와 관련된 두 조항에서 임의가입을 허용하고 있다. 하나는 3개월 이상 근로하는 단시간 근로자 중 '사용자의 동의를 받아' 근로자로 적용되기를 '희망하는 사람'을 적용제외 규정에서 예외로 두고 있다. 이러한 규정은 굳이 법 조항으로 삽입될 필요조차 없다. 단시간 근로자가 사업장 가입자로 적용되기를 희망한다는 것을 기대하기도 어렵거니와 이때 사용자의 동의조차 근로자가 받아야 한다고 규정하고 있어 현실화가 매우 어려울 것으로 예상된다. 또한 사업장가입자가 되기를 희망하는 근로자의 요청을 거절하는 사용자에 대한 벌칙조항조차 없기 때문에 법의 실효성 측면에서 볼 때 사문화될 가능성이 지극히 높다. 이러한 규정은 단시간 근로자를 모두 적용제외 근로자로 규정하는 것과 별반 차이가 없을 것으로 예상된다.

이뿐만이 아니다. 「국민연금법」은 "「국민기초생활 보장법」에 따른 수급자는 본인의 희망에 따라 사업장가입자가 되지 아니할 수 있다"고 규정한다(법 제8조 제3항). 이러한 규정은 사회보험의 가입 확대를 통한 노후소득보장을 목적으로 하고 있는 동법의 입법 목적에도 위배되는 것이며, 전체 국민 중 가처분소득이 가장 낮은 집단에 기여회피를 조장하는 것이기도 하다. 본인 희망에 따라 사업장가입자 여부를 선택하게 하는 두 규정은 사회보험의 기본 원칙에도 위배되며, 입법 목적과도 상충되는 조항이라 하겠다. 이러한 이유로 사회보험의 강제가입 원칙에 위배되는 임의가입이나 임의탈퇴에 해당하는 고용형태는 모두 사회보험의 사각지대에 포함된다.

다음으로 고용보험의 법적 사각지대 규정은 다음과 같다.

「고용보험법」은 국민연금이나 국민건강보험과 달리 근로자만을 대상으로 하는 사회보험이기 때문에 직장가입자라는 개념이 존재하지 않는다. 「고용보험법」은 "근로자를 사용하는 모든 사업 또는 사업장에 적용"(법 제8조)되는 사회보험으로서 보험가입자를 '피보험자'로 규정하고 있다.

「고용보험법」은 피보험자를 "「고용보험 및 산업재해보상보험의 보험료징수 등에 관한 법률」 제5조 제1항, 제2항, 제6조 제1항, 제8조 제1항, 제2항에 따라 보험에 가입되거나 가입된 것으로 보는 근로자"로 규정하고(법 제2조 제1호), 「고용보험 및 산업재해보상보험의 보험료징수 등에 관한 법률」은 근로자란 "「근로기준법」에 따른 근로자"를 말하는 것으로(법 제2조 제2호), "「고용보험법」을 적용받는 사업의 사업주와 근로자는 당연히 「고용보험법」에 따른 고용보험의 보험가입자가 된다"고 규정하고 있다(법 제5조 제1항).

그러나 「고용보험법」은 모든 사업장의 근로자에게 적용하되, 모든 사업 중 일부 사업과 모든 근로자 중 일부 근로자를 적용제외로 규정한다. 적용제외 사업은 농업·임업·어업 또는 수렵업 중 법인이 아닌 자가 상시 4명 이하의 근로자를 사용하는 사업, 총공사금액이 2천만 원 미만인 공사와 연면적(총면적)이 100제곱미터 이하인 건축물의 건축 또는 연면적이 200제곱미터 이하인 건축물의 대수선에 관한 공사, 가구 내 고용활동 및 달리 분류되지 아니한 자가소비 생산활동이다(시행령 제2조 제1항). 또한 적용제외 근로자는 "65세 이상인 자, 1개월간 소정 근로시간이 60시간 미만인 자(1주간의 소정 근로시간이 15시간 미만인 자를 포함한다)"이다(법 제10조 제1호, 제2호, 시행령 제3조 제1항).

법적 배제: 근로자성 인정 여부

사회보험법의 적용예외 규정이나 임의가입 규정 이외에도 특정 고용형태에 대한 근로자성 인정의 문제 역시 사회보험의 사각지대와 밀접히 관련된다. 각 사회보험법의 직장가입자 규정은 근로자성 관련 문제가 예상된다.[5] 「국민연금법」은 근로자를 "직업의 종류가 무엇이든 사업장에서 노무를 제공하고 그 대가로 임금

---

[5] 근로자냐 아니냐(근로자성)를 판단하는 기준은 법 개정이 아닌 주로 대법원의 판례를 통해 제시되고 해석된다. 근로자 개념의 가장 기본적 정의는 「근로기준법」이지만, 근로자성 판단 기준은 대법원이 판례를 통해 제시한 사용종속관계라 할 수 있다. 근로자성 판단 기준이 되는 사용종속관계의 요소와 해석에 대해서는 심재진(2013), 강성태(2007), 박종희(2003), 최영호(2002), 서정희 외(2013) 참조.

을 받아 생활하는 자(법인의 이사와 그 밖의 임원을 포함한다)를 말한다. 다만, 대통령령으로 정하는 자는 제외한다"고 규정하면서(법 제3조 제1항 제1호), '근로자에서 제외되는 사람'으로 일용근로자, 1개월 미만의 기한을 정하여 사용되는 근로자, 소재지가 일정하지 아니한 사업장에 종사하는 근로자, 단시간 근로자를 규정하고 있다(시행령, 제2조 제1호, 제2호, 제4호). 이러한 규정에 따르면 근로자이기는 하나 「국민연금법」상의 근로자에서 제외되는 근로자가 존재한다는 것이다. 그리고 국민연금법은 근로자에서 제외되는 몇 가지 고용형태의 근로자를 규정하고 있다. 그런데 근로자를 정의하고 있는 국민연금법 제3조의 규정은 「근로기준법」의 근로자 정의 규정과 동일하다. 그렇다면 일용근로자 등은 「근로기준법」의 근로자이지만 「국민연금법」에서의 근로자는 아니라는 것이 된다. 「근로기준법」은 근로자 규정에 대한 일반법에 해당한다. 법의 수직적 체계에서 같은 위상인 법령을 반드시 따를 필요는 없지만, 이런 방식으로 근로기준법상으로는 근로자라 하더라도 어떤 법에서는 근로자가 아니라는 규정이 존재한다면, 최소한의 근로기준을 명시하고 있는 「근로기준법」이 존재할 근거가 사라지게 될 수도 있다. 이상의 검토를 토대로 현행 사회보험 법률상 적용제외 근로자를 도식화하면 〈표 1〉과 같다.

법적 사각지대 규정에 근거하여 서정희·백승호(2014)는 국민연금과 고용보험의 법적 배제 규모는 2012년 기준 14%에 달하고 있음을 보여줌으로써 이들 사회보험이 법제도적으로 대상포괄성에서 보편적이라는 평가에 대해 의문을 제기하였다. 하지만 이 규모 추정에서조차 특수고용의 규모는 과소추정된 것으로 보인다. 이 연구에

표 1 사회보험 법률에 나타난 적용제외 근로자(2014년 5월 현재)

적용제외 근로자		적용제외 근거 법률
일용근로자나 1개월 미만의 기한을 정하여 사용되는 근로자		「국민연금법 시행령」 제2조 제1호
1개월 동안의 근로시간이 60시간 미만인 단시간 근로자	생업을 목적으로 3개월 이상 근로하는 시간강사 또는 본인희망자	「국민연금법 시행령」 제2조 제4호, 「고용보험법」 제10조 제2호, 「고용보험법 시행령」 제3조 제1항
	생업을 목적으로 3개월 이상 근로하는 자(시간강사 및 본인희망자 제외)	
	생업을 목적으로 근로하는 일용근로자	
일용근로자나 3개월 미만의 기한을 정하여 사용되는 근로자		
소재지가 일정하지 않은 사업장의 근로자		「국민연금법 시행령」 제2조 제2호
65세 이상인 근로자		「국민연금법」 제8조 제1항, 「고용보험법」 제10조 제1호
국민기초생활보장 수급자인 근로자		「국민연금법」 제8조 제3항
총공사비 2천만 원 미만인 공사의 근로자		「고용보험법 시행령」 제2조 제1항 제2호
농업 · 임업 · 어업 또는 수렵업 중 법인이 아닌 자가 상시 4명 이하의 근로자를 사용하는 사업의 근로자		「고용보험법 시행령」 제2조 제1항 제1호
가사서비스업(가구 내 고용활동) 근로자		「고용보험법 시행령」 제2조 제1항 제3호
특수형태근로종사자		국민연금과 고용보험법에서 근로자로 인정한다는 조항이 없음.

서 특수고용의 규모는 3.2% 정도로 추정되었는데, 조돈문 외(2015)는 이러한 추정이 우리 사회에서 증가하고 있는 특수고용형태의 규모를 정확히 반영하고 있지 못함을 지적하고 있다. 기존의 특수고용 규모 추정 방식이 설문문항을 통해 특수형태고용 여부를 측정하고 그 규모를 추정하는 것에서 문제가 있다는 것이다. 직종 세부분류를 기준으로 특수고용 형태를 추정하고 있는 조돈문 외(2015: 42)는 특

수형태고용근로자의 규모를 8.9%까지 추정하고 있다. 서정희·백승호(2014)의 연구에 이 비율을 적용하면, 국민연금과 고용보험의 법적 배제 규모는 20%에 달한다. 임금근로자의 20%가 원천적으로 사회보험의 직장가입에서 배제되어 있는 것이다.

실질적 배제

사회보험의 실질적 배제 문제는 더 심각하다. 사회보험 행정력의 문제뿐 아니라, 기업주나 노동자 등 행위자들의 기여회피와 같은 행위패턴으로 인해 실질적 배제는 법적 배제보다 더 큰 것이 일반적이기 때문이다(윤정향, 2005; 서정희·백승호, 2014). 국민연금의 적용현황을 통해 실질적 배제규모를 추정해보면, 2014년 6월 기준 특수직역연금을 포함한 공적연금 보험료 납부자 수는 1,658만 명으로 18-59세 총인구 3,297만 명 중 50.3%만이 공적연금에 실질적으로 포괄되어 있으며, 납부예외자 465만 명(14.10%), 장기체납자 107만 명(3.25%), 공적연금비적용자 82만 명(2.49%), 그리고 비경제활동인구 985만 명(29.88%)을 포함하는 약 1,640만 명(49.7%)은 공적연금에서 실질적으로 배제되고 있다(정인영 외, 2014: 49). 고용보험의 경우, 2013년 기준 제도적 배제(비임금근로자와 적용제외자)와 실질적 배제인 미가입자까지 포함할 때, 전체 취업자의 55.3%가 고용보험에서 배제되고 있는 것으로 추정된다(이지연, 2014). 여기에 비경제활동인구로 간주되는 청년층 구직자와 장기실업자 등 잠재적 실업자까지 포함한다면 현행 고용보험의 배제 규모는 더 커진다.

사회보험의 배제 문제는 자영자와 임금근로자 경계의 모호

표 2 근로형태별 국민연금, 고용보험 가입률 추이

(단위: %)

근로형태	국민연금 가입률			고용보험 가입률		
	2005	2010	2016	2005	2010	2016
임금근로자	61.4	65.0	67.6	53.1	58.6	64.3
정규직	75.7	78.4	82.9	63.8	67.6	75.1
비정규직	36.6	38.1	36.3	34.5	40.4	42.3
한시적 근로	47.5	58.6	53.1	45.2	60.6	59.8
기간제	52.5	63.8	55.3	50.0	66.4	62.4
반복갱신	63.3	86.0	72.2	59.7	82.1	75.9
기대불가	16.2	14.2	22.7	15.1	17.0	28.6
비전형 근로	23.6	22.3	19.9	22.0	28.6	29.2
파견	60.0	67.1	64.9	59.6	71.7	75.1
용역	54.9	59.0	42.1	55.0	74.2	62.2
특수형태근로	21.2	0.4	2.3	16.8	2.0	4.0
가정 내 근로	1.4	7.7	9.4	1.4	8.8	7.5
일일근로	1.1	0.3	0.3	0.9	4.0	5.0
시간제 근로	2.1	9.3	15.3	2.2	10.6	20.8

출처: 한국노동연구원(2017). 비정규직 노동통계.

주 1: 국민연금은 직장가입과 지역가입을 구분할 수 있는 해의 경우 직장가입만 대상으로 한다. 2008년부터는 직장가입 구분이 가능하다. 2007년까지는 가입·미가입으로만 구분되었으나 부가조사 지침서상으로는 2007년까지도 직장가입자만 가입했다로 응답하도록 가이드해 왔다.

주 2: 고용보험은 2010년 이후 통계는 공식발표 통계와 상이한데, 이는 2010년부터 통계청이 고용보험 비가입대상인 공무원, 교사, 별정우체국 직원을 분모에서 제외했기 때문이다.

성, 불안정한 고용계약에 의한 고용형태의 확산에 큰 영향을 받는다(황덕순, 2015: 109). 〈표 2〉는 고용형태별 국민연금과 고용보험의 가입률을 보여주고 있다. 임금근로자의 사회보험 직장가입자 비율은 2016년 기준 국민연금 68%, 고용보험 64% 수준에 불과하

다. 임금근로자임에도 불구하고 사회보험의 직장가입이 아닌 근로자의 비율은 30%를 넘는다. 임금근로자 3명 중 1명은 배제에 놓여 있는 셈이다. 국민연금의 경우 이들이 지역가입자로 가입되어 있을 확률도 높지 않다(서정희·백승호, 2014). 사용자와 근로자의 기여회피나 행정력의 부재만으로 설명하기에는 그 비율이 너무 높다. 따라서 법·제도적으로 사회보험이 모든 임금근로자를 포괄하고 있다는 기본 전제를 재검토해 볼 필요가 있다.

임금근로자의 사회보험 배제는 주로 비정규직 고용형태에서 나타나고 있다. 비정규직의 국민연금 직장 가입률이 2003년 이후 증가하다가 최근 감소추세로 돌아섰으며, 2016년 36.3%에 불과하다. 특히 특수형태근로, 가정 내 근로, 일일 근로의 사회보험 직장 가입률은 매우 낮았다. 여기에 비경제활동인구로 분류되는 청년층 구직자와 실업자도 잠재적 배제로 본다면 현행 고용보험의 배제 규모는 더욱 확장된다. 최근 이들 근로형태의 증가 추세를 감안한다면 사회보험 배제 문제의 근본적인 해결방안을 검토하는 것이 시급한 과제임을 확인할 수 있다. 이러한 사회보험의 배제 문제는 비정규직 및 영세사업장 근로자의 사회보험 가입을 지원하는 두루누리 사업이 2012년에 도입되었음에도 불구하고 쉽게 해소되지 않고 있다(노대명, 2015: 13). 사회보험 배제에 대한 근본적인 문제 해결방안을 모색하는 것이 필요하다.

급여 수준의 배제

법적, 실질적 수준에서의 대상자 적용범위와 관련된 배제뿐 아니라 급여의 배제를 주목한 연구들도 존재한다(방하남, 2010; 강성호, 2011; 이병희, 2015; 오건호, 2016). 급여의 배제란 사회보험의 급여수준이 낮아 소득보장의 기능을 충분히 하지 못하는 경우를 의미한다. 급여의 배제를 분석한 연구들은 한국의 사회보험 급여수준이 소득보장의 기능을 충실히 수행하고 있지 못함을 지적하면서, 소득대체율을 높이거나 기초연금을 확대하는 방향의 제도개혁안을 제안하고 있다. 그러나 이러한 제안이 실효성을 가질 수 있을지는 의문이다. 대상자 적용범위의 배제와 마찬가지로 급여 측면에서의 배제 또한 노동시장의 구조변화와 밀접하게 관련되어 있기 때문이다. 사회보험의 급여수준은 기본적으로 기여기간과 보험료의 수준에 따라 달라지는데, 노동시장의 구조변화는 이들 두 가지 요소의 불안정성을 확장하고 있다.

현재 고용보험의 구직급여액은 이직 전 평균임금의 50%이지만, 순임금대체율[6]은 첫해 30.4%, 5년 평균 6.6%에 불과하다. 이는 구직급여의 낮은 지급수준, 짧은 수급기간, 낮은 상한액에서 기인한다. 2013년 기준 월 소득 100만 원 미만 근로자의 고용보험 가입률이 18.3%, 100만 원 이상 200만 원 미만의 고용보험 가입률은 62.1%로 낮은 점을 감안하면 그나마 낮은 수준의 구직급여액을 받는 저임금근로자의 비율도 많지 않다. 이들 집단은 앞서 살펴본 사회보험 배제집단에 속할 확률이 높은 집단들이다. 즉, 노동시장의 구조변화를 고용보험이 따라가지 못함으로써 이들은 체계적으로 배제되며, 배제되지 않는다 하더라도 급여 수준이 낮아 고용보험이 소득보장의 기능을 하기에 한계가 있음을 보여준다. 결국 낮

---

6   순임금대체율은 표준근로자의 세후 순소득 대비 실업급여의 수준으로 측정한다.

표 3 실업급여 수급률 추이

(단위: 천명; %)

구분	2005	2006	2007	2008	2009	2010	2011	2012	2013	2014
실업자(A)	887	827	783	769	889	920	855	820	807	936
실업급여 수급자(B)	205	223	244	273	380	360	338	336	344	362
수급률(B/A)	23.1	27.0	31.2	35.5	42.8	39.2	39.5	41.0	42.7	38.7

출처: 방하남·남재욱(2016)

은 급여수준 때문에 근로자들은 고용보험 기여회피를 선택하거나, 고용보험을 수급하기보다 생존을 위해 다른 저임금 일자리를 찾을 수밖에 없다(이승윤 외, 2017). 실제 고용보험의 수급률은 2014년 기준 38.7%에 불과하다(방하남·남재욱, 2016). 국민연금의 경우에도 실제 가입 기간이 20여 년에 불과해 소득대체율도 20% 수준이다. 법적으로 배제된 집단들의 임금 수준이 낮다는 점을 고려한다면 고용보험과 마찬가지로 국민연금도 소득보장기능을 하기에 역부족이라 할 수 있다.

2017년 1월 현재 실업급여는 이직 당시 연령과 고용보험 가입 기간에 따라 90일에서 240일간 이직 전 평균임금의 50%를 지급하며, 법이 정한 특별한 사유에 해당하는 경우에는 연장급여를 지급하도록 규정되어 있다(고용노동부, 2017). 실업급여액의 소득대체율은 도입 이후 변화가 없었지만 최고액과 최저액에는 변화가 있었다. 특히 최저액은 제도 도입 초기 최저임금의 50%로 정해져 있었으나 1998년 최저임금의 70%로 상향 조정되었고, 1998년 7월 이후에는 시간급 최저임금액의 70%에 근로시간을 곱하는 방식으로 변경되었다가, 2000년 1월부터는 최저임금의 90%를 지급하는 것으로 변경되어 현재에 이르고 있다.

그럼에도 불구하고 우리나라 실업급여의 소정 급여일수와 임금대체율은 국제적으로 여전히 낮은 수준에 머물고 있다. OECD가 2010년 자료를 구할 수 있는 국가들을 대상으로 40세 근로자가 단절 없이 일했다는 가정하에 받을 수 있는 최대 수급기간을 산출한 결과, 우리나라의 실업급여 최대 수급기간은 OECD 국가들 중 하위 다섯 번째였으며, 최소 수급기간이 6개월 미만인 나라도 우리나라와 일본, 캐나다, 오스트리아 정도에 불과하였다. 실업급여의 소득대체율 50%도 국제 기준에서 매우 낮은 편에 속한다. 최저 실업급여액은 최저임금 90%에 연동되어 있어 평균에 가까웠지만, 평균임금 대비 최대 실업급여액은 자료가 있는 OECD 국가들 중 하위 세 번째에 해당하였다(성재민, 2016: 34-35).

고용노동부는 '사회보험 사각지대 해소사업'의 일환으로 2012년 7월 '두루누리 사회보험 지원사업'을 도입해 취약계층의 국민연금과 고용보험의 보험료 일부를 지원해 오고 있다. 도입 당시에는 10인 미만 소규모 영세사업장 중 월 평균 보수 125만 원 미만 근로자를 고용한 사업주와 근로자에게 보험료를 최대 50%까지 소득구간에 따라 차등 지원했으나, 이후 여러 번의 개정을 거쳐 2015년 월 평균 보수 140만 원 미만인 근로자에게 보험료의 50%를 소득구간에 상관없이 일률적으로 지원하는 것으로 확대되었다. 신규가입자 지원을 확대하기 위해 2016년부터는 월 평균 보수 140만 원 미만인 근로자 중 신규가입근로자는 보험료의 60%, 기존가입근로자는 보험료의 40%를 정률 지원하고 있다(두루누리 사회보험 홈페이지).

이병희(2015)의 분석 결과에 따르면, 사회보험료 지원정책 시행 이후 고용보험 신규 가입률이 소폭 증가했으며 고용보험 신규 가입 경험은 재취업 일자리의 고용보험 가입 확률을 유의하게 높이는 것으로 나타났다. 그러나 국민연금 사회보험료 지원 사업의 효과를 분석한 최옥금·조영은(2014)은 사업의 원래 목적인 미가입자의 가입 확대 효과보다 기존 가입자의 보험료 경감 효과가 더 컸음을 보여주면서, 다른 한편으로는 보험료 지원대상자에서 지역가입자가 제외되어 국민연금의 실질적 사각지대에 있는 납부예외자 및 장기체납자 문제가 해소되지 않고 있음을 지적하고 있다.

마지막으로 김태환(2014)에 따르면 현행 두루누리 사회보험 지원사업의 한계는 다음과 같이 요약할 수 있다. 첫째, 임금근로자만을 지원하여 지역가입자들은 혜택을 받을 수 없으며, 특히 특수형태근로종사자나 임시근로자 등 취약계층이 여전히 사각지대에 남아 있다. 둘째, 지원요건이 10인 미만 사업장으로 규정되어 있어 10인 이상 사업장의 저임금근로자들은 혜택을 받지 못하며, 지원금액도 부양가족 수나 가구 총소득 등을 고려하지 않은 채 획일적으로 규정되어 있다. 셋째 사회보험료를 정률로 지원하여 일부 소득 구간에서 소득역전 현상이 발생하고 있다. 넷째, 산재보험과 건강보험에 대해서는 아직 지원이 이뤄지지 않고 있다.

앞서 지적했듯이 이러한 문제의 근본원인은 노동시장의 구조변화에 따른 법적, 실질적 배제가 급여 수준의 배제로 이어지는 악순환 구조를 양산하고 있다는 점이다. 최근 확산되고 있는 플랫폼 경제에서 일하는 방식의 변화는 이러한 악순환 구조를 더욱 강화시킬 것으로 예상된다(황덕순, 2015). 노동시장의 구조변화를 고려하지 않은 채로 사회보험의 급여 수준을 개선하고자 하는 전략은 오히려 내부자와 외부자로 구분된 노동시장의 이중구조를 강화할 수 있다(백승호, 2014; 이병희, 2015). 결국 노동시장 이중구조는 1차적 분배뿐 아니라, 사회보험을 통한 2차적 분배에서도 재생산된다. 지난 10여 년간 한국의 사회보험제도는 지속적으로 강화되어 왔음에도 불구하고 소득재분배 성과는 완화되기보다 지속적으로 악화되고 있다는 사실은 사회보험 강화전략이 제대로 작동하고 있지 않음을 보여준다.

3. 완전기본소득과 사회보험

기본소득에서 '기본'의 의미는 기본적 욕구basic needs의 개념에 국한되지 않고, 모든 다른 소득이 추가될 수 있는 '기본'의 의미를 담고 있다(Van Parijs, 1995: 30). 그렇다면 기존 사회보장제도와의 정합적 재구성 논의를 위해서 사회보장제도에서 기본적 욕구 부분과 추가될 수 있는 부분이 무엇인지를 구분하는 것이 필요하다. 이는 기존의 사회보장제도에서 기본소득이 도입되어도 기존 제도에서 유지될 부분과 그렇지 않은 부분을 파악하는 데 유용하다.

이 절에서는 우선 사회보험제도의 어떤 원칙들이 기본소득에 흡수될 수 있는지를 검토하고자 한다. 사회보험의 핵심 원칙은 개별적 공평성, 급여의 적절성, 소득재분배, 최저생활의 보장이다. 다만 본 논의에서 사회보험은 소득보장과 관련된 공적연금과 고용보험에 국한된다. 기본소득은 사회서비스를 대체하지 않고 소득보장 기능을 하는 제도이기 때문이다.

개별적 공평성 원칙

먼저 개별적 공평성이다. 사회보험은 기본적으로 보험수리 원칙에 기초한다. 보험수리 원칙이라 함은 노동시장에서의 소득에 비례한 기여와 기여에 비례한 급여의 원칙을 의미한다. 여기에서 기여는 금전적 기여과 근로기간을 포함한다. 개별적 공평성은 보험수리원칙을 얼마나 엄격하게 유지하느냐에 따라 달라질 수 있다. 보험수리 원칙이 엄격하게 유지될수록 개별적 공평성의 확보는 용이하다.

소득 상실이나 위험 발생 시 기존의 소득 수준을 유지하고자 하는 욕구를 충족시키는 것이 사회보험의 중요한 목적이라는 측면에서 보면 개별적 공평성은 사회보험의 핵심적 원칙이라 할 수 있다. 이러한 관점에서 본다면 기본소득이 도입된다고 하더라도 노동시장에서 소득활동을 하는 사람들의 소득유지 욕구를 충족시킬 필요성이 있다는 점에서, 이 원칙에 기초한 급여 부분 즉, 소득비례급여 부분은 기본소득과 무관하게 유지되는 것이 필요하다. 따라서 공적연금의 소득비례급여와 고용보험의 구직급여는 기본소득이 도입되어도 유지될 필요가 있다.

고용보험의 출산전후휴가와 육아휴직, 육아기 근로시간 단축 제도는 고용보험에서 분리될 필요가 있다. 현재 이들 급여는 고용보험에 속해 있어 고용보험에 가입되지 않은 경우는 사용할 수 없다. 그러나 우리가 제안하는 기본소득제에서는 이들 제도를 고용보험에서 분리한다. 현재 고용보험의 출산, 육아 관련 급여는 그 범위를 임금근로자로 국한시킴으로써 임금근로자 이외의 사람들의 육아부담을 전혀 고려하고 있지 못하기 때문에 고용보험에서 분리될 필요가 있다.

이렇게 분리된 제도의 재원은 조세로 충당된다. 고용보험에 가입하지 않은 여성과 출산휴가나 육아휴직을 받기 위한 기준을 채우지 못한 여성들이 이 제도를 이용할 수 있게 된다. 2017년 현재 출산휴가는 90일(다태아일 경우 120일)인데 대규모 기업의 경우 이 중 최초 60일(다태아 75일)은 사업주가, 그 이후 30일(다태아 45일)은 고용보험에서 임금을 지급한다. 육아휴직급여는 만 8세 이하 또는 초등학교 2학년 이하의 자녀를 가진 근로자에게 매월 통상임금의 100분의 40(상한액 월 100만 원, 하한액 월 50만 원)을 지급하는 제도로 육아휴직 기간은 자녀 1명당 1년이다. 현재 육아휴직급여의 소득대체율은 40%지만 상한액이 월 100만 원으로 정해져 있는데 완전기본소득제에서는 육아휴직급여의 소득대체율을 높이고 상한액 기준선도 높여 육아휴직급여가 확장된다.

고용보험의 상병급여 또한 위와 동일한 논리로 다른 제도로 분리될 필요가 있다. 현재 고용보험 체계 안에는 상병급여가 있는데 상병급여는 수급자격자가 질병 혹은 부상에 처한 경우, 구직급여를 받을 수 없거나 수급자격자가 출산으로 인해 구직활동을 할 수 없게 되는 경우 지급하는 급여이다. 출산의 경우는 출산일로부터 45일간 지급된다.

급여의 적절성 원칙

다음으로 급여의 적절성이다. 개별적 공평성 원칙이 사회보험을 통한 노동시장에서의 소득 수준 유지 욕구를 형식적으로 보장하는 원칙이라면, 급여의 적절성 원칙은 소비 수준 유지 욕구에 대

표 4 구직급여의 소정 급여일수(2017년 현재)

연령 및 가입기간	1년 미만	1년-3년	3-5년	5-10년	10년 이상
30세 미만	90일	90일	120일	150일	180일
30-50세	90일	120일	150일	180일	210일
50세 이상 및 장애인	90일	150일	180일	210일	240일

주: 연령은 퇴사 당시의 만 나이

한 실질적 보장 원칙이라 할 수 있다. 공적연금과 고용보험에서의 소득대체율이 급여의 적절성과 밀접하게 관련된다. 급여의 적절성은 기본적인 욕구 보장과 기존 소비 유지 욕구를 종합적으로 고려하여 평가할 필요가 있다. 즉, 기본소득으로 제공되는 현금급여와 사회보험을 통해 보장되는 소득대체 급여를 포함한 총소득대체율 개념으로의 접근이 필요하다. 결국, 기본소득의 급여 수준에 따라서 소득비례급여의 수준은 조정될 가능성이 있다.

먼저, 고용보험의 실업급여를 검토해 보자. 기본소득제에서 실업급여는 여전히 유지되지만 지금보다 급여액의 상한선이 인상되고 현재 최소 3개월, 최대 8개월인 급여 수급 기간은 그대로 유지된다. 고용보험의 실업급여는 크게 구직급여와 취업촉진수당으로 나뉘어 있는데 이 중 구직급여가 흔히 말하는 실업급여에 해당된다. 현재 구직급여의 지급액은 근로자의 퇴직 전 평균임금의 50%에 소정급여일수를 곱한 금액인데 상한액과 하한액이 정해져 있다. 하한액은 퇴직 당시의 최저임금법상 시간급 최저임금의 90%에 1일 소정근로시간(8시간)을 곱한 금액인데 최저임금이 변동됨에 따라 구직급여 하한액도 계속해서 바뀐다.

상한액은 이직일이 2017년 이후인 경우 1일 46,584원인데

2017년 이후에는 상한액과 하한액이 동일하여 1일 46,584원으로 책정되어 있다. 따라서 현재와 같은 기준이라면 1일 실업급여 수급액은 최대 46,584원, 기간은 240일(8개월), 총 11,180,160원을 받게 되며 이를 한 달 기준으로 나눴을 경우 월 1,397,520원이다. 기본소득제 도입으로 하한액 조정의 필요성은 약화되었지만, 상한선은 높여 실업자의 소득대체율을 증가시킴으로써 급여의 적절성을 확보할 필요가 있다. 물론 이 부분도 기본소득의 급여액 수준에 따라서 어느 선까지 소득대체율을 올릴지 조정될 수 있다.

다음으로 공적연금의 소득비례급여 부분 역시 기본소득 급여액의 수준에 따라 조정될 수 있다. 예를 들어 모든 시민에게 중위소득 30%에 해당되는 50만 원의 기본소득이 지급될 경우에 국민연금의 균등화 부분은 기본소득이 대체하게 된다. 기본소득을 지급받고 40%의 명목소득대체율을 적용할 때 실질 소득대체율은 명목소득대체율을 50%로 상향 조정하는 안보다 인상되는 효과가 있다. 기본소득 도입 시 국민연금의 소득대체율을 올리지 않아도 실질소득대체율이 인상되는 효과를 얻을 수 있기 때문에 국민연금은 소득비례에 충실하게 설계함으로써 급여 수준의 적절성 원칙을 달성할 수 있도록 한다.

소득재분배 원칙

세 번째는 소득재분배 원칙이다. 엄격한 의미에서 사회보험은 보험수리 원칙에 기초하고 있기 때문에 소득재분배가 중요하고 우선적인 원칙은 아니다. 다만, 사회보험은 '재분배의 역설'(Korpi and Palme, 1998) 논리에 따라 소득재분배의 실현에 유리하게 작용할 가능성이 높다. 기본소득이 도입될 경우 사회보험은 소득비례형 원칙에 충실하고 소득재분배 기능은 기본소득을 통해 실현 가능할 것으로 보인다. 사회보험 중에서 소득재분배 기능과 가장 관련이 높은 제도는 국민연금이기 때문에 여기에서는 국민연금과의 관계를 중심으로 설명하겠다.

먼저 국민연금은 현금급여가 지급되는 사회보험인데 급여 산출 시 균등화를 위한 A값과 개별 가입자의 소득비례 부분인 B값으로 나누어진다. A값을 통해 가입자 간 재분배 효과가 있을 수 있는데 이 부분을 통해 저소득 가입자는 자신이 소득에 비례하여 낸 보험료 기여분에 비해 더 높은 금액의 노령연금을 받을 수 있으며, 고소득 가입자는 이 부분을 통해 본인이 기여한 수준 정도의 노령연금을 받게 된다. B값은 가입자 개인의 소득비례 부분으로 본인이 낸 만큼 비례해서 받는 부분이다. 기본소득제가 도입되면, 국민연금의 급여 산출식에서 균등화 역할의 A값은 삭제하며, 소득대체율은 40%로 현행대로 유지되도록 한다. 이러한 정합적 제도설계는 소득비례 부분에 충실한 사회보험과 정액의 시민권적 급여가 결합한 형태가 가장 소득재분배 성과가 좋다는 재분배 역설론의 논리에 기초한다.

최저생활보장의 원칙

네 번째로 최저생활보장의 원칙이다. 현행 사회보험에서 최저생활 보장은 공적연금의 기초연금, 고용보험의 급여하한액과 관련된다. 기본소득이 도입되면 최저생활보장의 원칙은 기본소득으로 실현되도록 설계한다. 먼저 기초연금은 만 65세 이상의 노인 중 소득 하위 70%까지의 노인에게 월 최대 20만 원의 급여를 지급하는 제도이다. 기초연금의 급여액은 국민연금 가입기간과 연계되어 있어 국민연금 가입기간이 짧을수록 더 높은 기초연금 급여를 받을 수 있게 되어 있다. 이는 국민연금이 노후 소득을 충분히 보장해주지 못하고 국민연금 가입 기간이 짧은 사람일수록 국민연금 급여를 적게 받게 되므로 이에 대한 소득 보충의 목적을 기초연금이 갖고 있는 것을 의미한다. 그러나 완전기본소득은 기초연금을 대체함으로써 최저생활보장의 원칙을 유지할 수 있을 것이다. 고용보험 급여의 하한액도 완전기본소득이 도입되면 상당 부분 문제가 해결된다.

IO | 기본소득과 사회부조

1. 사회부조의 원리와 역사

사회부조의 개념과 원리

사회보험이 근대 산업사회의 사회문제에 대한 예방책이라면, 사회부조는 빈곤문제에 대한 사후 대책이며, 사회보험이 보험금 납부를 조건으로 지급되는 보상적 급여라면, 사회부조는 자산조사를 전제로 지급되는 생존권적 급여이다.[1] 사회부조는 사회보험과는 전혀 다른 배분원칙에 입각하여 사회적 위험에 대한 최후의 안전망으로 기능하며, 최저 수준의 보장이 가장 중요한 원칙 중 하나

---

[1]   사회부조는 국제기구에서 발행하는 간행물에서조차 통일된 용어를 발견하기 어려울 만큼 다양한 용어가 혼재되어 사용되고 있다. 사회부조social assistance, 국민부조national assistance, 공적부조, 공공부조public assistance, 일반부조general assistance, 보충급여supplement benefit, 소득지원income support, 사회기금social fund 등이 있는데, 본 서에서는 사회보험, 사회서비스, 사회수당 등 다른 제도와 통일성을 기하기 위해 '사회부조'를 사용하였다.

234

이다. 비기여non contributory와 자산조사means-test 방식이라는 차별성과 더불어 표적화targeting 혹은 잔여적residual인 특성을 보인다.

사회부조와 관련한 대표적인 국제 비교 연구인 어들리 외(Eardely et al., 1996)에 따르면, 사회부조는 '자산조사에 기초하여 필요한 사람들에게 최저(혹은 일정) 수준을 보장하기 위해 제공되는 급여와 서비스의 총칭'으로 정의할 수 있다. 다양한 내용의 조합으로 정의되지만, 대체로 제도 운영의 주체가 중앙정부와 지방정부로 명시되며, 대상은 일정 수준 이하의 소득이나 자원을 가지고 있는 취약계층과 빈곤집단으로 한정된다. 그리고 대상을 선정하기 위한 방법으로 자산조사를 실시한다는 점에서 다른 사회보장제도와 구별된다. 급여의 형태는 현금과 현물, 서비스를 포괄하며, 급여의 수준은 '인간다운 생활'이나 '일정 수준 이상'이라는 형식적인 표현이 활용되지만, 실제 최저생활 혹은 기초생활을 보장하기 위한 목적을 가지고 있다. 정부의 일반세금을 통해 재원이 충당되며, 보장하는 대표적인 사회적 위험의 범주에는 빈곤, 교육, 의료, 주거, 긴급한 사회적 위험 등이 포함된다.

이상의 내용을 정리하면 사회부조는 '정부가 일정수준 이하의 소득이나 자원을 가지고 있는 사람의 최저생활을 보장하기 위해, 자산조사를 실시하고 일반재원을 활용하여, 제공하는 모든 종류의 급여와 서비스'라고 정의할 수 있다. 구체적인 제도는 ① 현금급여를 중심으로 최저 수준 이하의 모든 인구집단을 포괄하는 일반부조general assistant와 ② 실업자, 노인, 한부모 등의 특정 집단을 대상으로 하는 범주형 부조categorical assistant(실업부조, 노령연금, AFDC 등), 그리고 ③ 다른 사회부조 급여에 선택적이고 보충적으로 제공되는 연계부조tied assistant(식품권, 주거급여 등)로 구분할 수 있다(Eardely et al., 1996).

　다른 소득보장제도의 적용대상이 보편적이고, 사회적 위험의 범위가 포괄적이며, 급여 수준이 적절할수록 최후의 사회적 안전망인 사회부조의 필요성은 축소된다고 할 수 있다. 따라서 사회부조의 역할과 기능도 해당 국가의 사회보장체계와 수준에 따라 매우 다르게 나타나고 있다. 보편주의적인 사회수당과 포괄적인 사회보험으로 인해 사회부조의 역할이 매우 제한적인 국가(노르딕)가 있는가 하면, 사회부조의 급여를 받기 전에 실업보험을 통해 충분한 수당을 받는 국가(프랑스, 독일, 스위스)도 있다. 전체적인 소득보장체계에 포괄적인 사회부조가 존재하여 그 역할이 큰 국가(영국)가 있으며, 전국적인 사회부조가 존재하지 않거나 초보적인 수준의 제도를 운영하는 국가(그리스, 포르투갈)도 존재한다(Adema, 2006; Hölsch and Kraus, 2006; 김교성, 2009b에서 재인용).

　사회보험과 달리 기여를 하지 않고, 시민권적 사회수당과 달리 선별주의에 기초하므로, 사회부조에는 '낙인'stigma이 수반된다.[2] 수급자는 일할 수 있는데도 하지 않는 게으름뱅이로 취급받거나, 가짜 자격을 통해 급여를 제공받는 부정수급자로 의심받는다. 낙인은 급여 수급자로 하여금 수치심을 갖게 하여 빈곤으로부터 빠르게 탈출하게 하는 긍정적인 측면도 없지 않지만, 시민적 권리로서의 복지권을 부정하는 것이다.

---

[2]　간혹 연금이나 수당이라는 명칭을 사용하여 사회부조의 낙인적 성격을 감추기 위해 노력하기도 한다. 우리나라의 기초연금이나 장애수당, 청년수당(서울시) 등이 대표적인 예이나 자산조사를 실시한다는 점에서 분명한 사회부조(제도)이다.

사회부조의 핵심 목적은 소득이 불충분한 사람의 최저생활을 보장하는 데 있다. 국가마다 '최저'minimum, '괜찮은'decent, '적절한'adequate or reasonable 등의 다양한 표현으로 합리적reasonable인 급여의 수준을 명시하고 있으나, 최소한 인간의 존엄성을 유지할 수 있는 수준은 되어야 본연의 목적을 달성할 수 있다. 문제는 이를 어떤 방식으로 계측하는지에 있다. 절대적인 방식과 상대적인 방식으로 구분할 수 있는데, 전자는 육체적·생물학적 생존에 필요한 최소한의 수준에 대한 상징적인 의미이며, 복지가 상대적으로 발달하지 못한 국가에서 최소한의 보장 수준으로 활용하고 있다. 후자는 한 사회의 관습과 규범 등에 의해 결정되고, 횡단적 혹은 시계열적 비교에 의존하며, 특정 통계 자료의 대표 수치(평균값, 중위값)를 활용하는 방법으로, 발전된 복지국가에서 많이 활용되고 있다. 정부는 합리적인 자산과 소득조사에 대한 기준과 급여수준을 제시하여 공식적인 빈곤선 혹은 생활과 관련한 '최저기준'minimum standard of living을 규정해야 한다.

사회부조의 기본 원리에는 앞서 언급한 '적절성' 이외에 '포괄성', '보편성', '형평성', '합리성' 등이 포함될 수 있다. 다양한 사회적 위험을 포괄해야 하며 모든 빈곤층을 대상으로 해야 한다는 점에서 제도의 '수급률'take-up rate도 중요한 지표이다. 보호의 대상과 수준을 결정하는 과정에서 수급대상과 차상위계층 간 상대적 불이익이 없는지도 고민해야 하며, 행정 인프라와 전문인력의 확보를 통해 관리 운영의 합리성도 함께 추구하여야 한다. 한편 복지국가가 축소되고 재구조화되는 과정에서 사회부조의 주요 내용이 근로와 연계되면서, '엄격성'의 원칙이 추가되었다. 급여 수급권자의 부양능력이 부족하고 복지에 대한 '의존성'dependency을 우려하여, 사회부조의 주 내용이 자립생활과 탈빈곤을 독려하는 방식으로 변화했다. 자산조사를 더욱 엄격하게 수행하고 급여기간을 제한하는 방식 혹은 권리와 의무의 연계를 주장하며 —강제적 혹은 통합적으로— 자활사업의 참여를 조건으로 급여를 제공하는 방식을 의미한다. 결과적으로 사회부조는 수급자에 대한 소득보장과 더불어 고용 측면까지 지원하는 전략으로 전환되었다(김교성, 2009b).

한국 사회부조(국민기초생활보장제도)의 역사

우리나라의 사회부조는 국가적 경제위기를 경험하면서 발전해 왔다. 1997년 외환위기로 인해 빈곤을 경험하는 인구집단이 급증하고 빈곤에 대한 사회구조적 원인이 부각되면서, 사회부조의 부실함이 증명되었고 빈곤정책에 대한 총체적 개선의 필요성이 대두되었다. 국민의 정부는 생산적 복지의 기치하에 기존의 「생활보호법」에 대한 전면적 개편을 통해 새로운 「국민기초생활보장법」을 제정·시행하였다. 생활보호법의 '보호대상자', '보호기관' 등의 용어를 '수급권자', '보장기관'으로 변경하여 급여의 권리성을 인정했고, 수급자의 선정과정에서 인구학적 기준을 철폐하고 주거급여를 신설하여, 최후의 사회 안전망 역할을 수행하기 위한 법적 근거를 마련했다. 수급자의 범위에 노동가능 연령의 대상자를 포괄했다는 점에서 획기적이고 긍정적인 변화로 평가할 수 있다(김교성, 2017).

국민기초생활보장제도는 "생활이 어려운 사람에게 필요한 급여를 실시하여 이들의 최저생활을 보장하고 자활을 돕는 것을 목적"으로 한다(국민기초생활보장법 제1조). 관련법에는 보충성과 가족부양 우선에 관한 두 가지 원칙이 다음과 같이 분명하게 제시되어 있다. ① 이 법에 따른 급여는 수급자가 자신의 생활의 유지·향상을 위하여 그의 소득, 재산, 근로능력 등을 활용하여 최대한 노력하는 것을 전제로 이를 보충·발전시키는 것을 기본 원칙으로 한다. ② 부양의무자의 부양과 다른 법령에 따른 보호는 이 법에 따른 급여에 우선하여 행하여지는 것으로 한다. 다만, 다른 법령에 따른 보호의 수준이 이 법에서 정하는 수준에 이르지 아니하는 경우에는 나머지 부분에 관하여 이 법에 따른 급여를 받을 권리를 잃지 아니한다(제3조).

수급자로 선정되기 위해서는 '소득인정액'과 '부양의무자' 기준을 동시에 충족해야 하며, 수급자로 선정되면 가구특성에 따라 급여를 지급받는다(김교성, 2017).[3] 1999년 법 제정 이후, 제도 시행 과정에서 발생하는 문제를 해결하기 위해 여러 차례에 걸쳐 법 개정이 이루어졌다. 단계적으로 보완·수정된 '국민기초생활보장제도'의 연혁을 간략하게 정리하면 아래와 같다.

- (2004. 3. 5) 최저생계비 공표 시한을 매년 12월 1일에서 9월 1일로 변경; 최저생계비 계측조사 주기를 5년에서 3년으로 단축
- (2005. 12. 23) 부양의무자 범위를 1촌의 직계혈족 및 그 배우자로 축소하여 수급대상 확대; 급여지급의 기본 단위인 개별 가구의 개념을 명확히 규정

---

3 수급권자는 부양의무자가 없거나, 부양의무자가 있어도 부양능력이 없거나 부양을 받을 수 없는 사람으로서 그 소득인정액이 중앙생활보장위원회의 심의·의결을 거쳐 결정하는 금액 이하인 사람으로 한다.

- (2006. 12. 28) 차상위자에 대해 예산 범위 안에서 주거, 교육, 의료, 장제 및 자활급여의 전부 또는 일부 실시; 중앙자활센터의 설치를 위한 조항 신설
- (2012. 2. 1) 시·도 단위 광역자활센터를 지정할 수 있는 법적 근거 마련; 중앙자활센터가 수행하는 사업에 수급자와 차상위자에 대한 취업·창업을 위한 자활촉진 프로그램 개발 및 지원 추가
- (2014. 12. 30) 맞춤형 급여체계 개편을 위해 최저보장수준과 기준 중위소득 정의; 급여의 기준 및 지급 등 개별 급여의 운영 관련 규정 정비; 기준 중위소득과 소득인정액 산정 방식을 법률에 명시(국가법령정보센터의 '국민기초생활보장법' 제정·개정 이유에서 선택적으로 발췌하여 재구성)

2015년 7월에는 '국민기초생활보장법'으로 개편 이후, 가장 큰 변화라고 할 수 있는 '맞춤형 급여'로의 개편이 이루어졌다. 수급자의 근로활동으로 발생하는 추가 소득이 최저생계비를 초과할 경우 모든 급여의 수급자격이 박탈되는 통합급여 혹은 'All or Nothing' 방식의 (급여)체계가 탈수급을 저해하는 주된 요인이라는 지적에 대응하기 위한 목적이었다. '맞춤형 개별급여'로의 전환이 이루어지면서, 급여에 따라 수급 기준이 상이하게 적용되고, 절대빈곤선에 따른 최저생계비에서 상대빈곤선에 기초한 중위소득으로 수급자 선정 및 급여지급 기준이 변경되었다(보건복지부, 2015; 김교성, 2017에서 재인용).[4]

---

4   생계급여는 기준 중위소득 28-30% 이하, 의료급여는 40% 이하, 주거급여는 43% 이하,

2. 사회부조(국민기초생활보장제도)의 문제점

과거의 '통합급여'체계는 수급지위를 갖고 있는 경우 수급자격을 유지하려는 탈수급 방해요인으로 작동하고, 수급지위를 갖고 있지 못한 경우 수급지위를 취득하고자 하는 강한 유인으로 작동하는 불건전한 행태를 조장해 온 면도 있다. 다양한 개별 상황의 차이에 따른 다차원적 욕구의 차이를 반영하지 못하고, 화폐적 소득기준으로 환산될 수 있는 단선적 욕구만을 반영하여, 맞춤형 빈곤대책으로서의 한계도 가지고 있었다. 2015년 '개별급여'체계로의 전환은 차상위계층이나 비수급 빈곤층이 수급자로 진입하는 것을 예방하는 동시에 수급자의 탈수급 저해요인을 일부 완화하는 효과를 기대하고 있다.

그럼에도 불구하고 우리나라의 대표적인 사회부조인 국민기초생활보장제도는 다음과 같은 한계를 가지고 있다. 우선 수급대상과 관련하여 '광범위한 사각지대'가 존재한다. 사회부조의 사각지대는 수급자격을 갖추고 있음에도 불구하고 수급자로 선정되지 못하는 '비수급 빈곤집단'을 의미한다.[5] 국민기초생활보장제도는 빈곤집단 중에서도 가장 빈곤한 극빈층만을 표적화하기 위해 '가구'가 아닌 '세대' 단위의 확대된 부양의무를 강요하고 있으며, 엄격한 자산조사와 낮은 수준의 소득(재산)공제 규정 등을 채택하고 있다.

교육급여는 50% 이하로 변경되었다.

[5]　수급자로 선정되었음에도 불구하고 최저생활을 유지할 수 없을 만큼 급여의 수준이 낮은 경우도 급여의 충분성 측면에서 사각지대로 표현할 수 있다.

한 연구의 결과에 따르면 우리나라에서 빈곤함에도 불구하고 사회적 급여를 제공받지 못하는 비수급 빈곤층의 규모는 약 400만 명(전체 인구의 약 7%)에 달하는 것으로 추정된다(이태진 외, 2012: 5-6). 엄격하고 까다로운 수급요건들로 인해 정당한 다수의 수급요구가 제지되고 있으며, 빈곤자 대비 수급자의 비율이 매우 낮아 적용대상의 사각지대 문제가 크게 부각되고 있다. 복지급여가 필요하지만 수급하지 못하는 빈곤집단은 시간이 지날수록 어려운 생활 속에서 생의 다른 선택을 할 수밖에 없다. 따라서 급여 수급 대상자를 확대하기 위한 자격기준의 완화가 필요하며, 이를 위해 부양의무자 기준을 철폐하고 재산의 소득환산율을 완화하는 작업이 선행되어야 할 것이다.[6]

다른 문제는 낮은 (생계)급여수준으로 인해 제도의 빈곤완화 효과가 높지 않다는 점이다. 우리나라 소득보장제도의 빈곤완화 혹은 소득재분배 효과가 낮다는 것은 주지의 사실이다. 다양한 2차 자료를 이용하여 빈곤완화 효과를 분석한 다수의 연구에 따르면, 우리나라 사회부조의 빈곤율과 빈곤갭 완화 효과는 다른 선진국에 비해 턱없이 낮은 수준이다(구인회, 2006; 김교성, 2007; 2009a; 박찬용, 2006; 이현주 외, 2006). 그 결과 우리나라의 상대적 빈곤율은 14.9%로 OECD 국가의 평균인 11.3%보다 훨씬 높은 수준이며 (OECD, 2014: 113), 소득 분위별 격차도 지속적으로 확대되어 양극화 현상이 심화되고 있다. 제도의 폭넓은 사각지대와 낮은 급여수

---

6   서울시는 2013년 7월부터 '서울형 기초보장제도'를 도입하여, 부양의무자 기준 등 국민 기초생활보장제도의 수급 요건에 적용되지 않아 급여를 제공받지 못하는 '비수급 빈곤층'에 대한 나름의 지원책을 시행하고 있다.

준 등의 문제가 복합적으로 작용한 결과이다. 따라서 현재의 급여 수준을 최소한 중위소득의 50% 수준으로 현실화하여 법에서 명시하고 있는 '최저생활'과 '건강하고 문화적인 생활'을 보장할 수 있도록 노력해야 할 것이다.

국민기초생활보장제도는 빈곤층의 자립지원을 목적으로 조건부 수급자와 차상위 계층을 대상으로 자활지원사업을 실시하고 있다. '근로강제전략'make work duty의 대표적인 제도이다. 2016년 말 기준으로 보건복지부의 자활사업에 참여하고 있는 사람은 12만 5,000여 명이지만, 사업 참여를 통해 탈수급자로 전환된 자활사업 성공률은 한 자리 수에 불과하다. 취업이나 창업을 통해 자활에 성공하고도, 수급자격을 유지하고 있는 사람의 비율도 상당수에 이르고 있다. 자활사업의 낮은 성공률과 의존성 심화의 기저에는 제도가 가지고 있는 보충성의 원리가 자리하고 있다. 보충성에 기초한 차등지원 방식은 이론적으로 매우 합리적이지만, 수급자의 근로의욕을 저하시키고, 일하는 자와 그렇지 않은 자 간의 형평성 문제를 야기할 수 있다(김미곤·김태완, 2004). 이러한 결과에 비추어 볼 때, 우리나라 자활지원사업은 빈곤층의 자립을 도모하고자 하는 목적을 달성하지 못하고 있으며, 단지 수급을 위한 조건 기제로만 작동하고 있음을 알 수 있다(김교성, 2011: 463). 대표적인 반빈곤anti-poverty 정책이 오히려 '빈곤의 덫'poverty trap을 창출하는 기제로 기능하고 있는 것이다.

3. 완전기본소득과 사회부조

완전기본소득을 제공하면, 급여대상을 선정하기 위한 자격심사가 필요하지 않아, 사회부조의 사각지대 문제가 해결될 수 있다. 기본소득은 시민권에 기초하여 모두에게 제공되므로, 급여 수급으로 인한 낙인과 의존성의 문제도 극복할 수 있다. 충분한 급여의 제공을 통해 절대적 빈곤층의 규모를 감소시킬 수 있으며, 공정하고 평등한 사회를 구축할 수 있다. 사회구성원 모두가 각자 하고싶은 일에 매진하고 '삶의 기예'를 닦으면서 진정으로 '인간답게' 살 수 있게 된다.

우리나라의 대표적인 사회부조제도인 국민기초생활보장제도의 주요 급여는 '가구'를 단위로 제공된다. 따라서 급여의 선정기준도 가구원 수에 따라 다르게 설정되어 있다. 2017년의 급여별 소득기준은 〈표 1〉에 제시되어 있다. 생계급여는 보충급여방식에 따라 선정기준에서 소득인정액을 차감한 금액을 현금으로 지급하며, 의료급여는 급여항목에 대한 진찰, 검사, 약제, 처치, 수술, 입원, 간호 등의 서비스 형태로 제공된다. 교육급여는 학제에 따라 수업료와 학용품비, 교재 등이 감면되거나 현금/현물로 지급되며, 주거급여는 지역과 가구원 수, 주택의 노후도에 따라 임차가구의 경우 전월세비용, 자가 가구의 경우 종합적 수리서비스가 제공된다.

우리가 제안하고 있는 기본소득은 2017년 기준 1인당 월 50만원 수준이다. 이를 가구별로 단순 합산한 수치는 〈표 1〉의 (A)와 같다.[7]

---

7   기본소득이 가지는 '개별성'의 원칙과 철학에 따라, 개인에게 제공된 기본소득을 가구별

표 1 국민기초생활보장제도의 소득기준(2017년)과 기본소득의 비교

(단위: 원; %)

구분	1인 가구	2인 가구	3인 가구	4인 가구	5인 가구	6인 가구	7인 가구
기준생계비	1,652,931	2,814,449	3,640,915	4,467,380	5,293,845	6,120,311	6,946,776
최저생계비(60%) (C)	991,759	1,688,669	2,184,569	2,680,428	3,176,307	3,672,187	4,168,066
교육급여(50%)	826,465	1,407,225	1,820,457	2,233,690	2,646,923	3,060,155	3,473,388
주거급여(43%)	710,760	1,210,213	1,565,593	1,920,973	2,276,353	2,631,733	2,987,113
의료급여(40%)	661,172	1,125,780	1,456,366	1,786,952	2,117,538	2,448,124	2,778,710
생계급여(30%) (B)	495,879	844,335	1,092,274	1,340,214	1,588,154	1,836,090	2,084,033
기본소득 (A)	500,000	1,000,000	1,500,000	2,000,000	2,500,000	3,000,000	3,500,000
A/B	100.83	118.44	137.33	149.23	157.42	163.39	167.94
A/C	50.42	59.22	68.66	74.61	78.71	81.70	83.97

주: 음영은 개별 가구의 기본소득 합산액보다 낮은 수준의 급여기준을 의미함

완전기본소득의 합산액은 2017년 모든 가구형태의 생계급여 기준 액보다 높은 수준이며, 생계급여액 대비 기본소득의 합산액 비중 (A/B)은 1인 가구의 100.8%에서 7인 가구 167.9%에 이른다. 현 사회부조의 급여액 선정기준은 가구원 수에 따라 가구균등화 작업이 적용된 수치이다. 따라서 개인에게 동일한 금액을 지급하는 기본 소득을 가구 단위로 합산할 경우, 가구원 수가 증가할수록 더 높은 수준의 소득을 기대할 수 있는 것이다. 모든 개인과 가구에게 현재 지급되는 급여보다 높은 수준의 급여제공이 보장된다면, 대표적인

로 합산하여 그 수준을 평가하거나 효과성을 검증하는 작업에 대한 부정적인 견해가 존재한다(윤홍식, 2017). 그러나 대부분의 사회부조가 '가구' 단위로 운용되고 있는 현실을 감안해 볼 때, 기본소득 도입 전·후 급여 수준에 대한 비교 혹은 현 제도 존폐의 근거 도출을 위한 다른 대안적인 방법은 존재하지 않는 것처럼 보인다.

현금형 사회부조인 생계급여는 '폐지'하는 것이 합리적인 선택이다.

현재 중위소득 40%와 43%로 규정되어 있는 의료급여와 주거급여의 선정기준과 비교하면, 3-7인 가구의 기본소득 합산액은 두 급여의 선정기준에 비해 높게 나타나고 있다. 5-7인 가구의 기본소득 합산액은 중위소득의 50% 수준인 교육급여 기준보다도 높게 나타나고 있다. 이는 일부 가구원 수가 많은 가구를 대상으로 현재 제공되고 있는 의료급여, 주거급여, 교육급여의 지원을 중단해도 된다는 근거로 활용될 수 있다. 충분한 수준의 기본소득이 제공된 이후에도 의료급여와 주거급여 기준보다 낮은 소득 수준을 갖게 되는 1인 가구와 2인 가구만을 대상으로 두 급여를 제공하자는 주장도 가능하다.

그러나 〈표 1〉의 수치에 기초하여 그런 선택을 하는 것은 바람직해 보이지 않는다. 의료, 주거, 교육급여들이 사회부조 방식을 통해 제공되고 있지만, 일부는 현물급여 혹은 서비스 형태의 급여이고, 충분한 소득이 보장되어도 균등하거나 유사한 질의 서비스를 구입하지 못할 가능성이 높은 재화이기 때문이다. 따라서 완전기본소득을 도입하더라도, 일정 수준 이하의 소득을 가지고 있는 일부 집단을 대상으로 한 의료급여와 주거급여, 교육급여 등은 지속적으로 제공되어야 한다. 대상자 선정기준은 중위소득 60%의 최저생계비(C)가 활용될 수 있다. 기본소득의 지지자들은 의료, 교육, 보육, 돌봄 등의 사회서비스는 모든 국민들에게 안정적으로 제공되어야 한다고 주장해 왔다(Van Parijs, 2016). 모든 사람은 일정 수준 이상의 소득이 필요하고, 기본적인 사회서비스에 접근할 수 있어야 한다. 이는 정부에서 보장해야 할 사회적 보호의 최저선SPF: social protection floor(ILO, 2014)인 동시에 모든 구성원이 보편적 시민권으로 요구할 수 있는 권리이다. 따라서 현재 급여제공의 다른 장애로 작용하고 있는 의료급여와 주거급여의 부당한 부양의무자 기준도 함께 철폐되어야 한다.

11 │ 기본소득과 사회수당

1. 사회수당의 개념과 원리

사회수당social allowance; sozialgeld; prestations sociales은 보편적 소득보장제도의 가장 전형적인 형태 중 하나이다. 인구학적 기준과 특성에 따라 대상을 선정하여 일정액의 급여를 제공한다. 범주형 categorical 사회부조에서 수급 대상을 수직적으로 확대하며 발전해 왔으며, 아동, 노인, 장애인, 한부모 등을 주 대상으로 운영된다. 학술적 개념은 ① 특정 시민 혹은 거주민에게 ② 정액의 현금급여를 ③ 소득 수준, 고용상태, 자산조사와 무관하게 ④ 조세에 기반하여 지급하는 제도로 규정할 수 있다(ISSA, 2016: 2). 개념의 구성을 좀 더 구체적으로 분해하면, 우선 인구학적 할당 원칙에 따라 수급 집단을 제한하여 완전한 보편성이 보장되는 것은 아니지만, 노동시장에서 배제된 '피부양자'를 포괄하여 복지에 관한 시민권적 권리

를 확장하고 있다(김교성, 2017).[1]

대체로 정액 방식이 선호되지만 상황에 따라 차등적인 급여 수준이 적용되기도 한다. 아동(가족)수당에서 자녀 수에 따라 첫째 아동과 둘째 아동의 급여를 다르게 책정하는 경우가 대표적인 사례이다.[2] 아동의 연령별 혹은 가구의 소득에 따라 차등화한 수당이 지급되기도 한다.[3] 한편 현물급여를 사회수당의 한 형태로 인정해야 한다는 견해도 존재한다. 현금으로 급여의 형태를 제한하는 수당은 협의의 개념이며, 광의의 개념 속에 교육, 의료, 사회서비스 등의 현물급여가 포함될 수 있다는 주장이다(Van Parijs, 1995). 마지막으로 소득 수준과 자산조사에 기초하여 수급대상을 선정하지 않는다는 점에서 사회부조와 다른 차별성이 인정되며, 재원은 사회보험과 달리 기여금이 아닌 일반 조세를 통해 마련된다는 점에서 권리적 측면이 다시 강조된다(김교성, 2017).[4]

일부 국가에선 범주형 사회부조의 권리성 측면을 강조하기 위해 단지 '수당'이라는 명칭을 활용하기도 한다. 자산조사를 실시하여 사회부조의 성격을 갖고 있음에도 불구하고 실업수당이나 청년수당, 혹은 보육수당, 장애수당 등으로 명명한다. 실업보험과 건강

1　'남성 생계부양자'male-breadwinner를 중심으로 운영되던 전통적 복지국가가 수당제도를 운영함으로써 제도적 확장을 통해 '이중 생계부양자 가족 중심 모델'dual-breadwinner family model로 이행되었다는 평가도 있다.

2　독일의 아동수당은 자녀 수에 따라 첫째와 둘째(184유로), 셋째(190유로), 그리고 넷째(215유로)로, 급여 수준에 차이가 존재한다(한겨레신문, 2017. 3. 23).

3　프랑스와 영국의 아동수당은 소득별, 오스트리아는 연령별, 일본은 연령·자녀수·소득별 차등급여를 제공하고 있다(한겨레신문, 2017. 3. 23).

4　마샬T.H. Marshall의 시민권 담론의 측면에서 진일보한 제도로 이해할 수 있다. 남성 노동자를 넘어 특정 인구집단의 모든 시민을 대상으로, 사회보험의 '의무'나 사회부조의 '욕구'와 무관하게 사회적 '권리' 차원에서 수당을 제공하기 때문이다.

보험에서 제공하는 일부 급여를 실업수당이나 상병수당이라 부르기도 한다. 그러나 이러한 방식에는 기여가 수반되는 사회보험의 성격이 내포되어 있어 사회수당의 범위에 포함시키기 어렵다. 엄격한 의미의 사회수당은 급여에 대한 기여가 전제되지 않는 '무조건성'이 담보되어야 한다.

인구학적 할당의 원칙에 기반하여 대상을 선별한다는 점에서 제한된 '보편성'의 특징도 갖고 있다. 보편성 측면에서 일부 완화된 기준이 활용되지만, 급여에 대한 무조건적 권리가 보장되어, 다른 사회보장제도에 비해 기본소득과 유사성이 많은 제도이다. 그러나 전반적인 사회보장의 체계 안에서 사회수당의 위치나 기능적역할은 사회보험이나 사회부조에 비해 크지 않은 것이 사실이다. 두 제도에 비해 상대적으로 늦게 도입되었고 수당제도 자체를 운영하지 않는 국가도 상당수에 이른다.[5] 제도가 가지는 보편적 특성으로 인해 특정 인구집단과 다수의 대상을 포괄하고 있지만, 급여수준이 충분히 높지 않아 재분배 효과는 미미한 편이다. 전통적 복지국가에서 일종의 최저소득을 보장하는 보완적 혹은 보충적 기능을 담당해 온 것으로 평가할 수 있다(노대명 외, 2009: 26).

〈표 1〉은 수급대상, 자산조사 실시 여부, 근로조건 부과 여부 등을 기준으로 다양한 사회보장제도를 비교하고 있다. 기본소득과 사회수당은 자산조사와 근로의무를 부과하지 않는다는 점에서 공통적 특성(수직적 보편성)을 공유한다. 다만 전자는 시민권

---

5   1926년 뉴질랜드에서 처음 시작된 아동수당은 현재 전 세계 91개국에서 시행중이며, OECD 회원국 중 아동수당을 도입하지 않은 국가는 미국, 터키, 멕시코, 한국 등이다(한겨레신문, 2017. 3. 23).

표 1 각종 사회보장제도에 대한 비교

구분		자산조사	
		실시	미실시
대상	전체		기본소득
	특정 집단	일반 사회부조 범주형 사회부조	사회수당
노동 의무	○	사회부조 (조건)	사회보험 (전제)
	×	범주형 사회부조 (현행 기초연금, 장애수당)	보편적 현금급여 (기본소득, 사회수당)

에 기반한 모든 개인을 대상(수평적 보편성)으로 하는 반면, 후자
는 인구학적 기준이나 다른 범주에 따라 대상을 제한한다(수평적
선별성)는 점에서 차이가 있다. 범주형 사회부조와 사회수당의 공
통점은 인구학적 특성에 따른 할당 원칙(수평적 선별성)에 있으며,
상이한 점은 자산조사에 대한 실시 여부(수직적 선별성)에서 찾을
수 있다.

'부분'기본소득과 사회수당의 차이

최근 정치권과 사회복지 학계에서 기본소득에 대한 관심이 증
폭되면서 기본소득과 사회수당의 용어가 혼용되고 개념적 구분에
대한 논란이 활발하게 진행되고 있다. 2017년 대선주자 가운데 일
부는 '아동, 청년, 노인을 대상으로 한 (부분) 기본소득을 도입하자'
며 현금급여형 사회수당에 관한 공약을 구체화하였다. 학계의 논
란은 부분기본소득을 완전기본소득으로 이행하기 위한 '경로'as a
path나 '단계적 실행방안' 혹은 '압박 전략'으로 사회수당을 활용

하자는 주장에서 비롯된다. 이에 대해 선별적 복지국가를 선호하는 일부 학자는 부분기본소득과 기존의 사회수당은 동일한 제도이며 새로운 이름으로 제도를 만들 필요가 있는지 반문한다(양재진, 2017). 유사한 제도를 굳이 기본소득이라는 이름으로 도입해야 할 이유는 알 수 없지만, 복지확대를 위한 전략적 담론으로 (부분) 기본소득이라는 이름하에 각종 사회수당을 도입하는 것은 긍정적으로 검토할 수 있다는 견해도 제시되고 있다(윤홍식, 2017). 완전 기본소득의 철학적 기반과 현실적 실현가능성을 부정적으로 평가하면서, 단지 보편적 현금급여를 확대하기 위한 하나의 정치적 수단으로 활용하자는 의미이다.

　　기본소득과 사회수당의 개념은 앞에서 설명하였듯 대상의 보편성 측면에서 명확하게 구별할 수 있다. 다만 기본소득의 범위를 특정 인구집단을 대상으로 한 부분기본소득까지 확대하면, 사회수당과의 차이는 다소 모호해질 수 있다. 그렇다면 과연 부분기본소득의 명확한 개념은 무엇인가? 사실 부분기본소득에 대한 엄밀한 개념 규정은 현재 우리 사회에서 폭넓게 사용되고 있는 그것과 큰 차이를 보인다. 개념적 차이에 대한 보다 엄밀한 접근을 위해 부분기본소득의 학술적 개념을 정확하게 규명해 보자. 부분기본소득은 대상적 측면에서 '보편적'이고 제공방식에 있어 '무조건적'이지만 생계를 유지하는 데 충분하지 않아 다른 소득보장 급여나 이전소득에 의해 보충되어야 하는 '낮은 수준'의 급여를 의미한다(Fitzpatrick, 1999: 36; US BIEN, 2017). 완전기본소득이 보편성과 무조건성을 추구하며 모든 개인에게 충분한 수준의 현금을 제공하는 제도라면, 이보다 다소 낮은 수준의 급여가 '부분'기본소득이라는 것이다.[6] 미국의 알래스카주에서 운영하고 있는 영구기금배당금Permanent Fund Dividend이 대표적인 사례가 될 수 있다. 이렇게 학술적 개념 규정을 적용할 경우, 부분기본소득과 사회수당은 명확하게 구별할 수 있다. 부분기본소득은 낮은 수준이지만 모든 시민이라는 대상의 보편성을 담보해야 한다는 점에서 인구집단별 대상기준이 반영되는 사회수당과 분명한 차이가 있다.

문제는 모든 개인의 '사회·문화적 참여를 가능하게 하는 수준의 안정적이고 충분한 정도의 소득'과 '생계를 유지하는 데 불충분하게 낮은 소득'을 구별할 수 있는 명확한 기준을 마련하기 쉽지 않다는 데 있다. 각국의 경제·사회·문화적 배경을 고려하여 정치적 합의과정이 필요한 지점이다. 따라서 완전기본소득과 부분기본소득의 개념적 정의는 아직까지 다소 논쟁적이며 기본소득지구네트워크BIEN: Basic Income Earth Network에서도 공식적인 정의를 제공하지 않고 있다.

학술적 의미의 개념 규정과 다르게, 현재 우리나라의 학계와 정계에서 일반적으로 활용되는 부분기본소득은 특정 인구집단을 대상으로 한 급여로 인식되고 있다.[7] 이 경우 기존 사회수당의 개념과 차별적 특성을 발견하기가 더욱 어려워진다. 〈표 2〉는 부분기본소득과 사회수당의 공통점과 차이점을 보여주고 있다. 두 제도 모두 인구학적 기준에 따라 '특정 인구집단'을 대상으로 '개인'

---

6   낮은 수준의 부분기본소득으로 시작하여 점차 충분한 수준까지 상향 조정해 가는 완전기본소득의 과정으로 설계할 수 있다.

7   본 서에서도 부분기본소득이라는 용어를 개념적 정의에 따라 엄격하게 사용하지 않고, 전체적인 맥락과 현실적 필요에 따라 융통성 있게 활용하였다.

표 2 부분기본소득과 사회수당의 차이

구분	대상 (보편성)	지급 단위 (개별성)	급여수준 (충분성)	분배 원리	위치(특성) 지향점
사회부조	특정 인구집단	가구	낮은 수준	욕구	보완적 보충적
사회수당	특정 인구집단	개인	낮은 수준	욕구 (권리)	보완적 보충적
부분 기본소득	특정 또는 전체 인구집단	개인	낮은 수준	권리	중심적 변혁적
(완전) 기본소득	전체	개인	충분한 수준	권리	중심적 변혁적

에게 대체로 '낮은 수준'의 급여를 제공한다는 점에서 거의 동일한 제도로 취급할 수 있을 만큼의 유사성을 공유하고 있다.

그럼에도 불구하고 사회수당과 인구 집단별 부분기본소득은 제도가 추구하는 철학적 기반과 이념적 지향점이 근본적으로 다르다. 사회수당은 전통적 복지국가의 틀 안에서 형성된 보충적·보완적 제도이며, 부분기본소득은 복지국가의 한계를 극복하기 위한 대안적 혹은 변혁적 복지 패러다임의 구상 중 하나로 이해할 수 있다.

사회수당은 생계를 위한 (유급)노동에 종사하지 못하는 인구 집단의 기본적인 욕구를 충족시키기 위해 낮은 수준으로 제공되는 일종의 보충적·보완적 소득보장 급여income floor로 발전해 왔다. 그러나 부분기본소득은 대상의 범위가 일부 제한되어 있긴 하지만 완전기본소득이 내포하고 있는 이념적 지향을 추구하고 있다. 한 사회의 부와 경제적 가치에 대한 공유 권리에 기초하여 급여를 제공함으로써 진정한 '시민권적' 권리를 강조한다. 동시에 자본주의 사회의 문제에 대한 근본적인 접근과 변화를 추구한다는 점에서

'변혁적' 성격을 내포하고 있다. 따라서 사회수당과 달리 전반적인 사회보장체계의 중심적 위치에서 점진적 변화를 위한 핵심적인 역할을 담당할 수 있다.

부가적으로 두 제도의 차이는 실행 목적에서도 찾아볼 수 있다. 사회수당은 인구특성별로 다양한 목적을 가지고 실행된다. 예를 들어, 아동수당의 경우 아동의 복리, 모성 보호, 여성의 노동시장 참여 확대, 저출산 극복 등의 다양한 목적을 추구하고 있다. 따라서 다양한 제도와 결합된 형태로 운영되거나, 급여대상과 수준 등의 내용이 목적 달성 여부나 관련 행위자의 이해관계에 따라 쉽게 변형될 가능성이 농후하다. 그러나 아동을 위한 부분 기본소득은 아동 '개인'의 복지와 권리 증진이라는 매우 단순하고 간명한 목적을 가지고 실행된다. 제도의 확산과 지속가능성 측면에서 강력한 철학적 토대와 강한 대중적 설득력을 발휘할 수 있다는 점에서 강점으로 작용할 수 있다.

사회수당을 부분기본소득과 동일시하여 기본소득의 범주에 포함할 것인지와 관련된 논란이 오랜 시간 지속되고 있다. 복지국가의 틀 안에서 새로운 인구집단을 위한 사회수당이 추가적으로 도입되면, 기존의 사회보장 체계를 유지하면서 기본소득이 가지는 철학적 토대를 확산시킬 수 있다는 점에서, 완전기본소득의 실현을 위한 '낮지만 점증적인 기초'low and slowly increasing basis로 활용될 수 있다. 사회수당이 기본소득의 이념적 지향을 내재하고 완전 기본소득의 이행경로에 위치한다면 '전환적'transitional 기본소득으로 충분히 기능할 수 있는 것이다. 새로운 담론은 새로운 언어를 필요로 한다. 따라서 종국에 추구하는 지향점에 따라 사회수당보다는 부분기본소득으로 명명하는 것이 제도의 선명성을 부각시키고 외연을 확대하기 위한 전략 측면에서 바람직해 보인다(김교성, 2017).

2. 양육수당의 현황과 문제점

사회수당은 특정 인구집단을 대상으로 자산조사나 근로에 대한 조건 없이 제공되는 급여를 총칭한다. 대표적인 형태로 아동수당, 가족수당, 노령수당, 장애수당 등이 존재한다. 그러나 우리나라에서 시행하고 있는 수당 제도 대부분은 사회수당의 일부 특성만을 공유하는 '유사 제도'에 가깝다. 기초연금은 노인인구의 70%를 대상으로 포괄하고 있어 수당적 원리를 일부 반영하고 있지만 자산조사를 실시한다는 점에서 사실은 범주형 사회부조이다.[8] 장애수당과 청년수당도 수당이라는 명칭만 사용하고 있을 뿐, 자산조사를 통해 대상을 선별한다는 점에서 내용은 명백한 사회부조이다. 서울시의 청년수당은 자산조사를 통해 수급자를 선정하고, 취업을 위한 활동 계획서를 제출하게 하는 등의 엄격한 자격조건과 의무를 부과하고 있다. 따라서 현재 우리나라에서 자산조사와 무관한 보편성을 담보하고 있는 수당제도는 '양육수당'이 유일하다.

양육수당childcare allowance/home childcare allowance은 영유아기에 부모가 아이를 직접 양육할 수 있도록 시간과 경제적 지원을 제공

---

8 다만 해당 인구 중 얼마나 많은 대상을 보호하는지에 따라 사회수당 여부를 결정하는 것도 다소 논쟁적인 지점 중 하나이다.

하는 제도이다(홍승아, 2011: 85).[9] 우리나라에선 보육시설을 이용하지 않고 가정 내에서 양육되는 아동에 대한 형평성 차원에서 제공되기 시작했다. 정부는 2008년 개정된 영유아보육법 제34조 제2항에 따라, 시설서비스(어린이집, 유치원, 종일제 아이돌봄 서비스)를 이용하지 않는 가정양육 아동을 대상으로, 국민기초생활수급자와 차상위계층(최저생계비 120%)의 2세 미만 영아에 대해 월 10만 원의 양육수당을 제공하였다(김은정 외, 2014). 이에 대해 공공 보육시설을 이용하지 않는 일부 아동만을 대상으로 하는 선별적 보육을 지향하고 보육의 개별화와 가족화를 촉진시킨다는 지적이 많았다 (송다영, 2010; 이미경, 2010, 이승윤 외, 2016에서 재인용).

정부는 2011년에 아동의 연령을 3세 미만으로 확대하고 지원 금액을 연령별 10-20만 원으로 상향 조정했다. 2013년에는 미취학 아동의 시설보육에 대한 무상보육이 전면적으로 실시됨에 따라, 양육수당의 대상도 취학 전 만 84개월 미만 전 계층에게 확대되었다. 현재는 부모의 소득 수준과 관계없이 연령별로 10-20만 원의 수당을 정액으로 지급하고 있다. 구체적으로 11개월 미만 아동에게는 20만 원, 12-23개월 아동에게는 15만 원, 24-84개월 아동에게는 10만 원의 수당을 제공한다. 농어촌에 거주하는 아동과 장애

---

9   아동 양육을 위한 대표적 현금지원 제도는 아동수당과 양육수당이 있다. 두 제도 모두 유자녀 가족의 경제적 지원이라는 공통된 목표를 수반하지만 젠더 관련 문제에 있어 큰 차이를 보인다(홍승아, 2011). 아동수당은 가족의 경제적 조건에 관련 없이 모든 가족을 대상으로 하는 보편성의 원칙에 근거하며(Gilbert and Terrell, 1998), 아동 양육비에 관한 공적 분담의 일환으로서(Letablier, 2003) 모든 아동에게 균등한 기회를 보장하는 것을 목적으로 한다(이선주 외, 2006; 최은영, 2010; 홍승아, 2011). 반면 양육수당은 아동의 사회권 측면보다 부모의 양육권에 대한 보장이며, 양육자와 양육 노동에 대한 사회적 인정 차원의 공적 지원이다(홍승아, 2011: 94; 유해미 외, 2011).

아동에게는 다소 조정된 금액이 지급된다(보건복지부, 2016: 300).[10]

이러한 제도의 도입과 확대에 대해 학계와 보육현장에서 부정적인 견해가 제시되고 있다. 비판의 핵심 논거는 여성의 노동권을 제한하는 부정적인 효과에서 비롯되며 현금형 수당과 보육서비스 간 경합과정에서 발생하는 문제로 요약할 수 있다. 양육수당의 도입은 부모의 양육노동에 대한 가치를 인정하고 양육에 대한 선택권을 강화한다는 점에서 긍정적일 수 있지만, 가정 내 양육부담으로 인해 여성의 노동시장 참여를 저해하는 요소로 작용할 수 있다. 특히 저소득층 여성의 돌봄에 대한 성역할 분담을 고착화시키고 소득과 노동시장에서의 지위가 양육선택을 '계층화'시킬 수 있다는 점에서 비판을 받고 있다. 저소득층 아동의 시설보육 이용을 제한하여 아동의 적절한 교육과 양육에 대한 권리를 박탈함으로써 아동발달에도 부정적일 수 있다(홍승아, 2011; 윤승희, 2015). 실제 양육수당 도입 이후 3세 미만 아동의 보육시설 이용률과 저소득 여성의 노동시장 참여율은 크게 낮아졌다. 젠더 간, 소득 계층 간 불평등 현상이 확대되었다는 의미이다(윤홍식, 2014).

3. 기본소득과 사회수당

복지국가의 양육을 위한 지원정책은 크게 '현금지원'과 '서비

---

10 농어촌 양육수당의 경우 11개월 미만 아동에게 20만 원, 12-23개월 17.7만 원, 24-35개월 15.6만원, 36-47개월 12.9만 원, 48-84개월 아동에게 10만 원을 지원하며, 장애아동 양육수당은 35개월 미만 아동에게 20만 원, 36-84개월 아동에게 10만 원을 지급한다.

스'의 형태로 구분할 수 있다. 현금지원정책은 아동양육에서 발생하는 비용에 대한 직·간접적 지원으로 아동수당, 양육수당, 육아휴직수당, 연금 크레딧, 양육비 보조, 세금감면 등이 있다. 서비스지원은 보육서비스와 지역사회 기반의 각종 지원 서비스로 구분할 수 있다(이승윤 외, 2013: 193).[11] 이 제도들은 발전과정에서 항상 경합해 왔으며 다소 논쟁적인 지점도 존재한다. 현금형 수당은 모성에 대한 보상과 인정의 의미를 내포하며 '가족화' 정책의 일환으로 발전해 왔고, 보육지원 정책은 여성의 노동시장 참여를 용이하게 하는 '탈가족화' 정책의 의미를 갖는다(김수정, 2002; 윤홍식, 2012). 여성의 경제활동 참가를 둘러싼 효과성 경쟁의 과정에서 특정 국가에선 현금방식의 수당이 선택되었고 다른 국가에선 포괄적인 보육서비스를 구축해 왔다.

현재 우리나라의 아동 양육과 관련된 서비스는 수급대상을 중심으로 시설을 '이용하는 아동'과 '이용하지 않는 아동'으로 구분할 수 있다. 전자에게는 서비스 이용이 가능한 바우처를 제공하여 이용자의 선택권을 강화하고 있으며, 후자에게는 무조건적 양육수당을 지급하여 일종의 소득보장 기능도 함께 수행하고 있다. 향후 완전기본소득이 도입되면 두 가지 방식에 대한 대안 모색이 가능하다(그림 1 참고).

물론 부분기본소득의 도입과 더불어 단계적 통합의 방안도 실행가능한 대안이다.[12] 첫 번째 대안은 현재의 보육료 지원을 폐지

---

11 이 외에도 출산휴가, 부성휴가, 모성휴가, 육아휴직, 근무시간 단축제도, 탄력적 노동 시간제 등의 '시간'에 대한 지원도 있다.

12 기본소득의 구체적인 이행경로는 제4부, 제13장에서 구체적으로 다루고 있다.

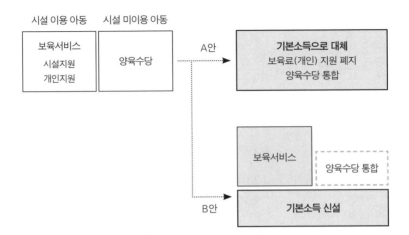

그림 1 기본소득과 양육수당

하고 양육수당을 통합하여 기본소득으로 대치하는 안이다(A안).
충분한 수준의 기본소득을 활용하여 부모는 보육시설의 이용과 가
정 양육을 자유롭게 선택할 수 있다. 두 번째 대안은 현금급여 방
식의 양육수당은 기본소득으로 통합하고, 시설을 이용하는 아동의
양육과 관련된 보육서비스는 유지 혹은 확대하는 안이다(B안). 무
조건적 기본소득은 아동을 비롯한 모든 사회구성원에게 보장된 권
리 차원에서 보편적으로 지급하고, 부모의 양육부담을 경감하며
아동의 양육권(좋은 양육을 받을 권리) 신장을 위한 보육서비스는
현물급여 방식을 통해 추가적으로 제공하는 것이 B안이다. 소득보
장형 현금급여와 사회서비스형 현물급여의 균형적 확대를 모색하
기 위해 B안의 선택이 바람직해 보인다.

아동의 양육과 관련된 급여를 기본소득 하나로 통합하는 A안
은 앞서 설명한 양육수당이 갖는 부정적인 평가를 반복할 우려가
있다. 공공 보육서비스의 공급은 간과한 채 현금성 급여만을 확대

할 경우, 아동의 양육을 가정 내 여성에게 전가하여 여성의 노동할 권리를 침해할 가능성이 높다. 보육서비스가 탈가족화를 촉진시키는 반면 양육수당은 가족화 혹은 재가족화를 초래할 수 있다는 점에서 보육서비스에 대한 동시적 제공은 반드시 필요해 보인다. 다만 개인에게 바우처 형식으로 제공하는 것보다 무상교육이나 무상의료와 같이 직접 사회서비스의 일반적인 형태로 전환하는 편이 더욱 바람직해 보인다. 사회서비스의 긍정적 외부효과와 공공성을 강화하기 위해 좀 더 개혁적인 변화를 추구하자는 의미이다. 한편 일부 수당적 분배 원리를 적용하고 있는 기초연금과 수당이라는 명칭만 사용하고 있는 장애수당과 한부모수당 등은 현금형 소득보장 체계에 포괄할 수 있으므로 완전기본소득에 통합하여 운영한다.

단시간에 기본소득을 도입하는 것은 바람직한 선택이 아닌 것처럼 보인다. 한 번도 경험해 보지 못한 이상적 제도의 실현을 통해 생산과 분배, 노동과 다양한 삶의 경험 등 사회 전반에 걸쳐 발생할 수 있는 충격과 비효율적 측면을 상상하기 어렵기 때문이다. 동시에 실현가능성 측면에서 장기적 기획이 가지는 정치적 위험성도 존재한다. 양자택일적 선택이 어려운 과제이며, 두 상황 모두를 고려하면 단계적 접근이 유일한 대안이 될 수 있다. 전통적 복지국가의 핵심 제도인 사회보험과 사회부조도 대상 집단을 단계적으로 확장하는 역사적 과정을 통해 발전해 왔다. 적용대상에 대한 단계적 확대방식은 사회수당에도 적용되어 왔다. 예를 들어 5명 이상의 아동이 있는 가구만을 대상으로 시작된 프랑스의 가족수당은 점차 해당 가구의 아동 수를 축소하면서 2인 이상의 아동이 있는 전체 가구로 확대해 왔다. 따라서 다양한 인구집단을 위한 부분기본소득(혹은 사회수당)도 완전기본소득 도입을 위한 '전환적' 기본소득으로 중요한 기능을 담당할 수 있다.

전환적 기본소득은 더 높은 단계의 기본소득을 완성하기 위한 '디딤돌'stepping-stone 역할을 한다. 부분기본소득이 급여의 충분성 측면에서 낮은 수준과 관련이 있다면, 전환적 기본소득은 완전 기본소득으로 이행하는 과정에서 '시간성'을 강조하는 개념이다. 부분기본소득이 완전기본소득으로 이행하지 못한다면 전환적 기본소득이라고 볼 수 없다. 따라서 전환적 기본소득은 부분기본소득이 될 수 있지만, 부분기본소득이 반드시 전환적 기본소득인 것은 아니다(Fitzpatrick, 1999: 69). 부분기본소득 혹은 사회수당을 '영원한 대안'a permanent alternative으로 생각하는 학자들도 존재하기 때문이다.

I2 | 기본소득과 사회서비스

1. 사회서비스의 개념과 역사

사회서비스의 개념

사회서비스가 무엇인지를 단순하게 정의하는 것은 쉽지 않다. 특히 돌봄서비스에 대한 욕구가 급증하고, 돌봄서비스 비중이 전폭적으로 확대되자 사회서비스에 대한 개념적 혼란이 야기되었다. 사회서비스가 돌봄서비스에 국한된 것인지, 아니면 전통적인 사회서비스 개념인 교육, 보건의료, 적극적 노동시장 정책 등에 돌봄서비스가 추가되는 것인지에 대한 개념적 혼동이 곳곳에서 야기되었다. 실제로 국가들마다 학자들마다 사회서비스에 대한 정의와 범주를 다양하게 사용하고 있다(Muuri, 2010). 국가 정책 수준에서 그리고 이론적인 수준에서 사회서비스에 대한 정의는 돌봄서비스 외에 보건의료서비스와 적극적 노동시장 정책, 교육서비스를 사회서비스로 포괄하는가 아닌가에 따라 두 가지로 나뉜다.

하나는 보건의료서비스와 적극적 노동시장 정책, 교육서비스를 사회서비스에서 제외하고, 직접적인 대인서비스인 돌봄서비스에 국한시켜 사회서비스를 협의로 범주화하는 것이다(예를 들어 문진영·김윤영, 2015; 박수지, 2009; 김용득, 2008; Munday, 2007; Bahle, 2003; Muuri, 2010 등). 독일을 비롯한 유럽 대륙 국가들이 이런 방식으로 사회서비스를 규정하고 있다. 유럽 대륙 국가들은 사회서비스를 공공 서비스public services의 한 부분으로서 다루는데, 이때 공공 서비스는 사회서비스, 보건의료서비스, 교육 서비스, 고용 관련 서비스를 포괄하는 의미이다(Munday, 2007).

사회서비스를 설명하는 또 다른 한 축은 보건의료서비스와 적극적 노동시장 정책, 교육서비스를 사회서비스로 포괄하여 설명하는 것이다(예를 들어 김수영 외, 2012; 윤자영 외, 2011; ILO, 2010; 2014; Minas, 2016; Taylor-Gooby, 2004; Esping-Andersen, 1990; 1999; Kautto, 2002; Aaberge et al., 2010; Gilbert and Terrell, 2005 등). 국가로는 영연방 국가, 스칸디나비아 국가, 한국이 여기에 속한다. 영국을 포함한 영연방 국가의 경우 사회보장에 대한 베버리지(Beveridge) 방식의 5가지 영역(five pillars)을 기준으로 보건, 고용, 주거, 교육 서비스를 사회서비스에 포함한다(Munday, 2007). 이와 관련하여 에스핑 안데르센(Esping-Andersen, 1999: 214-216)은 서비스를 경영서비스, 유통서비스, 개인(혹은 소비자)서비스, 사회서비스라는 4가지 영역으로 분화하여 정의한다. 개인(혹은 소비자)서비스는 과거에 존재했던 노예, 집사, 하녀, 요리사, 정원사, 기타 가사 도우미 등의 근대적인 대응물에 해당하는 서비스로서 세

표 1 사회서비스 정의

사회서비스 정의	서비스 분류체계	해당 국가	이론적 논의
협의: 돌봄서비스에 국한	공공서비스 (의료, 교육, 사회서비스)	독일을 비롯한 유럽 대륙 국가들	문진영 · 김윤영, 2015; 박수지, 2009; 김용득, 2008; Munday, 2007; Bahle, 2003; Muuri, 2010
광의: 의료, 교육, 돌봄 서비스 포함	사회서비스 (의료, 교육, 돌봄서비스)	영연방 국가, 스칸디나비아 국가, 한국	김수영 외, 2012; 윤자영 외, 2011; ILO, 2010; 2014; Minas, 2016; Taylor-Gooby, 2004; Esping-Andersen, 1990; 1999; Kautto, 2002; Aaberge et al., 2010; Gilbert and Terrell, 2005

탁하기, 수선하기, 오락, 식사 제공, 이발, 목욕 등 가정에서 스스로 해결할 수 있는 일들과 경쟁하는 서비스를 의미한다. 사회서비스는 건강, 교육, 일련의 돌봄 제공 활동들을 포함하는 서비스로 규정한다.

본 장에서 사회서비스에 대한 정의는 후자의 방식을 사용한다. 우리나라에서 사회서비스에 대한 법적 정의가 후자의 방식을 택하고 있기 때문이다.

사회서비스의 역사

사회서비스는 사회보험, 사회수당, 사회부조로 대표되는 소득보장 정책 중심의 전통적 복지에 비해 시간적으로 뒤늦게 발전한 복지국가의 현물급여 정책이다. 전통적 복지국가의 사회보장 체계는 국제노동기구ILO: International Labor Organization(이하 ILO)가 1952년에 채택한 '사회보장의 최저기준에 관한 협약'Social Security(Minimum Standards) Convention, 1952, No.102에 잘 드러나 있다. ILO는 동 협약에서 현대 산업사회에서 국가가 보장해야 할 9가지 사회적 위험들을 열거하고[1] 각각의 위험에 대응하는 사회보장 급여를 제시하였다. 전통적인 복지국가 시스템에서 사회적 위험에 대한 주요한 대응 방식은 현금급여 방식의 소득보장과 현물급여 방식의 의료보장이었다(ILO, 2010). 이는 ILO가 사회보장에 관한 두 가지 핵심권고로서 1944년 '소득보장에 관한 권고'ILO Income Security Recommendation, 1944, No. 67와 '보건의료에 관한 권고'Medical Care Recommendation, 1944, No. 69를 제안한 것에서도 잘 드러난다. 소득보장과 의료보장은 사회보장의 '본질적 요소'essential elements of social security였다(ILO, 2010: 14). 복지국가의 초기 혹은 황금기까지 사회보장 급여로서의 현물급여는 의료보장이 거의 전부였다 할 수 있다. 이 당시에는 아동에 대한 사회보장 역시 아동수당만 언급되었을 뿐 아동에 대한 돌봄서비스는 언급되지 않았다.

이와 유사한 접근법은 1942년의 베버리지 보고서Beveridge Report에서도 나타난다. 전통적 복지국가의 이론적 기초를 마련하였다고 평가받는 베버리지 경William Henry Beveridge은 결핍의 문제를 해결하기 위한 방책으로 사회보장 제도를 설계하고 제안하였다(Beveridge, 1942). 사회보장은 실업, 질병, 재해 등으로 인해 중단된 노동소득에 대한 소득보장, 노령과 퇴직에 대처할 소득보장, 부양자의 사망에 대처할 수 있는 소득보장, 출생, 사망 및 혼인 등 예외적

---

[1] ILO가 제시한 9가지 사회적 위험은 ① 의료 ② 질병(휴양) ③ 실업 ④ 노령 ⑤ 산업재해 ⑥ 자녀양육 ⑦ 직업능력의 상실 ⑧ 임신과 분만 ⑨ 부양자(가장)의 사망이다. ILO는 이러한 사회적 위험에 대응하는 사회보장 급여로 의료보장, 상병급여, 실업급여, 노령급여, 산재급여, 가족급여, 폐질급여, 모성급여, 유족급여를 제시하였다.

인 비용 충당을 위한 소득보장을 의미하고(Beveridge, 1942: para 300), 이를 기여에 기반한 사회보험을 중심으로 보장하되 아동수당과 모든 사회구성원이 이용할 수 있는 포괄적인 보건 의료 서비스를 제안하였다(Beveridge, 1942: para 301). 베버리지는 다양한 위험들에 대한 보장(결혼수당, 모성급여, 이혼수당, 이사 비용 및 체류비 등)도 제안하고 있으나, 이러한 위험은 모두 사회보험의 현금급여로 설계되어 있고 사회서비스로 언급하고 있는 것은 보편적 의료서비스에 국한되어 있었다.

초기 복지국가는 사회적 위험 중 '경제활동에 참여하지 않는' 생애주기인 아동기와 노령기에 집중하여 보호를 제공하였다. 연령에 따른 특수 욕구와 소득이 서로 조응하지 않아서 발생하는 '노동계급 빈곤의 생애주기'(Rowntree, 1901; Esping-Andersen, 1999: 96에서 재인용)가 주로 경제활동에 참여하지 않는 시기에 발생하기 때문이다. 복지국가는 안정적인 남성 주 부양자와 가정주부 여성이 있는 가정을 전제로 설계되어, 남성의 고용 안정에 초점을 맞추었고 어머니로서 여성의 사회적 위험은 사회정책에서 절박한 관심사가 되지 못했기 때문에, 육아 휴직이나 출산, 돌봄에 대한 사회서비스가 거의 존재하지 않았다(Esping-Andersen, 1999: 96-97).

이후 복지국가의 확대기를 거치면서 현물급여는 확대된다. 복지국가의 재편기 시기까지 사회서비스라는 용어는 교육, 의료, 돌봄서비스를 포괄하는 용어로 주로 사용되어 왔다. 그러나 사회서비스와 관련하여 전통적 복지국가는 최근 새로운 국면에 접어들었다. 완전고용 상태에서 유급노동을 하는 가장으로서의 건강한 성인 남성, 가사노동 및 돌봄노동을 제공하는 여성, 그리고 두 아이로 구성된 4인 가족을 표준 가족으로 전제하고 설계된 전통적 복지국가는 신사회위험new social risks의 도래와 함께 새로운 전략이 필요하게 되었기 때문이다.

신사회위험이란 탈산업사회로의 이행으로 인한 사회·경제적 변화의 결과로서 사람들이 생애 경로에서 새롭게 직면하게 되는 위험을 말한다(Taylor-Gooby, 2011: 2-3). 신사회위험의 등장은 여러 가지 요인이 맞물려 나타나게 된다. 테일러 구비(Taylor-Gooby, 2011: ch.1)에 의하면 의료기술의 발달 등으로 인하여 노인 인구가 증가함으로써 아동뿐만 아니라 노인에 대해서까지 돌봄의 욕구는 증가하였으나, 전통적인 돌봄노동 제공자 역할을 담당해 왔던 여성의 경제활동 참가가 높아짐으로써 노인들의 돌봄 욕구가 채워지지 않는 상황을 맞이하게 된다. 또한 생산에서의 기술 발전으로 인해 저숙련 제조업 일자리 비율이 감소하고, 전 세계적인 경쟁의 규모와 정도가 강해지는 노동시장의 변화가 발생한다. 이러한 노동시장의 변화는 교육과 고용 간의 관련성을 강화시키는데, 사람들은 적절한 유급 일자리 그리고 안정적인 일자리에 필요한 기술이 부족해지고, 노후된 기술을 가지고 있으면서도 장기 교육과 훈련을 통해 스스로 업그레이드시킬 수 없는 상황에 봉착하게 된다. 이러한 신사회위험의 등장 과정에서 새로운 욕구들이 수반되는데, 돌봄에 대한 욕구, 노동능력을 향상시킬 수 있는 노동기술훈련에 대한 욕구가 대표적이다.

신사회위험에 대한 복지국가의 주요한 대응책은 사회서비스, 그중에서도 특히 돌봄서비스의 확대로 구체화된다. 전통적으로 생애주기 위험life-course risks은 '가족'이라는 핵심적 공간에서 분산되어 왔으나 여성의 노동시장 참여와 가족의 불안정성으로 인해 가족은 더 이상 그 기능을 적절하게 수행하지 못하게 되었기 때문이다(Esping-Andersen, 1999).

2. 사회서비스의 문제점

우리나라에서 사회서비스라는 개념의 등장은 다른 국가들에 비해 상대적으로 늦었다. 1995년에 「사회보장기본법」이 제정되면서 '사회복지서비스'라는 개념이 처음으로 도입되었다.[2] 이 시기의 사회서비스는 정상적인 사회생활이 불가능해서 도움을 필요로 하는 사람에게 제공하는 상담, 재활, 직업소개, 시설 이용을 지원하는 '사회복지서비스'와 보건·주거·교육·고용 등의 분야에서 제공되는 복지제도로서의 '관련 복지제도'로 이원화되어 있었다. 이 규정을 토대로 추론하자면 사회복지서비스는 잔여적인 개념의 사회서비스이고, 보다 보편적이고 제도적인 사회서비스는 관련 복지제도에 한정되어 있었다고 할 수 있다. 사회서비스라는 용어는 이 시기까지는 돌봄서비스에 국한되어 있다고 볼 수도 없고, 그렇다고 보건의료서비스와 교육서비스를 포함하는 의미였다고 볼 수도 없기 때

---

2   「사회보장기본법」[1995년 12월 30일 제정(법률 제5134호), 1996년 7월 1일 시행] 제3조 제4호 "사회복지서비스"라 함은 국가·지방자치단체 및 민간부문의 도움을 필요로 하는 모든 국민에게 상담·재활·직업소개 및 지도·사회복지시설 이용 등을 제공하여 정상적인 사회생활이 가능하도록 지원하는 제도를 말한다. 제5호 "관련복지제도"라 함은 보건·주거·교육·고용 등의 분야에서 인간다운 생활이 보장될 수 있도록 지원하는 각종 복지제도를 말한다.

문에 사회서비스 개념 자체가 존재하지 않았다고 보는 것이 타당할 것이다.

이후 2007년 제정되어 시행된 「사회적기업 육성법」에 처음으로 사회서비스라는 용어가 등장하였는데, 이 법에서 사회서비스는 "교육·보건·사회복지·환경 및 문화 분야의 서비스, 그 밖에 이에 준하는 서비스로서 대통령령이 정하는 분야의 서비스"로 규정되었다.[3] 이후 2012년 전부 개정된 「사회보장기본법」은 우리나라의 사회보장 체계를 기존 사회보장기본법상의 '사회복지서비스'와 '관련 복지제도'를 통합하여 사회서비스라는 개념으로 대체하고,[4] 사회보장을 사회보험, 사회부조, 사회서비스로 구분하였다. 사회보장기본법에서 사회서비스는 "서비스란 국가·지방자치단체 및 민간부문의 도움이 필요한 모든 국민에게 복지, 보건의료, 교육, 고용, 주거, 문화, 환경 등의 분야에서 인간다운 생활을 보장하고 상담, 재활, 돌봄, 정보의 제공, 관련 시설의 이용, 역량 개발, 사회참

---

3 「사회적기업 육성법」 [시행 2007.7.1.] [법률 제8217호, 2007.1.3. 제정] 제2조 제3호. "사회서비스"라 함은 교육·보건·사회복지·환경 및 문화 분야의 서비스 그 밖에 이에 준하는 서비스로서 대통령령이 정하는 분야의 서비스를 말한다.
「사회적기업 육성법 시행령」 [시행 2007.7.1.] [대통령령 제20141호, 2007.6.29. 제정] 제3조 (사회서비스의 종류) 법 제2조제3호에서 "그 밖에 이에 준하는 서비스로서 대통령령이 정하는 분야의 서비스"란 다음 각 호의 어느 하나에 해당하는 서비스를 말한다. 1. 보육 서비스 / 2. 예술·관광 및 운동 서비스 / 3. 산림 보전 및 관리 서비스 / 4. 간병 및 가사 지원 서비스 / 5. 그 밖에 노동부장관이 법 제4조에 따른 사회적기업육성위원회(이하 "육성위원회"라 한다)의 심의를 거쳐 인정하는 서비스.
4 「사회보장기본법」 [시행 2013.1.27., 법률 제11238호, 2012.1.26. 전부개정] 제3조 제4호. "사회서비스"란 국가·지방자치단체 및 민간부문의 도움이 필요한 모든 국민에게 복지, 보건의료, 교육, 고용, 주거, 문화, 환경 등의 분야에서 인간다운 생활을 보장하고 상담, 재활, 돌봄, 정보의 제공, 관련 시설의 이용, 역량 개발, 사회참여 지원 등을 통하여 국민의 삶의 질이 향상되도록 지원하는 제도를 말한다.

여 지원 등을 통하여 국민의 삶의 질이 향상되도록 지원하는 제도"라고 규정하고 있다. 이는 사회서비스의 영역이 의료, 교육, 고용 등을 모두 포괄하며, 제공방식으로서 '상담, 재활, 돌봄, 정보의 제공, 관련 시설의 이용, 역량 개발, 사회참여 지원 등'을 포함하고, 특히 이러한 사회서비스를 '모든' 국민에게 제공하겠다는 것이다. 2012년 법 개정을 토대로 하면 우리나라는 사회서비스를 광의로 정의하고 있는 국가군으로 분류할 수 있다.

우리나라 사회서비스의 역사를 개략적으로 살펴보면, 2000년대 이전 한국의 사회서비스는 전근대적 상황이었다. 교육서비스와 보건의료서비스를 제외하고 돌봄서비스와 상담, 재활 등의 사회서비스 영역은 공적 영역에서 사회부조 전달체계 이외의 공공 사회서비스 전달체계를 구축하지 못했고, 민간부문이 공공부문의 빈자리를 채우면서 서비스 제공을 담당해 왔다(김용득, 2008: 6-7). 2000년대 들어 건강보험 통합 및 급여항목의 확대, 2002년 중학교 무상교육의 단계별 전국적 실시 및 2005년 중학교 무상교육 전면 실시, 2007년 사회서비스 바우처 사업 시작, 2008년 노인장기요양보험의 실시, 2013년 무상보육(전 계층 보육료 또는 양육수당 지급) 실시 등 대폭적인 사회서비스 확대가 이루어졌다.

사회서비스의 확대는 예산 지출 규모의 증가로 확인할 수 있다. 영역별로 보면, 사회서비스 중 의료서비스에 해당하는 건강보험의 경우 불과 7년 만에 25조에서 48조로 거의 두 배 가까이 증가하였고, 노인장기요양보험 역시 2009년 2조 84억에서 2015년 4조 3,883억으로 불과 6년 만에 두 배 이상 증가하였다(e-나라지표, 2017). 2007년 시작된 사회서비스 전자바우처 사업의 경우 2007

표 2 사회서비스 사업 증가 추이

(단위: 백만 원)

사회서비스 분야	사업명	시작연도	시작연도 예산	2016년 예산
의료서비스	건강보험	1977년*	25조 3천억 (2007년)	48조 5천억 (2014년)
	노인장기요양	2008년	2조 84억 (2009년)	4조 3,883억 (2015년)
노인 돌봄 서비스	노인 돌봄 종합서비스	07.5월	19,910	115,980
	노인 단기 가사서비스	14.2월	1,728	2,743
	치매환자 가족휴가 지원서비스	14.7월		
장애인사업	장애인 활동지원	11.11월	77,658	754,314
	시도 추가지원	10.10월		67,675 (2015년)
지역 자율형 사회서비스 투자사업	지역사회 서비스 투자	07.8월	70,000	242,356
	산모 신생아건강관리 지원	08.2월	25,776	51,941
	가사간병 방문지원	08.9월	53,625	27,565
장애아동 가족 지원	발달재활 서비스	09.2월	29,009	97,898
	언어 발달지원	10.6월	2,765 (2013년)	758
	발달 장애인 부모상담 서비스	14.2월	956	1,326

출처: 박홍엽(2013); 보건복지부(각년도), 공공데이터포털(2013; 2016) (공공데이터 제공 신청 자료); e-나라지표

주: 건강보험은 1963년 의료보험법의 제정을 제도 시작 시점으로 볼 수도 있으나 이 당시 의료 보험은 강제가입이 아니었고, 강제가입 의료보험 실시인 1977년을 사회보험으로서의 건 강보험 시작 시점으로 볼 수 있다.

년 약 1,000억 원에서 2016년 1조 320억 원으로 10배 이상 증가하였다. 구체적으로는 노인 돌봄 종합서비스가 10년 만에 199억에서 1,159억으로 5.8배 증가하였고, 장애인 활동지원 사업이 불과 6년 만에 776억에서 7,543억으로 거의 10배 증가하였으며, 지역사회서

비스 투자 사업은 700억에서 2,423억으로 3.5배 증가하였다.

이러한 사회서비스의 확대는 사회서비스 시장화의 결과이자 원인으로 볼 수 있다. 의료와 교육 및 돌봄서비스는 국가가 공적 부문에서 관리하기는 하나 본인 부담금 및 비급여항목, 의료기관의 실질적 영리추구, 사교육 시장의 활성화, 국공립 보육시설 비율 10% 이내 유지 등으로 시장의 역할은 이미 상당했다. 그러나 비영리기관에 제한되어 있던 상담 및 재활서비스와 특정 계층에 대한 돌봄서비스 등의 사회서비스는 2007년 영리기관까지 확대 적용하는 사회서비스 바우처 사업과 2008년 노인장기요양보험 사업을 시작으로 시장화되었다고 할 수 있다.

아동·장애인·노인 등을 대상으로 하는 돌봄서비스 확대는 보편적인 서비스의 확대라기보다는 일자리 창출과 시장화의 성격을 띠는 사회투자전략으로 제기되었다(윤자영 외, 2011; 김혜원 외, 2006; 양난주, 2015). 보건복지부는 사회투자전략을 "경제사회구조의 변화와 새로운 사회적 위험new social risks에 대해 소득보장 위주의 전통적인 복지정책이 아니라 인적자본과 사회자본에 대한 투자 확대를 통해 경제성장과 사회발전을 동시에 추구"(보건복지가족부, 2008: 125; 양난주, 2015: 195에서 재인용)하는 전략으로 제시하였다. 정부는 사회서비스 분야가 높은 고용 창출 잠재력을 가지고 있으며, 사회서비스 공급을 통한 인적자본에 대한 투자는 내생적 성장 기반을 확대하고, 서비스 영역의 사회화를 통해 여성 등 가구원의 경제활동 참여 기회를 확대한다는 등의 이유로 사회서비스 확대가 사회투자 기능을 한다고 보았다(보건복지가족부, 2008: 128; 양난주, 2015: 195에서 재인용). 특히 정부는 사회서비스 발전 전략으로

시장을 육성하여 사회서비스 산업화로 나아가겠다는 로드맵을 제시하였다. 이 로드맵에는 초기 시장 형성기에 정부가 공공투자를 통해 민간을 지원하며 중기에 공공투자를 줄이고 시장을 확대하여 2013년 이후 시장이 완성되는 방안이 제시되었다(양난주, 2015: 196-197). 정부의 이러한 의도는 보건복지 관련 일자리가 "일자리 창출의 블루오션"이라는 정부 보도자료(보건복지부, 2010. 8. 18.)의 슬로건에서도 여실히 드러난다. 정부는 사회서비스 확대로 인한 일자리의 '수'가 중요했지 그 '질'에 대해서는 크게 주목하지 않았다. 그 결과 사회서비스의 취업유발계수와 생산유발계수의 중요성이 지속적으로 다루어졌다(예를 들어 이건우, 2012).

우리나라에서의 사회서비스는 현 시점을 기준으로 보면 이미 시장화되어 있다고 할 수 있다. 시장화marketization는 상업화의 다른 말로 서비스 등의 급여 제공이 비영리기관에서 영리기관으로 전환하는 것을 의미한다(Gilbert and Terrel, 2005). 다른 말로 시장의 역할이 강화되는 것 그리고 서비스나 급여의 제공 주체가 이윤을 추구할 수 있다는 것을 의미한다. 이런 의미에서 이미 제공 주체가 영리기관으로 전환된 사회서비스 영역에서 시장화는 개념적으로 성립하기 어렵다. 대중의 언어가 아니라 학술적 논쟁에서 종종 제기되는, 기본소득이 사회시비스를 시장화할 것이라는 논리는 개념적으로 타당하지 않다.

우리 사회에서 사회서비스 영역의 시장 육성과 일자리 창출이라는 사회투자전략은 사회서비스 제공인력의 근로 강도와 근로 조건을 열악하게 하는 것으로 귀결되었다. 사회서비스 전자바우처 사업의 종사자 인원은 2007년 약 4만 명으로 시작하였으나, 2016년

표 3. 사회서비스 사업 제공인력 증가 추이

(단위: 명)

사회서비스 분야	사업명	시작연도	시작연도 제공인력	2016 제공인력
아동 돌봄	영유아 보육서비스	00.	82,231 (2000년)	321,067 (2015년)
노인 돌봄 서비스	노인 돌봄 종합서비스	07.5월	4,499	26,141
	노인 단기 가사서비스	14.2월	612	1,369
	치매환자 가족휴가 지원서비스	14.7월	자료없음	자료없음
장애인사업	장애인 활동지원	11.11월	26,008	72,855
	시도 추가지원	10.10월		25,706
지역자율형 사회서비스 투자사업	지역사회 서비스 투자	07.8월	34,872	20,969
	산모 신생아건강관리 지원	08.2월	3,977	12,321
	가사간병 방문지원	08.9월	5,391	5,794
장애아동 가족 지원	발달재활 서비스	09.2월	2,688	11,479
	언어 발달지원	10.6월	42	454
	발달 장애인 부모상담 서비스	14.2월	230	200

출처: 박홍엽(2013); 보건복지부(각 연도), 공공데이터포털(2013; 2016) (공공데이터 제공 신청 자료); e-나라지표

기준 약 17만 명에게 일자리를 제공하고 있다(〈표 3〉 참고). 노인돌봄서비스와 장애인활동지원서비스에 국한시켜 근로조건을 살펴보면, 2012년 두 분야의 근로자의 주당 평균 근로시간은 35시간으로 상시근로자의 주 40시간 노동과 크게 차이가 나지 않음에도 불구하고 월 평균임금은 77.3만 원으로 최저임금에도 미치지 못했다(강혜규 외, 2012). 이러한 열악한 상황은 그나마 사회서비스 바우처 사업 시작 시기보다 나아진 것이다. 초기에는 제공인력의 월 평균임금과 월 근로시간이 노인돌보미 42.3만 원(70시간), 산모신생아도우미

65.5만 원(110시간), 장애인활동보조 71.8만 원(118시간), 가사간병방문 72.1만 원(126시간)으로 조사된 바 있다(보건복지부, 2010; 이재원 2012에서 재인용). 급여뿐만 아니라 사회서비스 종사자들의 4대 사회보험 보장도 낮은 수준인데, 2008년 10월 현재 사회보험 가입률은 산모신생아 도우미 사업 종사자는 65.8%, 장애인 활동보조 종사자는 65.6%, 노인돌보미 종사자는 80%에 그치고 있다(김선화 외, 2010: 343-344). 또한 사회서비스 사업이 1년마다 정부와 계약을 통해 이루어지기 때문에 사회서비스 종사자들은 단기계약직이라는 불안정한 고용관계 속에서 근무하고 있다(김선화 외, 2010: 344).

3. 완전기본소득과 사회서비스

기본소득 지지자들의 현물급여 확대에 대한 입장

사회서비스는 복지국가가 제공하는 현물급여 중 하나이다. 복지국가에서 현물급여를 제공하는 이유는 여러 가지가 존재하지만, 초기 복지국가의 급여 논쟁에서는 수급자의 소비 행동을 통제하여 바람직한 소비를 유도해야 한다는 입장(Myrdal, 1968; Gilbert and Terrell, 2005: 226에서 재인용)에서 현물급여가 옹호되었다. 그러나 수급자의 행위 통제는 개인의 선택의 자유와 효용의 극대화라는 측면에서 반박되었고, 대부분의 현대적 복지국가에서는 소비자의 통제를 염두에 둔 현물급여 제공을 목표로 하지는 않는다(Gilbert and Terrell, 2005: ch.5). 현금급여냐 현물급여냐의 문제는 모든 정책 영역에 일괄적으로 적용되는 것이 아니라 각 정책 영역에서 어떤 정책 목표를 달성해야 하는지, 그리고 어떤 장단점이 존재하는 지에 따라 선택적으로 결정된다.

복지국가가 현물급여를 제공해야 하는 이유는 왜 '국가'가 제공해야 하는지와 왜 '현물'인가 하는지의, 두 가지가 설명되어야 한다. 현물급여를 국가가 생산하고 분배해야 하는 이유를 설명하는 이론적 설명은 경제적 효율성과 사회정의라는 핵심 가치를 기반으로 한다(Barr, 2008: 113). 경제이론에서 전통적인 출발점은 '사회복지의 극대화'social welfare maximization인데, 불완전한 정보의 문제와 외부성의 문제가 존재할 경우 적절한 국가 개입을 통해 차선의 경제가 실현될 수 있어, 국가 개입이 정당화된다(Barr, 2008: 114-115).[5]

좀 더 구체적으로 살펴보면, '경제적 효율성'을 근거로 하는 국가 개입은 시장이 효율적이라는 가정이 성립하지 못하는 경우에 정당화된다. 일반적으로 시장의 효율성은 시장기구가 효율적으로 기능하기 위한 이론적 전제조건이 충족될 경우 시장의 균형적 생산량이 효율적인 생산량의 조합에서 실현될 것이라는 확신에서 출발하는데, 이 전제조건은 완전경쟁, 완전한 시장, 시장실패 없음, 완전한 정보 등이다(Barr, 2008: 128). 이와 같은 전제조건들이 충족되지 못하면 시장 기구에 의한 생산량은 비효율적인 수준에서 이루어지게 되고, 따라서 시장 교정자 차원에서 국가개입이 정당화

---

5 최선의 경제는 첫째, 시장의 기능을 바탕으로 자원이 최적상태로 배분되거나, 둘째, 정부의 적절한 정책적 개입을 통해 비효율적이거나 불균형한 상태가 해소되는 상황을 의미한다. 차선의 경제는 불완전한 정보 문제나 외부성의 문제가 존재할 때, 국가의 개입을 통해 문제를 개선시킬 수 있는 상황을 의미한다(Barr, 2008: 115)

될 수 있다(Barr, 2008: 128).

국가가 제공해야 하는 경우는 완전경쟁인 시장이 성립하기 위
한 완전시장, 시장실패 없음, 완전한 정보라는 전제가 성립되지 못하
는 경우이다. 완전한 시장이라는 가정이 깨지는 경우는 공공재의 경
우처럼 시장이 형성될 수 없는 경우가 포함된다(Barr, 2008: 129). 이
는 시장실패 없음이라는 가정과도 연동되는데, 시장실패는 공공재,
외부효과, 규모의 경제로 인해 발생한다(Barr, 2008: 130). 공공재의
생산이 시장에 맡겨질 경우 무임승차로 인해 비효율적인 수준에서
생산될 수밖에 없고,[6] 외부효과로 인해 특정인의 경제활동이 다른사
람에게 손해나 이익을 발생시킴으로써 시장실패는 필연적이다. 결
국 이러한 경우 국가개입을 통한 생산이 더 효율적이고 정당하다.

고전적인 경제학 이론에서 공공재는 교육과 의료이다. 최근
돌봄서비스 역시 공공재로 다루어지기도 하는데(윤자영, 2016), 교
육, 의료, 돌봄서비스는 불완전한 정보, 높은 거래비용, 긍정적 외
부효과라는 공통점을 지니고 있어서 시장실패를 전제하고 있기 때
문으로 설명할 수 있다.[7] 그러므로 시장실패가 전제된 공공재의 효
율적인 공급 방식은 시장이 아닌 '국가'가 현금이 아닌 '현물'로 제

---

6   바(Barr, 2008: 130)에 의하면, 비배제성non-rivalness은 무임승차자 문제를 초래하여 시장
의 성립을 방해할 수 있다. 정당한 가격을 지불하지 않고 공공재를 사용하려는 개인의 행
위를 저지하는 것이 불가능하게 되면(비배제성) 시장 가격이 제대로 형성될 수 없어, 이
윤을 추구하는 기업은 공공재의 생산을 기피하게 되고, 시장의 성립은 불가능해진다. 비
경쟁성non-excludability은 개인이 공공재를 추가로 한 단위 더 소비하더라도 부담하는 비
용(한계비용)이 0이 되는 것을 의미하는데, 이를 해결하기 위해서는 공공재의 가격이 완
전한 차별가격perfect price discrimination이 되어야 하는데, 이는 현실에서 실현가능성이 없
기 때문에 시장은 공공재의 생산에 비효율적이 된다(Barr, 2008: 130).

7   교육과 의료에서의 불완전한 정보, 높은 거래비용, 긍정적 외부효과에 대해서는 바(Barr,
2004)의 12장, 13장, 14장 참조.

공하는 것이다. 교육, 의료, 돌봄서비스와 같은 현물 급여는 사회적인 욕구를 그 사회가 현물, 다시 말해 서비스 방식으로 충족시킨다는 특성으로 인해서 사회서비스로 명명된다. 따라서 기본소득이 지급된다고 해서 사회서비스를 시장에서 구매하도록 하는 정책적 선택은 시장실패로 인해 성공할 수 없다. 기본소득과 무관하게 교육·보육·의료 등의 사회서비스가 국가에서 현물로 제공되어야 할 이유가 여기에 있다.

완전한 정보는 최근 경제이론에서 특히 관심을 두고 있는 주제이다(Barr, 2008: 133). 완전한 정보라는 가정은 소비자들이 자신이 필요로 하는 재화의 종류와 성질에 관한 정보를 완벽하게 알고 있다고 가정하는 것인데, 이러한 가정은 일반적으로 성립될 수 없기 때문에 적어도 상품의 질, 가격, 전망이라는 3가지 형태의 정보가 구비되어야 한다(Barr, 2008: 133-134). 시장에서 상품의 질과 관련하여 정보를 확보하는 데 실패하는 경우에는 국가가 서비스를 직접 생산하지 않더라도, 시장에서 필요한 정보를 확인할 수 있도록 국가가 규제의 형태로 개입할 수 있다. 그러나 정보를 가공, 처리하는 데 실패하는 불완전한 정보 문제의 경우는 국가의 직접 생산이 시장을 통한 해결책보다 더 효율적인 방식이다(Barr, 2008: 134-135). 대표적으로 의료서비스의 경우 소비자는 정보가 부족하고, 정보 수집을 위한 비용이 과도할 수 있고, 의학정보 자체가 고도로 기술적이며, 정보를 잘못 선택함으로써 발생하는 비용이 높기 때문에 시장이 국가보다 비효율적 기제가 된다(Barr, 2008: 133-134). 의료서비스와 같은 영역에서 정보실패의 문제는 잔여적 복지국가로도 해결이 안 되고, 오직 포괄적이고 보편적인 복지국가에 의해서만 해결될 수 있다(Esping-Andersen, 1999: 92). 유사한 문제가 교육과 돌봄 영역에서도 발생한다.[8] 이 영역에서 소비할 상품에 대한 객관적 정보는 획득하기 어려울 뿐만 아니라 거래비용이 많이 든다(Gilbert and Terrell, 2005: ch.5).

> "소비자가 자신의 어떤 서비스를 받아보기 전에 그 서비스의 질에 관해 안다는 것은 지극히 어려운 일이다. 게다가 병원이나 학교에서 제공하는 서비스의 질을 미리 알아보기 위해 쇼핑하듯 몇 군데만 가서 서비스를 받아본다든가 하는 것은 비용이 너무나 엄청나서 도저히 불가능한 일이다(Rivlin, 1971: 137-138; Gilbert and Terrell, 2005: 231에서 재인용)."

완전기본소득은 기본적인 생활을 가능하게 하고자 하는 현금 급여이다. 이 현금급여에는 시장실패로 인해 시장에서 올바르게 실현될 수 없는 공공재의 구입 비용은 포함되어 있지 않다. 기본소득은 현금급여 방식의 소득보장 정책이기 때문에 원칙적으로 현물급여 방식의 사회서비스 제도와는 독립적인 제도이다. 그리고 기본소득을 통한 기본적인 생활은 보편적인 사회서비스가 동반될 때, 그 정책적 목표를 극대화할 수 있다. 이런 이유로 기본소득 지지자들과 운동 단체들은 공식적으로 기본소득과 기본적 현물서비

---

8 정보를 가공, 처리하는 데 실패하는 경우에 발생하는 불완전한 정보 문제는 다음 5가지 경우에는 시장이 효율적이 된다. ① 소비자 정보가 점차 개선될 경우, ② 이러한 정보의 생산이 보다 저렴해지고 효율적인 경우, ③ 확보한 정보가 소비자에게 쉽게 이해될 경우, ④ 정보를 잘못 선택하여 발생할 수 있는 비용이 경미할 것으로 예상되는 경우, ⑤ 소비자의 기호가 점차 다양해지게 될 경우이다.

스의 동반 확대를 주장한다(Raventós, 2007: 172).

판 파레이스는 자유를 구현하기 위하여 필요한 기본적인 현물급여를 국가가 제공할 필요가 있다고 주장한다(Van Parijs, 1995: 93-97). 구체적으로 첫째, 형식적 자유를 보장하기 위하여 필요한 현물서비스로서 군대, 경찰, 법원이 제공되어야 하고, 둘째, 실질적 자유를 보장하기 위하여 긍정적 외부효과가 있는 현물서비스인 교육이나 도로 등의 사회기반시설, 의료서비스가 제공되어야 하며, 셋째, 개별적으로 공급하는 것보다 국가 공급이 더 효율적인 현물서비스로서 청정 공기, 좀 더 나은 거리, 한적한 산책로 등이 제공되어야 한다(Van Parijs, 1995: 93-97).[9]

기본소득지구네트워크BIEN는 2016년 서울 총회에서 기본소득과 기본적인 현물서비스의 동반 확대를 결의하여 전 세계 기본소득 운동의 방향성을 제시한 바 있다.

> "우리는 물질적 빈곤에서 벗어나고 모든 개인의 사회적 문화적 참여를 보장하기 위하여, 다른 사회서비스와 결합해서 제공되는 정책 전략의 한 부분으로 규모와 주기에서 안정적이고, 충분히 높은 수준의 기본소득을 지지한다. 우리는 사회서비스나 수당을 대체하는 것이 상대적으로 불리한 계층, 취약계층, 또는 중저소득층의 처지를 악화시킬 경우 그러한 대체를 반대한다(BIEN-ASIBL 수정 동의안 2, 서울총회, 2016. 7. 9; 강남훈, 2017: 10에서 재인용)."

---

9 판 파레이스가 '현물 기본소득'이라 명명했던 용어는 그동안 기본소득 운동에서도 사용되어 왔다. 그러나 2016년 기본소득지구네트워크 서울 총회에서 현물로 제공되는 서비스는 기본소득이 아닌 것으로 제외되었다(강남훈, 2017: 10).

기본소득지구네트워크의 2016년 결의문은 기본소득은 다른 사회서비스와 함께 제공되어야 함을 명확히 하고, 다른 모든 사회서비스를 없애면서 기본소득을 도입하자는 소위 극단적인 우파 기본소득에 대한 반대를 분명히 한 것이다(강남훈, 2017: 10). 또한 사회서비스는 현금을 통한 시장구매 방식이 아니라 현물로 제공되어야 할 것이 있다는 것을 분명히 하고 있다.

소득보장 정책과 서비스 정책 간 관계에 관한 고찰

사회정책의 가장 우선적인 목표는 사회적 위험에 대응하는 것이다(Esping-Andersen, 1999: 78). 사회적 위험은 고전적인 의미에서의 실업, 노령, 산업재해, 질병에서 신사회위험인 돌봄공백 등으로 다각화되었다. 초기 산업사회에서의 사회적 위험에 대한 사회정책적 대응은 주로 현금급여 방식의 소득보장과 현물급여 방식의 의료서비스와 교육서비스였다. 신사회위험으로서의 돌봄공백은 현물급여 방식의 돌봄서비스 정책으로 대응된다. 이러한 대응책은 개별 복지국가가 국가, 시장, 가족의 삼각 구도를 어떤 방식으로 구현하고 있는지에 따라 차이가 있다.

사회적 위험은 온전하게 무작위적으로 발생하기도 하지만 대부분의 위험은 사회학적 규칙성을 띠고 발생하는데, 계급에 따라, 생애주기에 따라, 세대 간에 불균등하게 분배되어 나타난다(Esping-Andersen, 1999: 93-100).[10] 최근 중요하게 다루어지는 돌

---

10 에스핑 안데르센(Esping-Andersen, 1999: 93)은 사회적 위험이 불균등하게 분배되는 3가지 유형을 '계급 위험'class risks, '생애주기 위험'life-course risks, '세대 간 위험'intergenerational risks으로 명명하였다.

봄 공백이라는 사회적 위험은 생애주기에 따라 사회적 위험이 불균등하게 분배된다는 생애주기 위험life-course risks과 밀접한 관련이 있다. 전통적으로 복지국가는 생애주기 위험 중에서도 경제활동에 참여하지 않는 인생의 양극단의 시기, 즉 아동기(아동·가족수당에 의해서)와 노령기(연금에 의해서)에 집중하여 보호를 제공해 왔는데, 이는 자유주의 입장에서도 '보호되어야 마땅한' 욕구로 간주된다(Esping-Andersen, 1999: 96).

전후의 복지국가는 안정적인 남성 생계부양자 가족을 가정하고 있었기 때문에 사회적 보호의 노력도 남성 생계부양자의 고용 안정에 초점을 맞추었고, 여성의 경우에는 가정주부임을 가정하고 있었기 때문에 어머니로서 여성의 위험은 사회정책에 있어서 절박한 관심사가 되지 못했다. 그런 이유로 육아휴가나 출산휴가 프로그램들은 거의 존재하지 않았다(Esping-Andersen, 1999: 96-97). 바야흐로 출현하고 있는 포스트 산업사회의 윤곽은 가족의 불안정성과 실업의 만연, 고용 불안정의 증가 등을 특징으로 하거니와, 이러한 정황들은 이제 생애주기 위험들이 청년기와 중년기, 즉 성인기의 삶에까지 확산되고 있다는 것을 시사한다(Esping-Andersen, 1999: 97).

에스핑 안데르센은 복지국가 레짐별로 이러한 위험을 다루는 방식이 다르다고 주장한다(Esping-Andersen, 1999: ch 3, ch 4). 자유주의 국가는 값싼 서비스 가격을 바탕으로 하는 시장에서, 보수주의 국가들은 가정에서, 사회민주주의 국가들은 공적인 사회서비스 공급을 통해 해결해 왔다는 것이다. 복지국가 연구들은 이러한 차이를 유형화하여 복지국가를 '서비스 국가'service states와 '현금이전 국가'transfer states로 구분하고 있다(Kautto, 2002: 53). 현금이전과 서비스에 초점을 맞추면, 노르딕 복지국가가 종종 상대적으로 확실한 소득 이전 지출transfer spending과 높은 서비스 투자를 하고 있는 국가로 묘사되고(Esping-Andersen and Korpi, 1987: 42; Castles, 1998), 사회민주주의 레짐은 현금급여의 관대함 때문이 아니라 표준적 소득보장을 사회서비스로 보충하는 것에 의해 '서비스 국가'가 되었다(Esping-Andersen, 1999: ch 3, ch 4). 반대로 보수주의 국가들은 현금급여를 더욱 강조하고 가족을 강조하면서 서비스를 간과하게 되었다(Esping-Andersen, 1990; 1999; Van Kersbergen, 1995; Scharpf, 2000).

그러나 이러한 방식의 설명은 최근 반박되고 있다. 서비스 지출 중심과 소득 이전 지출 중심으로 복지국가 레짐을 구분했을 때, 에스핑 안데르센(Esping-Andersen, 1999)의 복지국가 레짐 유형화와 동일하지 않은 결과가 산출된다는 것이다(Kautto, 2002). 스칸디나비아 국가들이 1990년대에는 서비스 중심 국가로서 선도했으나, 1997년의 분석 결과는 노르웨이와 스웨덴이 선두에 있기는 하나 위계군집 분석 결과 서비스 지출과 소득 이전 지출 간에는 높은 상관관계가 있어서 소득 이전 지출 전략과 서비스 지출 전략은 상호 배타적인 전략이 아니라는 것이다(Kautto, 2002). 보다 최근 연구 역시 이 논증을 증명하고 있는데, 복지국가의 지출 분석 결과 사회보장의 역사에서 소득보장 수준이 높은 국가에서 사회서비스 정책이 발전함으로써 두 정책은 서로 보완관계임을 보여 준다(문진영·김윤영, 2015).

문진영·김윤영(2015)은 그랜저 인과관계 분석[11]을 통해 복지

---

11 그랜저 인과관계는 이전 시차의 정책 변화가 이후 시차의 다른 정책에 어떤 영향을 미치

국가의 현금급여가 사회서비스 급여를 구축하는지 분석하였다. 분석 결과 복지국가의 이전 지출과 서비스 지출 간에는 상쇄관계가 아니라 하나가 늘면 다른 하나도 증가하는 그랜저 인과성이 존재하는 것으로 나타났다(금민, 2017; 문진영·김윤영, 2015). 그러므로 기본소득이라는 현금급여 확대 전략과 사회서비스 확대를 동반하는 전략이 가능하다.

사회서비스 시장화 및 제도화

기본소득과 사회서비스 간의 관계와 관련하여 기본소득이 사회서비스를 시장화할 것이라는 우려도 제기되고 있기 때문에 기본소득이 사회서비스를 시장화할 논리적 구조가 성립하는지 살펴볼 필요가 있다.

사회서비스의 시장화는 단순히 현금급여의 확대로 인해 자동적으로 이루어지는 것이 아니다. 기본소득이 사회서비스를 시장화할 것이라는 주장은 현금급여의 확대가 시장에서의 서비스 구입을 가능하게 하는 구매력을 증대시키기 때문에 국가보다는 시장의 역할이 강화될 것이라는 예상에서 기인한다. 그러나 현금급여의 확대가 시장의 역할 강화라는 인과성을 확보하는 과정은 그렇게 단선적이지 않다. 가정에서의 노동(돌봄노동이나 가사노동 등)이 시장에서의 서비스 구입으로 대체되기 위해서는 엥겔 법칙, 보몰의 비용질병 문제, 시간 부족이라는 3가지 요건이 충족되어야 한다(Esping-Andersen, 1999: 124-130). 이 중 보몰(Baumol, 1967)의 비

는지 분석할 수 있게 해 준다.

용질병cost-disease 문제는 서비스업의 장기적인 생산성은 제조업의 생산성에 비해 뒤떨어지기 때문에 돌봄서비스 제공자의 임금을 상대적인 생산성에 맞추어 결정한다고 한다면 돌봄서비스 제공자는 장기적으로 궁핍한 처지에 이르러 결국 돌봄서비스 제공자는 공급 측면에서 사라져 버릴 것이고, 생산성이 높은 부문의 임금에 맞추어 결정하면 가격 단가가 상승하기 때문에 돌봄서비스 수요가 사라지게 될 것이라는 설명이다(Esping-Andersen, 1999: 124-125).

노동에 대한 과세가 높고, 임금구조가 평등주의적으로 짜여 있는 경우(대부분의 유럽 경제들) 노동집약적인 대인 및 사회서비스의 상대적 비용은 높아지고, 사회서비스에 대한 시장에서의 수요는 제한된다. 이러한 이유로 대규모의 저임금 산업예비군이 존재하는 미국 같은 국가에서는 노동집약적이고 비용에 민감한 시장 서비스를 이용할 여지가 생기게 되고, 그렇지 않은 유럽 전역에서는 사회서비스의 시장화가 어려워진다(Esping-Andersen, 1999: 124-125). 그러므로 기본소득 급여 지급으로 인한 가정의 소득 증대가 곧장 돌봄서비스 등의 사회서비스를 시장에서 구매할 수 있는 시장화로 귀결되는 것이 아니라, 그 사회의 임금 구조에 따라 시장 형성 여부가 달라질 것이다. 기본소득 지급이 사회서비스의 시장화로 귀결될 것인가 하는 문제는 지금까지 그리고 앞으로 사회서비스 영역에서의 임금구조 방식의 형성 및 변화에 달려 있다.

또한 사회서비스의 제도화institutionalization는 사회서비스가 사회적으로 규제되고 통제되는 방식에 따라서도 달라진다(Bahle, 2003: 7). 사회서비스 제도화의 방식 중 시장화는 국가의 권한, 비영리기구들의 세력 정도가 중요한 요인변수가 되는데, 예를 들어

독일의 경우 비영리 기구들이 권한을 많이 가지고 있어서 사회서비스 시장화의 폭이 매우 제한된 반면, 그렇지 못한 영국은 민영화와 시장화가 증가하였다(Bahle, 2003).

최근 복지국가 정책에 대한 시장 원칙들의 영향력은 정책 전반적으로 커졌다(Taylor-Gooby, 2004: 33). 유럽 국가들에서도 마스트리히트 조약Maastricht Treaty 이행 직전에 사회보험 지출 제약을 위한 개혁들이 줄을 이었다(Palier, 2010). 이 개혁들을 수행하면서 각국가들은 비용효율성과 소비자 책임성을 강화하였고, 국가가 서비스를 규제하고 보조금을 지급하는 방식으로 시장의 발전을 지원하였다. 특히 보건의료서비스와 돌봄서비스에서 이러한 흐름이 반영되었다(Taylor-Gooby, 2004: 33).

앞에서 살펴본 것처럼 우리나라는 사회투자전략의 일환으로 사회서비스 시장화가 이루어졌고, 이는 사회서비스 시장에서 종사하는 근로자 수의 급격한 증가를 가져왔다. 이 시장에 종사하는 근로자들은 낮은 임금과 불안정한 근로환경에서 서비스를 제공한다. 이러한 저임금 구조는 앞에서 살펴본 보몰의 비용질병 문제와 결합하여 사회서비스 시장 자체가 공급 측면에서 사라질 수도 있고, 대규모 저임금 산업예비군이 존재할 경우 낮은 비용의 시장 서비스가 확대될 수도 있다. 실업률이 상승하여 산업예비군 규모가 상당하고, 지속적으로 저임금 사회서비스 노동시장이 급격히 확대되고 있는 점을 고려한다면 현 시점에서 노동시장에 대한 개입 없이 기본소득이 지급되었을 때 사회서비스의 시장화가 가속화될 가능성도 배제할 수 없다.

사회서비스 부문의 임금이 시장에서 임금규제 없이 생산성 수준에 따라 자율적으로 조정될 경우, 낮은 서비스 가격이 가능해져 사회서비스에 대한 총량적 수요는 증가할 것이다. 그러나 이는 저임금 사회서비스 시장의 확대를 의미한다. 이러한 문제는 임금규제 방식이나 저임금 사회서비스 노동시장에 대한 국가의 개입 방식에 따라 다른 양상으로 전개될 수 있다.

지금의 구조가 지속된다고 전제한다면 기본소득의 도입은 이미 시장화되어 있는 사회서비스를 더욱 확대하게 될 가능성이 있다. 반대로 기본소득의 도입은 질 낮은 일자리를 거절할 수 있는 노동자의 권리와 지위를 높일 가능성도 있다. 이 경우 기본소득의 도입이 사회서비스를 시장화하는 것이 아니라 질 낮은 일자리로 시장화된 사회서비스 시장에서 노동력의 규모를 축소시킬 여지도 존재한다. 우리가 제기하는 기본소득은 한 가지로 모든 것을 해결하고자 하는 우파적 기획으로서의 기본소득이 아니다. 질 좋은 사회서비스 및 질 좋은 일자리로서의 사회서비스 영역의 발전은 기본소득 도입 유무로 결정되는 것이 아니라 사회서비스 시장에 대한 개입의 방향에 따라 달라질 것이다.

BASIC
INCOME

4부　　　　　　어떻게 실현할 것인가?

13 | 기본소득의 이념형과 이행경로

2010년 한국에서 기본소득에 대한 논의가 본격적으로 시작된 이후로 2017년 기본소득에 대한 '가시성'visibility은 이미 상당 부분 확보된 것처럼 보인다. 각국의 실험이 다양한 매체를 통해 빈번하게 소개되고, 관련 토론회와 공청회 등이 학계와 정치권을 중심으로 지속되면서, 일반대중의 기본소득(의 개념과 원리)에 대한 이해도도 크게 높아진 것으로 판단된다. 이러한 현상을 반영하듯 2017년 대선 과정에서도 개별 정당과 유력 후보의 기본소득에 관한 관심이 상당히 높아졌으며 관련된 유사 공약도 발표되었다. 따라서 이제는 대략적인 '이행경로'를 본격적으로 논의할 필요가 있다. 개인의 실질적 자유를 보장할 수 있는 바람직한 복지국가의 미래 모습에 조응할 수 있는 방안이 제안될 필요가 있으며, 그 과정에서 실질적인 실현가능성에 대한 고민도 필요해 보인다. 기본소득 이행경로를 제시하기 전에 먼저 기본소득의 이념형에 대해 살펴보자.

1. 기본소득의 이념형 분석

5장에서 설명한 기본소득의 개념적 속성에 따르면, 기본소득은 모든 시민에게(보편성) 아무런 조건 없이(무조건성) 충분한 수준(충분성)으로 지급되는 현금을 말한다. 따라서 보편성, 무조건성, 충분성은 기본소득의 필수 요소라고 할 수 있는데, 실제 세 가지 기준을 완전히 갖춘 기본소득보다 각 요소의 성격을 일정 수준 포함하고 있는 변형된 형태의 '유사' 기본소득제도가 다양하게 존재한다. 여기에서는 이러한 제도들의 유형과 성격을 파악하고 기본소득 이행경로를 제안하기 위해 앞선 세 가지의 개념적 속성을 활용한 기본소득의 이념형을 구성하고자 한다.

기본소득의 이념형 분석을 위해 퍼지셋 이념형 분석방법을 활용하였다. 퍼지셋 이념형 분석은 연구자가 어떠한 개념 및 이념의 이상형을 논할 때 개념화 작업을 바탕으로 질적 판단을 양적으로 비교 가능하게 하는 분석방법이다. 이러한 퍼지셋 이념형 분석은 이론적 논의를 바탕으로 어떠한 개념 또는 이념의 이상형을 구상하고, 현실 세계의 사례들이 해당 이념에 얼마나 속하는지를 판단할 때 유용하다. 또한 이론적으로 구상한 이상형과 그 이념을 구성하는 속성 중 강조되는 속성 및 속성들의 조합 형태에 따라 다른 유형들이 구성될 수 있다. 연구자가 선별한 속성들로 조합을 이룬 여러 유형들을 살펴보는 것은 연구자가 생각하는 이상적 조합, 즉 이상형을 이해하는 데 도움이 되기 때문에 또한 유용하다. 이러한 퍼지셋 이념형 분석은 집합 이론을 기반으로 하고 있는데, 전통적 집합이론에서는 어떤 집합에 속하거나(1), 속하지 않거나(0) 둘

중 하나의 경우만 가능했지만, 퍼지셋에서는 각 집합에 속하는 '정도'를 인정한다. 어떤 집합에 속하거나(1), 속하지 않거나(0) 외에 '속한 것도 속하지 않은 것도 아닌'을 뜻하는 0.5의 경우 등 속함 (1)과 속하지 않음(0) 사이의 분기점 정도도 존재할 수 있다(이승윤, 2014).

이념형 분석을 위해 기본소득을 '보편성', '무조건성', '충분성'의 세 가지 하위 속성으로 구성하였다. 다시 말해 기본소득 개념을 구성하는 세 가지 하위 집합이 존재하는 것이다. 이 때 각 집합은 그 개념적 속성의 '정도'degree를 측정하기 위해 기준선을 설정할 수 있다. 예를 들어, '충분성'은 기본소득이 기본적인 생활을 영위하기에 충분한 수준의 급여를 제공하는지를 판단하기 위한 기준이다. 기본소득의 급여 수준이 충분하다면 충분성 집합에 '속함'이 되어 퍼지점수 1을 갖게 되고, 충분하지 않다면 충분성 집합에 '속하지 않음'이 되어 퍼지점수 0을 갖게 된다. 중요한 과정은 어느 수준의 급여를 '충분하다'고 볼 것인지 그 기준을 정하는 것이다. 본 장에서는 기본소득 급여가 중위소득의 50% 이상일 경우 충분성 집합에 속할 수 있는 최소한의 기준으로 판단하여 퍼지점수 1을 부여하였다. 반대로 중위소득 기준 10% 미만일 경우 충분성 집합에 속하지 않는다고 판단하여 퍼지점수 0을 부여하였다. '속한 것도 속하지 않은 것도 아닌' 지점에 해당하는 분기점 해당의 퍼지점수 0.5의 기준은 현재 국민기초생활보장제도의 생계급여 수준에 해당하는 중위소득 30%로 설정하였다. 따라서 기본소득 급여가 중위소득 25% 수준이라면 충분성 집합에 속하는 점수는 0과 0.5 사이가 될 것이고, 기본소득 급여가 중위소득의 45%라면 그 점수

표 1 기본소득 이상형의 속성별 눈금 매기기 기준

	보편성 (Universality)	무조건성 (unConditionality)	충분성 (Sufficiency)
0	아동, 노인	자산조사와 근로조건	중위소득 10%
0.5	근로가능 연령(청년)	근로조건	중위소득 30%
1	시민권 기반 전 국민	무조건	중위소득 50%

는 0.5와 1 사이에 위치하게 될 것이다.

　다음으로 '무조건성'의 원칙은 기본소득 지급의 조건 부과 여부와 관련된다. 유급노동에 참여 여부, 소득 수준, 사회적 기여 정도와 무관하게 기본소득이 주어져야 한다는 의미이다. 무조건성의 집합기준은 다음과 같다. 무조건성은 기본소득 급여를 지급함에 있어 어떠한 조건도 부과하지 않는 것이다. 기본소득 급여가 '자산조사'와 '근로'에 대한 아무런 조건도 없이 지급이 된다면, 무조건성 집합의 퍼지점수 1을 갖는다. 반대로 기본소득 급여가 자산조사를 통해 일정 소득 이하의 인구집단만을 대상으로, 근로 혹은 직업훈련 참여와 같은 조건을 부과하면서 지급된다면, 이는 퍼지점수 0을 갖는다. 한편 근로조건을 부과하지 않지만 자산조사를 실시하여 중위 30% 미만의 대상자에게만 지급한다면 0.5점의 분기점을 넘지 못한다. 자산조사가 실시되는 경우 무조건성 속성에 속하는 정도가 낮아지게 된다는 것이다. 반대로 자산조사를 하지 않지만 일부 근로조건이 부여된다면 0.5점의 분기점을 넘어 0.5와 1 사이에 위치할 수 있다.

　'보편성'은 기본소득의 대상이 시민권에 기초해서 결정되어야 한다는 원칙에 따른 속성이다. 앞서 설명한 바와 같이, 시민권에 기

초한 자격은 보편적 적용과 제한적 적용의 두 가지 형태로 구분할 수 있다. 보편적 시민권에 기반하여 전 국민에게 지급되는 경우 보편성의 속성은 강하지만, 시민권을 가진 일부에게만 제한적으로 지급된다면 보편성에 대한 점수는 낮아지게 된다. 먼저 노동시장에서 배제되어 있는 아동과 노인, 혹은 장애인을 대상으로 하는 경우는 0점으로 보편성 속성의 집합에서 완전히 속하지 않게 된다. 보편성 속성 점수가 0인 것이다. 분기점에 해당되는 0.5의 기준은 근로가 가능한 인구집단이 지급대상인가 여부와 관련된다. 예를 들어, 청년과 같이 근로가 가능한 특정 인구집단이 기본소득의 주요 대상이 되면 보편성 집합에 대한 소속점수는 0.5를 넘게 된다.[1] 보편성의 집합에 완전히 속하는 경우는 시민권을 바탕으로 전 국민을 대상으로 기본소득이 제공되는 경우이다. 전 국민을 대상으로 한 기본소득은 보편성 집합에 해당하는 퍼지점수 1을 갖게 되고, 노인수당, 아동수당, 장애인수당 등으로 지급대상이 한정되면 보편성 집합에 완전히 속하지 않게 된다. 이렇게 보편성, 무조건성, 충분성에 대한 각 퍼지점수가 도출되고 나면, 이 점수들의 조합으로 〈표 2〉나 〈그림 1〉과 같이 기본소득의 이념형을 도출할 수 있다.

기본소득을 구성하는 하위 속성이 세 개이기 때문에 이념형 분석 시 도출될 수 있는 유형들은 총 8(=2³)가지가 가능하다. 이러한 8가지의 유형이 기본소득의 모든 유형을 의미하는 것은 아니지만, 개념적으로 구상한 기본소득제의 속성들을 다른 정도degree로

---

[1] 기본소득의 기본 철학은 '생산능력'과 무관하게 자격을 부여하는 것이기 때문에 경제활동 연령인 청장년층을 포괄하느냐의 여부는 보편성 여부를 판단하는 분기점으로 중요한 판단 기준이다(윤자영, 2016: 21).

표 2 기본소득의 이념형 분석과 하위 유형들

이념형(Ideal types)		보편성(U)	무조건성(C)	충분성(S)
① UCS	완전기본소득	U	C	S
② UCs	급여불충분형	U	C	~S
③ UcS	조건부과형	U	~C	S
④ uCS	대상제한형	~U	C	S
⑤ Ucs	보편성 강조형	U	~C	~S
⑥ uCs	무조건성 강조형	~U	C	~S
⑦ ucS	충분성 강조형	~U	~C	S
⑧ ucs	기본소득 아님	~U	~C	~S

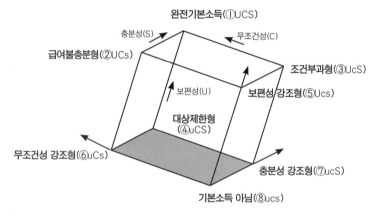

그림 1 기본소득의 이념형

포함하고 있는 하위 유형들이다. 앞서 설명한 것과 같이, 이러한 조합들을 살펴보는 것은 연구자가 구상한 이상적 조합, 즉 이상형을 이해하는 데 매우 유용하다.

　세 가지 속성이 모두 완전한 '완전기본소득'(① UCS)은 기본소득의 본질적 개념에 충실한 유형으로, 모든 시민에게 무조건적으로 충분한 수준의 급여를 지급하는 형태이다. 본 서에서 제시하는 '이상적' 기본소득의 전형이며 이행경로의 최종 '지향점'이다. 2016년 스위스에서 제안된 국민투표 안은 모든 국민에게 매달 2,500스위스프랑(약 289만 원, 구매력지수로 환산하면 대략 170만 원, 중위 50% 선인 82.6만 원을 초과)을 지급하는 안으로서 완전기본소득 유형에 속한다. 세 가지 속성 중 충분성이 불완전한 '급여불충분형'(② UCs)은 시민권에 기반하여 지급되는 보편성 점수와 무조건성의 속성 점수는 높지만, 급여 수준이 충분하지 못한 유형이다. 미국 알래스카주의 영구기금배당금Alaska Permanent Fund Dividend 제도가 이 유형에 속한다고 할 수 있는데, 2015년 현재 모든 주민에게 자산조사나 근로조건 부과 없이 배당금을 지급하지만 급여 수준이 연간 2,072달러(약 230만 원, 월 16만 6천 원)로 매우 낮다. 성남시의 '청년배당'은 운영주체가 지방정부이고 청년만을 대상으로 실시하여 보편성 측면에서 매우 제한적인 것처럼 보이지만, 특정 지역에서 근로가 가능한 인구집단을 포괄하고 있다는 점에서 보편성의 속성이 0.5-1점 사이에 위치할 수 있다. 자산조사나 근로조건 없이 무조건적으로 지급되지만, 급여액이 분기별 25만 원으로 설정되어 충분한 수준의 급여는 아니다.

세 가지 속성 중 무조건성이 불완전한 '조건부과형'(③ UcS)은 모든 국민에게 충분한 수준의 급여를 지급하지만 근로조건을 부과하거나 자산조사를 실시하는 유형이다. 자산조사를 실행하게 되면 일정 소득 이상의 사람들이 제외되므로, 다수의 국민을 대상으로 한 보편성의 특성은 훼손될 수밖에 없다. 따라서 이 유형은 이론적으로 존재하기 어렵다. 논쟁의 여지가 많지만, 부의 소득세NIT 방식을 기본소득의 범주에 속한다고 가정하면 캐나다 온타리오주의 2017년 기본소득 시범사업이 이 유형에 속할 수 있다. 캐나다 온타리오주 정부는 궁극적으로 모든 시민에게(시범사업은 참가자들에게) 매달 최소 1,320캐나다달러(약 110만 원, 구매력지수 반영하여 환산하면 약 94만 원, 중위 50% 초과) 이하의 소득인 사람에게 부족분에 상응하는 보조금을 지급한다. 세 가지 속성 중 보편성이 부족한 '대상제한형'(④ uCS)은 무조건적으로 충분한 수준의 급여를 제공하지만, 근로가 가능하지 않은 일부 인구집단을 대상으로 하는 유형이다. 아동수당이나 노인수당이 충분한 수준의 급여를 제공한다면 이 유형에 속한다고 할 수 있다. 세 가지 속성 중 보편성만 완전하고 무조건성과 충분성이 부족한 '보편성 강조형'(⑤ Ucs)은 전 국민을 대상으로 하지만 근로조건을 부과하거나 자산조사를 실시하는 등의 조건이 있고 급여 수준도 충분하지 않은 유형이다. 현실적으로는 존재하지 않으나, 이론적으로는 모든 시민에게 지급하지만 근로연령대의 사람들에게 유의미한 사회적 활동을 조건으로 부과하며 급여 수준이 높지 않게 설계된 참가소득이 이 유형에 속할 수 있다. 세 가지 속성 중 무조건성만 완전하고 보편성과 충분성이 부족한 '무조건성 강조형'(⑥ uCs)은 일부 인구집단을 대상으로 무조건적으로 지급되지만 급여 수준이 충분하지 않은 유형이다. 급여 수준이 낮은 아동과 노인을 위한 수당제도가 여기에 포함될 수 있다. 세 가지 속성 중 충분성만 완전하고 보편성과 무조건성이 불완전한 '충분성 강조형'(⑦ ucS)은 급여 수준이 충분하지만 일부 인구집단만을 대상으로 조건을 부과하여 지급되는 유형이다. 마지막으로 일부 인구집단을 대상으로 조건을 부과하며 미미한 수준의 급여를 제공하여 세 가지 속성 모두 불완전한 경우는 '기본소득 아님'(⑧ ucs)의 유형에 속한다. 현재 우리나라의 기초연금이 이 유형에 속한다고 할 수 있다. 보편성 측면에서 일부 노인집단에게 제공되므로 퍼지점수는 0이 되고, 자산조사를 실시하여 소득 하위 70%에게만 지급하므로 무조건성 집합의 퍼지점수 역시 0이 된다. 충분성 측면에서 현재 급여가 10-20만원 사이에서 결정되어 급여 수준이 중위소득 10% 전후에 불과하여 퍼지점수도 0에 가까운 수준이다.

2. 기본소득의 이행경로

이행경로의 구상과 방향

기본소득은 새로운 분배구조의 확립과 단계적 확산을 통해 평등한 사회를 건설하기 위한 장기적 기획이다(김교성, 2016: 103). 단기간에 도입하여 빠르게 실행할 수도 있지만, 이 경우 제도의 완결성이나 효과성, 그리고 다른 제도와의 정합성이나 상보성 측면에서 다소 혼란을 초래할 가능성이 상존한다. 충분히 논의하고 세심하게 준비할 시간을 가지고 점진적인 변화를 도모하는 편이 좀 더 바람직한 선택일 것이다. 그러나 장기적 차원에서 준비하게 되면, 경제·사회적 환경의 변화에 따라 실행에 대한 다양한 정치적 논쟁 속에서 도입 자체가 무산될 우려도 있다. 세계 최초로 도입된 브라질의 시민기본소득법안은 연방정부에 의해 조달될 '예산의 가능한 범위 안에서'라는 조항으로 인해, 처음 제안한 내용에 대한 완전한 실행이 보류되고 있다. 경제위기로 인한 재정적 지불가능성 문제가 주된 원인이지만, 해당 시기에 정치적 의제를 선점하지 못한 다른 이유도 존재한다.

기본소득에 관한 이론적 내용을 정리한 피츠패트릭(Fitzpatrick, 1999: 69-70)은 그의 저서 『자유와 보장Freedom and Security』에서 영국의 기본소득 도입을 위한 단계적 이행경로를 제시하고 있다. 그의 제안은 현 사회보장 체계를 개선하고(1단계), '과도적' 기본소득을 실행(2단계)하며, '참가소득'(3단계)과 '부분'기본소득(4단계)을 점진적으로 도입한 후, '완전'기본소득으로 발전(5단계)시키는 제안이다. 그는 영국에서 기본소득의 단계적 이행을 위해 70년의 기간이 소요될 것으로 예상하고 있다. 과도적 기본소득(2단계)은 부의 소득세NIT나 각종 수당 중 선택할 수 있으며, 약 10-15년이 소요될 것으로 전망하고 있다. '수정형' 기본소득으로 분류되는 참가소득과 ―낮은 수준의― 부분기본소득을 도입하기 위해서는 각각 10-15년과 15-20년의 시간이 필요하며, 여기에 완전기본소득을 실행하기 위해서는 약 20년의 시간이 더 소요될 것으로 예상하고 있다. 현 상태로부터 총 70년의 시간이 지난 먼 미래의 이야기이다.

이행경로의 방향

이 제안을 참고하여 한국에서 기본소득 이행경로의 기본적인 방향을 제시하면 다음과 같다. 우선 생산적 노동을 전제로 하는 현재의 폐쇄적 시민권을 확장할 필요가 있다. 이를 위해 아동, 노인, 장애인은 물론이고 청년층까지 포괄할 수 있는 인구집단별 '사회수당' 혹은 '과도적' 기본소득을 제도화하는 전략을 우선적으로 실행할 필요가 있다. 특히 건강한 노동가능 연령계층을 대상으로 수당의 수급 자격을 확대하는 것이 필수적이다.[2] 이는 사회보험의 사각지대에 존재하는 배제된 시민을 포섭하여 통합적 시민권으로 발전시키기 위한 최소한의 장치이기 때문이다. 이 제안은 2017년 대선에 출마한 다수의 후보가 각종 수당에 대한 도입을 적극적으로 검토하고 있어, 정치적으로 실현가능성은 매우 높은 편이다.[3] 추후 제도의 대상을 확대하고 기본소득 수준을 높이는 과정을 통해 부분기본소득과 완전기본소득으로 발전시킬 수 있다. 점진적 대상의 확대를 통해 급여 수급에 대한 경험과 정치적 지지기반이 축적된다면 실현불가능한 제안도 아니다.

이행경로: 혁명형

앞선 기본소득제 이념형 분석과 연결하여 좀 더 구체적인 이행경로를 제시하면 다음과 같다. 현재 우리나라의 사회보장 체계는 기본소득이나 사회수당 방식의 제도를 운영하고 있지 않아 '기본소득 아님'(⑧ ucs)의 유형에 위치한다. 물론 보육시설을 이용하지 않는 아동을 위한 '양육수당'과 성남시의 '청년배당'이 존재하

---

2 만약 청년수당의 도입이 요원하다면, 범주형 사회부조(예: 실업부조)와 같은 보완적 제도의 실행을 우선적으로 고려해 보는 것도 대안이다.

3 문재인(~5세), 심상정(~11세), 유승민(~18세)이 월 10만 원 수준의 아동수당 도입을 공약했으며, 안철수(하위 80%), 홍준표(하위 50%)는 소득 수준에 따라 대상을 한정하는 사회부조 방식을 선호하였다. 기초연금의 경우 심상정 후보만 모든 노인에게 30만 원의 수당을 약속했으며, 문재인(하위 70% 대상 30만 원), 안철수(하위 50% 대상 30만 원), 유승민(하위 50% 대상 연금액 인상)은 대상의 확대보다 연금액의 인상을 선택하였다. 한편 심상정 후보는 청년 사회상속세(20세 청년에게 1,000만 원 지급)라는 특이한 공약을 제시하였다. 사회적지분급여 방식에 대한 선택은 재정적 부담을 낮추기 위한 일종의 타협책 혹은 차선책일 될 수 있지만, 유사 제도에 대한 경험을 통해 기본소득의 실현가능성을 높일 수 있는 점에서 나쁘지 않은 전략으로 생각된다.

긴 하지만, 두 제도 모두 아주 제한적인 인구집단만을 포괄하고 급여 수준도 낮은 편이어서, 기본소득을 운영하지 않는 국가로 평가해도 별 무리는 없어 보인다.

이 단계에서 한 번에 '완전 기본소득'(① UCS)의 3단계로 전환할 수도 있다. 이러한 이행은 복지체계뿐만 아니라 생산과 분배, 노동과 복지 등의 다양한 영역에서 '혁명'적 변화를 가져올 것이다. 현 시점에서 이러한 '혁명형' 이행경로의 정치적 실현가능성은 매우 낮아 보이며, 선택 자체가 바람직한지에 대해서도 논의할 필요가 있다. 왜냐하면 완전기본소득이 도입되면 현 사회보장 체계가 어떻게 변화해야 하는지에 대한 학술적·정책적 대안 마련이나 다양한 행위자 간 정치적 합의를 위해 일정 기간의 시간이 필요하기 때문이다. 제대로 된 사회수당제도를 운영해 보지 않은 상태에서, 정치, 경제, 사회, 생활영역의 근간을 흔드는 변화를 수용할 수 있을지도 불안한 요소이다. 중앙정부에서 주도하는 기본소득에 관한 다양한 실험과정을 통해 제도적 실현가능성에 대한 검토도 반드시 필요하며, 일반대중의 심리적 수용 가능성을 높이기 위한 노력도 필수적이다. 따라서 다소 점진적 이행경로를 도출하는 것이 합리적인 접근이라고 판단된다.

이행경로: 1단계

1단계의 이행경로는 '보편성 강조형'(⑤ Ucs) 혹은 '무조건성 강조형'(⑥ uCs)으로 구분할 수 있다. 전자는 노동에 대한 의무를 부과하는 낮은 수준의 보편적 참가소득 도입 단계로 이해할 수 있다. 낮은 수준의 급여라도 전 국민을 포괄하기 위해서는 단기간 상당 수준의 예산 급증이 요구될 가능성이 높다. 참가소득은 재정적 부담과 더불어 과연 어느 활동과 범위까지 사회적 공헌으로 인정할지에 대한 기준 설정도 필요하며, 확인monitoring을 위한 별도의 행정적 부담도 존재한다. 후자는 최근 대선에서 활발하게 논의되고 있는 각종 사회수당 혹은 인구집단별 기본소득의 도입을 의미한다. 전통적 복지국가를 선호하는 학자들과 정치권의 지지에 힘입어 '무조건성 강조형'(⑥ uCs)으로의 전환은 큰 무리가 없어 보인다. 다만 아동, 노인, 청년, 장애인 등 전통적 시민권의 범주에서 배제되어 있던 인구집단 중 누구를 먼저 대상으로 할 것인가에 대한 정책적 결정이 필요해 보인다.

가장 시급한 대상으로부터 시작하여 대상 범주를 확대해 나가는 방향이 바람직한 선택일 것이다. 기본소득 도입과 관련한 한 전문가 조사에 따르면, 기본소득이 가장 시급한 인구집단은 '① 등록 장애인 → ② 모든 개인 → ③ 65세 이상 노인 → ④ 18세 미만 아동 → ⑤ 15-29세 청년' 순으로 나타났다(이명현, 2014: 249). 장애인의 권리 확대에 대한 선호가 가장 큰 비중을 차지함에도 불구하고, 정치권의 반응은 큰 차이를 보이고 있다. 유력 대선 후보 중 누구도 장애인 소득보장의 취약성 문제를 제기하고 있지 않으며, 일부 소득계층을 대상으로 한 장애수당의 범위와 수준을 확대하기조차 어려운 실정이다. 최근 가장 심각하게 부상하고 있는 청년문제에 대한 응답도 크게 다르지 않다. 우리 사회에서 노동이 가능한 연령대에 대한 무조건적 급여의 도입은 아직도 요원한 희망 사항일 뿐이다. 결과적으로 사회수당의 우선적 대상은 노인과 아동으로 귀결될 전망이다. 이들 수당은 저출산·고령화 사회의

'신사회위험'new social risks에 대한 적절한 처방과 투자가 될 수 있으며, '중위투표자'median voter를 확보하기 위한 정치적 전략으로 활용 가능하다. 기초연금이 가지는 경로의존적 성격도 무시하기 어려우며, 양육수당과 자녀장려세제CTC를 통합·확대하고 보육서비스의 강화를 통해 아동 양육지원 정책의 동반적 발전을 도모할 수 있다.

이후 생애주기별 위험의 확산에 대한 이해에 기반하여 각종 사회수당의 범주를 청년과 중장년층까지 점진적으로 확대하여야 할 것이다. 연령에 대한 조정을 통해 아동수당, 청년수당, 노인수당의 대상도 점차 확대해야 하며, 노동가능 연령대가 수급범위에 포괄되기 전에는 실업부조와 같은 범주형 사회부조를 통해 보충적 급여를 제공할 필요도 있다. 농민을 위한 참여소득의 도입도 검토해 볼만한 제안이다(박경철, 2016). 이 단계에서 도입하게 되는 각종 수당은 '최저생계비' 혹은 '중위소득의 50%'에 미달하는 낮은 수준이 될 가능성이 높다. 연령별 차등화된 급여를 지급하는 방안도 논의되고 있다. 예를 들면, 아동의 연령 범주에 따라 급여 수준을 다르게 설정하거나, 둘째 아이 혹은 셋째 아이에게 더 높은 수준의 수당을 지급하는 제안이 있다.

이행경로: 1단계 이후

문제는 1단계 이후의 이행경로이다. 크게 '개혁형'과 '온건형'으로 구분할 수 있다. 개혁형은 1단계에서 완전기본소득의 3단계로 바로 도약하는 방안이고, 온건형은 대상과 급여 수준 차원에서 발전단계를 하나 더 추가하는 전략이다. 1단계에서 보편성 강조형

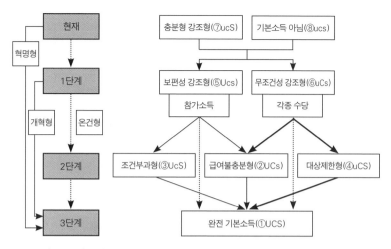

그림 2 기본소득의 이행경로

인 완전 참가소득의 선택은 쉽지 않을 것이라는 가정하에 각종 인구집단별 수당의 도입 경로인 무조건성 강조형 이후 발전과정을 중심으로 논의해 보자. 사회수당의 수급대상과 급여의 수준을 한 번에 전 국민과 충분한 수준(완전 기본소득, ① UCS)으로 확대·발전시키는 '개혁형' 역시 쉽게 선택할 수 있는 옵션은 아닌 것처럼 보인다. 정부 재정규모의 급격한 확장이나 일반대중의 정치적, 심리적 수용 가능성 측면에서 좀 더 단계적인 접근이 바람직해 보인다.

'온건형' 이행경로를 선택해도 다른 갈림길은 존재한다. 각종 수당이 일정 수준 정착된 이후 시점에서, 급여대상과 급여 수준을 확대하는 대신 근로의무를 부과하여 무조건성을 훼손하는 '조건부과형'(③ UcS)으로 후퇴하기는 어려울 것이다. 만약 급격한 경제 위기로 인해 국가 재정상 긴축이나 복지축소가 필요한 상황에 직면해도, 대상과 수준에 대한 직접적인 감축과 하향 조정이 엄격한 수급조건을 제시하는 것보다 합리적인 판단이 될 수 있기 때문이

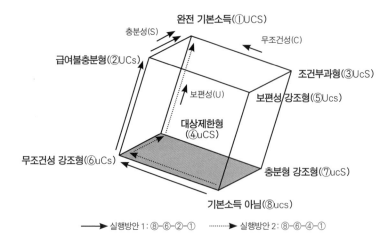

그림 3 온건형 이행경로

다.[4] 따라서 '온건형' 개혁에서 선택할 수 있는 전략적 접근은 '급여불충분형'(② UCs)과 '대상제한형'(④ uCS)으로 한정된다(〈그림 3〉 참고). 전자는 각종 사회수당의 대상을 전국민으로 확대하여 전환적 기본소득으로 운영하고, 추후 급여 수준에 대한 상향 조정의 과정을 거쳐 완전기본소득을 완성하는 제안이다(실행방안 1). 후자는 각종 수당의 급여를 충분하게 제공한 후 대상의 확대를 통해 완전 기본소득으로 전환하는 전략이다(실행방안 2).

이 중 '급여불충분형'(② UCs)의 전환과정을 통해 완전기본소득을 도입하는 계획은 낮은 수준의 급여로 인해 기본소득이 갖는 특징이나 장점이 충분히 발휘되기 어려운 제한점을 갖고 있다. 기본소득 도입을 지지하는 학자들이 제시하는 여러 장점 혹은 정책적 목적들은 충분한 급여가 제공된다는 전제에 기초한 것이다. 예

---

4   그러나 이 역시 정치적 이유로 실행에 옮기기 어려운 대안이다.

를 들면, 노동자가 사용자에게 괜찮은 근로조건을 요구하고 인간의 존엄을 해치는 일자리를 거부할 수 있으려면, 풍요로운 삶을 추구할 만큼 일정 수준 이상의 기본소득이 요구된다. 그럼에도 불구하고 우선적으로 포괄대상을 보편화하는 전략은 장기적 제도의 발전과 확대를 도모하기 위한 하나의 '수단'으로 활용될 수 있다. 복지권에 대한 경험의 확대는 친복지적 정치 세력화로 연결될 수 있으며, 권리 향상을 위한 보편적 납세의 의지를 동반하여 복지(재정) 확대를 위한 선순환 구조를 확립할 수 있기 때문이다. 일반 대중의 심리적 수용 가능성을 확산시켜 정치적 실현가능성을 높이기 위한 전략으로 활용할 수 있는 것이다.

반면 '대상제한형'(④ uCS)은 충분한 급여 지급을 통해 특정 인구집단의 욕구를 충족시킬 수 있다는 점에서 바람직한 결과를 기대할 수 있다. 과거 사회발전에 기여한 노인과 미래 우리 사회의 발전을 책임지게 될 아동에 대한 보상과 투자, 신체적·정신적으로 다른 조건을 가지고 있는 구성원에 대한 권리성 확보 측면에서 정치적 연합의 가능성도 쉽게 가늠할 수 있다. 하지만 다른 집단으로 제도를 확산하는 과정에서 어떤 합리적 설명이 존재할지에 대해서는 마땅한 답을 찾기 어렵다. 〈표 3〉은 2단계 방안들의 내용과 특성을 간략하게 정리한 것이다.

이상적 이행경로

우리나라의 현 시점에서 가장 이상적이라고 생각되는 이행경로를 제시하면 다음과 같다. ① 현 사회보장 체계에 대한 합리적 조정 → ② 실업부조와 같은 새로운 범주형 사회부조의 도입과 국

표 3 온건형 이행경로의 2단계 선택지와 특성

	조건부과형(③ UcS)	급여불충분형(② UCs)	대상제한형(④ uCS)
급여대상	전 국민	전 국민	특정 인구집단
급여수준	충분한 수준	낮은 수준	충분한 수준
조건부과	근로참여	조건 없음	조건 없음
특징	참가소득	전환적 기본소득	부분기본소득
단점	의무 이행 관리	낮은 급여수준	사각지대

민기초생활보장제도의 생계급여 확대 → ③ 아동, 노인, 장애인을 위한 (제한적 수준의) 각종 사회수당 구축 → ④ (근로가능 연령대인) 청년을 위한 사회수당 도입 → ⑤ 참여소득의 일환으로 농민 대상 사회수당 실행 → ⑥ 각종 인구집단별 수당(아동, 청년, 노인)의 연령 확대 → ⑦ 각종 사회수당을 통합하여 낮은 수준의 전환적 기본소득 운영 → ⑧ 기본소득의 수준을 상향 조정하여 완전기본소득 완성 등이다.

물론 모든 이행과정에서 다양한 정책적 평가를 통해 해당 제도가 가지는 정책적 우수성과 효과성을 입증할 필요가 있다. 앞서 언급했지만, 사회보장제도뿐 아니라 노동시장, 교육 등 다양한 제도와의 정합성이나 제도적 상호보완성에 대한 고민도 필요하다. 기본소득이 우리 사회의 모든 문제를 해결할 수 있는 '만병통치약' 이 아니기 때문이다. 어느 정도 수준의 보편성과 충분성, 무조건성을 가진 기본소득이 고려되느냐에 따라, 노동시간 단축, 최저임금 인상 등의 수준도 상호보완적으로 검토될 필요가 있다. 돌봄, 장애인, 건강 등에 대한 사회서비스는 동시적 확대·발전도 요구된다.

14 청년기본소득

우리가 제안하는 완전기본소득제를 도입하기 위한 이행경로는 앞 장에서 설명한 것과 같이 다양할 수 있다. 기본소득 이행과정에서 제안된 정책안들은 기본소득의 중요한 속성들을 단계적으로 확대하는 과정으로서 의미가 크다. 특히 이 장에서 다룰 청년기본소득은 무조건성 원칙의 실현이라는 측면에서 의미가 크다. 기존의 사회보장제도는 욕구가 확인된 시민들을 대상으로 한다. 빈민, 아동, 노인, 장애인, 실업자 등이 그 범주에 해당한다. 그동안 청년들은 노동시장에서 스스로의 힘으로 생존할 수 있는 존재로 간주되어 왔다. 기존 사회보장제도가 생산적 노동을 전제로 하고 있기 때문에 청년들은 항상 사회적 보호의 외곽에 머물러 있었다.

청년기본소득은 이들 청년들에게 무조건적으로 일정 수준의 현금을 지급하자는 제안이다. 따라서 이 제안은 기존 사회보장제도가 가지고 있는 노동 중심적 시민권을 확장하는 의미를 가진다.

일할 능력이 있는 청년들에게 기본소득을 지급함으로써 호혜성 원리를 확장하는 계기가 될 수도 있다. 청년기본소득제는 완전기본소득제 도입을 위한 이행경로에서 중요한 분기점을 넘게 되는 것을 의미한다. 또한 우리 사회의 청년들에게 기본소득을 지급하는 것은 한국사회가 직면하고 있는 청년세대의 소득불안정 문제를 해결하는 대안이 될 수 있다.

본 장에서는 우리나라 청년의 불안정성에 대한 경험적 자료를 근거로 청년기본소득의 수준을 산출해 보고, 완전기본소득제의 단계적 실현방안으로 청년기본소득제를 제안한다. 이를 위해, 먼저 청년들의 소비 실태를 근거로 하여 청년들의 생활비용 수준을 분석할 것이다. 우리나라 청년들이 실질적으로 생활하는 데 있어 어느 정도의 '기본'소득이 필요한지를 산정하기 위해 필요하기 때문이다. 생활비용 산출을 위해 통계청의 「가계동향조사」 2014년 원자료를 활용한다. 청년들의 가계 지출 및 소비지출을 바탕으로 '생활비용' 수준을 파악하고, 청년의 적정소득 수준을 산출하여 실현 가능한 청년대상 소득보장정책으로 청년기본소득을 제안한다. 나아가 이것이 완전기본소득 도입에 가지는 함의를 설명할 것이다.

1. 청년 불안정 노동시장과 정책적 접근

전 세계적으로 청년들의 문제는 청년이라는 '세대'의 문제와 '불안정한 삶'의 문제가 중첩적으로 나타나면서 급부상하고 있다 (Dörre, 2010: 52-69; 곽노완, 2013에서 재인용). 특히 우리나라는 대학 진학률이 OECD 국가들 중 최고 수준이 이르지만, 비정규직과 불안정노동자의 비율은 상당히 높은 편으로, 고등교육을 받고도 좋은 일자리의 전망을 상실한 청년세대의 절망이 세계적으로도 유례없이 빠르게 진행되고 있다. 한국 청년들의 문제는 이들이 고학력임에도 불구하고 잠재실업, 장기실업 그리고 비정규직 등 불안정 노동자 지위를 전전하거나, 니트, 히키코모리 등 노동시장을 떠나는 선택을 하는 경우가 늘고 있다는 사실에 있다. 청년들의 이러한 선택은 비단 청년의 문제로만 끝나지 않는다. 청년의 불안정한 삶은 노후의 불안정한 삶과도 직결될 뿐 아니라, 한국 자본주의 복지국가의 지속가능성에도 중요한 영향을 미친다.

그렇다면 청년들의 삶의 불안정성은 구체적으로 어떠한가? 청년들의 전반적인 노동시장 참여현황을 보면, 경제활동참가율은 2000년 이후 지속적으로 감소하는 추세를 보이고 있다. 2000년 47.2%에서 2015년 45.7% 수준으로 절반 이상의 청년들이 경제활동에 참가하고 있지 않다. 고용률도 2015년 현재 41.5%에 불과하다. 2015년 청년실업률은 9.2%로 1999년 공식 통계 집계 이후로 가장 높았으며, 청년니트 비율은 18.5%로 OECD 평균 15.4%를 상회하였다(이병희, 2015). 한국비정규노동센터의 조사에 의하면, 취업준비자, 구직 단념자 등을 포함한 청년 실질 실업률은 2014년 청년 공식 실업률 10.2%의 세 배보다 많은 30.9%에 달한다(한국비정규노동센터, 2015). 또한 정규직에 종사하고 있는 청년층의 수는 감소한 반면에 비정규직에 종사하는 청년층의 수는 오히려 증가하고 있다. 다른 연령층에서는 비정규직 비율이 감소하고 있다는 점과 비교해 볼 때, 청년층이 특히 다른 연령층에 비해 불안정한 노동시장 지위에 집중되어 있다는 것을 알 수 있다.

청년층의 월 임금 수준도 상대적으로 낮다. 중위 임금의 2/3미만을 받는 청년층 저임금근로자의 비중은 2015년 30% 수준으로 60세 이상의 노인층을 제외하면 가장 높은 수준이다. 다른 연령층의 저임금 비중이 지난 5년간 감소했음에도 불구하고 청년층의 저임금 비중은 제자리 걸음을 하고 있다(정준영, 2015). 고용형태별 월 급여액의 현황을 살펴보면, 29세 청년층 정규근로자의 월평균 급여액은 2010년 170만 원에서 2014년 203만 원으로 33만 원이 증가하였다. 비정규직 근로자의 월평균 급여액 또한 2010년 99만 원에서 2014년 104만 원으로 5만 원 증가하였다. 하지만 정규직 근로자의 급여 증가율에 비하여 비정규직 근로자의 월평균 급여는 아주 작은 폭으로 상승되었다. 현재 청년층의 고용형태에서 정규직보다는 비정규직 비율이 증가하고 있는 추세를 감안하면, 근로소득에서 세대 간의 격차는 더 심각해질 것이라 볼 수 있다.

사회보험 가입률의 경우 다른 연령층에서는 2013년 이후로 지속적으로 증가해 왔다. 그러나 15-29세 청년층의 사회보험 가입률은 등락을 반복하거나 정체되어 있다.

청년노동시장의 불안정성에 대한 관심이 집중되면서 청년 대상의 고용 및 복지정책들에 대한 논의도 활성화되고 있다. 지금까지는 주로 청년의 고용활성화에 정책들이 집중되어 있었다. 그러나 기존의 고용중심적 접근만으로는 청년들의 소득 불안정성 문제를 해결하기 어렵다. '고용 없는 성장'이 고착화되고 있는 현실에서 고용중심적 청년정책은 우리 사회의 미래 성장동력으로서 청년들이 제대로 성장할 수 있는 발판을 마련하기 보다는 저임금이 고착화된 노동시장에서 청년들이 지속적으로 머무르게 하거나, 노동시장을 완전히 떠나는 선택을 하게 할 가능성이 높기 때문이다.

이러한 맥락에서 최근에는 성남시와 서울시에서 청년대상의 현금급여 성격을 가진 청년배당 또는 청년수당에 대한 정책들이 시행되었다. 물론 성남시의 청년배당은 만 24세 청년만을 대상으로 상품권을 지급하는 제도이고, 서울시의 청년수당은 만 19-29세의 청년을 대상으로 자산조사 등이 수반되는 정량평가 등이 포함되어 있어 전형적인 기본소득의 성격에서 조금 벗어나 있다. 그럼에도 불구하고 청년을 대상으로 한 청년배당 및 청년수당에 대한 정책논의 그리고 정책 실행은 우리 사회에서 기본소득 논의가 본격화되는 데 기여했다는 점에서 주목할 만하다. 그러나 이들 정책들은 왜, 어느 정도 수준의 청년기본소득을 지급해야하는지에 대해서는 구체적인 근거를 설정하고 있지 않다. 청년정책의 정착과 발전을 위해서 이들에 대한 구체적인 분석이 이루어질 필요가 있다.

2. 청년들의 생활비용과 청년기본소득의 수준

청년의 생활비용 분석 방법

어느 정도의 기본소득이 적절한지에 대한 판단은 예산의 제약을 고려한 정치적 결정도 중요하지만, 과학적 근거에 의한 기본소득 수준의 산출 또한 중요하다. 소득은 소비를 위한 자원이기 때문에, 기본소득의 과학적 근거는 소비를 위한 생활비용의 측정에서 출발할 필요가 있다. 생활비용의 측정은 주로 두 가지 방식이 활용된다. 하나는 최소한의 문화적 생활에 필요한 구성 항목들을 이론적으로 도출하고, 이 항목들의 시장가격을 측정하는 방식이고, 다른 하나는 중위소득을 측정하여 활용하는 방식이다.

「국민기초생활보장법」의 2015년 12월 개정은 수급자 선정 기준을 최저생계비 계측에 의한 전자의 방식으로부터 중위소득에 의한 후자의 방식으로 변경한 사례이다. 또한 현재 최저임금위원회에서 최저임금 심의를 위해 매년 제출하는 '미혼 단신근로자 생계비'는 실태 계측 방식으로 도출된다. 두 방식은 각기 다른 장단점을 가지고 있으나, 후자는 실태를 반영하여 도출된 결과이며, 실제 생활비용에 비춰 평가받는다는 점에서 주목할 만하다. 결국 청년기본소득 수준의 과학적 결정은 청년들의 일반적인 소비 실태를 파악하는 것에서 출발할 필요가 있다.

소비 실태를 파악할 수 있는 대표적인 자료는 통계청의 「가계동향조사」이다. 본 장에서는 통계청의 「가계동향조사」 2014년 원자료를 활용하여 19-29세 청년들의 현재 '생활비용' 수준을 파악함으로써 청년들의 기본소득 수준 결정을 위한 기초 자료로 사용한다. 여기에는 몇 가지 고려 사항들이 있다. 첫째, 청년이 속한 가구규모와 형태에 따라 생활비용은 달라진다는 점이다. 청년이 가구주인 1인 독립 가구인지 또는 부모와 함께 거주하는 2세대 가구인지, 가구 규모가 동일하더라도 양부모 가구인지 청년 가구원 수가 더 많은 한 부모 가구인지에 따라 생활비용은 다르다. 둘째, 주거형태에 따라 경상적인 소비지출액의 차이가 발생한다. 월세 생활자의 생활비용은 임대료 지출이 발생하지 않는 주거형태라면 발생하지 않았을 고정비용으로, 소비에 있어서 제약을 받게 된다. 셋째, 소득의 유무와 규모는 생활비용과 상관관계를 갖는다. 즉, 소득이 없거나 적을 때 생활자는 그만큼 '허리띠를 졸라맨다.' 이는 가구 내에 취업자가 몇 명이고 취업자의 일자리 지위가 소비 수준에 영향을 끼친다는 점 외에도 거시적으로 소득이 위축된 시기에 소비 또한 위축되어 나타난다는 점을 함의한다. 〈표 1〉은 이러한 세 가지 고려 사항에 관한 일반 통계량을 제시한 것이다.

연령대별 생활비용의 차이와 원인

가구원 수와 가계지출의 상관관계는 소득의 제약으로 인해 단순한 선형관계로 나타나지 않는다. 〈표 1〉에서 주거 형태별로 살펴보면 경상소득과 가계지출 역시 단순한 형태의 상관관계로 보이지 않는다. 보증부 월세 생활자는 영구임대 생활자에 비해 평균 경상소득이 더 낮지만 가계지출액은 더 높으며, 전세 생활자보다 평균 가계지출액은 약 50만 원 적지만 평균 경상소득액의 차이는 85만 원 이상이다. 가구주의 일자리 지위는 경상소득 수준을 크게 좌우한다. 이와 같이 생활비용 수준은 여러 요인들에 의해 복합적으로 결정된다. 그러므로 이상의 요인들에 의한 대상의 한정은 파악하고자 하는 소비 실태의 종류와 긴밀히 연관된다. 본 장은 자신의 소득 활동으로 자립하는 청년의 생활비용 규모 추정을 목표로, 보증부 월세 생활을 하는 1인 가구 임금근로자로 대상을 한정한다.[1]

---

[1] 전체 청년 인구에서 1인 가구를 이루고 있는 청년의 비중은 적다. 그러나 청년이 가구원

표 1 월간 경상소득 및 가계지출액 평균

가구원수	빈도 (비중, %)	경상소득 (원)	가계지출 (원)	19-24세		25-29세	
				수	비중(%)	수	비중(%)
1	3,801,374 (22.28)	1,472,286	1,319,201	63,243	2.85	163,929	8.54
2	4,143,657 (24.29)	2,981,465	2,397,369	177,971	8.03	357,665	18.64
3	3,662,667 (21.47)	4,315,789	3,364,505	625,688	28.24	653,753	34.07
4	4,287,568 (25.13)	4,871,295	4,029,145	986,995	44.55	552,415	28.79
5	966,984 (5.67)	5,253,227	4,309,902	285,900	12.90	141,506	7.37
6	164,995 (0.97)	4,510,876	3,823,813	59,264	2.67	34,532	1.80
7	23,495 (0.14)	5,003,357	4,056,669	16,419	0.74	5,675	0.30
8	9,897 (0.06)	8,185,352	6,223,842	0	0	8,494	0.44
9	885 (0.01)	6,888,449	7,890,697	0	0	885	0.05
전체	17,061,523 (100)	3,556,125	2,901,814	2,215,481	100	1,918,853	100

주거 형태	비중(%)	경상소득 (원)	가계지출 (원)	월세평가액 (천원)	가구주 일자리 지위	경상소득 (원)	가계지출 (원)
자가	63.22	3,799,248	3,107,700	958	비취업	1,534,876	1,543,026
무상 주택	4.09	2,574,357	2,342,076	610	임금근로 (상용)	4,797,177	3,816,846
사택	0.56	4,824,367	3,862,875	538	임금근로 (임시일용)	2,583,068	2,082,013
전세	16.73	3,585,041	2,788,358	936	고용주	4,974,525	4,093,839
영구 임대	1.73	2,908,694	2,225,305	353	자영자	3,480,452	2,716,058
보증부월세	13.67	2,720,381	2,302,283	587	무급가족 종사자	4,804,510	2,983,928

주 1: 모든 수치는 가중치를 부여한 것이다.
주 2: 월세평가액은 가구의 실제 점유 면적을 월세로 거주한다고 가정할 때의 금액으로, 시세를 반영하여 산정했다.

19-24세, 25-29세 및 전 연령 구간의 평균 근로소득과 세부 항목별 지출액 등을 나타낸 〈표 2〉에서 보듯이, 19-24세의 평균적인 가계지출과 소비지출의 규모는 각각 근로소득의 115%와 105%로 부채나 이전소득 없이 충족할 수 없다. 이 연령대에서 소비지출액은 상대적으로 높은 편이지만 근로소득이 현저하게 낮기 때문이다. 25-29세의 평균 근로소득은 19-24세에 비해 거의 두 배 높지만 소비지출은 10만 원 정도밖에 높지 않다. 대부분 소비항목에서 근로소득이 높은 이 연령대의 지출이 높게 나타나지만 주거 및 수도광열비에 대한 지출은 19-24세 연령구간에서 더 높다. 물론 연령을 불문하고 12개 소비항목 중 주거 및 수도광열비가 가장 큰 비중을 차지하고 있다. 그러나 월세평가액을 산출하면 전 연령 평균 약 46만 원, 19-24세는 36만 원, 25-29세는 48만 원이므로, 19-24세의 상대적으로 높은 주거비 지출액은 주거에 대한 높은 소비성향 때문이 아니라 자산이 없다는 데에서 기인하는 것으로 볼 수 있다. 월세 평가액과 실제 주거비의 차이가 없기 때문이다.

청년의 자구를 위한 적정기본소득 수준 산출

자산이 없는 청년이 자신의 근로소득으로 자구하기는 현실적으로 쉽지 않다. 예를 들어 2014년에 최저임금(5,210원)을 주는 일자리에 취업하여 주 40시간 전일제로 일했다면 받았을 월 급여는 약 109만 원이다.[2] 그러나 평균적인 가계지출은 약 152만 원으로,

---

으로 속해 있을 때 개별 생활비용을 분리하는 것이 불가능하다는 이유 외에도, 청년의 자구自救에 드는 최소 비용 산출을 목표로 하므로 대상을 한정했다.
2 주휴수당의 지불은 근로기준법에서 정하고 있는 권리임에도 불구하고 종종 위반되며 최

표 2 연령대별 평균 지출액

(단위: 원; %)

연령대	19-24	25-29	전 연령
근로소득	1,319,669	2,679,696	1,906,606
가계지출	1,516,421	1,903,486	1,526,765
소비지출	1,384,845	1,488,285	1,150,611
식료품 및 비주류음료	72,886(5.26)	92,695(6.23)	120,969(10.51)
주류 및 담배	20,096(1.45)	27,718(1.86)	32,653(2.84)
의류 및 신발	118,815(8.58)	130,887(8.79)	73,322(6.37)
주거 및 수도광열	358,299(25.87)	278,726(18.73)	291,587(25.34)
가정용품 및 가사서비스	10,371(0.75)	18,013(1.21)	18,136(1.58)
보건	31,136(2.25)	99,327(6.67)	59,122(5.14)
교통	247,426(17.87)	265,277(17.82)	128,367(11.16)
통신	51,997(3.75)	78,568(5.28)	64,137(5.57)
오락문화	47,674(3.44)	87,589(5.89)	56,805(4.94)
교육	1,403(0.10)	4,064(0.27)	2,470(0.21)
음식숙박	311,017(22.46)	299,350(20.11)	227,525(19.77)
기타 상품 및 서비스	113,725(8.21)	106,072(7.13)	75,518(6.56)
비소비지출	131,576(9.50)	415,200(27.90)	376,154(32.69)

주: 괄호 안은 소비지출 총액 대비 비율(%)

전일제 최저임금 일자리의 월 급여로는 가계지출의 72% 정도만을 충족할 수 있다. 역으로 전일제로 일하며 가계지출과 소비지출액

저임금 미만의 급여를 최저임금 이상으로 구분하게 하는 통계적 착시를 일으킨다. 주휴 수당을 지급받지 못한 경우 주 40시간 전일제 최저임금 일자리의 월 급여는 905,548원으로 크게 낮아진다.

을 충족하는 시간당 임금을 계산하려면 (식 1)에 대입하면 된다. h 는 시간당 환산액, m은 월 지출액이다. 주 5일간 40시간 일했다면 8시간의 유급주휴를 포함하여 48시간에 대한 시간당 임금을 받게 된다.

$$\textbf{식 1 }\ h = \frac{m}{(40+8) \times (365 \div 7 \div 12)}$$

〈그림 1〉은 (식 1)을 활용하여 연령구간별 평균 가계지출과 소비지출을 충족하는 시간당 임금을 그래프로 나타낸 것이다. 독립생활자가 자신의 가계지출 및 소비지출을 충족할 수 있는 수준의 시간당 임금을 '적정생활임금'이라고 한다면 2014년 현재 최저임금은 적정생활임금에 크게 미달한다. 19-24세 청년이 가계지출 또는 소비지출을 충족하려면 각각 최저임금(5,210원)의 약 127%인 6,640원과 약 140%인 7,217원 이상의 높은 임금을 받는 일자리를 가지고 있어야 한다.

그러나 최저임금 영향률[3]은 25세 미만에서 16.1%로 다른 연령대와 비교해 가장 높고, 최저임금 미달자 비율도 28.1%로 55세 이상(29.5%) 다음으로 높다(김유선, 2015). 즉, 우리 사회의 청년들이 맞닥뜨린 노동시장 조건에서 청년들은 독립적 생활을 영위하기 쉽지 않다. 노동시장에서 청년들이 좋은 일자리를 얻기 위해서는 상당한 시간 투자가 요구되지만, 자신의 근로소득으로 생활비용을

---

3 최저임금 수혜자는 최저임금의 90-110%를 받는 노동자로 정의되며, 최저임금 영향률은 전체 노동자 대비 최저임금 수혜자의 비율로 정의된다(ILO, 2013). 최저임금 영향률은 예측치이며, 확정치인 최저임금 미만율과는 일정한 괴리가 있다(최저임금위원회, 2017).

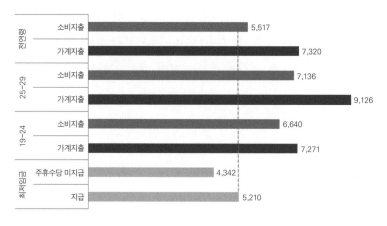

(단위: 원)

그림 1 시간당 임금으로 환산한 가계지출과 소비지출

감당할 수 없는 상태에서 그러한 투자는 요원하다. 더 높은 근로소득을 확보하려면 장시간의 노동 또는 부업을 해야 하기 때문이다. 이러한 상황에서 부모에게 의존하는 기간을 지연하여 독립을 미루거나 포기하는 청년들의 선택은 완전히 불합리한 것은 아닌지도 모른다. 따라서 청년기본소득은 부채 없이 생활을 감당할 수 있는 자구 수준으로부터 출발하여야 한다. 구체적인 청년기본소득 정책구상은 다음과 같다.

3. 청년기본소득의 정책구상

기본소득은 무조건적 기본소득과 수정형 기본소득으로 구분할 수 있다(이명현, 2006). 무조건적 기본소득이 인구학적 구분이나 근로 여부 등에 대한 어떤 조건도 부과하지 않는 완전기본소득이라면, 수정형 기본소득은 생애주기에 따른 자격 부여, 급여 수준, 사회활동 참여 등의 조건을 부과한다는 측면에서 완전기본소득과 다르다(김교성, 2009; 백승호, 2010). 수정형 기본소득은 첫째, 청년기본소득, 노인기본소득과 같이 특정 생애주기를 대상으로 하는 일시적 기본소득(Offe, 1997), 둘째, 기본소득 급여수준 결정시 국가 재정수준을 고려하여 사회부조 수준보다 약간 낮게 지급하는 부분기본 소득(Van Parijs, 2010), 셋째, 유급 노동뿐 아니라 돌봄, 학업 등 사회적으로 유용한 활동에의 참여에 대한 보상으로서의 참여소득(Atkinson, 1996)으로 구분할 수 있다. 청년기본소득은 일시적 기본소득에 해당하지만, 급여 수준에서는 부분기본소득과 결합하여 설계될 수도 있고, 사회적 활동을 전제한 참여소득과 결합하여 설계될 수도 있다.

먼저 기본소득 모형과 관련해서 두 가지의 청년기본소득이 고려될 수 있다. 하나는 19-24세의 청년에게 적정생활소득 수준의 기본소득을 무조건적으로 지급하는 방식이다. 이는 청년들의 사회적 참여 및 기여, 그리고 미래의 기여에 대해 기본소득을 지급하는 것이다. 앞서 분석한 결과에 따라, 현재 한국의 19-24세의 소비지출로 계산된 월 1,384,845원의 생활비용 전액을 기본소득으로 지급하는 안이다. 이 경우, 2014년 경제활동조사 자료로 해당 연령 인구가 3,605,100명이었으므로 월간 약 5조 5,000억, 연간 예산은 65조 6,000억 원 이상이 예상된다.

또 하나는 이보다 현실적으로 제안될 수 있는 부분기본소득이다. 부분기본소득의 계산은 앞서 계산한, 19-24세 청년의 평균소비지출액으로 측정된 적정생활소득 수준인 월 1,384,845원과 최저임금(시간당 5,210원)으로 계산된 월 최저소득인 월 1,086,657원의 차액인 298,188원에 해당되는 금액을 19-24세의 청년에게 무조건적으로 지급하는 것이다. 즉, 우리나라의 19-24세의 청년들에게 일시 기본소득으로 정액인 약 30만 원을 청년기본소득으로 지급하는 것이다.

이러한 청년 부분기본소득 모형과 관련해서 몇 가지 논란의 여지가 존재한다. 이 중 가장 논란이 예상되는 것이 재원 마련의 문제이기 때문에, 이 절에서는 재원 관련 문제만 간략하게 언급하고자 한다.

정부 예산 측면에서 살펴보면, 2014년 기초연금 소요 예산이 연간 5조 2,000억 원 정도인데, 앞서 설명한 방식의 부분기본소득 30만 원가량을 19-24세의 모든 청년에게 지급할 경우, 그 예산은 연간 12조 9,000억 원으로 기초연금 예산의 2.5배에 해당된다. 따라서 노인, 청년, 여성 등 정책의 우선순위 문제는 차치하고라도, 청년 부분기본소득의 소요재원을 어떻게 마련할지에 대한 논란의 여지가 있을 수 있다.

그동안 한국에서 기본소득의 재정모형은 강남훈·곽노완·이수봉(2009)에서 제안된 이후 강남훈(2010; 2015), 하승수(2015) 등에서 다양하게 논의되어 왔다. 최근의 기본소득 재정모형들은 본 장의 청년 부분기본소득에서 제안되는 것과 비슷하게 국가재정 여력을 고려하여 1인당 매월 30-40만 원을 지급하는 낮은 수준의 부분기본소득을 지급하는 방안을 전제로 설계되고 있다. 이들은 증세를 기본적으로 전제하고 있으며, 생태세, 토지세, 금융소득 등 불로소득 종합과세, 법인세 및 소득세 인상 등을 제안하고 있다. 강남훈(2015)은 모든 개인에게 월 30만 원을 지급할 경우 소요예산액을 158조로 추산하고 있으며, 앞서 제안한 증세 및 세원발굴을 통해 163조의 재정마련이 가능함을 보여주고 있다. 기본소득을 고려하고 있지는 않지만, 홍순탁(2016)은 소득세 등의 공평과세와 법인세, 소득세 등에 20%를 부과하는 사회복지세 등의 복지증세를 통해 55.5조에서 69.5조의 추가 세수확보가 가능함을 제시하고 있다.

특히, 현재 매년 약 15조 원의 예산이 일자리 창출 사업에, 약 5조 원이 청년일자리 정책에 지출되고 있다는 것을 참고하면, 본 장에서 제안되고 있는 청년기본소득의 소요예산 약 13조 원은 현재 제안되고 있는 재정모형에서 고려해 볼 때 재원조달이 충분히 가능할 것으로 판단된다. 물론 추가 세수확보를 청년기본소득에 투입할 것인지 다른 사회복지정책에 투입할 것인지의 우선순위에 대한 문제제기가 가능할 수 있다. 그러나 한국 복지국가의 발전과정에서 노동가능인구에 대한 공공 사회복지지출보다는 상대적으로 노인에 대한 복지지출 수준이 높았다는 점(백승호·안상훈, 2007), 청년세대의 불안정성 문제는 비단 청년세대에서 머물지 않고, 노후의 생활불안정으로 이어지기 때문에 중요하며, 세수 확보 등 복지국가의 장기적인 지속가능성을 위해서도 매우 중요하다는 점을 고려한다면 추가재원을 청년들이 불안정한 삶의 악순환을 벗어나도록 우선적으로 고려하는 것도 필요하다고 판단된다.

4. 청년기본소득의 정책적 함의

완전기본소득을 도입하는 단계에 있어, 청년기본소득제의 도입이 가지는 의미가 크다. 기존의 사회보장제도는 노동시장에서 생산적 노동을 전제로 한 재분배 기능을 담당하였다. 그러나 표준적 고용관계가 해체되고 기존의 제도와 근로기준법에서는 보호받기 어려운 다양한 고용관계가 청년층을 중심으로 확산되고 있기 때문에 청년기본소득의 도입은 또한 현실적으로도 필요하다. 이를 위해 본 장에서는 통계청의 「가계동향조사」 2014년 원 자료를 활용하여, 청년들의 현재 가계 지출 및 소비지출을 바탕으로 '생활비용' 수준을 파악하고, 청년의 적정소득 수준을 산출해 보았다. 또한 불안정노동시장에 집중되어 있는 청년의 현황, 특히 19-24세의 청년들의 근로소득과 가계지출 간의 차액 분석을 통해 이들 대상의 적정 기본소득 수준을 제안하였다.

앞서 간략하게 언급하였지만, 청년 부분기본소득 제안과 관련하여 다양한 논란이 있을 수 있다. 첫째, 정책 우선순위의 문제이다. 복지국가가 제대로 갖추어지지 않은 한국 사회에서 특히, 청년보다는 노인, 여성, 장애인 등 사회적 취약계층에 대한 복지지원이 우선되어야 한다는 주장이 있을 수 있다. 그러나 앞서 지적하였듯이 '88만원세대, 3포세대, 7포세대' 등으로 대표되는 청년들의 불안정한 삶의 악순환은 노후의 생활불안정으로까지 이어지고, 이것이 미래 복지국가의 지속가능성에 부정적인 영향을 미친다면 보다 적극적으로 청년을 위한 정책에 투자가 필요가 있다. 청년은 다른 취약계층보다 사회적 공공재로서의 성격이 더 강할 수 있다. 또한 국제적으로 비교했을 때도 유례없는 높은 학력에 높은 비정규직 비율은 현재 우리나라가 청년노동시장과 소득보장에 보다 본격적으로 관심을 가져야 할 필요성을 시사한다.

두 번째는 보다 근본적인 문제로서 노동시장 정책, 과도한 사교육 등 교육제도의 문제 등을 우선적으로 해결하지 않고 청년기본소득만으로 청년들의 삶의 안정성이 확보될 수 있느냐는 지적이다. 물론 기본소득만으로 모든 문제를 해결할 수 없다. 따라서 기본소득과 함께, 노동시장 정책, 교육 정책, 조세 정책, 직업훈련 정책 등에서 근본적인 개혁이 동시에 진행되는 것은 필수적이다.

결론적으로 본 장은 청년에 대한 실증자료를 바탕으로 한 분석과 구체적인 정책설계에 대한 논의를 통해 청년기본소득 정책이 현실적으로 도입될 가능성에 대해 논해보았다. 불안정 노동시장과 고용 없는 성장, 확대되는 우리 사회의 불평등을 고려하였을 때, 기존의 투입 대비 산출이라는 효율성을 추구하는 '투자'의 원리가 아닌, 시민으로서 청년이 가지는 기본적인 권리를 국가가 책임지는 '보장'의 원리로 나아가야 할 필요가 있다. 또한 청년 노동시장을 중심으로 다변화되고 있는 고용관계 및 청년층의 사회보험 미가입률을 고려한다면, 기존의 사회보장제도가 가지는 한계에 대해 보다 적극적으로 논의할 필요가 있다. 청년 불안정 노동시장과 청년들의 소득불안정성은 이제 우리 사회가 새로운 복지정책의 설계를 구상할 때라는 것을 반증한다.

15 | 기본소득의 실현가능성

기본소득은 오랫동안 '이념체계'로서 논의되어 왔지만 최근 들어 다양한 형태의 분화된 '정책'으로 구상되고 있다. 최근 한국 사회에서도 기본소득이 하나의 대항담론에서 현실적으로 도입해 볼만한 제도로서 인식되고 있다. 획기적이지만 '실현불가능한 정책' 혹은 '몽상가적 이상향' 정도로 취급받던 5-6년 전과 비교해 보았을 때 상전벽해桑田碧海다. 변화의 배경에는 스위스와 핀란드와 같은 서구의 실험들, 4차 산업혁명과 고용 없는 성장에 대한 위기 담론, 국내 성남시의 청년배당과 같은 지방정부의 실험, 유력 대선 경선 후보의 유사 공약 등이 있다. 2017년 대선에서 정치적 어젠다로 부상한 기본소득은 하나의 정책으로서 '가시성'visibility이 확연히 증폭되었으며, 학계의 울타리를 넘어 사회적 차원으로 논의가 확장되었다.

기본소득의 실현가능성은 크게 '재정적 실현가능성'과 '정치적 실현가능성'으로 구분할 수 있다. 이 두 가지 실현가능성은 서로 영향을 주고받으며 밀접한 관계를 맺고 있다. 기본소득의 급여 수준을 결정하는 가장 큰 요인으로 재정적 실현가능성이 간주되기도 하지만, 재정적 실현가능성은 제도의 안정성과 지속성을 위해 '증세'에 동의할 정치인과 투표자(일반대중)를 확보하는 등의 정치적 실현가능성이 담보되어야 하기 때문이다.

따라서 두 가지 실현가능성은 함께 고려되어야 하며, 본 장에서는 토리(Torry, 2016)의 재정적 실현가능성에 대한 분석틀과 위스펠라에레와 노게이라(De Wispelaere and Noguera, 2012)의 정치적 실현가능성에 대한 분석틀을 사용하여 각 실현가능성을 분석하고자 한다. 세부 연구 질문은 다음과 같다. 우리나라에서 기본소득을 도입한다고 가정할 때, '재원충당은 가능한가?', '주요 정치적 행위자는 누구이며, 이들의 연합은 가능한가?', '정부의 행정적 실행력은 충분하며, 기존 제도와의 정합성은 확보될 수 있는가?', '일반대중의 행태적 변화는 없을까?'이다. 이러한 노력은 기본소득의 실행에 대한 당위론적 주장을 넘어, 다양한 차원의 구체적 분석과정을 통해 실질적이고 지속가능한 실행방안을 모색하기 위한 기초 작업의 일환이다.

1. 분석틀

기본소득의 실현가능성은 '재정적 실현가능성'financial feasibility과 '정치적 실현가능성'political feasibility으로 구분할 수 있다.[1] 두 영

I   관련된 논의는 위스펠라에레라와 노게이라(De Wispelaere and Noguera, 2012)로부터

역이 상호 영향을 주고받기 때문에, 균형적 관점을 견지하여 모두를 검토하는 입장을 취할 것이다. 재정적 실현가능성은 한 사회가 기본소득에 대한 지불여력이 있는지에 대한 질문이다. 기본소득의 수준과 밀접한 관련이 있으며, '얼마나 많은 예산이 필요하고 어떻게 획득할 수 있는지'의 이슈이다(Torry, 2016: 39-40). 재정적 실현가능성을 향상시킬 수 있는 방법은 크게 세 가지로 구분할 수 있다.

첫째, 기존 사회보장 체계의 일부를 대체하여 재원을 마련하는 방법이다. 사회부조형 급여의 일부를 축소하거나 삭제하고, 세금공제의 범위와 수준을 완화하여 재원을 마련한다. 둘째, 소득세와 소비세와 같은 조세체계에 대한 변화를 통해 필요한 재원을 충당할 수도 있다. 기존 체계에서 세율을 높이거나 면세점에 대한 조정, 목적세에 대한 신설 등을 통해 추가적인 재원을 마련한다. 기본소득을 통해 개인의 소비능력이 증가하게 되면, 소비세에 대한 인상도 가능할 수 있다. 셋째, 금융거래세, 토지세, 통화창출, 자연자원 배당natural dividend, 간접적 보조금 기금 등의 다른 재원을 신설하거나 활용하는 방법도 고려해 볼 수 있다(Torry, 2016: 41).[2]

시작되었으며, 최근 확장된 분석틀에 기초하여 영국의 사례를 분석한 토리(Torry, 2016)의 연구가 있다. 두 연구의 분석틀에 기초하여 절의 주요 내용을 구성했다.

2 정부의 입장을 넘어 '가구의 재정적 실현가능성'household financial feasibility까지 고려해야 한다는 지적도 있다. 기본소득이 '개별 가구에게 수용할 수 없는 소득의 손실을 부과하지 않으면서 실행될 수 있는지 여부'와 관련된 문제다. 기본소득이 제공되면 일부 시민의 경우 더 많은 세금을 납부하거나 기존의 복지급여가 삭감되어, 추가비용이 발생하거나 재정적 손실을 경험할 수 있다. 따라서 실행 이후 계층 간 차이를 중심으로, 개별 가구가 가질 수 있는 상대적 이득과 손실을 정밀하게 분석할 필요가 있다. 저소득층의 손실을 방지하고 고소득층에게 수용 가능한 수준의 손실만 발생시킨다면, 가구 재정적 실현가능성은 만족할만한 수준이라고 할 수 있다(Torry, 2016: 67-70). 국내에도 유사 연구(강남훈, 2011; 2013; 2017)가 존재하나 좀 더 정교한 평가가 필요해 보인다.

'정치적' 실현가능성이란 어떤 정책이 예측 가능한 미래에 실현될 확률이 합리적인 수준으로 존재할 만큼 배경 조건이 갖추어진 경우를 의미한다(De Wispelaere and Noguera, 2012: 17). 위스펠라에레와 노게이라(De Wispelaere and Noguera, 2012: 18-20)는 기본소득의 정치적 실현가능성을 '행위자'agency와 '제약'constrains의 두 차원에 기초하여 네 가지 유형으로 구분하였다. 우선 정치적 행위자는 정치적 영향력을 발휘하는 '독립적 행위자'discrete agency와 정치권력이나 전략의 대상이 되는 '확산된 행위자'diffuse agency 혹은 '일반대중'으로 구분할 수 있다. 전자는 특별한 이해관계나 역할, 능력, 의도를 가지고 있는 정치적 행위자로 정치인과 정책 전문가, 사회운동가, 관료 등은 물론이고 행정부와 같은 공식 조직이나 기관 등의 집합적 행위자를 포괄한다. 후자는 특별한 집합적 의도가 없고 조직화 정도도 낮으며, 대중적 행동의 속성을 보이는 정치적 행위자로 일반대중을 의미한다. 독립적 행위자는 전략적 주체로서 정치권력의 표적화된 변화를 목적으로 하며, 일반대중의 경우는 보다 간접적이고 포괄적인 대상이다.

다음으로 정책의 실현과정에는 수많은 제약들이 존재하는데, 시계열적 측면에서 정책 실행에 선행하는 '예측적 제약'prospective constraints과 실행 후에 다가올 '사후적 제약'retrospective constraints으로 분류할 수 있다. 전자는 정책의 의제설정과 정책옹호, 연대형성, 정치적 협상, 입법 과정 등의 과정에서 도입 가능성에 영향을 미치는 다양한 제약 변수를 의미하며, 후자는 일단 형성된 정책의 작동과 '탄력성'resilience에 영향을 미치는 요인으로 정책의 지속가능성sustainability과 관련이 있다. 정책 실현을 위한 '실행가능성'achievability

표 1 정치적 실현가능성의 유형

	예측적 제약 (실행가능성)	사후적 제약 (존속가능성)
독립적 행위자	전략적 실현가능성	제도적 실현가능성
일반대중	심리적 실현가능성	행태적 실현가능성

출처: De Wispelaere and Noguera(2012: 20)

과 기대했던 결과가 지속되는지의 '존속가능성'viability의 내용과 유사한 구분이다. 두 차원의 두 속성을 교차하면 정치적 실현가능성의 유형은 〈표 1〉과 같이 전략적strategic, 제도적institutional, 심리적psychological, 행태적 실행가능성behavioral feasibility으로 구분할 수 있다(De Wispelaere and Noguera, 2012: 20).

개별적인 실현가능성의 내용을 좀 더 구체적으로 살펴보자(De Wispelaere and Noguera, 2012: 24-33). 우선 전략적 실현가능성은 기본소득을 지지하는 정치행위자를 찾아내고 해당 세력 간 정치적 동맹을 형성하거나 연합을 구축하는 과정과 관련이 있다. '기본소득에 대한 지지를 누구로부터 획득할 것인지?' 혹은 '어떤 정치적 대가를 지불하고 지지를 획득할 것인지?'의 문제이다. 기본소득의 지지자들은 다양한 측면에서 난감한 상황에 직면할 수 있다. 많은 정치적 행위자가 지지하지만 실제로 아무런 '유용성'을 갖지 않을 수 있으며, 일부 행위자의 지지가 다른 행위자의 '반동적 소극성'reactive reluctance과 결합하여 부정적인 효과를 갖게 할 가능성도 존재한다.

예를 들어, 기본소득을 지지하는 개별 정치인이나 정당, 사회운동가나 이익단체 등은 매우 다양하지만, 지속가능한 연대를 구축하는 데 필요한 정치적 행위나 헌신이 없는 '값싼' 지지일 가능성이 존재한다. 정책형성 과정의 주변부에 위치한 개인이나 단체(예를 들어 현 시점에서 집권할 가능성이 낮아 보이는 녹색당이나 작은 규모의 노동조합)인 경우가 일반적이다. 이들의 정치적 지위가 상승한 이후에도 여전히 지지할 것이라는 순진한 가정도 문제이다. 정책적 책임을 감당해야 하는 위치에 오르게 되면, 지지를 철회하거나 축소할 가능성이 상존하기 때문이다.

더 큰 문제는 일부 정책적 영향력이 없는 개인이나 집단이 기본소득의 의제를 선점하여, 다른 힘 있는 개인이나 집단의 유용한 지지를 이끌어 낼 수 없는 경우이다. 강한 종교적 연계성을 가진 집단에 의해 다양한 실험들이 진행되어, 종교적 명분을 갖지 않는 사회운동 단체가 기본소득에 관한 지지 표명을 주저할 수 있다. 자유주의 관점에서 옹호하는 개인으로 인해 사회주의적 가치를 지지하는 집단을 주변화시키는 현상도 목격된다. 다른 정당과의 차별성을 강조하기 위해 정책적 '위치 선점' 전략을 사용하기도 하며, '선점 불리' 효과로 인해 다른 정당은 지지하지 못하는 경우도 발생한다. 따라서 전략적 측면에서 견고한 정치적 동맹을 구축하기 위한 신중한 선택이 요구되며, 값싼 정치적 지지와 관련된 우려에 더 많은 관심을 기울일 필요가 있다(De Wispelaere and Noguera, 2012: 21-22).

두 번째로, 제도적 실현가능성은 기본소득이 바람직한 결과를 산출하기 위해 '어떤 배경적 요소가 필요한지?'에 관한 이슈이며, 장기적 존속가능성이나 탄력성 측면에서 '행정적'administrative 실현가능성이라 할 수 있다. 기본소득은 정책의 내용이 간단하고 실행

도 용이하지만, 아무런 준비 없이 기존의 제도적 맥락과 무관하게
실행해도 된다는 의미는 아니다. 정책의 범위와 수준 등에 관한 구
체적인 방식과 내용을 결정하고 실행하는 과정에서 다른 사회보장
체계와의 조화 역시 필수적이며, 빈곤이나 실업, 젠더 불평등의 문
제와 관련하여 바람직한 결과를 산출하기 위해 기존 체계와의 '정
합성'에 대한 심도 있는 검토가 필요하다.

실행단계에서 직면하게 될 행정적 문제는 세 가지 정도로 요
약할 수 있다. 첫째, 인구 전체를 대상으로 하기 때문에 급여를 받
을 자격이 있는 개인이 포함된 최신 '명부'cadaster가 필요하다. 놀
랍게도 적절한 명부를 확보하고 활용하는 능력은 국가마다 상당한
차이를 보이고 있다. 모든 시민이 등록된 명부가 존재하는 국가가
있는가 하면, 선거인 명부나 건강보험 가입자 명단과 같은 결함이
있는 명부에 의존하거나, 명부 자체가 존재하지 않아 자발적 등록
에 의지할 수밖에 없는 경우도 존재한다. 어떤 등록 명부를 활용하
느냐에 따라 기본소득의 대상과 결과는 달라질 수 있기 때문에 단
순한 문제가 아니다.

둘째, 모든 시민에게 기본소득을 지급하기 위한 적절한 '수단'도
마련되어야 한다. 일부 국가에서 은행 계정을 갖고 있지 못한 시민
들로 인해 적절한 지급 방법을 찾지 못하는 경우도 발생하고 있다.
새로운 지급수단을 마련할 수 있지만, 많은 비용이 발생하며 다른
오류가 발생할 위험도 존재한다. 기존의 수단을 제한적으로 사용하
거나, 대상을 축소하는 어려운 선택에 직면할 수밖에 없다. 셋째, 기
본소득이 실제로 지급되고 있는지에 대한 '관리'monitoring 수단도 필
요하다. 새로운 방법을 모색하거나 기존의 제도적 수단을 혁신적 방

식으로 전환하는 등의 관리적 효율성을 증대할 수 있는 방법을 선택해야 할 것이다(De Wispelaere and Noguera, 2012: 24-27).

세 번째로, 심리적 실현가능성은 일반대중들로부터 광범위한 차원의 사회적 승인을 획득하여 정책의 '정당성'legitimation을 확보하는 것과 관련된다. 심리적 실현가능성을 높이기 위해서는 기본소득이 규범적으로 바람직하며 실질적 효과가 있다는 점을 설득해야 한다. 전략적 실현가능성을 타진하고 있는 정치적 행위자도 대중적 지지 정도에 대한 확인을 필요로 한다. 기본소득의 심리적 실현가능성을 방해하는 대표적인 제약요인은 호혜성reciprocity 혹은 노동윤리work ethic에 있다. 아직도 많은 국가에서 유급노동에 대한 가치가 강력하게 옹호되고 있으며, 사회적 급여는 욕구에 기초하여 받을 만한 '자격이 있는 사람'deserving poor에게만 주어져야 한다는 잘못된 믿음이 존재한다. 일반대중의 광범위한 지지를 획득하기 위해, 기본소득에 관한 긍정적 인식과 신념이 확산될 수 있도록 새로운 '틀짓기'framing가 필요하다. 사회적 부나 유산에 대한 권리적 차원의 배당이라고 개념화하거나, 특정 방식(예: 조세혜택)에 부착하여 지급함으로서 대중적 인식을 전환할 필요가 있다. 각종 수당제도에 대한 선제적 실행을 통해 단계적 이행방안을 모색하는 것도 심리적 차원의 수용 가능성을 높일 수 있는 다른 전략이다(De Wispelaere and Noguera, 2012: 27-29).

마지막으로, 행태적 실현가능성은 기본소득이 실행된 이후 개인의 행동에 미칠 수 있는 부정적인 영향과 관련이 있다. 존속가능성을 향상시키기 위해 비생산적인 효과가 발생해서 안 되고, 개인의 행동 차원에서 바람직한 결과가 목격되어야 한다는 의미이다.

행태적 차원에서 가장 많이 언급되는 문제는 '근로동기'나 '노동시장 참여'에 어떤 영향을 미칠 것인가와 관련이 있다. 실제 기본소득의 찬성론자나 반대론자 모두 '기본소득이 어떤 행태적 효과를 가질 것인지'에 대한 상당한 '불확실성'이 존재한다는 점을 인정하고 있다. 행태적 효과가 가지는 거시 사회적 결과는 선험적으로 가정될 수 없고, 사회적 상호작용에 관한 실험은 정교하고 실제적인 모형에 의해 검증되어야 하기 때문이다(De Wispelaere and Noguera, 2012: 29-31). 여러 국가에서 다양한 실험이 진행 중이지만 이는 단지 '시작 단계'에 불과하며, 지속적인 노력이 필요한 영역이다. 실제 완전한 기본소득 실험이라기보다 '범주형 사회부조'나 '근로연계복지'의 일부 개선에 관한 실험이 많아, 결과를 온전하게 수용하기 어려운 한계도 존재한다.

2. 다차원적 실현가능성 탐색

재정적 실현가능성

기본소득의 실현가능성을 분석하기 위해 '어떤' 기본소득을 추구하는지에 대한 입장을 명확하게 표명할 필요가 있다. 이 장에서는 앞선 8장에서 제시한 한국형 기본소득의 이상적 모형에 기반하여 재정적 실현가능성을 타진해 보고자 한다. 해당 모형은 모든 개인에게 매달 현금 50만 원을 무조건적으로 지급하는 완전 기본소득을 제안하고 있다. 국민기초생활보장제도의 생계급여 기준(중위소득의 30%)에 해당하는 수준이며, 중위소득 50% 이상까지 점진적 확대 계획을 명시하고 있다. 기본소득이 지급되면 사회부조 방식의 현금형 급여(생계급여, 기초연금, 장애수당, 양육수당 등)는 대체되지만, 보육이나 의료, 직업훈련 등의 사회서비스는 적극적으로 확충된다.

현 시점(2017년 4월)에서 전 국민(약 5,097만 명)을 대상으로 월 50만 원의 기본소득을 지급하려면 연간 총 305조 원의 예산이 필요하다. 이미 지급하고 있는 사회부조 방식의 현금형 급여액(약 17조 원)을 차감하면,[3] 실제 필요한 재원은 약 288조 원으로 추산할 수 있다. 현재 우리나라 전체 복지예산(113.0조)의 2.54배에 해당하는 막대한 규모이다. 좀 더 낮은 수준(월 30만 원)의 '부분'기본소득을 지급해도 약 166조원의 추가 예산이 필요하며, 이 역시 복지예산의 1.46배에 해당하는 금액이다. 현 시점에서 정치적으로 수용하기 어려운 수준이며, 전면적 실행에 대한 결정 자체가 바람직하지 않을 수도 있다. 충분한 논의와 준비기간을 가지고 좀 더 단계적인 변화를 추구하는 편이 합리적인 판단일 것이다. 그러나 대상 범주와 급여수준에 대한 점진적 확대를 통해, 급여 수급에 대한 경험과 정치적 지지기반이 축적된다면, 실현불가능한 제안도 아니다. 기본소득은 새로운 분배구조의 확립과 단계적 확산을 통해 평등한 사회를 건설하기 위한 장기적 기획이기 때문이다(김교성, 2016b: 103).

본 서의 13장은 기본소득의 실행을 위한 단계적 '이행경로'도

---

3   생계급여(3.67조 원), 장애인 연금(0.56조 원), 장애수당(0.13조 원), 양육수당(1.83조 원), 기초연금(10.61조 원)의 총액은 약 16.81조 원으로 추산된다.

표 2 기본소득의 소요예산

(단위: 천 원, 천 명, 십억 원)

기본소득	대상		금액(월)	대상 인구수	전체 예산
완전	전체		500	50,977	305,859
부분	전체		300	50,977	183,515
전환적 (1단계)	아동	0-4세	300	2,267	8,162
	노인	65세-	300	7,156	25,762
				9,423	33,924
전환적 (2단계)	아동	0-9세	300	3,021	10,877
	청년	20-24세	300	3,477	12,516
	노인	65세-	300	7,156	25,762
				13,654	49,155
전환적 (3단계)	아동	0-14세	300	6,840	24,625
	청년	15-29세	300	4,196	35,278
	노인	65세-	300	7,156	25,762
				18,192	85,666
전환적 (4단계)	아동	0-14세	500	6,840	41,042
	청년	15-29세	500	4,196	25,173
	노인	65세-	500	7,156	42,937
				18,192	109,152

출처: 통계청

제시하고 있는데,[4] '전환적' 기본소득의 단계별 예산을 추산해 보면 〈표 2〉와 같다.[5] 현 시점에서 아동(0-4세)과 노인(65세-)을 위한

---

4 각종 인구집단(아동, 청년, 노인)을 위한 사회수당을 우선적으로 구축하고, 이를 통합하여 낮은 수준의 전환적 기본소득을 운영한 후, 수준에 대한 상향 조정을 통해 기본소득을 완성하는 경로이다. 각종 사회수당의 수준을 먼저 강화하고 전 국민으로 확대하는 방법도 있다.

5 현 시점의 인구 규모에 기초한 추산이라는 점을 밝힌다. 완전기본소득의 도입까지 오랜

월 30만 원 수준의 인구집단별 '사회수당'을 제도화할 경우, 약 33조 원의 예산이 소요된다. 여기에 아동의 범주를 '9세 이하'로 확대하고 '20-24세'의 청년을 포괄하게 되면, 약 16조 원의 예산이 더 필요하게 된다. 다음 단계에서 사회수당의 대상을 '30세 이하'의 모든 아동과 청년으로 크게 확대하고 급여 수준도 '50만 원'으로 상향 조정하게 되면, 총 109조 원의 예산이 필요할 것으로 전망된다.[6] 따라서 단계별 소요 예산은 완전기본소득에 비해 크게 축소된 규모이다. 이처럼 예산 규모가 큰 다양한 형태의 기본소득을 도입하기 위해서는 일정 정도의 대가와 부담이 수반될 수밖에 없다. 적절한 소득보장과 평등한 사회를 건설하기 위해 일정 수준의 증세는 받아들여야 할 것이다.

기본소득은 일반적으로 소득세(율)의 조정을 통해 재원을 마련한다는 구상이 지배적이다. 다른 재원으로 천연자원이 있지만, 이란이나 알래스카주와 같이 엄청난 양을 보유하고 있을 때만 가능한 대안이고, 자원이 충분하지 않은 사회에서 활용할 수 있는 재원은 '세금'뿐이다. 소득세와 법인세, 자본소득세, 상속세, 재산세, 사치세, 토지세 등은 물론이고 자본투기에 따른 '토빈세'나 정보이전에 대한 '비트세'(성은미, 2003: 297; 서정희·조광자, 2008: 39), 4차 산업혁명에 따른 '인공지능세'나 '로봇세' 등도 새로운 재원으로 거론되고 있다. 최근 들어 사회복지세나 기본소득세와 같은 목적

시간이 소요될 수 있으므로, 해당 시기의 인구구조에 따라 단계별 예산 규모는 크게 달라질 수 있다. 다만 현재의 현금 '가치'에 기반한 추정이라는 점에서 의미를 찾을 수 있다.

6   수준 조정에 앞서 대상에 대한 확대를 먼저 실행하게 되면, 앞서 설명한 '부분'기본소득과 동일한 예산(183조 원)이 필요하다.

세에 대한 논의도 활발하게 이루어지고 있다.

기본소득의 재원충당 방법에 대한 선행연구는 강남훈(2010a; 2015; 2017) 교수가 주도해 왔다. 연구 시점에 따라 약간의 차별성을 보인다. 각각의 제안을 간략하게 살펴보면, 우선 강남훈·곽노완(2009)의 연구에서 기본소득 도입에 따른 예산을 약 290조 원으로 추정하고, 필요한 재원을 마련하기 위해 연기금 운용수익의 활용, 부가가치세 인상, 환경세와 증권양도소득세 신설, 국방비 절감, 기본소득세 신설 등을 제안하고 있다. 다른 연구에서 기본소득의 수준(30-40만 원)에 따라 필요한 예산을 163-225조 원으로 추계하고, 보편·누진증세, 불로소득 종합과세, 토지세, 생태세, 기본소득세 신설 등의 방법도 제시하고 있다(강남훈, 2015). 동시에 OECD 회원국들과 비교해 볼 때, 우리나라의 복지비 지출 비중은 경제 규모에 비해 매우 낮은 수준이며, 추가적인 재정 잠재력도 약 276.3 조 원에 이르기 때문에, 제도의 운영에 큰 무리가 없다고 주장하고 있다.[7]

한편, 최근 발표한 시민배당, 환경배당, 토지배당으로 구성된 총 180조 원 규모의 새로운 기본소득 구상을 보면, 정부의 예산 낭비에 대한 불신을 해소하고 조세저항을 최소화하기 위한 '목적세' 도입을 강력하게 제안하고 있다(강남훈, 2017). 개인에게 귀속되는 모든 소득(이자, 배당, 임대료, 증권투자수익, 상속, 양도 등 포함)에 정률(10%)의 '시민세'를 부과하여 시민배당에 필요한 재원(약 107조

---

7 법인세의 새로운 최고구간 설정과 세율 인상, 각종 비과세와 감면제도 폐지, 부가가치세 방식의 '생태세' 신설, 이자/배당/소득에 대한 분리 과세, 토지세 중심으로 재산세 개편, 지하경제에 대한 과세, 현금형 급여의 삭감을 통해 약 290조 원을 마련하는 구상이다.

원)을 조달하며, 화석 연료와 원자력 발전을 억제하기 위한 '탄소세'와 '원자력 안전세'를 신설하고 토지 보유자에게 보유세(0.6%)를 부과하여 환경배당(약 30조)과 토지배당(약 30조)의 재원을 충당하는 안이다.

우리가 제안하는 재원조달 방식 역시 '조세'에 기반하고 있다.[8] 우선 국민이 부담할 수 있는 조세와 사회보장 기여금에 대한 최대 수준을 추산하여 우리 정부의 잠재적 재정 추출 역량 혹은 가능성을 탐색해 보자. 2014년 현재 우리나라의 조세부담률은 18.0%로 칠레(18.3%), 일본(19.3%), 미국(19.7%)과 유사한 수준이나, OECD 회원국의 평균인 25.1%에 비해 약 7.1% 포인트 정도 낮게 나타나고 있다. 사회보험 기여금을 포함한 국민부담률도 24.6%에 불과하여, 미국(25.9%)이나 일본(32.0%)은 물론 OECD 회원국의 평균인 34.2%에 비해 매우 낮은 수준을 보이고 있다(OECD, 2017). 따라서 현재 우리나라의 조세부담률과 국민부담률을 OECD 회원국의 평균 수준으로 상향 조정하면, 정부의 총추가 세입은 각각 127조 원과 172조 원까지 확대될 수 있다. 대표적인 복지국가인 스웨덴(32.9%와 42.8%)과 최고 수준의 덴마크(49.5%와 49.6%) 수준까지 올리면, 잠재적인 추가 세입은 각각 267-326조 원에서 449-565조 원까지 확대될 수 있다. 기본소득을 도입하게 될 경우 추가적으로 부담해야 할 재정 규모(166-288조 원)와 비교해 볼 때, 산술적으로 불가능한 수치는 아니라는 의미이다. 따라서 재

---

8   본 장에서는 조세체계의 신설이나 조정, 실행방안에 관한 구체적인 내용을 제시하거나, 추정 가능한 개별적인 세입액의 규모를 적시하지 않을 것이다. 다수의 선행연구를 통해 이미 충분하게 제공되었고, 정치적·전략적 실행과정에서 다양한 변용이 가능하기 때문이다.

정적 실현가능성 측면에서 잠재력은 충분하다고 할 수 있다.

우리나라의 조세부담 수준은 OECD의 평균에도 미치지 못하는 낮은 수준이지만, 조세에 대한 국민들의 반감은 상당히 높은 수준임을 감안하면, 기본소득의 재원을 마련하는 과정은 정치적 갈등을 다분히 내재할 수밖에 없다. 따라서 전략적 실행가능성을 고려하여 기존 조세체계의 틀을 크게 벗어나지 않는 범위에서 점진적인 개혁을 도모하는 것이 바람직할 것으로 생각된다(김교성, 2009: 51). 특히 지난 11년(1994-2005)간 우리나라 조세부담률의 증가율(5.47%)은 OECD 평균(0.88%)은 물론이고, 터키(11.98%)와 일본(5.63%) 등에 이어 회원국 중 다섯 번째로 높게 나타나고 있다. 가파른 조세부담의 증가는 체감 수준의 급격한 확대와 더불어 증세에 대한 강한 저항의식을 야기할 수 있다. 따라서 조세항목의 신설과 부담 수준의 조정 과정은 세밀한 전략에 따라 단계적으로 정밀하게 구축될 필요가 있다.

한편 우리나라의 부가가치세는 제도가 처음 도입된 1977년 이래 10%의 정률방식을 고수하고 있다. 사회보장제도가 일찍이 확립된 북유럽 국가에서는 전통적으로 역진적 조세로 간주되어 많은 학자로부터 비판의 대상이 되어 온 간접세의 규모를 1970년대부터 대폭적으로 확대해 왔다. 주요 OECD 회원국 중 우리나라보다 낮은 세율을 적용하고 있는 국가는 캐나다(5%), 일본(8%), 스위스(8%)에 불과하다. 독일(19%), 오스트리아(20%), 프랑스(20%), 영국(20%), 이탈리아(22%) 등이 20% 내외 수준을 유지하고 있으며, 전통적인 사민주의 복지국가의 스웨덴(25%), 덴마크(25%), 노르웨이(25%) 등은 높은 세율을 유지하고 있다. 회원국의 평균세율도

19.2%로 우리나라보다 높은 수준이며(OECD, 2016), 우리나라처럼 오랜 기간 동일한 수준을 지속하는 국가도 찾아보기 힘들다.[9] 따라서 부가가치세율을 OECD의 평균에 가까운 20%로 상향 조정하면 약 54조 원의 추가재원이 마련될 수 있다. 일부 상품에 대해 적용하고 있는 부가가치세 영세율domestic zero rate 제도를 철회할 경우 더 많은 증세가 가능하다는 점에서 54조 원은 최솟값으로 간주할 수도 있다. 부가세율의 조정은 정치적 부담이 상대적으로 적지만, 저소득층의 부담증가에 따른 소득재분배 기능의 상쇄 효과를 가져올 수 있으므로, 좀 더 신중한 접근이 요구된다.

　기본소득을 위한 재원조달의 다른 방법은 '지대'를 활용하는 것이다. 남기업(2014; 2015)은 '개인의 능력'이 아닌 토지는 롤스의 정의론 제1원칙에서 다뤄야 하는 기본적인 권리임을 주장하면서, 자유와 평등의 실현을 위해 지대를 기본소득 재원으로 충당하는 논리의 정당성을 설명하고 있다. 지가를 현 수준에서 고정시키고 향후 발생하게 될 지대를 지속적으로 환수하여 기본소득의 재원으로 활용하자는 제안도 있다(성승현, 2012). 동시에 조세체계의 고질적인 문제로 지적되어 온 소득파악률을 제고하고, 상속재산에 대한 과세를 강화할 경우, 추가 재원의 마련도 이루어질 수 있다. 기본소득의 도입과 실행은 복지정책의 발전정도나 정합성 등과 관련이 있는 것이 아니라, 조세체계의 근간을 얼마나 진보적으로 개혁할 수 있냐에 달려 있다고 해도 과언이 아니다(Raventós, 2007). 보

9　예외적으로 캐나다만 1995년의 7%에서 2007년 6%, 2008년 5%로 축소하여 현재까지 동일 수준을 유지하고 있다. 일본의 경우 1990년의 3%에서 2000년에 5%, 2015년에 8%로 상향 조정하였다.

편적이고 포괄적이며 충분한 권리(복지)를 제공받기 위해서는 일정 수준 이상의 부담(조세)이 담보되어야 한다는 당연한 논리가 사회의 지배적인 담론으로 형성되어야 한다. 이를 실현할 수 있는 정치적 선택과 지지의 과정은 더욱 중요하다. 결국 재정적 실현가능성의 문제는 정치적 실현가능성에 달려있다는 의미이다.

전략적 실현가능성

본 절에서는 전략적 실현가능성을 탐색하기 위해 지난 10년간 기본소득 운동의 역사적 궤적을 관련된 행위자를 중심으로 간략하게 정리하고, 핵심 행위자의 주요 활동을 살펴봄으로써 미래의 연대 가능성을 타진하며, 실현가능성을 향상시키기 위한 몇 가지 내용을 제언하고자 한다.

우리나라에서 기본소득이 정치적 무대에 처음 등장한 것은 2007년 대선이었다. 당시 급진적 성향의 젊은 진보정당이었던 한국사회당(현 노동당)의 금민 후보는 '모두의 권리가 보장되는 사회적 공화국'을 지향하며, 보편적/적극적 복지 실현을 위한 정책의 일환으로 '국민기본소득제'를 주장하였다. 한국사회당은 18대 총선(2008)에서도 이를 주요 공약으로 채택하였고, 이는 20대 총선(2016)에서 노동당의 '기본소득안'으로 발전하게 된다. 한편 전국민주노동조합총연맹(이하 민주노총)은 2008년에 '기본소득 프로젝트팀'을 발족하여 기본소득과 관련된 연구를 시작하였고, 2009년에 '민주노동당 정책 토론회'를 개최하기도 하였다(강연배, 2009). 같은 해 강남훈 교수와 곽노완 교수, 이수봉 민주노총 정책연구원이 중심이 되어 우리나라 기본소득 운동의 요체인 '기본소득한국네트워크'BIKN: Basic Income Korean Network가 결성되었다. 본격적인 기본소득 운동의 시작을 알리는 역사적 사건이었다. '기본소득지구네트워크'BIEN: Basic Income Earth Network의 제13차 세계대회(상파울루, 2010)에서 BIKN은 17번째 가입국으로 승인받았으며, 지금까지 활발한 국제교류 활동을 전개하고 있다. 2010년에는 서울에서 국제학술대회를 개최하여 600명이 서명한 '기본소득 서울 선언'을 발표하였으며, 같은 해 지방선거를 앞두고 기본소득을 지지하는 후보를 지원하기 위해 약 51개 단체와 773명의 개인이 참여한 '기본소득 연합'을 결성하기도 하였다. 정당 차원의 활동을 보면, 2012년에 '진보신당'의 관심 있는 당원들을 중심으로 활발한 내부토론이 진행되었으나 당 차원의 정책으로 채택되지 않았으며, 민주당과 민주노동당도 매우 조심스러운 입장이었다(딴지일보, 2012. 8. 20.).

2016년 들어 기본소득과 관련된 논의가 매우 활발하게 진행되었다. 기본소득한국네트워크는 아시아에서 최초로 기본소득지구네트워크 세계대회(서강대)를 개최하였으며, 녹색당과 노동당에서 기본소득을 총선 공약으로 공식화했다. 주요 정치인들이 연이어 관심을 표명했으며,[10] 여야 국회위원의 연구모임인 '어젠다 2050'에서도 기본소득을 첫 의제로 선정하였다. 4차 산업혁명과 기본소득의 필요성을 다룬 '다보스포럼'과 기본소득 법안발의를 위한 스위스의 국민투표 등의 대외적 요인이 작용한 결과로 이해된다. 일부 언론사와 지역사회의 자발적 단체를 중심으로 한 소규

---

10   김종인 더불어민주당 비상대책 위원회 대표가 교섭단체 대표연설(2016. 6)에서 기본소득의 필요성을 거론했고, 김세진 새누리당 의원도 '기본 구매력 확충을 위해' 도입될 필요가 있다고 언급했다.

모 실험들이 진행되기도 했다.[11]

　그러나 기본소득이 국내 정치권의 관심을 촉발시킨 결정적인 계기는 이재명 시장의 '성남시 청년배당' 정책이라고 할 수 있다. 기본소득한국네트워크에서 주최한 국제학술대회(2015)에서 이재명 시장은 '청년배당'에 대한 정치적 의지를 분명하게 표명했고, 2016년 1월에 전격적으로 시행했다. 그 과정에서 중앙정부와 갈등을 초래하기도 했으나, 추후 서울시의 '청년수당' 도입에 영향을 주기도 하고, 더불어민주당의 대선후보 경선과정에서 '생애주기별' 배당, '특수'배당과 '토지'배당 등의 공약을 발표하는 데 경험적 발판으로 작용하게 된다. 2017년 실시된 대선과정에서, 유력 주자별로 기본소득에 대한 입장에 다소 차이는 있었지만, 기본소득은 중요한 정치적 어젠다로 부상하였다.[12]

　그러나 이재명 시장이 당내 경선에서 탈락한 이후 유력 주자들은 전면적인 지지보다 인구집단별 '사회수당'(특히 아동수당)을 지지하는 방향으로 후퇴했다. 정의당의 심상정 후보만 아동수당, 기초연금(전 노인을 대상으로 한), 농민 기본소득의 공약을 유지했으며, 사회적지분급여 성격의 '청년 사회상속세'를 공약으로 제시했다. 동시에 각종 언론에서 국내·외 관련 기사를 많이 다루면서, 기본소득에 대한 일반대중의 체감도는 크게 확장되었다. 국회 차원에서 2017년 3월에 김부겸 의원이 대표로 '청년기본소득 법안'을

11　한겨레 21이 주최한 '기본소득 월 135만원 받으실래요?'와 대전의 20-30대 청년들이 주도한 '대전 기본소득 실험 떠어쓰기 프로젝트'가 대표적이다.

12　유력 대선주자의 입장을 간략하게 살펴보면, 이재명, 심상정은 찬성, 문재인은 일부 약한 찬성, 손학규, 유승민은 일부 찬성 혹은 유보적 입장, 남경필, 이인제는 일부 반대, 안희정, 안철수는 반대 등으로 요약할 수 있다.

발의했으며, 지역차원에서 '서울시 청년기본소득 조례 주민발의 네트워크'가 결성되었고, 2017년 3월 노동당(인천시당)에서 인천시 기본소득 청년조례 도입을 위한 입법청원운동을 시작하였다. 최근에는 국책연구기관에서도 기본소득에 관한 연구를 진행해 왔다.[13]

현재까지 우리나라 기본소득 논의의 확산에 결정적인 역할을 한 전략적 행위자는 '기본소득한국네트워크'와 '이재명 성남시장'을 들 수 있다. 전자는 기본소득에 대한 관심과 이슈를 유지하고 개발하여 정책실현을 위한 동력을 제시해 왔고, 후자는 실제 정책을 실행함으로써 기본소득의 전국적 확장 가능성을 제공했다.[14] 그중 기본소득한국네트워크는 2009년 창설 이래 기본소득의 가치와 이념을 전파하기 위해 공고한 응집력을 바탕으로 적극적인 활동을 지속하고 있다.[15] 기본소득한국네트워크는 정관(2017년 1월 개정) 제1장 제2조에 '네트워크는 현행 공적부조제도인 기초생활보장제도의 약점을 개선, 보완하는 보편적 사회보장제도로서 기본소득제가 실현됨으로써, 국민이 현대사회를 살아가는 데 기초가 되는 삶의 조건을 정치공동체가 보장하고, 국민의 능동적·긍정적·실질적

---

13 한국직업능력개발원의 '4차 산업혁명 시대 기본소득이 노동시장에 미치는 효과 연구', 한국보건사회연구원의 '대안적 소득보장제도의 쟁점과 시사점', '기본소득 기반 사회보장제도의 효과성 분석' 등이 대표적이다. 한국조세재정연구원과 서울연구원에서도 연구가 진행됐다.

14 기본소득 담론을 의제화하고 이슈를 대중화한 '한겨레신문'과 같은 진보언론도 중요한 역할을 수행했다. 언론은 전략적 행위자이기도 하지만, 일반대중의 심리/행태에 직/간접적 영향을 미치므로 심리적 실현가능성 절에서 더 자세히 논의하도록 한다.

15 창설의 계기는 2008년의 '촛불'이었다. 당시 창립 멤버들은 한 잡지와의 인터뷰에서 진보진영의 타성과 진부함을 극복하고 일반대중의 촛불 에너지를 집약하여 미래 진보적 사회운동의 새로운 방향을 제시하기 위해 기본소득 운동을 시작했다고 회고하고 있다(딴지일보, 2017. 7. 31.).

사회참여가 확대되는 데 기여하는 것을 목적으로 한다'고 명시하여 기본소득 운동의 방향을 명확하게 설정하고 있다.

또한 기본소득한국네트워크는 2009년에 '즉각적이고 무조건적인 기본소득을 위하여'라는 국내 최초의 연구서를 출간하여 본격적인 이론적 논의를 시작하였다(배성인, 2010: 209). 책을 통해 기본소득 운동의 성격을 복지정책에 대한 급진적이고 근본적인 문제제기와 진보진영의 대안담론 형성, 그리고 기존 사회운동의 한계를 넘어서는 새로운 시도로 평가하고 있다.[16] 2010년 이후 BIEN의 가입국으로서 활발한 국제교류와 더불어 관련 학술연구와 정책개발, 대중강연 및 캠페인, 국내외 학술대회, 출판사업 등에 몰두하고 있으며, '박종철출판사'와 '녹색평론사', '청년좌파', '협동조합 가장자리', '문화연대', '수유너머 N', '녹색전환연구소', '자유+토지연구소', '정치경제연구소 대안', '혁신더하기연구소', '알바노조', '가톨릭농민회' 등의 다양한 시민단체들과 연대하여 활동하고 있다.

개혁적 정치가(이재명 시장)가 주도한 '청년배당'[17]도 정치권과 일반대중에게 기본소득에 대한 신선한 자극과 관심을 유발했다. 청년배당의 내용에 대한 찬반과 각종 논평이 분분하지만, 국내에서 본격적으로 기본소득을 구체적인 정책 혹은 제도 차원으로

16 20년간 지속해 온 노동운동 주체 간 정파주의적 경향을 뛰어넘고 전국적 노동정치를 위해 정규직과 비정규직의 연대가 필요하며, 이를 위한 주요 어젠다로 기본소득과 노동시간 단축을 주장하고 있다(강남훈 외, 2009: 17).

17 '성남시 청년배당 지급조례'에 기초하여 성남시 청년의 '복지향상' 및 '취업역량강화'와 '지역경제 활성화'를 목적으로, '청소년기본법' 제3조 제1호에 의거한 청년(만 19-24세) 중 신청일 현재 성남시에 3년 이상 거주한 만 24세 청년에게 연 50만 원의 청년배당을 지급한다.

위치시켰다. 서울시의 '청년활동지원사업(현 청년수당)'과 같이 지방정부 차원에서 유사 제도를 시행하는 데도 큰 영향을 주었다. 두 정책은 최근 우리 사회의 심각한 사회문제로 부상하고 있는 '청년문제'에 대한 정책적 접근의 필요성을 환기시켜 주었으며, 기본소득의 개념적 이해 및 성과와 관련하여 다양한 견해와 학문적 논쟁을 유발했다.[18] 그러나 이 두 정책의 가장 중요한 함의는 그간 일자리 창출, 직업훈련, 고용알선, 임금보조, 창업지원 등의 '고용'과 연계된 정책에 집중되었던 청년대책(조진우·김기헌, 2016)의 기본적인 패러다임을 직접 '현금'을 제공하는 방식으로 전환하는 계기를 마련하였다는 데 있다. 노동과 연계되지 않는 새로운 방식의 복지정책(예: 각종 사회수당)에 대한 정치권과 학계의 관심과 논쟁을 이끌고, 일반대중의 심리적 장벽을 낮춘 점도 인정할 만한 역할 중 하나이다. 정책의 실천과 관련하여 정치적 지도자의 강력한 의지와 결단의 중요성을 확인시켜 주고 있다.

다른 한편, 기본소득 운동에서 상대적으로 숨겨진 행위자로 '노동당'과 '녹색당'과 같은 원외정당이 있다. 두 정당은 2016년 20대 총선에서 기본소득을 주요 공약으로 제시했지만, 의석을 한 석도 차지하지 못하며 정치적 주목을 받지는 못했다. 그러나 확고한 정치적 신념에 기초하여, 현 경제·사회체제에 대한 뚜렷한 비판과 더불어 체제전환의 수단으로 기본소득을 주장하고 있다. 먼저 노동당이 채택한 핵심 공약은 불안정, 저임금, 장시간 노동체제를 종

---

18 현재 서울시 청년정책의 민간네트워크로 참여하고 있는 '청년유니온'과 노동당의 기본소득안을 지지하는 '알바노조'의 적극적 활동을 보면, 향후 청년이 기본소득 운동의 전면적 주체로 발전할 수 있는 가능성을 감지할 수 있다.

식시키고 안정적 일자리와 충분한 소득이 보장되는 연대적 노동사회를 위한 '임금개혁'과 '사회개혁'의 일환으로 기본소득(월 30만 원)과 노동시간 단축 및 최저임금(1만 원) 인상 등으로 구성되어 있다.[19] 노동당의 공약은 조세개혁을 통해 실현된다는 점에서 구체적이며,[20] 노동-사회정책의 연계 구조를 통해 '탈노동'의 논쟁을 종식시키고 있다.[21]

다음으로 녹색당의 공약은 불평등과 빈곤해소, 불안탈피의 목적과 생태적 전환을 위해 월 40만 원의 기본소득을 단계적으로 도

---

19 이 공약은 2007년 한국사회당에서 주장한 기본소득과 뿌리가 닿아 있다. 한국사회당은 2012년 3월 '진보신당'으로 흡수·통합되어 해산되었다가, 2014년 '노동당'으로 재창당되었다.

20 핵심 내용은 이자, 배당, 임대소득에 대한 증세, 대자본 과세를 통해 우리나라의 총조세부담률을 OECD 평균 이상으로 상승시키는 데 있다. 대주주 주식과 대량 채권(보유)에 1%의 '자본보유세'를 부과하여 '사회화 기금'을 마련하고, 향후 수익금을 기존 복지와 기본소득 재원으로 활용하는 대안경제의 초보단계를 구축한다.

21 기본소득을 총선 공약으로 채택하는 과정에서 내부의 찬·반 견해가 분분했다. 금민 정책위원회 의장의 기본소득안에 대해 윤현식(2016) 전 정책의장의 '사회주의 강령과 기본소득론의 충돌'과 홍원표(2016) 전 정책실장의 '단순하지만은 않은 아이디어, 기본소득' 등의 반론이 등장하였다. 반론의 핵심은 ① 기본소득은 생산수단의 사회화와 무관한 정책이다, ② 기본소득과 사회주의의 관계가 모호하다, ③ 기본소득은 복지를 시장화하며, 노동 없는 노동해방이다, ④ 기본소득이 자본과의 협상력을 증대할 것이라는 비전은 실제 자본에 어떠한 위협도 주지 못할 것이다 등의 비판이다. 이에 대한 재반론은 다음과 같다. ① 생산수단 사회화를 전제한 기본소득은 가능하다. 그러므로 기본소득을 '생산관계를 배제한 분배론'이라고 단정하거나 기본소득과 생산수단의 사회화가 충돌한다는 결론은 논리적으로 맞지 않다. ② 기본소득과 사회주의는 동의어가 아니다. 기본소득은 연대적 노동사회와 소득기반 경제의 핵심 수단인 동시에 신자유주의를 넘어서는 탈자본주의 전환의 수단으로 활용할 수 있다. ③ 기본소득 개념에는 현금과 현물이 모두 포함될 뿐만 아니라 이들의 대체관계를 제안하지 않기 때문에 복지를 시장화하지 않는다. '노동 안에서의 해방'과 '노동으로부터의 해방'이라는 두 패러다임을 대립적으로 보는 것도 타당하지 않다. 임금노동으로부터의 해방이라는 계기만을 강조하지 않으며, 노동시간 단축을 노동 내부의 변화 수단으로 간주하고 있다. ④ 자본과의 관계에 대한 비판은 분석이 부재하다. 노조의 협상력에 대한 주요 요소인 조직력, 제도의 힘, 상황적 힘에 대한 기본소득의 영향력을 분석한 후 따져보는 것이 올바른 순서이다(금민, 2016).

입하자는 제안이다.[22] 녹색당의 공약은 탈생산시대의 분배체계에 대한 고민의 결과이며, 4차 산업혁명을 기치로 기본소득을 주장하는 기업가들의 논리와 차이가 있다. 이러한 '녹색'의제는 기본소득 운동의 논의를 '생산의 지속가능성'과 '현재 세대와 미래 세대의 분배'라는 차원으로 까지 확장시키고 있다.

그렇다면 전략적 실현가능성을 높일 수 있는 방법은 무엇일까? 이 질문은 다시 말해 기본소득 운동의 주체는 누가 될 것이며, 누구와 연대할 수 있는가로 전환될 수 있다. 새로운 진보운동에 대한 열망과 그 비전으로서 기본소득 운동이 시작되었다는 점을 상기한다면, 한국 진보정치의 개혁을 통해 노동자운동과 시민사회운동, 적-녹-보의 연대를 이뤄낼 수 있을 것인가의 문제로 귀결된다는 점을 알 수 있다. 불행히도 기본소득운동에서 상대적으로 부재한 행위자는 적-보에 해당하는'노동자'와 '여성'이라고 해도 과언이 아니다.

기본소득한국네트워크 발족 당시 민주노총의 일부 성원이 참여하여 기본소득을 지지한 경험은 있었지만, 노동조합 자체에서 지지를 표명한 사례를 발견하기 어렵고, 현재 '알바노조'와 '평등

---

22 대표적 민생경제정책인 기본소득은 2015년과 2016년에 대의원대회에서 각각 당론과 총선공약으로 채택되었다. 첫 번째 단계에서 청소년, 청년, 농어민, 장애인, 노인에게 우선적으로 월 40만 원의 기본소득을 지급하고, 모든 연령대 시민에게 생태배당금을 지급한다. 이 단계의 성과를 바탕으로 두 번째 단계에서 기본소득을 전 연령대로 확대한다. 최저임금의 현실화, 노동시간 단축, 주거권 보장을 함께 추진하며, 이를 위해 생태세를 도입하고, 고소득자의 소득세율과 법인세율 인상, 상속세, 불로소득, 부동산 보유세 강화, 재벌대기업·고소득층에 대한 비과세감면 축소, 탈세 근절 등을 통해 보편적 증세를 실현한다. 2016년 입법화 작업, 2017년 기본소득세 징수와 1단계 시작, 2020년 전 국민 기본소득 도입(2단계)의 일정도 가지고 있다(녹색당 제20대 총선 공약집).

노동자회'(전 좌파 노동자회)만이 일부 지지적 태도를 보이고 있다. 국가복지와 관련된 권력자원동원에 대한 역사적 경험이 미천하고, 1990년대 이후 약화된 노동조합의 권력과 연관이 있을 것으로 추정된다. 현재 우리 사회의 재벌, 공기업, 금융부문의 대기업 ―정규직 중심의― 노동조합은 복지국가 건설을 위한 연대조차 주도할 동기가 약하며(신정완, 2010), 기업별 노조체제는 노동운동이 복지국가 건설의 주체로 역할을 하는 데 결정적 장애물로 작용하고 있다(이태수 외, 2015: 292). 기본소득을 지지하는 일부 초기업 단위 노동조합(예: 알바노조와 청년유니온)의 노동자들은 고용지위와 기업규모에 따른 차원에서 '이중의 이중화'를 경험하는 매우 취약한 집단이다(정준호·전병유, 2016; 김영순, 2016: 234). 따라서 노동자에 대한 기대가 별로 크지 않은 것이 사실이다.[23] 노동자들이 기본소득에 대해 우려하는 부분을 경험적이고 논리적으로 풀어나갈 시간과 공간이 필요하며,[24] 노동시간 단축을 위한 최저임금 인상운동과 기본소득 운동의 연대전략은 정규직 노동자와 '프레카리아트'precariat

---

23 미래 인지자본주의 시대의 기본소득의 실현 주체는 노동자 계급이 아닌 일반대중이 될 가능성이 높다. 이미 전통적 계급갈등에 기반한 정당구조와 전혀 다른 다변화된 정치적 주체들이 새로운 권력자원으로 등장하고 있으며, 이들 간 정치적 연대와 세력화 작업이 어려운 것도 사실이다. 수급자 집단이나 중간 투표자median voter의 중요성이 강조되는 이유이다. 반면 자본가 계급 중 일부도 소비중심의 자본주의 사회에서 소비여력을 확대하고 지속적인 자본축적을 위해 기본소득 전략에 동의할 가능성이 있다(백승호, 2017: 210).

24 노동조합은 기본소득이 유연한 노동시장을 촉진시키고 자영업을 장려하여 노조가입률을 떨어뜨리고, ―노동자에게 생계 가능한 소득을 보장함으로써― 조합원에 대한 영향력을 하락시킬 수 있다는 점을 우려하고 있다. 그러나 소득과 관련된 최소한의 사회적 보호 수준을 설정하여 노동자의 협상력을 높이고 시간제 근로의 가능성을 향상시켜 더 많은 정규직 고용과 노조가입률의 상승을 도모할 수 있다(Torry, 2016: 179-180).

의 연대를 가능하게 할 것이다.

여성단체 역시 노동과 돌봄 관련 젠더 불평등에 관심을 두어, 해방적 기본소득에 대해 별 관심을 보이지 못하고 있다. 일부 정당(녹색당)과 민주노총 내 몇몇 여성 당원과 위원을 중심으로 논의가 진행 중이며, 페미니즘 관점에서 도입의 필요성을 적시한 학술논문도 발표되고 있다(권정임, 2013; 윤연숙, 2012; 윤자영, 2016; 윤자영 외, 2010). 기본소득이 젠더 평등을 고양시킬 것인지, 아니면 오히려 성별 노동분업을 강화시킬지에 관한 논쟁이 일부 진행 중이며, 남성 유급노동자 중심의 복지국가에서 노동윤리와 가족담론을 재구성할 수 있는 '젠더평등적 기본소득'에 대한 이슈는 아직 주변화 되어있다.

전략적 실현가능성을 높이기 위한 세부 전략으로 첫째 '이슈중심' 정책네트워크[25]의 정치적 영향력을 확장하는 작업을 들 수 있다. 핵심 주체는 전국/지역단위의 '기본소득한국네트워크'가 될 수 있다.[26] 우리 사회 시민정치의 역동적 에너지가 체제전환적 이슈를 만났을 때 변혁에 대한 가능성은 언제나 열려있다. '이슈중심' 정책네트워크의 지속적인 '비르투'virtu가 우리 시민정치의 역동성을 만나 '포르투나'fortuna와 결합한다면 새로운 혁명적 전환을

---

[25] 정책공동체보다 이슈중심 네트워크를 강조하는 이유는 기본소득이 가진 '가치'의 확산이 일상과 제도, 그리고 구조의 변혁을 위한 기본조건이 되며, 미래의 의제로서 다양한 가치와의 관계를 검증하고 토론할 여지를 마련하기 때문이다.

[26] 지난 10년간 기본소득한국네트워크는 학계와 싱크탱크, 언론 등의 광범위한 이해관계자와 함께 이슈중심의 정책네트워크를 구축하여 활동해 왔다. 특히 기본소득 아이디어의 제도적 표명institutional representation과 무엇을 탈/정치화할 것인지에 대한 전략, 그리고 정부, 의회, 공무원 간 정책네트워크에 어떻게 영향력을 줄 것인지 등에 대해 지속적으로 고민하고 있다.

기대할 수도 있다. 둘째, 이러한 활동을 정치적 공간에서 수용해 줄 진보적 정부가 존재할 때 구체적 입법과 정책으로 귀결될 수 있다. 조직노동의 역량이 취약하고 복지동맹의 견고한 축이 존재하지 않는 상황에서, 진보정당의 지지를 획득하는 작업은 매우 중요하다 (이태수 외, 2015: 294-298).[27] 진보의 연대를 확대하기 위해 좌파의 기본소득은 복지국가와 기본소득의 관계가 대체관계가 아니고 상호보완관계임을 강조하는 작업이 필요하다. 복지국가와 기본소득을 상보적 관계로 구성하는 작업은 실행전략의 핵심과업이며, 학계에서 충분한 이론적 논의를 통해 각 입장의 오해를 해소해야 할 필요가 있다. 따라서 학계의 전략적 실현가능성은 복지국가의 비전 안에 기본소득을 배치시키는 동시에, '단계적'이고 '점진적'인 이행방안을 구체화하는 데 달려 있다.

셋째, 기본소득이 빠르게 도입되기 위해서는 핵심 행위자의 정치적 이데올로기의 포지셔닝이 매우 중요할 수 있다(Torry, 2016: 187).[28] 2017년의 대선과정에서 정의당의 심상정 후보는 생

---

27 진보정당의 영향력을 확대하기 위해 선거제도에 대한 개혁도 필요해 보인다. 다양한 가치를 지닌 군소 진보정당이 일정한 정치적 권력을 획득하기 위해, '합의제 민주주의'로의 이행은 필수적이다. 합의제 민주주의 체제의 가장 큰 장점은 '포괄의 정치'politics of inclusion이며, 모든 시민이 정치적 결정과정에 동등하고 효과적으로 참여할 수 있는 열려 있는 정치를 의미한다(Iversen and Soskice, 2006). 비례대표제, 다당제, 연립정부 등의 다양한 특징을 가질 수 있지만, 무엇보다 '정당명부식비례제'로의 개혁은 소선거구제에 비해 상대적으로 사표死票를 최소화함으로써 국민의 정치적 이해를 더 잘 반영하는 제도적 기능을 수행하여 복지국가의 확대에 기여할 수 있다(Alesina et al., 2001). 동시에 진보정당의 의석수를 증대시켜 기본소득을 지지하는 군소정당이 정치적 권력을 획득하는 데 유리하게 작용할 수 있다. 기본소득의 전략적 실현가능성을 높이기 위한 기본 전제는 새로운 민주주의의 조건을 구축하는 데 있다.

28 이데올로기적 지향이 없거나 다양한 이데올로기를 가진 기본소득 지지자의 연합은 실제 제도화의 과정에서 논쟁과 대립으로 인해 기본소득안이 의도치 않은 제도로 변형되거나

애주기별 배당과 청년 사회상속세를 공약하여 기본소득에 대한 우호적 태도를 분명하게 표명했다. 그러나 원외 정당인 노동당과 녹색당에 비해 공약이 갖는 정치적 이데올로기와 비전 등이 상대적으로 명확해 보이지 않는다. 특히 우리나라와 같이 정치지도자의 리더십이 강한 정치제도하에서는 이들의 가치지향과 노력이 제도 시행을 앞당길 수 있기 때문이다. 한국적 맥락에서 기본소득이 어떤 문제에 대응하고 어떤 정책목적을 지향하는지를 명확하게 구성하고, 이와 조응하는 최적의 정책 패키지를 개발하는 작업이 선행되어야 한다.

제도적 실현가능성

제도적 실현가능성은 실제 정책의 실행과정에서 겪을 수 있는 행정적 어려움에 관한 이슈이며, 기존 제도와의 정합성에 대한 고민이 수반된다.[29] 행정적 실현가능성은 기본소득이 얼마나 많은 '행정비용'을 삭감할 수 있는지에 대한 질문이 아니라, '실제 지급대상에 대한 명부는 존재하는지', '어떤 방식과 수단을 통해 지

실행되지 않을 수 있으며(Fitzpatrick, 1999), 우파 버전으로 흐를 수 있다(심광현, 2012). 현재 우리나라의 상황은 좌파적 기본소득이 어젠다를 선점한 것처럼 보이고, 우파적 기본소득에 대한 구체적 내용이 묘연하지만, 정치적 지향과 목적이 뚜렷하지 않으면 정책 설계 과정에서 우파적 기본소득이 자연스럽게 편승할 수도 있을 것이다.

29 위스펠라에레와 노게이라(De Wispelaere and Noguera, 2012)의 '제도적' 실현가능성은 사후적 제약으로 분류되며, 실제 실행단계에서 발생할 수 있는 제도적 수단과 행정적 제약에 초점을 두고 있다. 그러나 토리(Torry, 2016)는 제도적 실현가능성을 '행정적' 실현가능성으로 재명명하고, 예측적/사후적 제약에 모두 포함된다고 분류했다. 기본소득의 도입을 위해 전략적 행위자들은 기존 제도와의 정합성에 대한 연구를 반드시 선행해야 하며, 이 부분의 결여는 제도적 실현가능성에 직접적으로 타격을 준다는 점에서 중요한 지적이다.

불할 것인지', 그리고 '시행 후 관리·감독할 행정적 역량과 방식은 충분하게 존재하는지'와 관련된 이슈이다. 첫째, 모든 개인이 등록되어 있는 최신 명부의 존재 여부와 관련하여, 우리 정부는 전 국민에게 주민등록번호를 부여하고 있어 대상 선정에 대한 행정적 어려움이 발생할 이유가 전혀 없다.[30] 역설적으로 권위국가적 통제국가의 장점이 부각되는 지점이다. 향후 쟁점이 될 만한 유일한 내용은 '시민'의 범주를 어디까지 허용할 것인지와 관련이 있다. 글로벌 시민권global citizenship에 대한 중요성이 확대되고 있는 시점에서 얼마나 오랜 기간 우리 사회에 거주해야 주민 혹은 시민으로 인정할 것인지에 대한 충분한 사회적 합의가 필요해 보인다.

둘째, 지불방식에 대한 논점은 '어떤 지불방식과 수단을 선택할 것인지'에 대한 질문과 우리 사회의 특수한 맥락에서 중앙정부와 지방정부 간 '재정적 책임' 배분의 측면으로 구분할 수 있다. 먼저 지불'방식'과 관련하여 '세제에 대한 감면'보다는 '현금을 지급하는 방식'이 선호된다. 기본소득과 부의 소득세NIT는 이론적으로 동일한 소득재분배와 노동공급 효과를 갖는 것으로 이해된다(Ackerman et al., 2006). 일종의 부의 소득세 방식인 '안심소득세'의 불평등 완화 효과가 더 크다는 연구 결과도 존재한다(한국경제연구원,

---

30 이란은 기업에게 지급하던 석유가격보조금을 개혁하여, 2010년부터 세계 최초로 모든 국민에게 월 40달러의 기본소득을 지급하고 있다. 흥미로운 점은 부조방식으로 설계되었던 본래 의도가 모든 개인에 대한 정확한 소득파악이 불가능한 행정적 한계로 인해 —갑작스럽게— 전 국민에게 확대·시행되었다는 것이다. 그 제도도, 행정적 역량의 부족으로 인해, 신청자를 중심으로 운영하고 있다. 종교적 이유로 인해 자발적으로 신청하지 않은 상류층과 영주권자(외국인)를 제외한 국민의 약 80%가 신청하여 기본소득을 받고 있다(Tabatabai, 2012). 다만 가족 구성원의 기본소득을 가구주에게 지급하여 '개별성'의 원칙이 크게 훼손되었으며, 젠더 불평등 현상이 오히려 강화되는 역효과를 발생시키고 있다.

2017). 그러나 부의 소득세는 지급시기(사전/사후), 기간(월/연), 대상(개인/가구), 급여의 성격(가시적/비가시적) 측면에서 기본소득과 완전히 다른 제도이며, 정확한 소득 신고가 전제되어야 하고, 소득 파악이 되지 않는 사람을 원천적으로 배제하는 한계를 가지고 있다. 소득파악이 가능하다 하더라도 월 단위의 주기적 소득파악을 통해 부의 소득세 수준을 결정하는 것은 거의 불가능에 가깝다. 행정적 절차도 판이하게 달라질 것이며, 정책의 지향과 목적이 기본소득의 주장과 다르다는 점에서 선택하기 어려운 방식이다.

구체적인 지급'수단'은 개별 금융계좌에 현금을 직접 입금하는 방법이나 바우처(종이화폐), 혹은 전자결제방식 등이 논의될 수 있다. 현재 성남시의 청년배당은 일종의 지역화폐와 같은 바우처로 지급하고 있으며,[31] 전자식 결제수단은 편리성과 관리의 용이성, 확산성 측면에서 장점을 가지고 있어 주목할 만하다. 현재 우리나라 금융산업과 서비스의 수준에 비추어 볼 때, 어떤 방식을 선택하든 큰 행정적 어려움은 없어 보인다. 다만 새로운 지불 메커니즘에서 누가 시스템을 관리하고 누가 이득을 얻는지에 따라 새로운 통치기술이 적용될 수 있음을 경계해야 한다.[32] 신자유주의적 기제

---

31 다양한 지급수단 중 성남시가 최종적으로 선택한 '성남사랑상품권'은 지역 내에서만 유통되고 발행의 목적이 지역경제의 선순환과 재래시장 활성화에 있다는 점에서 일종의 '지역통화'라고 할 수 있다. 청년배당의 대상에게 시에서 우편으로 수급내용을 통보하면, 주민센터에 가서 직접 수령해야 한다. 백화점 및 대형유통점, 기업형 슈퍼, 유흥주점과 뷔페, 예식장 등에서는 사용이 제한되며, 현금화는 가맹점주가 금융기관을 방문하여 환전한다. 청년배당이 실행되기 이전인 2006년 7월부터 존재했으며, 농협중앙회 성남시지부 28개 지점에서 누구나 현금이나 신용카드로 구매할 수 있다.

32 기술발전으로 인해 새로운 금융서비스는 빠르게 다양화하고 있으며, 새롭게 확장되는 국가-금융자본의 결합 및 이해관계를 주시할 필요가 있다. 정부가 4차 산업혁명 촉진을 위한 금융시장 혁신의 과정에서 최근 부상하고 있는 신기술과 금융서비스가 융합된 '핀테

아래 새로운 금융기술이 접목된 지불 메커니즘이 도입된다면, 기존의 금융 지배를 강화하는 기제로 작용할 수 있다. 반대로 새로운 지역통화의 발행과 시행을 통해 새로운 공유경제를 위한 실험의 장도 마련할 수도 있다.[33]

기본소득을 실행하는 과정에서 재정과 관련된 행정적 책임분담의 이슈도 존재한다. 현재 보건복지부 소관 세수에 기반한 사회복지사업은 법정지출이며 대부분 국고보조사업이다. 「보조금 관리에 관한 법률 시행령」(보조금 지급 대상 사업의 범위와 기준보조율)에 따라 국비의 지원 비중이 결정되며, 지방정부는 나머지 금액을 매칭하여 수급권자에게 지급해야 한다(박인화, 2017: 63).[34] 따라서 중앙정부 차원의 새로운 복지제도를 실행하는 과정에서 지방정부와 재정 분담을 둘러싼 행정적 갈등을 야기할 수밖에 없다. 행정적 책임 분담이 명확하지 않은 제도는 선심성 공약의 예산책임 회피 수단으로 활용되기도 한다.

제도의 행정적 실행가능성은 명확한 재정적 책임명시와 역할 분담을 통해 향상될 수 있다. 중앙정부 차원에서 전국민을 대상으로 기본소득을 실시한다면 재정적 부담도 온전히 국가에서 책임을

크' 활성화를 지향하고 있으며, 인터넷 전문은행의 경영 안정화를 위한 은행법 개정의 노력을 지속적으로 주도하고 있기 때문이다(기획재정부, 2016).

33 금융자본 메커니즘의 대안으로 제시된 지역통화와 공유화폐에 대한 소규모 실험이 국 내·외에서 활발하게 진행 중이다. 국내의 경우 강원도, 강화, 수원, 성남 등이 대표적인 지역이다.

34 국민기초생활보장제도의 생계, 주거, 자활, 해산/장제, 교육, 의료급여(서울 50, 지방 80), 장애수당/장애아동수당(서울 50, 지방 70), 영유아보육료 및 가정양육수당(서울 35, 지 방 65), 저소득 한부모가족지원(서울 50, 지방 80) 등이다. 기초연금의 경우 '기초연금법' 시행령(국가가 부담하는 기초연금 지급 비용의 비율)에 따로 명시되어 있다.

가지고 충당하는 것이 마땅하다. 만약 지방정부 차원에서 실시된다면 일정 수준의 국비지원을 명문화하거나, 지방교부세의 감액이나 반환조항에 대한 조정도 필요해 보인다. 지방교부세법(제11조 2항)에 따르면 '행정자치부 장관은 지방자치단체가 법령을 위반하여 지나치게 많은 경비를 지출하였거나 수입확보를 위한 징수를 게을리 한 경우에는 그 지방자치단체에 교부할 교부세를 감액하거나 이미 교부한 교부세의 일부를 반환하도록 명할 수 있다'라고 명시하고 있다. 실제 2015-2016년 서울시와 성남시의 재량적 복지사업에 대한 통제를 위해 지방교부세를 감액하겠다는 압박이 존재했다.

셋째, 기본소득과 관련된 관리체계의 이슈는 상대적으로 간결하다. 기본소득이 '해당 대상에게 사각지대 없이 정확한 시점에 지급되는지', '이중수혜나 부정수급의 문제는 없는지' 등과 관련된 문제이다. 기본소득은 모든 시민에게 지급되기 때문에 이 문제는 크게 부각되지 않을 가능성이 높다. 다만, 앞선 두 가지 행정적 절차의 준비 과정과 수준에 따라 정책적 오류와 비효율성 문제가 부각될 수 있으며, 교정을 위해 필요한 행정력과 비용도 달라지게 된다(Torry, 2016: 122-123).

현재의 사회복지 전달체계를 활용해도 관리·감독 업무는 충분히 가능할 것으로 전망된다. 대상 선정과 지급수단에 대한 합리적인 방식이 채택되면, 일선 사회복지전담공무원의 행정 업무량은 대폭 축소될 것이다. 그리고 현재의 사회부조제도가 대상자 선정, 부정수급관리 등에 집중될 수밖에 없는 반면, 기본소득 도입 시 해당 공무원들도 사례관리, 상담·치료, 네트워킹, 조직화 등과 같은 전문가적 자율성이 보장된 실질적인 복지업무나 사회행동 혹은 사회적 '옹호' 활동에 더욱 몰두할 수 있게 된다. 결국 기본소득은 사회복지행정과 전달체계 차원에서 바람직하고 미래 지향적인 변화를 가능하게 할 것이다.

기본소득의 실행과정에서 기존 제도와의 관계 설정에 대한 고려도 필요하다. 기본소득과 관련된 학술적 논쟁의 핵심도 기본소득과 현존하는 복지체계와의 정합성에 주목하고 있다. 기본소득이 기존의 복지제도를 대체하거나 높은 재정적 부담으로 인해 사회서비스 영역의 발전을 제약하는 부정적인 효과를 우려하기도 한다. 이에 최근 정합성 이슈를 다루는 연구들이 본격적으로 발표되고 있다(김태완 외, 2016; 김성아·김태완, 2017; 김교성 외, 2017). 특히 본 서의 8장은 변화하는 노동시장에 조응하고 권리로서 복지가 보장되는 새로운 복지국가 패러다임의 입장에서 포괄적 정책 패키지를 제시하고 있다. 주요 내용은 중위소득 30% 수준의 기본소득 도입, 현금형 사회부조(생계급여, 기초연금, 장애수당, 한부모수당, 양육수당)의 대체, 연금과 실업급여의 내용 조정, 그리고 교육, 보육, 의료, 직업훈련 등의 사회서비스에 대한 대폭적인 확충을 골자로 하고 있다.

김성아·김태완(2017)도 기본소득과 소득보장정책과의 관계에 주목하고 있는데, 국민연금 균등부분과 실업급여의 부분 대체, 기초연금의 통합, 사회서비스 성격의 건강보험과 의료급여 유지 등 본 서의 주장과 유사한 주장을 하고 있다. 다만 생계급여와 관련하여 좀 더 구체적인 설명을 통해 세심한 관계설정을 요구하고 있다. 기본소득을 '소득'으로 간주하느냐에 따라 생계급여의 지속가능성은 달라지게 되는데, 기본소득을 소득으로 인정하면 생계급여는 대체되거나 급여액이 삭감될 수 있기 때문이다. 그러나 기본소득을 ―소득이 아닌― 소비를 위한 필수적인 비용으로 간주하면, 생계급여는 유지되고 수급자는 기본소득과 생계급여의 동시적 수급을 통해 총소득을 늘릴 수 있다. 이 경우 차상위계층과의 형평성 문제가 부각된다(김성아·김태완, 2017: 264). 실현가능성은 물론이고 '어떤' 기본소득을 도입할 것인지에 대한 질문은 제도 간 정합성의 문제와 밀접한 관련이 있다. 전반적인 사회보장체계 안에서 제도적 실현가능성을 높이기 위한 노력이 요구된다. 학계의 지속적인 연구 활동과 여러 주체들이 주도하는 다양한 실험, 사회적 타협을 위한 활발한 논의의 과정이 필요해 보인다.

심리적 실현가능성

기본소득에 대한 일반대중의 수용도는 어떠한가? 심리적 실현가능성은 기본소득의 실행 이전에 대중들의 이해와 승인에 대한 내용이다. 각종 여론조사와 연구기관에서 조사한 내용을 정리하여 심리적 실행가능성을 탐색해보자. 주요 언론기관에서 수행한 여론조사의 결과는 〈표 3〉과 같다. 먼저 문화일보와 서울대학교 폴랩이 전국의 19세 이상 1,009명을 대상으로 실시한 '한국인의 의식구조에 관한 설문'(2017. 3.)에 의하면, 기본소득의 국가보장제에 찬성하는 응답자는 무려 77.4%에 이르고 있다. 다른 조사에 비해 매우 높은 수준이며, '찬성' 비중은 '여성'(82.3%), '19-30세'(81.3%), '광주/전라'(82.4%), '고졸 이하'(78.6%), '199만 원 이하'(84.4%)에서 더 높게 관찰된다.

패널나우에서도 '기본소득제에 대해 어떻게 생각하시나

표 3 기본소득 실시에 관한 찬반조사 결과

(단위: 명; %)

기관	일시	대상	찬성(공감)	반대(비공감)	유보
문화일보	2017.3.28-30	전국 19세 이상 1,009	77.4	22.6	
패널나우	2017.2.26-10	전국 14세 이상 14,635	58.5	25.1	16.4
엠브레인	2016.7.12-15	전국 19-59세 1,000	50.5	28.8	20.7
한겨레 21	2016.12.20-23	전국 19세 이상 1,042	49.4	42.2	
	2016.12.20-23	전국 19-34세 1,000	48.6	51.4	
매일경제	2017.2.17-18	전국 19세 이상 1,000	30.5	50.8	18.8
서울대 사회정책 연구그룹	2010.11.15-12.15	전국 19세 이상 1,209	42.8	36.8	20.3
	2012.1.9-2.10	전국 19세 이상 1,210	37.7	43.7	18.6
현대경제연구원	2016.6.14-23	전국 20세 이상 1,012	20.6	75.4	
한림대 세대공생연구팀	2016.8	전국 20세 이상 502	19.7(적극) 43.0(대체로)	28.3(대체로) 9.0(적극)	

요?'(2017. 2.)라는 제목으로 '퀵 서베이'를 실시하였는데, 전국의 만 14세 이상 14,635명 중 8,560명(58.5%)이 기본소득의 국내 도입에 찬성하고 있다. 자발적으로 참여한 패널을 중심으로 실시한 온라인 설문조사의 결과이지만, 응답자의 수가 상대적으로 많다는 점에서 의미가 있다. 엠브레인도 전국 만 15-59세 1,000명을 대상으로 '기본소득제 도입, 어떻게 생각하십니까?'(2016. 7.)라는 조사를 실시하였는데, 응답자의 50.3%가 찬성의견을 제시

했으며, 반대의견은 28.8%에 불과했다. 찬성 이유는 '양극화 문제 해결'(59.6%), '미래 불안감 해소'(50.3%), '사회불안요소 감소'(47.5%), '삶의 여유'(44.6%) 등인 반면, 반대 이유는 '일하지 않는 사람까지 생활비를 주는 것이 공정하지 않아서'(67.0%), '일을 안 하는 사람이 늘어날 것 같아서'(66.7%), '세금이 너무 많이 들 것 같아서'(66.0%), '근로의욕이 없어질 것 같아서'(52.4) 순으로 나타났다.

기본소득에 관한 긍정적 담론의 형성과 확산을 주도해 온 '한겨레 21'이 전국 만 19세 이상 1,042명을 대상으로 '주요 정치현안 및 기본소득 관련 특집 조사'(2016. 12.)를 실시한 결과, 기본소득 도입에 공감(49.4%)하는 응답자가 그렇지 않은 응답자(42.2%)에 비해 높게 나타났다. 그러나 '한겨레 21'이 엠브레인에 의뢰하여 전국 19-34세 성인 1,000명을 대상으로 조사한 '대통령선거 정치의식에 대한 여론조사'(2016. 12.)는 조금 다른 결과를 보여주고 있다. 기본소득에 대한 인지수준(80.1%)은 매우 높은 편이나, 전 국민에 적용하는 정책에 대한 '공감도'(48.6%)가 '비공감'(51.4%)에 비해 낮게 나타나고 있으며, 기본소득의 도입(36.8%)보다는 국민기초생활보장, 기초연금, 실업급여 등 '기존 사회보장제'의 확대(63.2%)를 선호하고 있다. '매일경제'에서 실시한 '대통령선거 대선공약 여론조사'(2017. 2.)의 결과에서도 전국 만 19세 이상 성인 1,000명 중 약 50.8%가 기본소득이 대선 공약으로 '적합하지 않다'고 응답하여, '적합하다'(30.5%)를 앞지르고 있다. 특히 '55-59세'(72.0%)와 '보수'성향(68.5%), '자유한국당'(68.4%)과 '바른정당'(73.9%) 지지자의 부적합 응답 수준이 상대적으로 높게 나타나고 있다.

각종 연구기관에서 실시한 조사의 내용도 상반된 결과를 보여주고 있다. 한국연구재단과 한국조세재정연구원의 후원을 받아 서울대 사회정책연구그룹에서 작성한 '한국 사회정책 욕구 및 인식조사'는 제3차(2010)와 제4차(2012) 조사에 기본소득에 관한 설문항목을 포함하고 있다. 3차 조사에서는 기본소득의 지급 필요성에 동의하는 응답(42.8%)이 반대(36.9%)보다 높게 나타났으나, 제4차 조사에는 동의하는 비중(37.7%)이 소폭 하락(-5%p)하여 반대하는 견해(43.7%)보다 낮은 수준을 보이고 있다(안상훈, 2014). 무상보육의 확대과정에서 불거진 예산갈등과 증세에 대한 부담이 작용한 결과로 추정된다. 이 조사는 학계에서 실시한 최초의 조사라는 점에서 의미가 있으나, 기본소득 의제가 가시화되지 않은 시기의 조사로 큰 의미를 발견하기 어렵다.

상대적으로 최근에 발표된 현대경제연구원(2016)의 '경제적 행복의 장애요인' 보고서도 유사한 결과를 보여주고 있다. 전국 20세 이상 1,012명을 대상으로 한 설문조사 결과, 기본소득의 찬성 비중(20.6%)이 반대(75.4%)에 비해 상대적으로 낮게 나타나고 있다. '남성'(23.0%), '20대'(28.3%), '미혼'(24.3%), '공무원'(31.3%), '무직'(29.8%)의 찬성 의견이 높게 나타난 반면, '50대'(81.3%), '기혼'(77.2%), '전문직'(83.3%), '고소득'(89.7%), '자산 10억 원 이상 부유층'(84.3%)의 반대 인식이 부각되고 있다. 보고서는 기본소득의 찬성 비율이 낮아 '당장 발등에 떨어진 불은 아니지만, 불평등의 심화와 경기부진의 지속으로 관심은 높아지고 있으며 선제적 준비가 필요해 보인다'고 지적하고 있다. 반대로 한림대 세대공생연구팀이 전국 20세 이상 502명을 대상으로 한 설문조사 결과는 기본소득 도입의 찬성 비중(62.7%)이 상대적으로 높게 나타나고 있다. '시민의 정당한 배분'(63.7%)이며, '빈곤과 불평등의 감소'(62.3%)와 '조화로운 삶의 질 향상'(65.5%)에 대한 기대에 기초하고 있다. 반대하는 입장(37.3%)의 논리는 '막대한 재정적 부담'(77.3%)과 '지속가능성'(71.3%), '이민자에 대한 사회적 부담 우려'(72.3%)로 요약할 수 있다. 따라서 실제 도입가능성(22.9%)도 매우 낮게 평가하고 있다(석재은, 2017).

기본소득에 관한 일반대중의 심리는 '찬성'과 '반대'가 공존하고 있는 것처럼 보인다. 다만 연령이 낮을수록 기본소득을 지지하는 성향이 존재하며, 이러한 현상은 반대 성향의 응답자가 많은 매일경제와 현대경제연구원의 조사에서도 동일하게 관찰된다. 학생과 무직, 불안정노동자의 지지 현상이 확실하게 발견되며, 상위층의 반대 성향도 부각되고 있다. 이들은 재정적 부담에 대한 우려와 노동윤리의 명제에 갇혀 욕구와 필요원칙에 근거한 기존 복지체제를 선호하고 있다. 일반대중에 대한 여론 조사의 결과는 조사기관의 정치적 성향에 따라 크게 좌우되고 있다.[35]

언론 정보는 대중의 판단기준이 되고 인식과 관점 형성에 영향을 미치며, 이데올로기의 재/생산 수단으로 작용할 수 있다(Fairclough, 1995). 정치권력의 속성을 가진 언어는 사회적 힘을 가진 담론으로 진화하여 특정 대상에게 사전에 강력한 해석틀을 제공하며 인식을 규정한다(박해광, 2002; 김윤민, 2016: 284). 따라서 일반대

---

35 표본추출방법과 설문방식에 따라 분석 결과의 신뢰도와 타당성이 의심되기도 한다. 정부 차원에서 실시하고 있는 각종 패널조사(예: 한국복지패널)에 기본소득에 관한 설문항목을 포함하여, 더욱 확장된 인구집단을 대상으로 반복적인 견해 파악이 필요해 보인다.

중의 태도에 영향을 미치는 언론의 재현representation 방식과 틀짓기 framing 지형에 대한 파악은 매우 중요한 작업이다.

이를 위해 지난 10년간 주요 일간지에 게재된 기본소득 관련 기사에 대한 양적 내용분석quantitative content analysis을 실시하였다. 분석방법과 관련하여, 연구모집단을 구성하기 위해 우리나라의 대표적인 일간지 7개를 선정하였다. 한겨레, 경향신문, 조선일보, 중앙일보, 동아일보, 매일경제, 한국경제 등이 포함되며, 이들은 진보와 보수, 경제지를 대표하는 신문들이다. 관련 기사는 뉴스전문검색 사이트인 KINDS(www.bigkinds.or.kr)를 통해 표집하였다. 다만 조선일보, 중앙일보, 동아일보의 경우 KINDS에 기사를 제공하고 있지 않아, 해당 홈페이지를 방문하여 텍스트를 직접 표집하였다.

헤드라인이나 소제목에 '기본소득'이 포함된 기사를 검색한 결과, 총 1,407개의 기사가 수합되었다. 전혀 관련이 없는 기사나 주제어가 다른 의미로 사용된 기사(예: 기본적인 소득보장) 등을 제외한 수치이다. 분석기간은 기본소득이 정치권에 처음으로 의제화되었던 2007년 1월 1일부터 2017년 5월 30일까지로 설정하였다. 분석을 위한 핵심 범주체계는 기본소득의 도입이나 내용과 관련된 주요 입장 혹은 견해이며, 긍정(찬성)과 부정(반대), 중립으로 단순하게 구분하였다. 해당 텍스트가 반드시 한 범주에 귀속되어야 한다는 의미에서 총망라적이며, 동시에 두 범주에 포함될 수 없다는 점에서 상호배타적이다. 단순한 사실 전달이나 국외 사건에 대한 소개(예를 들어 프랑스의 대선 관련 내용 등), 혹은 균형적 시각이 담겨있다고 판단되는 경우 중립으로 분류하였다. 주요 지지자들의 발언이나 관련 행사의 내용을 다루는 기사는 긍정으로 분류했으며, 책과 사건에 대한 소개도 긍정과 부정의 편향된 맥락이 담겨 있다고 판단되면 중립이 아닌 긍정/부정으로 분류했다.

기본소득에 관한 기사는 2007년부터 2009년까지 총 16개에 불과했다. 2010년 이후 증감을 반복하던 관련 기사는 2014년과 2015년에 각각 69개를 기록하면서 점차 증가하기 시작하더니, 2016년 이후 폭발적으로 증가하고 있다. 2016년과 2017년에 게재된 기사 수는 각각 444개와 643개에 이르고 있다. 다양한 요인이 복합적으로 작용한 결과로 추정된다. 국외의 다양한 실험이 언론에 크게 조명되고, 제16차 BIEN 세계대회가 아시아에서 최초로 서울에서 개최되면서 기본소득에 대한 관심이 집중되었다. 성남시의 청년배당이 실행되고 중앙정부와 갈등을 초래하면서 언론의 관심은 더욱 고조되었으며, 이러한 추세는 2017년 각 정당의 대선후보의 선출과 대선 과정, 그리고 새로운 대통령의 취임까지 지속되었다. 특히 2016년의 기사 중 73.6%(327개)와 2017년의 65.8%(423개)가 기본소득에 대한 긍정적 내용을 담고 있다. 일부 편향적 언어 사용을 통해 부정적 프레임을 구축하기 위한 시도도 함께 관찰된다. 이 범주에는 총 246개의 기사(전체의 17.5%)가 존재하며 그중 2016년(99개)과 2017년(132개)의 기사가 93.9%를 차지하고 있다.

사설과 같은 논평적 글에서는 언론의 정치적 편향이 확연히 구분되는 '언어'의 사용이 포착된다. 〈표 4〉를 보면, 부정적 담론을 재현하는 언표에는 '포퓰리즘', '재정파탄', '공짜', '도덕적 해이', '게으름', '복지병', '복지축소', '추상적', '위험한', '시장 왜곡', '시기상조' 등이 포함되어 있다. 재정적으로 실현불가능하고, 시장을 왜곡하는 추상적이고 위험한 좌파들의 비합리적 전략으로 치부하

표 4 내용분석을 위한 범주체계

범주체계	구성범주
긍정	새로운 복지 패러다임 (탈성장, 지속가능성, 녹색, 생명, 여성, 근본적 변화)
	대안 (미래지향, 상상, 진보, 희망, 창조, 꿈)
	분배 (사회안전망, 공평, 공정)
	존엄 (인간다운 삶, 행복, 품위, 관계지향, 차별없이, 불안 감소)
	일자리 나누기 (노동시간 단축)
	공유 (공유재, 공유자원, 공유지식, 사회적 부/생산, 공공성)
	노동의 다양성 (부불노동, 그림자노동, 돌봄노동, 활동, 좋은 일자리)
	재원 (실현가능성), 증세(누진세, 보편증세)
	권리 (시민권, 소득보장, 정치적 자유, 안전, 건강, 여가, 노동권), 국가의 의무
	민주주의 (참여, 직접, 생활정치, 주체성, 협력, 신뢰, 연대)
부정	포퓰리즘 (선심성 공약, 표 구걸, 환심)
	재원 (막대한, 무분별, 재정파탄, 부채, 재앙), 증세 (예산, 조세저항)
	공짜 (공돈, 퍼주기식, 돈풀기)
	노동가치 (게으름, 복지병, 도덕적 해이, 근로유인 하락)
	취약층 (선별복지), 복지축소
	일자리 보장 (고용정책)
	추상적 (공상, 유토피아, 비현실적)
	위험한 (좌파, 선명성 경쟁, 사회주의적)
	시장 왜곡 (시장침체, 경제비틀기, 국가경쟁력 하락, 성장)
	시기상조

여, 기본소득의 다양한 가치들을 은폐하고 공포와 두려움을 조장하는 전략을 사용한다. 한편 기본소득을 긍정적으로 재현하는 언표에는 '새로운' 복지패러다임, '대안'적 '분배'구조, 인간에 대한 '존엄', '부의 공유', '노동의 다양성', '권리', '시민권', '참여', '민주

주의' 등이 적극 활용되고 있다. 인간의 행복과 존엄을 위해 필요한 권리, 공유자원의 합당한 몫, 기존 패러다임이 드러내지 않은 다양한 가치를 인정하는 대안기제로 재현되고 있는 것이다.

신문사의 성향에 따라 찬성과 반대의 입장도 다소 차이를 보이고 있다. 진보성향의 한겨레/경향신문의 논조는 대체로 찬성하는 입장을 보이고, 보수성향의 조선/중앙/동아일보 기사의 66.5%가 기본소득에 공감하는 내용을 담고 있으며, 경제신문의 경우 오히려 부정적인 태도가 더 많이 관찰되고 있다. 경제신문의 경우 성장 담론, 포퓰리즘 담론, 노동윤리 담론, 정치적 색깔 담론, 재원 담론, 시기상조 담론을 형성하여 대중에게 공포와 두려움을 심어주는 역할을 하고 있다.

이상의 분석 내용을 요약하면, 2016년 이후 기본소득 관련 기사는 양적으로 급격히 증가하였고, 긍정적 내용이 압도적으로 많은 편이며, 진보성향의 신문사가 긍정적 담론의 형성과 파급에 큰 역할을 하고 있는 것처럼 보인다. 이들 신문사는 분배담론, 대안담론, 다양성 담론, 공유담론을 통해 숨겨진 사건과 목소리를 찾아 보도하며 기본소득의 해방적 가치를 알리고 필요성을 촉구하는 역할을 하고 있다.

내용분석을 통해 보면, 기본소득에 대한 부정적 정치담론의 심연에는 신자유주의적 성장과 효율성 담론, 노동윤리와 능력주의가 깊이 내재해 있다는 사실을 확인했다. 어떠한 방식으로 이러한 담론을 균열시키고, 다른 윤리적 가치가 자라날 수 있는 공간을 만들어 낼 수 있을까? 헤게모니적 도덕담론hegamonic moral discourse은 바꾸기 어렵지만 교육이나 사회적 경험을 통해 다수의 개

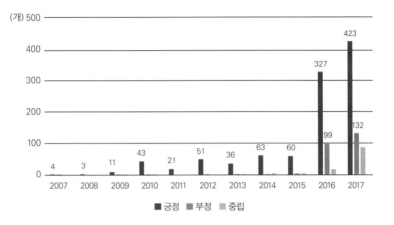

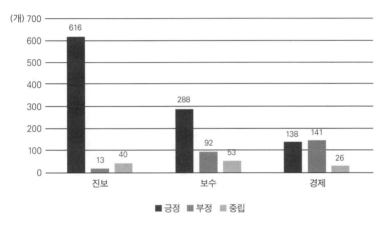

그림 1 기본소득 관련 기사의 추이와 신문사별 입장 차이

인이 기본소득의 권리성과 이점에 대한 이해 수준을 향상시킨다면 새로운 변화가능성을 포착할 수 있다(Torry, 2016: 88-92). 진보언론의 긍정적인 담론 형성과 지속적인 관심이 중요한 이유이다. 다양한 실험이나 단계적 실행도 대중의 인식에 직·간접적으로 영향을 미치며, 경험의 사회적 축적을 통해 변화의 방향을 바꿀 수 있을 것이다.

행태적 실현가능성

행태적 실현가능성은 기본소득이 실행된 이후 제도가 개인의 행동에 미칠 영향과 가능성에 대한 관심이다.[36] 정책 설계 시 기대한 효과를 발생시키고, 왜곡된 결과를 낳지 않게 하여, 제도의 내적 안정성을 도모하고, 장기적 존속을 가능하게 할 수 있다(De Wispelaere and Noguera, 2012: 29-30). 만약 개인이나 가구, 사회와 경제에 미치는 영향이 불확실하다면, 정부는 기본소득의 도입과 실행 자체를 주저할 수 있다(Torry, 2016: 144). 개인의 행동에 미치는 영향은 크게 '설계된 변화'와 '행동 변화의 가능성'으로 구분할 수 있다.

첫째, 모든 사람에게 기본소득을 제공하여 빈곤과 불평등 수준을 완화하는 예측된 변화를 기대할 수 있다. 정책의 투입과 산출에 대한 일상적인 예측과 평가의 과정이 수반된다. 둘째, 개인의 실질적 자유의 증진이라는 기본소득의 핵심 가치로 인해, 개인의 선택권과 복지의 다양성을 확장한다는 측면에서 우연적 변화가능성을 내포한다. 개인의 노동시장 참여, 고용형태, 가족구성, 젠더관계, 조세순응, 지리적 이동 등 변화는 다차원적이고 전방위적일 수 있다.[37] 그러나 ―행동 변화와 관련된― 다수의 논의는 '근로유인 축소'라는 부정적 태도에 집중하고 있다.[38]

---

36 위스펠라에레와 노게이라(De Wispelaere and Noguera, 2012)는 제도의 영향력을 개인에게 집중하고 있는 반면, 토리(Torry, 2016)는 영향력의 범위를 개인과 가족을 넘어 사회와 경제적 차원까지 확장하고 있다.

37 잘 알려진 실험결과에 따르면, 경제성장과 소득재분배(브라질), 빈곤율과 실업율 감소(나미비아), 자영업(나미비아) 혹은 창업(인도)의 증가 현상이 목격되며, 건강수준 개선, 학교 출석율 증가, 주거환경 개선 등의 사회적 변화도 관측된다(강남훈, 2010b; 정원호 외, 2016).

38 기본소득의 '무조건'적 특성에 대한 우려이며 심리적 실현가능성에서 언급한 '노동윤리'

사실 기본소득은 개인의 경제활동을 제약했던 요인을 제거하고 새로운 기회를 창출하여 임금노동에 접근할 수 있게 해 주는 일종의 '촉매제'이며 '새로운 사유의 물결'이다(Ferguson, 2015: 57-63). 그럼에도 불구하고 개인의 근로유인에 미치는 영향이 어떠한가를 검증하기 위해 다수의 실험이 진행 중이다. 핀란드는 관대한 실업급여와 기본소득을 비교하는 일종의 실업함정에 대한 실험을 수행하고 있다.[39] 이 실험은 중앙정부 단위에서 실시하는 세계 최초의 실험으로 인식되고 있다. 네덜란드의 일부 지방정부Utrecht, Groningen, Tilburg, Wageningen도 사회부조에 내재되어 있는 조건성의 완화가 고용, 교육, 건강 등에 미치는 영향에 대한 실험을 계획하고 있다.[40]

　　한편 케냐와 캐나다 온타리오Ontario에서 진행하고 있는 실험은 변화의 차원에 대한 좀 더 개방적인 성격을 가지고 있다. 케냐의 실험은 경제적 지위(소득, 자산, 생활수준), 시간 사용(일, 교육, 여가, 지역사회활동), 위험수용(이주, 창업), 젠더관계(여성의 임파워먼트), 삶에 대한 전망과 열망 등에 주목하고 있으며, 캐나다의 실험은 음식 보장, 정신건강(스트레스와 불안), 보건서비스 이용, 주거 안정, 교육과 직업훈련, 고용과 노동시장 참여 등의 다양한 차원에 관

와 연관이 있다. 기본소득을 반대하는 입장의 핵심 주장이며 부정적 담론 형성을 위한 주요 전략으로 활용되고 있다.

39　기존의 실업급여가 실업률 상승을 유발한다는 문제의식 아래, 월 550유로의 기본소득을 지급하고 태도를 관찰하는 2년(2017. 1. 1.~2018. 12. 31.) 계획의 실험이다.

40　실험집단을 근로연계에 대한 조건 미부과, 좀 더 집중적인 근로연계형 재통합 서비스 제공, 취업해도 추가적인 근로소득 허용 등의 세 집단으로 세분화할 계획이다. 근로연계의 조건을 명시한 '참여법'the Participation Act 저촉 여부를 두고 해당 지방정부들은 중앙정부와 갈등 관계에 놓여 있다.

심을 두고 있다.

이처럼 다양한 해외 실험들은, 기본소득에 내재되어 있는 기본 철학이나 제도적 차별성(특히 무조건성)이 실제 정책으로 구현될 때 발생할 수 있는, 인간의 다양한 행동 변화에 대한 연구라고 할 수 있다. 특정 인구집단에 대한 실험의 결과를 통해 비판적 견해에 대한 반론의 근거를 마련함으로써 기본소득의 단계적 발전과 실현가능성을 증대시키기 위한 노력이다. 다만 정해진 기간에 특정 인구집단만을 대상으로 하여 진정한 기본소득에 대한 실험이 아니라는 입장도 존재한다.[41] 실험 중에 발생할 수 있는 대상의 '반응성'reactivity으로 인해 신뢰도가 위협받을 수도 있다.

그렇다면 실제 유사한 제도를 시행하고 있는 알래스카와 이란의 경우, 노동에 미치는 영향은 어떨까? 1982년부터 현재까지 영구배당기금을 지급하고 있는 알래스카는 제도의 시행으로 인해 노동공급은 일부 감소했으나, 오히려 시간당 임금이 인상되어 주민의 노동소득 감소로 이어지지 않았다. 일을 완전히 그만두는 개인도 많지 않으며, 파트타임 노동자의 비율이 약 2% 정도 상승했다(Marinescu, 2017; 최한수, 2017: 50). 기본소득이 노동공급에 미치는 영향이 기대와 달리 고용형태, 임금수준, 고용조건 등에 따라 달라져 복잡한 양상을 띄고 있다. 한편 이란은 2010년부터 석유가격 보조정책의 일환으로 전 국민 기본소득을 시행하고 있다. 최근 발간된 연구보고서에 따르면, 노동시장과 약한 연관성을 보이는 청

---

41 기본소득의 '보편성' 원칙에 위배되며, 자산조사를 통해 대상을 제한하면 '무조건성'의 위반이다. 기간의 설정으로 인해 '지속성'(혹은 정기성) 차원의 문제도 야기될 수 있다.

년층을 제외하고 기본소득이 근로유인을 저해한다는 근거를 발견하기 어렵고, 오히려 서비스 섹터의 노동자들은 사업을 확장시키며 근로시간을 증대시키고 있다(Salehi-Isfahani and Mostafavi-Dehzooei, 2017).

우리나라에서 기본소득과 근로유인 혹은 노동공급에 관한 연구를 찾기는 쉽지 않다. 노동시장에 미치는 영향에 관한 이론적 논의는 존재하나(정원호 외, 2016), 대부분의 경험적 연구는 근로유인이나 노동공급의 변화와 같은 2차 효과를 고려하지 못하고(이건민, 2017), 빈곤완화나 소득재분배 효과에 천착하고 있다(강남훈, 2013; 김교성, 2009; 백승호, 2010). 국내에서 실행되고 있는 성남시의 청년배당과 각종 자발적 실험들도 근로유인에 큰 관심을 두고 있지 않으며, 행동에 대한 분석을 본격적으로 시도하고 있지 않다. 정책 설계단계부터 목표 자체가 상이하게 구성되어 있기 때문이다.

성남시의 청년배당은 고용과 연계되지 않은 '청년지원' 정책을 지방정부 차원에서 실행했다는 점에서 큰 의미를 갖지만, 정책의 주된 목적이 청년의 생활보장과 지역경제 활성화에 있기 때문에, 수급대상의 만족도와 지역의 내수 진작 효과에 대한 분석에 집중하고 있다. 청년의 행동변화에 대한 본격적인 평가 작업이 필요해 보인다. 한편 서울시의 청년수당은 청년의 노동시장 이행단계에서 '활동'에 대한 지원 정책으로 시작했지만, 중앙정부와 갈등이후 '구직활동 연계'라는 조건성이 강화되어, 구직촉진수당의 성격이 강해졌다. 성과지표 역시 초기에 설계된 원안(2016. 3.)의 '없음'이 제1차 수정안(2016. 6.)의 '청년활력지수'와 제2차 수정안(2017. 1.)의 경제활동참가율, 취업률, 시험·면접 응시횟수 등으로 변경되었다.

정책의 목표와 성과지표가 무엇인지에 따라 개인의 행동변화에 대한 사후적 연구가 밀접한 연관성을 갖고 있다. '한겨레 21'과 '기본소득대전네트워크'는 크라우드 펀딩방식의 모금과 대상에 대한 추첨 방식을 통해 기본소득 수급자의 생활에 대한 일종의 실험을 진행하고 있다. 아주 한정된 기간 동안 소수에게 지급하여 실험에 대한 반응성과 대상의 제한성의 문제가 존재할 수 있고, 현재까지 보도된 결과들도 인터뷰 수준에 불과하여, 본격적인 행동변화에 대한 세심한 관찰이 필요해 보인다.

행태적 실현가능성을 향상시키기 위해서는 다양한 방식의 사회적 실험을 활발하게 시도할 필요가 있다. 실험설계의 신뢰성을 높이기 위한 세심한 노력도 요구된다. 동시에 실험결과에 대한 해석도 신중하게 접근해야 한다. 미국과 캐나다에서 1960년대 대규모로 수행된 '부의 소득세' 관련 실험에 대한 '해석의 오류'와 그로 인해 기본소득 운동의 동력이 급속하게 저하된 사건은 이미 잘 알려진 사실이다.[42] 따라서 실험의 결과는 설계의 체계나 방법과 무관하게 사회·경제·문화적 맥락에 맞게 해석되어야 하며, 확대적용의 가능성을 경계해야 한다. 앞선 경험적 사례에서 추론할 수 있듯이, 노동윤리를 넘어서지 못한 정치인과 같이 '현상유지'적이거나 '위험회피'

---

[42] 뉴저지New Jersey(3년간 1,357가구), 라임RIME: Duplin, Pocahontas, Calhoun Counties(3년간 809가구), 시애틀Seattle과 덴버Denver(20년간 809가구), 개리Gary(3년간 1,800가구) 등에서 수행된 실험에서 약 10% 안팎의 노동시간 감소를 보이며 우려했던 급격한 하락이 관측되지 않았으나, 일부 지역에서 이혼율이 급증하자 기본소득을 지지했던 일부 정치인들이 반대를 표명했다. 추후 이혼율의 증가는 통계적 오류였으며, 노동시간 감소도 과장된 것으로 밝혀졌다(Forget, 2011: 288; 정원호 외, 2016: 137).

적인 사람일수록 기본소득을 반대할 가능성이 높으며, 비난의 도구나 근거로 잘못 해석된 실험결과들이 활용될 수 있다.

기본소득은 '신뢰'에 기반한 정책이다. 모든 사람에게 무조건, 정기적으로 현금을 제공한다는 것은 개인의 자기결정권과 실질적 자유를 이행하는 주체에 대한 인정의 철학과 가치가 내재되어 있다. 따라서 기존의 정책공학적 닫힌 결말(A를 투입하면 B의 C에 대한 변화를 측정한다는 식)과 행위의 감시적인 관리 기제를 뛰어넘을 필요가 있다.[43] 기본소득을 위한 바람직한 사회적 실험의 접근 방식은 A의 투입이 인간의 행동과 네트워크, 지역사회에 어떤 변화를 가져오는지에 대한 열린 결말과 보다 민주적인 모니터링 방식에 대한 고민으로부터 시작해야 한다. 개인의 자유를 확장하는 방향으로 행동의 변화를 포착하고 다차원적 측면의 관찰이 필요하며, 이러한 행태적 실현가능성에 대한 연구를 통해 일반대중의 심리적 실현가능성을 높이기 위한 전략도 마련할 수 있다.

첨언하면, 행동 변화에 대한 실험에서 주목하는 노동은 단지 '유급노동'에 근거함을 인지해야 한다. 사회적 실험에서 규정한 '유급노동' 중심주의에 매몰된다면, 기본소득이 새롭게 조명하는 다양한 사회적 활동에 대한 기여를 인정하는 해방적 성격을 간과하게 된다. 어쩌면 사회적 실험의 진정한 의미는 실험을 직/간접적으로 경험한 사람들 사이의 내적 변화이며, 이로 인한 사회적 영향력의 확산에 있는지도 모른다.

---

43 각국의 빈곤함정과 실업함정에 대한 실험은 기존 사회보장제도의 조건성에 부과된 수급자의 행태 변화에 주목하고 있는데, 이는 일면 당연한 시도다. 함정에 빠질 유인기제가 제도 자체에 내재되어 있기 때문이다.

3. 결언

기본소득을 도입하는 과정에서 필요한 구체적인 전략과 방법을 마련하고 모색하기 위한 목적을 가지고, 위스펠라에레와 노게이라(De Wispelaere and Noguera, 2012)와 토리(Torry, 2016)가 제시한 이론적 분석틀에 기초하여 다양한 차원에서 기본소득의 실현가능성을 탐색해 보았다. 분석 결과를 요약하면 다음과 같다. 먼저 전 국민을 대상으로 월 50만 원의 기본소득을 지급하기 위해 필요한 예산은 총 305조 원으로 추산된다. 현재 총복지예산의 약 2.69배에 해당하는 막대한 금액이나, 우리나라의 조세부담 수준에 비추어 볼 때, 조세체계의 점진적 개혁을 통해 충분히 조달할 수 있는 수준이다. 다만 이를 실현하기 위한 정치적 선택과 지지의 과정이 더욱 중요해 보인다.

지난 10년간 기본소득 운동의 역사적 궤적을 살펴보면, 기본소득 논의 확산에 결정적인 역할을 한 전략적 행위자는 '기본소득한국네트워크'와 '이재명 성남시장'이며, '녹색당'과 '노동당'도 숨겨진 행위자로서 기본적인 가치와 철학의 외연을 확장하는데 기여해 왔다. 대선과정에서 기본소득이 중요한 정치적 어젠다로 부상하여 일반대중의 가시성도 크게 확장되었지만, 핵심 정당과 노동조합을 중심으로 한 주요 권력자원의 연합은 부각되지 않고 있다. 향후 진보정당의 내부 개혁과 함께 기본소득의 해방적 가치를 중심으로 한 녹색과 노동, 여성과 시민의 연대가 가능한 이슈중심의 네트워크 형성이 핵심 동력이 될 것이다. 정부의 행정적 역량은 크게 문제될 소지가 없지만, 지불방식에 대한 선택은 '방식이 정치적 도구'라는 측면에서 각축이 벌어질 가능성이 있다. 기존 제도와의 정합성 문제는 복지국가의 개혁 담론 내에서 지속적인 연구가 필요하며, 다양한 실험과 합의의 과정을 통해 실행과정에서 긍정적 영향을 미치게 될 것이다.

기본소득에 대한 관심이 높아짐에 따라 일반대중의 선호는 공존하고 있다. 진보성향의 신문사가 긍정적 담론의 형성과 파급에 큰 역할을 하고 있지만, 각종 언론기관과 연구기관의 여론조사는 찬성과 반대의 상반된 결과를 보여주고 있다. 연령이 낮을수록, 학생과 무직, 불안정 노동자의 지지 경향이 대체로 높게 관찰되며, 반대하는 주된 이유를 볼 때 우리 사회의 강한 '노동윤리'의 굴레는 쉽게 깨질 것처럼 보이지 않는다. 기본소득의 도입 후 일반대중의 행동 변화를 관찰하기 위해 지방정부를 중심으로 제한된 실험이 진행 중이다. 근로유인이나 노동공급 효과에 관한 세심한 설계와 해석이 요구된다. 사실 근로유인 하락의 이슈는 심리적 부정성에 근거한 우려에 불과하며, 기본소득은 오히려 다양한 행동의 긍정적 변화가능성을 내포함으로써 해방적 실험과 새로운 연구 공간을 제공한다.

다양한 정치적 실현가능성 범주는 분석적으로 구분되어 있지만, 현실에서는 밀접하게 연결되어 있다. 제도적 실현가능성에 대한 선행 작업들은 기본소득 도입을 위한 근거로서 전략적·심리적 실현가능성에 긍정적 영향을 미칠 수 있다. 제도적·전략적 실현가능성이 높다고 해도 심리적 실현가능성이 낮다면 기본소득의 도입은 지연될 수밖에 없다. 핵심 가치와 윤리에 대한 공유라는 점에서 심리적 실현가능성과 행태적 실현가능성도 깊은 연관을 갖는다. 다만 상호 환원적이지 않다는 점에서 관점적 구분은 필요해 보인다. 기본소득의 실현가능성은 어떤 '이데올로기적 관점'에서 '어떤' 기본소득을 지향하는지의 문제와, 이를 사회적으로 소통하고 외연을 확장하기 위해 끊임없이 고민하고 노력하는 과정으로 요약할 수 있다. 가장 핵심이 되는 부분은 일반대중의 심리적 상태와 이를 조직화할 수 있는 전략적 행위에 달려 있다. 생산과 노동중심의 패러다임을 분배중심의 패러다임으로 전환하는 과정에서, 이를 추동할 수 있는 정치적 주체와 사회적 용인 수준이 가장 중요하기 때문이다.

우리는 이 책에서 기본소득의 전면적 도입이 아닌 장기적 기획 과정에서 '어떤' 기본소득을 '어떻게' 도입할 것인지에 대해 생각해 볼만한 지점들을 개략적으로 탐색하고 정리해 보았다. 개인과 노동, 실업, 가족, 사회적인 것에 대한 새로운 사유방식과 분배 메커니즘이 새로운 주체들의 변화를 이끌어 낼 수 있고, 기본소득이라는 사유가 우리 시대의 '발견과 발명의 과정'(Ferguson, 2015: 87)에 있기를 기대해 본다.

마지막으로 새로운 정치방식에 대한 한 가지 사고실험을 해보자. 기본소득의 전략적, 제도적, 심리적, 행태적 실현가능성의 상호연관성은 지역단위의 실험에서 좀 더 가깝게 접근할 수 있기 때문이다. 만일 서울시 '청년수당'의 초기모델과 같이 한 지역에 거주하는 청년을 대상으로 의미 있는 '사회적 활동'에 대한 소득지원 정책을 시행한다고 가정해보자. 엣킨슨(Atkinson, 1993; 1996; 1998)은 심리적 실현가능성의 핵심인 노동윤리와 관련하여, '일하지 않는 자 먹지도 말라'에서 '모든 존재하는 자는 먹을 자격이 있다'로 나아가기 위한 디딤돌로 '사회적으로 기여한 사람들은 먹을 자격이 있다'를 주장하며, '참여소득participation income'의 실험을 제안했다. 이는 노동이나 호혜성 원칙이 아닌 사회적으로 의미 있는 활동을 '발견'하는 과정이며, 기본소득의 '심리적' 실현가능성을 높이기 위한 하나의 방식으로 활용될 수 있다. 사회적 기여를 한 활동을 어떻게 규정하느냐에 따라 제도의 성격도 '긍정적'affirmative 혹은 '변혁적'transformative으로 변화될 수 있다.

이 지점에서 '발명의 정치'가 필요하다. 만약 정책 대상인 지역 청년들이 시 의회에 참여하여 의견을 충분히 전달할 수 있고, 지역의 청년네트워크가 핵심 내용에 대한 의사결정권을 가지고 있다면,[44] '전략적' 실현가능성의 외연은 이미 크게 확대된 것이다. 결국 청년들이 자신의 욕구와 사회적으로 의미 있는 활동에 대해 스스로 규정할 수 있게 된다면, 참여소득은 '정책대상'에서 '정책주체'로 전환하는 내재적 변화기제를 갖추는 것이다. 동시에 지역통화와 같은 공공화폐 실험을 통해 새로운 대안 경제방식을 활성화시킬 수 있는 '행정적' 실현가능성도 실험해 볼 수 있다. 이러한 분배기제와 민주정치가 결합된 참여자 중심 모델에서 개인의 삶과 사회에 대한 다양하고 새로운 변화를 기대할 수 있다.

기본소득은 대안담론으로서 '미래' 의제에 가깝다. 미래는 과거나 현재 다음에 오는 시간이 아니라 어느 시대든 '때 아닌 것'으로 존재하는 시간으로, 아직 '오지 않은 것이 아니라 이미 와 있고

---

44 서울시의 초기 청년수당 모델의 민관 거버넌스는 위의 구조를 지녔으며, 매우 혁신적 조직이라는 평가를 받았다(이찬우, 2017).

우리 곁에 있지만 감각되지 않거나 이해되지 않은 시간'이다(고병권, 2001: 5). 해방적 기본소득을 실현하기 위해서는 '때 아닌 것'을 '바로 지금이어야만 하는 이유'로 만들어내는 준비과정이 필요하다. 한편 연대는 '개인적 자유'를 넘어 상호주관적으로 형성되는 '사회적 자유'의 실현으로 확장될 수 있다. 가치지향적 특성을 지닌 '해방적 기본소득'의 이념을 제도로 실현하는 과정은 새로운 정치와 정책, 새로운 주체들의 힘이 모여 형성될 것이며, 장기적 논의와 성숙과정이 필요할 것으로 보인다. 우리는 그 변화의 시작에 있다.

출처

이 책의 일부는 그동안 우리가 학술지와 연구보고서에 게재하고 발표한 글을 수정·보완하여 재가공한 것이다. 주요 출처는 다음과 같다.

김교성·백승호·서정희·이승윤, 2017, "기본소득의 이상적 모형과 이행경로", 『한국사회복지학』, 69(3), 295-321.

서정희·백승호, 2014, "사회보험의 법적 사각지대: 임금근로자 적용제외 규정과 규모의 변화", 『노동정책연구』, 14(3), 37-78.

서정희·백승호, 2017, "제4차 산업혁명 시대의 사회보장개혁: 플랫폼 노동에서의 사용종속관계와 기본소득", 『법과사회』, 56, 113-152.

이승윤·이정아·백승호, 2016, "한국의 불안정 청년노동시장과 청년 기본소득 정책안", 『비판사회정책』, 52, 365-405.

김교성, 2014, "사회적 타살과 소득불평등", 『비판사회정책』, 44, 278-325.

김교성, 2016, "이 시대 '복지국가'의 쓸모?! : '불평등' 문제 해결을 위한 제언", 『비판사회정책』, 52, 179-222.

김교성, 2017, "외환위기 20년, 소득보장정책의 발전과 한계", 『한국사회정책』, 24(4), 151-184.

백승호, 2017, "기본소득 복지국가의 새로운 실험", 여유진 외, 『한국형복지모형구축-복지환경의 변화와 대안적 복지제도연구』, 한국보건사회연구원, 413-452.

서정희, 2017, "기본소득의 국가별 실험", 『월간 복지동향』, 221, 22-27.

서정희, 2017, "기본소득과 사회서비스의 관계설정에 관한 연구: 사회서비스 구축론에 대한 반론을 중심으로", 『비판사회정책』, 57, 7-45.

김교성·이지은, 2017, "기본소득의 '실현가능성'에 대한 탐색", 『비판사회정책』, 56, 7-57.

※ 장을 함께 저술한 이정아 박사(한국고용정보원, 14장), 이지은(중앙대, 15장)과, 최종 교정 및 참고문헌 정리에 도움을 준 김기태 박사(이화여대), 정대웅(가톨릭대)에게 감사의 마음을 전합니다.

참고문헌

1장

강남훈, 2017, "한국형 기본소득 모델의 가구별 소득재분배 효과",『한국사회경제학회
    학술대회 자료집』, 1-20.
경향신문, 2017. 7. 9., "'밀린숙제' 구글세, 이번에 도입될까?". http://biz.khan.co.kr/
    khan_art_view.html?artid=201707090954001&code=930201. (검색일 2018. 1.
    28.)
고상원·권규호·김대일·이정민·홍석철·홍재화, 2017, "4차 산업혁명의 고용 효과",
    한국개발연구원.
박가열·천영민·홍성민·손양수, 2016, 기술변화에따른일자리영향연구. 한국고용정보원.
박제성, 2016a, "새로운 고용관계를 규율하기 위한 노동법의 역할과 원칙: 디지털 노동관계를
    중심으로", 황덕순 외,『고용관계 변화와 사회복지 패러다임 연구』, 한국노동연구원,
    167-192.
_____, 2016b, "플랫폼 노동 혹은 크라우드 워크",『국제노동브리프』, 14(8).
박찬임, 2016, "플랫폼 노동의 확산과 새로운 사회적 보호의 모색: 한국 산재보험제도를
    중심으로", 황덕순 외,『고용관계 변화와 사회복지 패러다임 연구』, 한국노동연구원, 265-
    288.
백승호, 2014, "서비스경제와 한국사회의 계급, 그리고 불안정 노동 분석",『한국사회정책』,
    21(2).
서정희·박경하, 2015, "비정규 근로자와 자영업자의 불안정 노동",『한국사회정책』22(4),
    7-42.
안현효, 2012, "인지자본주의와 기본소득: 기본소득의 유지가능성",『마르크스주의 연구』,
    9(1), 124-143.
이민화, 2017, "제4차 산업혁명의 선진국 사례와 한국의 대응전략", 선진화정책시리즈.
이성춘, 2011, "플랫폼이란",『White Paper』, KT 경제경영연구소.
이주희, 2011, "고진로(High Road) 사회권 패러다임",『동향과 전망』.
이주희·정성진·안민영·유은경, 2015, "모호한 고용관계의 한국적 특성 및 전망",
    『동향과전망』, 95, 252-289.
정민·조규림, 2016, "4차 산업혁명의 등장과 시사점",『한국경제주평』, 현대경제연구원.
정원호·이상준·강남훈, 2016,『4차 산업혁명 시대 기본소득이 노동시장에 미치는 효과 연구』,
    한국직업능력개발원.
정혁, 2017,『4차 산업혁명과 일자리』, 정보통신정책연구원.
조돈문 외, 2015,『민간부문 비정규직 인권상황 실태조사: 특수형태 근로종사자를 중심으로』,
    국가인권위원회 발간자료, 1-395.
허재준, 2017, "4차 산업혁명이 일자리에 미치는 변화와 대응",『노동리뷰』, 62-71.

황덕순, 2016a, "디지털 기술과 플랫폼 노동이 제기하는 사회정책 과제들", 『국제노동브리프』, 14(9), 3-6.

황덕순, 2016b, "서론", 황덕순 외, 『고용관계 변화와 사회복지 패러다임 연구』, 한국노동연구원, 1-14.

황덕순, 2016c, "한국의 플랫폼 노동: 앱음식배달과 대리운전을 중심으로", 황덕순 외, 『고용관계 변화와 사회복지 패러다임 연구』, 한국노동연구원.

황덕순 외, 2016, 『고용관계 변화와 사회복지패러다임 연구』. 한국노동연구원.

Autor, D. H., 2015, "Why Are There Still So Many Jobs? The History and Future of Workplace Automation", *Journal of Economic Perspectives*, 29(3), 3-30.

Baweja, B., Donovan, P., Haefele, M., Siddiqi, L. and Smiles, S., 2016, *Extreme Automation and Connectivity: the Global, Regional and Investment Implications of the Fourth Industrial Revolution*, Paper presented at the UBS White Paper for the World Economic Forum Annual Meeting.

Berg, J., 2016, "Income Security in the On-Demand Economy: Findings and Policy Lessons from a Survey of Crowd Workers", Working Paper, *Conditions of Work and Employment Series*, 74, International Labour Organisation, 2016.

Bosch, G., 2004, "Towards a New Standard Employment Relationship in Western Europe", *British Journal of Industrial Relations* 42(4), 617-36.

Brynjolfsson, E. and McAfee, A., 2016, *The Second Machine Age: Work, Progress and Prosperity in a Time of Brilliant Technologies*, W.W. Norton & Company, Inc. Chicago.

Castells, M., 1997, *The Power of Identity, The Information Age: Economy, Society and Culture Vol. 2*, Blackwell.

De Stefano, V., 2016, "The Rise of the "Just-in-Time Workforce": On-Demand Work, Crowdwork and Labour Protection in the "Gig-economy"", *Conditions of Work and Employment Series*, 71, Geneva: ILO.

Frey, C. B. and Osborne, M. A., 2017, "The Future of Employment: How Susceptible are Jobs to Computerisation?", *Technological Forecasting & Social Change*, 114, 254-280.

Goos, M., Konings, J. and Radmakers, E., 2016, *Future of Work in the Digital Age: Evidence from OECD Countries*.

Huws, U., Spencer, N. H., and Joyce, S., 2016, "Crowd Work in Europe", Preliminary Results from a Survey in the UK, Sweden, Germany, Austria and the Netherlands. University of Hertfordshire and Ipsos MORI, in Association.

Kalleberg, A. L., 2009, "Precarious Work, Insecure Workers: Employment Relations in Transition", *American Sociological Review*, 74(1), 1-22.

INTUIT 2020 Report, 2010, *Twenty Trends That Will Shape The Next Decade*, INTUIT 2020 Report.

Kalleberg, A. L., 2000, "Nonstandard Employment Relations: Part-Time, Temporary and Contract Work", *Annual Review of Sociology*, 26(1), 341-65.

Katz, L. F., & Krueger, A. B., 2016, *The Rise and Nature of Alternative Work Arrangements in the United States*, 1995-2015.

Mandl, I., 2016, "제6장. 크라우드 노동과 기타 파편화된 일자리의 근로조건", 황덕순 외, 『고용관계 변화와 사회복지 패러다임 연구』, 한국노동연구원.

Manyika, J., Lund, S., Bughin, J., Robinson, K., Mischke, J. and Mahajan, D., 2016, *Independent Work: Choice, Necessity and the Gig Economy*, McKinsey Global Institute. October.

Mokyr, J., Vickers, C. and Ziebarth, N. L., 2015, "The History of Technological Anxiety and the Future of Economic Growth: Is This Time Different?", *Journal of Economic Perspectives*, 29(3), 31-50.

Ratti, L., 2017, "Online Platforms and Crowdwork in Europe: A Two-Step Approach to Expanding Agency Work Provisions", *Comparative Labour Law & Policy Journal*, 38(2), 478-491.

Schwab. K., 2016, 『클라우스 슈밥의 제4차 산업 혁명』, 송경진 역, 서울: 새로운 현재.

Standing, G., 2016, *The Corruption of Capitalism, Why Rentiers Thrive and Work Does Not Pay*. Biteback.

Van Parijs, P., 2006, "Basic Income: A Simple and Powerful Idea for the 21st Century".

Wikipedia, 2018. https://en.wikipedia.org/wiki/Gig_(music). (검색일 2018. 1. 26.)

World Economic Forum(WEF), 2016, "The Future of Jobs".

2장

김교성, 2008, "사회투자전략에 기초한 복지국가의 유형과 성과", 『사회복지정책』, 35, 29-59.

_____, 2014, "사회적 타살과 소득불평등", 『비판사회정책』, 44, 278-325.

김교성·유희원, 2015, "복지국가의 변화: 신·구 사회정책에 기초한 이념형 분석", 『사회복지연구』, 46(1), 433-467.

김기덕, 2014, "현대사회의 특성과 사회복지의 위상: 바우만의 유동적 근대성 이론을 중심으로", 『2014 한국사회복지실천연구학회 정기학술대회 자료집』.

김원식, 2010, "지구화 시대의 정의: 낸시 프레이저의 정의론 검토", 『철학탐구』, 28, 113-139.

김진석, 2007, "소비주의의 이중적 성격: 이데올로기인가, 생활양식인가", 『사회과학연구』, 46(1), 31-63.

신정완, 2014, 『복지국가의 철학: 자본주의, 분배적 정의, 복지국가』, 인간과 복지.

이광일, 2013, "신자유주의 지구화시대, 프레카리아트의 형성과 해방의 정치", 『마르크스주의 연구』, 10(3), 115-143.

이상헌, 2014, "소득주도성장: 이론적 가능성과 정책적 함의", 『사회경제평론』, 43, 67-99.

이혁수, 2016, "후기근대사회와 복지국가의 적응", 미발행논문.

주은선. 2013, "한국의 대안적 소득보장제도 모색: 현행의 복지국가 프로그램과 한시적
    시민수당의 결합에 대한 시론", 『비판사회정책』, 99(9), 83-126.
정원호, 2005, "덴마크의 유연안정성 정책에 관한 고찰", 『EU학 연구』, 10(2), 41-73.
정희정, 2007, "유연안정성의 나라: 네덜란드의 노동시장 유연성과 안정성 실태",
    『국제노동브리프』, 5(9), 61-75.
통계청, 2017, 경제활동인구조사: 근로형태별 사회보험가입자 비율. 통계청.

Atkinson, A., 2015, *Inequality: What Can Be Done?*, Harvard University Press, 장경덕
    역, 『불평등을 넘어: 정의를 위해 무엇을 할 것인가?』, 글항아리.
Bauman, Z., 2010a, *Work, Consumerism And The New Poor*, Open University Press,
    이수영 역, 『새로운 빈곤: 노동, 소비주의, 그리고 뉴푸어』, 천지인.
_____, 2010b, *Liquid Modernity*, Polity Press, 이일수 역, 『액체근대』, 강.
_____, 2013, *Collateral Damage Social Inequality In A Global Age*, Polity Press,
    정일준 역, 『부수적 피해: 지구화 시대의 사회불평등』, 민음사.
Bauman, Z. and Bordoni, C., 2014, *State Of Crisis*, Cambridge: Polity Press, 안규남 역,
    『위기의 국가』, 동녘.
Blecker, R., 1989, "International Competition, Income Distribution and Economic
    Growth", *Cambridge Journal Of Economics*, 13(3), 359-412.
Bourdieu, P., 1979, *La Distinction. Critique Sociale du Jugement*, Paris: Minuit.
Brandal, N., Bratberg, Ø. and Thorsen, D. E., 2013, *Nordic Model Of Social
    Democracy*, Palgrave Macmillan, 홍기빈 역, 2014, 『북유럽 사회민주주의 모델』,
    책세상.
Briggs, A., 1961, "The Welfare State In Historical Perspective", *European Journal Of
    Sociology*, 2(2), 221-258.
Campbell. C., 2010, *The Romantic Ethic And The Sprit Of Modern Consumerism*,
    Alcuin Academics, 박현신·정현주 공역, 『낭만주의 윤리와 근대소비주의 정신』,
    학지사.
Carlsson, I. and Lindgren, A., 2009, *What Is Social Democracy: A Book About Social
    Democracy*, Anne-Marie Lindgren, 윤도현 역, 『사회민주주의란 무엇인가』, 논형.
Esping-Andersen, G., 1996, *Welfare States in Transition: National Adaptations in
    Global Economies*, SAGE Publication.
_____, 2002, *Why We Need a New Welfare State*, OUP Oxford.
Fraser, N., 2010, *Scales Of Justice: Reimagining Political Space In A Globalizing
    World*, Polity Press, 김원식 역, 『지구화 시대의 정의: 정치적 공간에 대한 새로운
    상상』, 그린비.
Fraser, N. and Honneth, A., 2014, *Umverteilung Oder Anerkennung? Eine Politishch-
    Philosophische Konterverse*, Suhrkamp Verlag Frankfurt am Main, 김원식·문성훈
    공역, 『분배냐, 인정이냐?』, 사월의 책.
Giddens, A., 1997, *Beyond Left And Right*, Polity Press, 김현옥 역, 『좌파와 우파를

넘어서』, 한울.

Hein, E. and Mundt, M., 2013, "Financialization, The Financial And Economic Crisis, And The Requirements And Potentials For Wage-Led Recovery", In Lavoie, M. & Stockhammer, E. (eds.), *Wage-Led Growth: An Equitable Strategy For Economic Recovery*, ILO, Palgrave Macmillan.

Huber, E. and Stephens. J. D., 2001, *Development And Crisis Of The Welfare State: Parties And Policies In Global Markets*, University of Chicago Press.

Judt, T., 2010, *Ill Fares The Land*, Penguin Group, 김일년 역, 『더 나은 삶을 상상하라: 자유시장과 복지국가 사이에서』, 플래닛.

Lanseley, S., 2012, "Inequality, the Crash and the Ongoing Crisis", *The Political Quarterly*, 83(4): 754-761

Lavoie, M. and Stockhammer, E., 2013, "Wage-Led Growth: Concept, Theories, And Policies", In Lavoie, M. & Stockhammer, E. (eds.), *Wage-Led Growth: An Equitable Strategy For Economic Recovery*, ILO, Palgrave Macmillan.

Onaran, Ö. and Galanis, G., 2013, "Is Aggregate Demand Wage-Led or Profit-Led? A Global Model", In Lavoie, M. & Stockhammer, E. (eds.), *Wage-Led Growth: An Equitable Strategy For Economic Recovery*, ILO, Palgrave Macmillan.

Perkins, D., Nelms, L. and Smyth, P., 2004, "Beyond Neo-liberalism: The Social Investment State?", Social Policy Working Paper 3, Brotherhood of St. Laurence and Center for Public Policy, University of Melboune.

Pierson, P., 2001a, "Post-Industrial Pressures On The Mature Welfare State", In Pierson, P. (ed.), *The New Politics Of The Welfare State*, Oxford University Press.

_____, 2001b, "Coping With Permanent Austerity Welfare State Restructuring In Affluent Democracies", In Pierson, P. (ed.), *The New Politics Of The Welfare State*, Oxford University Press.

Rifkin, J., 1995, *The End of Work: The Decline Of The Global Labor Force And The Dawn of the Post Market Era*, Tarcher.

Standing, G., 2011, *The Precariat: The New Dangerous Class*, London: Bloomsbury Academic, 김태호 역, 2014, 『프레카리아트: 새로운 위험한 계급』, 박종철출판사.

_____, 2012, "The Precariat: from Denizens to Citizens?", *Polity*, 44(4), 588-608.

_____, 2014, *A Precariat Charter: From Denizens to Citizens*, A&C Black.

Storm, S. and Naastepad, C. W. M., 2013, "Wage-Led or Profit-Led Supply: Wages, Productivity And Investment", In Lavoie, M. & Stockhammer, E. (eds.), *Wage-Led Growth: An Equitable Strategy For Economic Recovery*, ILO, Palgrave Macmillan.

Schwartz, H., 2001, "Round Up The Usual Suspects: Globalization, Domestic Politics, And Welfare State Change", In Pierson, P. (ed.), *The New Politics Of The Welfare State*, Oxford University Press.

Surender, R., 2004, "Modern Challenges To The Welfare State And The Atecedents Of The Third Way", In Lewis, J. & Surender, R. (eds.), *Welfare State Change: Toward*

A Third Way?, Oxford Press.

Taylor-Gooby, P., 2004, "New Risks And Social Change", In P. Taylor-Gooby. (ed.), *New Risks, New Welfare: The Transformation Of The European Welfare State*, Oxford University Press.

Zoll. R., 2008, *Was Ist Solidarität Heute?*, Germany: Suhrkamp Verlag Frankfurt Am Main, 최성환 역, 『오늘날 연대란 무엇인가?』, 한울아카데미.

3장

금재호, 2000, "여성 노동시장의 변화와 정책방향", 『규제연구』, 9(2), 157-185.

김교성, 2013, "한국의 복지국가, 새로운 좌표가 필요한가?", 『사회복지정책』, 40(1), 31-59.

_____, 2014, "사회적 타살과 소득 불평등", 『비판사회정책』, (44), 278-325.

김교성·김성욱, 2011, "복지국가의 변화과정과 전략에 관한 비교연구", 『한국사회정책』, 18(3), 129-164.

김교성·김연명·최영·김성욱·김송이·황미경, 2010, "복지국가의 변화에 대한 이념형 분석: 신사회위험의 등장과 사회투자전략의 모색", 『한국사회복지조사연구』, 25, 31-54.

김낙년, 2012, "한국의 소득불평등, 1963-2010", 『경제발전연구』, 18, 125-158.

김미숙, 2006, "한국 여성노동력의 성격변화와 노동정책: 1960-2000", 『한국인구학』, 29(1), 133-156.

김원식, 2010, "지구화 시대의 정의(正義)", 『철학탐구』, 28, 113-139.

김유선, 2014, 『비정규직 규모와 실태』, 한국노동사회연구소.

_____, 2015, "한국의 노동시장 진단과 과제", 『한국노동사회연구소 이슈페이퍼』, 6.

김철주·박보영, 2006, "새로운 사회적 위험의 도래와 복지국가의 현대화", 『사회복지정책』, 24, 317-336.

김태홍·노미혜·김영옥·양승주·문유경, 1992, "여성의 취업 실태조사", 『한국여성개발원 연구보고서』, 20.

백승욱, 2008, "20세기 세계경제와 서비스 사회화", Paper presented at the 신광영·이병훈 외, 『서비스사회의 구조변동』, 한울.

백승호, 2005, "분배조정과 생산조정의 제도적 상보성에 관한 비교사회정책연구", 『한국사회복지학』, 57(4).

_____, 2014, "서비스경제와 한국사회의 계급, 그리고 불안정 노동 분석", 『한국사회정책』, 21(2), 57-90.

백승호·이승윤, 2014, "Changes in Economic Activity, Skills and Inequality in the Service Economy", *Development and Society*, 43(1), 33-57.

새로운 사회를 여는 연구원, 2013, "세액 공제 등 MB 감세 최대 수혜자 재벌, 평균 670억원 감세", 『새로운 사회를 여는 연구원 보고서』.

_____, 2014, 『분노의 숫자: 국가가 숨기는 불평등에 관한 보고서』, 동녘.

서울사회경제연구소, 2011, 『한국의 빈곤 확대와 노동시장구조』, 한울.

서정희·박경하, 2015, "비정규 근로자와 자영업자의 불안정 노동", 『한국사회정책』, 22(4), 7-42.

신광영, 2013, 『한국 사회 불평등 연구』, 서울: 후마니타스.

안현효, 2012, "인지자본주의와 기본소득: 기본소득의 유지가능성", 『마르크스주의 연구』, 9(1), 124-143.

이병훈·윤정향, 2001, "노동시장과 불평등: 비정규 노동의 개념정의와 유형화에 관한 연구", 『산업노동연구』, 7(2), 1-33.

이상헌, 2014, "소득주도성장: 이론적 가능성과 정책적 함의", 『사회경제평론』, 43, 67-99.

이승윤·백승호·김윤영, 2017, 『한국의 불안정 노동자』, 서울: 후마니타스.

이승윤·안주영·김유휘, 2016, "여성은 왜 외부자로 남아 있는가?", 『한국사회정책』, 23(2), 201-237.

이주희, 2011, "고진로(High Road) 사회권 패러다임", 『동향과 전망』, 244-279.

장하성, 2015, 『왜 분노해야 하는가: 한국 자본주의 II: 분배의 실패가 만든 한국의 불평등』, 성남: 헤이북스.

통계청, 2013, 『2013 사회조사 결과』.

_____, 2014, 『2014 경제활동인구조사』.

_____, 2015, 『2015 경제활동인구조사』.

한겨레신문, 2014. 6. 12., "땅부자·의사·변호사… 고소득 전문직한테 소득 쏠림 심화", Retrieved from http://www.hani.co.kr/arti/economy/economy_general/641963.html

홍장표, 2014, "한국의 노동소득분배율 변동이 총수요에 미치는 영향", 『사회경제평론』, 101-138.

황선자·이철, 2008, 『생활 임금 운동과 노동조합』, 한국노총중앙연구원

Atkinson, A. B., 1996, "The Case for a Participation Income", *The Political Quarterly*, 67(1), 67-70.

_____, 2015, *Inequality*, Harvard University Press.

Bauman, Z., 2013a, *Community: Seeking Safety in an Insecure World*, Cambridge: Polity.

_____, 2013b, *The Individualized Society*, Cambridge: Polity.

Bosch, G., 2004, "Towards a New Standard Employment Relationship in Western Europe", *British Journal of Industrial Relations*, 42(4), 617-636.

Burgess, J. and Campbell, I., 1998, "The Nature and Dimensions of Precarious Employment in Australia", *Labour & Industry: a Journal of the Social and Economic Relations of Work*, 8(3), 5-21.

Castel, R., 2003, "From Manual Workers to Wage Workers", *Richard Boyd, Trans*, New Brunswick, NJ: Transaction.

Doeringer, P. and Piore, M. J, 1971, *Internal Labor Markets and Manpower Adjustment*, New York: DC Heath and Company.

Eichhorst, W. and Marx, P., 2012, *The Age of Dualization: The Changing Face of Inequality in Deindustrializing Societies.*

Emmenegger, P., Häusermann, S., Palier, B. and Seeleib-Kaiser, M., 2012, *The Age of Dualisation: The Changing Face of Inequality in Europe.*

Esping-Andersen, G., 1993, *Changing Classes: Stratification and Mobility in Post-industrial Societies*, Sage.

_____, 1996, *Welfare States in Transition: National Adaptations in Global Economies*, Sage.

_____, 1999, *Social Foundations of Postindustrial Economies*, Oxford University Press.

Gorden, D., Edwards, R. and Reich, M., 1982, *Segmented Work: Divided Workers*, Cambridge: Cambridge University Press.

Hacker, J. S. and Pierson, P., 2010, *Winner-take-all politics: How Washington Made the Rich Richer--and Turned Its Back on the Middle Class*, Simon and Schuster.

Hemerijck, A., 2002, "The Self-Transformation of the European Social Model (s)", *Internationale Politik und Gesellschaft* (4), 39-67.

ILO, 2011, *From Precarious Work to Decent Work. Policies and Regulations to Combat Precarious Employment*, ((ACTRAV BACKGROUND DOCUMENT) ed.), Geneva: International Labour Organization.

_____, 2012, *From Precarious Work to Decent Work: Outcome Document to the Workers' Symposium on Policies and Regulations to Combat Precarious Employment*, International Labour Office, Bureau for Workers' Activities. – Geneva: ILO.

_____, 2013, Global Wage Report: Wages and Equitable Growth. ILO.

Iversen, T. and Cusack, T. R., 2000, "The Causes of Welfare State Expansion: Deindustrialization or Globalization?", *World Politics*, 52(3), 313-349.

Kalleberg, A. L., 2000, "Nonstandard Employment Relations: Part-time, Temporary and Contract Work", *Annual Review of Sociology*, 26(1), 341-365.

_____, 2009, "Precarious Work, Insecure Workers: Employment Relations in Transition", *American Sociological Review*, 74(1), 1-22.

Kroon, B. and Paauwe, J., 2013, "Structuration of Precarious Employment in Economically Constrained Firms: the Case of Dutch Agriculture", *Human Resource Management Journal*, 1(24), 19-37.

Lødemel, I. and Trickey, H., 2001, *'An Offer You Can't Refuse': Workfare in International Perspective*, Bistol: Policy Press.

Lodovici, M. S., 2000, "The Dynamics of Labour Market Reform in European Countries", *Why Deregulate Labour Markets*, 30-65.

Milanovic, B., 2017, *Global Inequality: A New Approach for the Age of Globalization*, 서정아 역, 『왜 우리는 불평등해졌는가』, 21세기북스.

O'Connor, J., 1990, 우명동 역, 『현대국가의 재정위기』, 서울: 이론과 실천.

OECD, 2013, Health Data. www.oecd.stat

Oesch, D., 2006, *Redrawing the Class Map: Stratification and Institutions in Britain, Germany, Sweden and Switzerland*: Springer.

Pierson, P., 1996, "The New Politics of the Welfare State", *World Politics*, 48(2), 143-179.

Pogge, T. W., 2001, "Priorities of Global Justice", In Pogge, T. W.(ed.), *Global Justice*, Blackwell.

Standing, G., 2009, *Work After Globalization: Building Occupational Citizenship*, Cheltenham, UK

_____, 2011, *The Precariat: The Dangerous New Class*, Bloomsbury Academic.

Stiglitz, J. E., 2012, *The Price of Inequality: How Today's Divided Society Endangers Our Future*, WW Norton & Company.

Stiglitz, J., 2013, "The Global Crisis, Social Protection and Jobs", *International Labour Review*, 152(s1), 93-106.

Sturn, S. and Van Treeck, T., 2013, "The Role of Income Inequality as a Cause of the Great Recession and Global Imbalances", *Wage-Led Growth. An Equitable Strategy for Economic Recovery*, Basingstoke, Palgrave Macmillan/ILO, 125-152.

Vosko, L. F., MacDonald, M. and Campbell, I., 2009, *Gender and the Contours of Precarious Employment*, Routledge.

Wilkinson, R. and Pickett, K., 2010, *The Spirit Level: Why Equality is Better for Everyone*, UK: Penguin

4장

김근주, 2017, "대형마트 계산원의 불법파견과 직접고용 의무: 의정부지방법원 2017.7.14. 선고 2015가합71412 판결", 『월간 노동리뷰』, 2017년 10월호, 69-72.

박제성·노상헌·유성재·조임영·강성태, 2016, 『사내하도급과 노동법』, 한국노동연구원. 2.

서정희·백승호, 2014, "사회보험의 법적 사각지대: 임금근로자 적용제외 규정과 규모의 변화", 『노동정책연구』, 14(3).

서정희·이지수, "서비스 부문에서의 불안정 노동의 메커니즘: 업종별 시장 구조와 비정규 고용", 『사회복지연구』, 46(1), 2015, 293.

서정희, 2015, "비정규직의 불안정 노동: 비정규 고용형태별 노동법과 사회보장법에서의 배제", 『노동정책연구』 15(1), 22-23.

서정희·박경하, 2016, "한국의 가짜 자영업 추정을 통해서 본 비정규 근로자 규모의 오류", 『한국사회정책』, 23(3).

서정희·오욱찬·박경하, 2013, "사회복지 영역에서의 일자리 사업 참여자의 근로자성 비교 연구", 『노동정책연구』, 13(2).

황덕순, 2016, "한국의 플랫폼 노동: 앱음식배달과 대리운전을 중심으로", 황덕순 외,

『고용관계 변화와 사회복지 패러다임 연구』, 한국노동연구원.

Arendt, H., 1996, *The Human Condition*, The University of Chicago Press, 이진우·태정호 역, 2015, 『인간의 조건』, 한길사.

Böheim, R. and Müehlberger, U., 2009, "Dependent Self-employment: Workers between Employment and Self-employment in the UK", *Zeitschrift für ArbeitsmarktForschung*, 42(2), 183.

Carré, F., Negrete, R. and Vanek, J., 2015, Considerations for Revision of the ICSE-93, Submitted on behalf of WIEGO to the International Labor Organisation, Working Group for the Revision of the International Classification of Status in Employment (ICSE-93).

Cherry, M., 2016, "미국 내 플랫폼 경제 관련 소송 분석: 디지털 환경으로의 전환과 규제의 문제", 황덕순 외, 『고용관계 변화와 사회복지 패러다임 연구』, 한국노동연구원.

De Stefano, V., 2016, "The Rise of the "Just-in-time Workforce": On-demand Work, Crowdwork and Labour Protection in the "Gig-economy"", *Conditions of Work and Employment Series No. 71*, Geneva: ILO, 1.

Eichhorst, W. and Marx, P., 2012, "Whatever Works: Dualization and the Service Economy in Bismarckian Welfare States", In The *Age of Dualization: The Changing Face of Inequality in Deindustrializing Societies*, Oxford University Press, 77.

Eurofound, 2013, "Self-employed or Not Self-employed? Working Conditions of 'Economically Dependent Workers'", *European Foundation for the Improvement of Living and Working Conditions*.

ILO, 2003, The Scope of the Employment Relationship, International Labour Conference 91st Session Report, International Labour Office: Geneva.

_____, 2012a, *From Precarious Work to Decent Work: Outcome Document to the Workers' Symposium on Policies and Regulations to Combat Precarious Employment*, International Labour Office, Bureau for Workers' Activities, Geneva: ILO.

_____, 2012b, *Decent Work Indicators: Concepts and Definitions: ILO Manual First version*, International Labour Office, Geneva: ILO.

Kalleberg, A. L., 2009, "Precarious Work, Insecure Workers: Employment Relations in Transition", *American Sociological Review*, 74, 2-3.

McKay, S., Jefferys, S., Paraksevopoulou, A., and Keles, J., 2012, "Study on Precarious Work and Social Rights", London: Working Lives Research Institute, London Metropolitan University, 25-26.

Muehlberger, U. and Pasqua, S., 2009, "Workers on the Border between Employment and Self-employment", *Review of Social Economy*, 67(2). 201-228, 202.

Prassl, J., 2016, "크라우드워크에서 고용주는 누구인가: 오래된 문제, 새로운 관점", 황덕순 외, 『고용관계 변화와 사회복지 패러다임 연구』, 한국노동연구원, 210-235.

Ratti, L., 2017, "Online Platforms and Crowdwork in Europe: A Two-Step Approach to Expanding Agency Work Provisions", *Comparative Labour Law & Policy Journal*, 38(2), 478.

Raventós, D., 2007, *Basic Income: The Material Conditions of Freedom*, London: Pluto Press. 이재명·이한주 역, 2016, 『기본소득이란 무엇인가』, 책담.

Smith, R. and Leberstein, S., 2015, Rights on Demand: Ensuring Workplace Standards and Worker Security In the On-Demand Economy. NELP(the National Employment Law Project).

5장

곽노완, 2013, "논문: 분배정의와 지속가능한 최대의 기본소득 –게으른 자에게도 지급되는 기본소득은 정의로운가?, 『시대와 철학』, 24(2), 7-29.

금민, 2010, "기본소득의 정치철학적 정당성", 『진보평론』, 45, 157-204.

백승호, 2017, "기본소득 실현을 위한 기본소득 모형들", 『복지동향』, 221, 14-21.

서정희·조광자, 2008, "새로운 분배제도에 대한 구상–기본소득과 사회적 지분급여 논쟁을 중심으로", 『사회보장연구』, 24(1), 27-50.

윤홍식, 2016, "기본소득, 복지국가의 대안이 될 수 있을까?: 탈상품화 대 탈노동화", 『한국사회보장학회 정기학술발표논문집』, 2016(2), 995-1028.

이명현, 2014, 『복지국가와 기본소득: 논쟁과 전략의 탐색』, 대구: 경북대학교출판부.

주은선, 2013, "한국의 대안적 소득보장제도 모색 – 현행의 복지국가 프로그램과 한시적 시민수당의 결합에 대한 시론", 『비판사회정책』, 38, 83-126.

Ackerman, B., 1980, *Social Justice in the Liberal State* (Vol. 401), Yale University Press.

Ackerman, B. and Alstott, A., 1999, *The Stakeholder Society*, Yale University Press.

_____, 2004, "Why Stakeholding?", *Politics & Society*, 32(1), 41-60.

Ackerman, B., Alstott, A. and Van Parijs, P., 2006, *Redesigning Distribution*, 너른복지연구모임 역, 2010, 『분배의 재구성』, 나눔의 집.

Atkinson, A. B., 1996, "The Case for a Participation Income", *The Political Quarterly*, 67(1), 67-70.

Barrez, D., 1999, "Tien Frank Per Dag Voor Iedereen", *De Morgen*, 22.

Clasen, J. and Siegel, N. A., 2007, *Investigating Welfare State Change: the 'Dependent Variable Problem' in Comparative Analysis*, Edward Elgar Publishing.

De Wispelaere, J., 2015, An Income of One's Own? The Political Analysis of Universal Basic Income.

De Wispelaere, J. and Pérez-Muñoz. C., 2015, "Basic Income Between Freedom and Paternalism", Paper delivered at the Annual MPSA Conference, 16-19 April 2015.

Ferry, J., 2000, *La Question de l'Etat Européen*, Paris: Gallimard.

Frankman, M., 2001, From the Common Heritage of Mankind to a Planet-Wide Citizen's Income: Establishing the Basis for Solidarity. Montreal: McGill University, Department of Economics, May.

Genet, M. and Van Parijs, P., 1992, "Eurogrant", *Birg Bulletin*, 15, 4-7.

Jordan, B., 2012, "The Low Road to Basic Income? Tax-Benefit Integration in the UK", *Journal of Social Policy*, 41(1), 1-17.

Kooistra, P., 1994, *Het Ideale Eigenbelang, Een UNO-Marshallplan Voor Alle Mensen*, Kampen: Kok.

Martinelli, L., 2017, *The Fiscal and Distributional Implications of Alternative Universal Basic Income Schemes in the UK*, IPR Working Paper, University of Barth.

Raventós, D., 2007, *Basic Income: The Material Conditions of Freedom*, Pluto Pr.

Standing, G., 2008, "How Cash Transfers Promote the Case for Basic Income", *Basic Income Studies*, 3(1).

Van Parijs, P., 1995, *Real Freedom for All*, Oxford University Press.

_____, 2004, "Basic Income: a Simple and Powerful Idea for the Twenty-first Century", *Politics & Society*, 32(1), 7-39.

_____, 2006, *Basic Income Versus Stakeholder Grants: Some Afterthoughts On How Best to Redesign Distribution*, 너른복지연구모임 역, 나눔의집.

_____, 2010, "기본소득: 21세기를 위한 명료하고 강력한 아이디어", in Ackerman (ed.), 『분배의 재구성』, 서울: 나눔의 집, 21-78.

Van Parijs, P. and Vanderborght, Y., 2001, "From Euro-stipendium to Euro-dividend", *Journal of European Social Policy*, 11(4), 342-346.

_____, 2017, *Basic Income: A Radical Proposal for a Free Society and a Sane Economy*, Harvard University Press.

White, S., 2003, "Fair Reciprocity and Basic Income", *Real Libertarianism Assessed: Political Theory after Van Parijs*, Basingstoke: Macmillan.

6장

강남훈, 2014, "미국의 기본소득보장의 사상과 운동", 강남훈·곽노완 외, 2014, 『기본소득운동의 세계적 현황과 전망』, 박종철 출판사.

권정임, 2014, "북구 복지체제의 위기와 핀란드의 기본소득운동", 강남훈·곽노완 외, 2014, 『기본소득운동의 세계적 현황과 전망』, 박종철 출판사.

김교성, 2009, "기본소득 도입을 위한 탐색적 연구", 『사회복지정책』, 36(2), 33-57.

백승호, 2010, "기본소득 모델들의 소득재분배 효과 비교분석", 『사회복지연구』, 41(3), 185-212.

서울신문, 2017. 7. 26, "5인 가족 年최대 1000만원… 배당 다음날 쇼핑몰 '북적'".

서정희, 2017, "기본소득의 국가별 실험", 『월간 복지동향』, 221, 22-27.

성이름, 2016, "청년배당 대상자 FGI 및 설문조사 결과", 녹색전환연구소/
 기본소득청'소'년네트워크, 『청년들, 청년배당에 답하다!: 성남시 청년배당 인식조사
 결과발표 및 쟁점토론』, 토론회 자료집, 2016. 9. 28.

_____, 2017, "청년배당 대상자 FGI 및 설문조사 결과", 녹색전환연구소/
 기본소득청'소'년네트워크『청년들, 청년배당에 답하다!: 성남시 청년배당 인식조사
 결과발표 및 쟁점토론』 토론회 자료집, 2016. 9. 28.

은민수, 2017, "NIT(Negative Income Tax) 방식의 기본소득보장: 캐나다의 도입방안에 대한
 비판적 분석과 한국에 적용가능한 방안 탐색", 『비판사회정책』, 54, 7-51.

최한수, 2017, "각국의 기본소득 실험과 정책적 시사점", 『재정포럼』, 2017년 5월호(제251호),
 32-58.

De Wispelaere, J. and Stirton, L., 2004, "The Many Faces of Universal Basic Income",
 The Political Quarterly, 75(3), 266-274.

Fitzpatrick, T., 1999, *Freedom and Security: An Introduction to the Basic Income
 Debate*, Springer.

Haarmann, C. and Haarmann, D., 2012, "Namibia: Seeing the Sun Rise — The Realities
 and Hopes of the Basic Income Grant Pilot Project", *Basic Income Worldwide*,
 UK: Palgrave Macmillan, 33-58.

Haarmann, C., Haarmann, D., Jauch, H., Shindondola-Mote, H., Nattrass, N., Samson,
 M. and Standing, G., 2009, "Towards a Basic Income Grant for All", *Basic Income
 Grant Pilot Project Assessment Report*, September 2008.

Häni, Daniel and Kovce, Philip, 2015, *Was Fehlt, Wenn Alles Da Ist?*, 원성철 역, 2016,
 『기본소득 자유와 정의가 만나다: 스위스 기본소득 운동의 논리와 실천』, 오롯.

Kangas, O., Honkanen, P., Hämäläinen, K., Kanerva, M., Kanninen, O., Laamanen, J.,
 Pulkka, V., Räsänen, T., Simanainen, M., Tuovinen, A. and Verho, J., 2016, *From
 Idea to Experiment: Report on Universal Basic Income Experiment in Finland*,
 Kela Working papers 106/2016.

Kathy, L. A., Hobbs, J. and Brière, B., 2007, *The Nuts and Bolts of Brazil's Bolsa
 Pamilia Program: Implementing Contitional Cash Transfer in a Decentralized
 Context*, Washington D.C.: World Bank.

Koistinet, P. and Perkiö, J., 2014, "Good and Bad Times of Social Innovations; The Case
 of Universal Basic Income in Finland", *Basic Income Studies*, 9(1-2), 25-57.

Lavinas, L., 2006, "From Means-test Schemes to Basic Income in Brazil: Exceptionality
 and Paradox", *International Social Security Review*, 59, 103-125.

Perkiö, J., 2012, "The Struggle Over Interpretation: Basic Income in the Finnish Public
 Discussion in 2006-2012", In A Paper Presented in the 14th BIEN Congress in
 Munich. http://www. bien2012. org/sites/default/files/paper_162_en. pdf.

Raventós, D., 2007, *Basic Income: The Material Conditions of Freedom*, London: Pluto
 Press, 이재명·이한주 역, 2016, 『기본소득이란 무엇인가』, 책담.

Segal, H. D., 2016, Finding a Better Way: A Basic Income Pilot Project for Ontario, https://www.ontario.ca/page/finding-better-way-basic-income-pilot-project-ontario (검색일 2017. 3. 25.)

Van Parijs, P., 1995, *Real Freedom for All: What (if Anything) Can Justify Capitalism?*, 조현진 역, 2016, 『모두에게 실질적 자유를: 기본소득에 대한 철학적 옹호』, 후마니타스.

Van Parijs, P., 2006, "Basic Income: A Simple and Powerful Idea for the 21st Century", Ackerman, B., Alstott, A., Van Parijs, P., 2006, *Redesigning Distribution: Basic Income and Stakeholder Grants as Cornerstones for an Egalitarian Capitalism*, 너른복지연구회 역, 2010, 『분배의 재구성』, 나눔의집.

Vanderborght Y. and Van Parijs, P., 2005. *L'Allocation Universelle,* Paris: La Découverte.

Verman, A., 2017. 4. 17., "Basic Income Is No Silver Bullet, But It May Still Save Us", Torontoist. http://torontoist.com/2017/04/basic-income-no-silver-bullet-may-still-save-us/ (최종접속일 2017. 7. 3.)

Widerquist, K. and Howard, M. W., (eds) 2012, *Exporting the Alaska Model: Adapting the Permanent Fund Dividend for Reform around the World*, Palgrave Macmillan.

Widerquist, K. and Sheahen, A., 2012, "The United States: The Basic Income Guarantee– Past Experience, Current Proposals", Murray, M. C. and Pateman, C.(eds), *Basic Income Worldwide; Horizons of Reform*, Palgrave Macmillan.

7장

강남훈, 2009, "기본소득의 경제적 효과에 대한 검토", 『비판과 대안을 위한 사회복지학회 추계학술대회 자료집』.

_____, 2010a, "기본소득의 경제적 효과. 글로벌시대의 지속가능한 유토피아와 기본 소득", 기본소득 국제학술대회 발표논문.

_____, 2010b, "모든 국민에게 기본소득을", 민주노총.

_____, 2013, "불안정노동자와 기본소득", 『마르크스주의 연구』, 10(2), 12-42.

_____, 2014, "2012년 기준 기본소득 모델들과 조세개혁", 강남훈·곽노완 외, 『기본소득의 쟁점과 대안사회』, 고양: 박종철출판사.

_____, 2015, "새플리 가치와 공유경제에서의 기본소득", 『마르크스주의 연구』, 12(2), 131-155.

_____, 2017, "한국형 기본소득 모델의 가구별 소득재분배 효과", 『한국사회경제학회 학술대회 자료집』, 1-20.

강남훈·곽노완, 2009, "국민 모두에게 기본소득을!", 민주노총 정책연구원, 1-57.

강남훈·곽노완·이수봉, 2009, "즉각적이고 무조건적인 기본소득을 위하여", 민주노총.

곽노완, 2007, "기본소득과 사회연대소득의 경제철학-빠레이스, 네그리, 베르너에 대한 비판과 변형", 『시대와 철학』, 18(2), 183-218.

_____, 2009, "신자유주의와 실질적 자유지상주의의 경제철학", 『사회와 철학』, 18, 1-32.

_____, 2010, "글로컬아고라와 기본소득", 『마르크스주의 연구』, 7(1), 75-102.

_____, 2013a, "노동의 재구성과 기본소득", 『마르크스주의 연구』, 10(3), 94-114.

_____, 2013b, "논문: 분배정의와 지속가능한 최대의 기본소득 -게으른 자에게도 지급되는 기본소득은 정의로운가?", 『시대와 철학』, 24(2), 7-29.

권정임, 2011, "논문: 생태사회와 기본소득 -고르의 기본소득론에 대한 비판과 변형", 『시대와 철학』, 22(3), 1-40.

_____, 2013, "기본소득과 젠더 정의", 『마르크스주의 연구』, 10(4), 105-141.

김건위·최인수, 2017, "기본소득제의 예상 쟁점 및 정책적 실현가능성에 대한 시론적 연구", 『사회적경제와 정책연구』, 7(2), 101-133.

김교성, 2009, "기본소득 도입을 위한 탐색적 연구", 『사회복지정책』, 36(2), 33-57.

_____, 2016, "이 시대 '복지국가'의 쓸모?! '불평등'문제 해결을 위한 제언", 『비판사회정책』(52), 179-222.

김교성·백승호·서정희·이승윤, 2017, "기본소득의 이상적 모형과 이행경로", 『한국사회복지학』, 69(3), 289-315.

_____, 2017, "한국형 기본소득의 이상적 모형과 단계적 이행방안", 『한국사회보장학회 정기학술발표논문집』, 2017(1), 221-246.

김교성·이지은, 2017, "기본소득의 '실현가능성'에 대한 탐색", 『비판사회정책』, 56, 7-57.

김병인, 2016, "기본소득은 사회보장을 위한 최선의 대안인가?: 사회정책의 필요 개념에 입각한 비판적 검토", 『사회복지정책』, 43(4), 79-107.

김성아·김태완, 2017, "기본소득패키지의 상상, 소득보장정책과의 관계 분석을 중심으로", 『한국사회보장학회 정기학술발표논문집』, 2017(1), 247-274.

김영순, 2017, "기본소득제 부상의 사회경제적 배경과 의미", 『월간 복지동향』, 221, 5-13.

김태완·김성아·이주미, 2016, "기본소득과 타 사회복지제도와의 관계분석", 미발표원고.

김혜연, 2014, "이데올로기적 다양성에 따른 기본소득의 정책 특성에 관한 연구", 『비판사회정책』, 42, 92-139.

너른복지연구회 역, 2010, 『분배의 재구성』, 나눔의집.

박석삼, 2010, "기본소득을 둘러싼 쟁점과 비판", 『노동사회과학』, 3, 307-326.

박이은실, 2014, "페미니스트 기본소득 논의의 지평확장을 위하여", 『페미니즘 연구』, 14(1), 3-34.

박홍규, 2008, "기본소득 연구", 『민주법학』, 36, 199-223.

백승호, 2010, "기본소득 모델들의 소득재분배 효과 비교분석", 『사회복지연구』, 41(3), 185-212.

백승호, 2017, "기본소득 실현을 위한 기본소득 모형들: 무엇이 기본소득이고 무엇이 아닌가?" 『월간복지동향』, 221, 14-21.

복거일·김우택·이영환·박기성·변양규, 2017, 『기본소득 논란의 두얼굴』, 서울: 한국경제신문사.

서정희, 2017, "기본소득과 사회서비스의 관계설정에 관한 연구: 사회서비스 구축론에 대한 반론을 중심으로", 『비판사회정책』, 57, 7-45.

서정희·조광자, 2008, "새로운 분배제도에 대한 구상: 기본소득과 사회적 지분급여 논쟁을 중심으로", 『사회보장연구』, 24(1), 27-50.

성은미, 2003, "비정규노동자에 대한 새로운 사회적 안전망: 기본소득 (Basic Income)", 『비판과 대안을 위한 사회복지학회 학술대회 발표논문집』, 273-306.

심광현, 2015, "맑스의 관점에서 본 기본소득과 대안사회로의 이행의 과제", 『시대와 철학』, 26(2), 115-159.

안현효, 2010, "기본소득과 고진로 산업정책", 『1등만 기억하는 더러운 세상을 뒤집어라』, 매일노동뉴스, 242-279.

_____, 2012a, "기본소득의 가치론적 기초", 『마르크스주의 연구』, 9(4), 42-67.

_____, 2012b, "인지자본주의와 기본소득", 『마르크스주의 연구』, 9(1), 124-143.

양재진, 2017, "기본소득에 대한 비판적 고찰", 『화우공익재단 제3회 공익세미나 기본소득의 도입가능성 및 한계에 대한 쟁점토론 자료집』.

윤도현, 2003, "신자유주의와 대안적 복지정책 모색", 『한국사회학』, 37(1), 55-61.

윤자영, 2016, "돌봄노동과 기본소득 모형", 『여성학논집』, 33(2), 3-29.

윤자영·이숙진·최성애, 2010, 기본소득과 성평등. 한국인권재단 주최.

윤정향, 2002, 『기초소득의 도입가능성연구』, 한국노총 중앙연구원.

윤홍식, 2017, "기본소득, 복지국가의 대안이 될 수 있을까?: 탈상품화 대 탈노동화", 『한국사회보장학회 정기학술대회』, 2016(2), 995-1028.

이명현, 2006, "복지국가 재편을 둘러싼 새로운 대립축: 워크페어(Workfare) 개혁과 기본소득(Basic Income) 구상", 『社會 保障 硏究』, 22(3), 53-76.

_____, 2007, "유럽에서의 기본소득 구상의 전개 동향과 과제: 근로안식년과 시민연금을 중심으로", 『사회보장연구』, 23(3), 147-169.

_____, 2011, "'자유'를 둘러싼 기본소득(Basic Income) 구상의 제도적 이행방향에 관한 연구", 『人文社會科學硏究』, 33(-), 33-65.

_____, 2014, 『복지국가와 기본소득: 논쟁과 전략의 탐색』. 대구: 경북대학교출판부.

_____, 2016, "기본소득: 규범과 경험의 정책 과학적 분석 – 청년배당 지급조례 논의를 중심으로", 『한국사회복지학』, 68(4), 119-141.

이승윤·이정아·백승호, "2016, 한국의 불안정 청년노동시장과 청년 기본소득 정책안", 『비판사회정책』, 52, 365-405.

이주희, 2012, "여성의 평등한 노동권을 위한 고용과 복지의 재구조화", 『한국여성학』, 28(3), 35-62.

주은선, 2013, "한국의 대안적 소득보장제도 모색: 현행의 복지국가 프로그램과 한시적 시민수당의 결합에 대한 시론", 『비판사회정책』, 38, 83-126.

채만수, 2010, "과학에서 몽상으로 사회주의의 발전·발전·발전!", 『정세와노동』, 54, 17-45.

최광은, 2010, "기본소득 모델의 이해와 한국에서의 도입가능성 연구", 석사학위논문, 한신대학교 국제평화인권대학원.

Arendt, H., 1996, *The Human Condition*, 이진우 역, 2017, 『인간의 조건』. 서울: 한길사.

Atkinson, A. B., 2015, *Inequality*, Harvard University Press.

Brandal, N., Bratberg, Ø. and Thorsen, D., 2013, *The Nordic Model of Social Democracy*, Springer.

Douglas, C. H., 1933, Social Credit, London: Eyre and Spottiswoode, 이승현 역, 2016, 『사회신용』, 역사비평사.

Dunlop, T., 2016, 『노동 없는 미래』, 엄성수 역, 2016, 비즈니스맵.

Esping-Andersen, G., 1990, *The Three Worlds of Welfare State*, New York: Free Press.

Ferguson, J., 2015, *Give a Man a Fish: Reflections on the New Politics of Distribution*, Duke University Press, 조문영 역, 2017, 『분배정치의 시대: 기본소득과 현금지급이라는 혁명적 실험』, 여문책.

Knijn, T. and Ostner, I., 2002, "Commodification and De-commodification", *Contested Concepts in Gender and Social Politics*, 141-169.

Murray, C., 2016, *In Our Hands: A Plan to Replace the Welfare State*, Rowman & Littlefield.

Offe, C., 1996, *Social Capital: Concepts and Hypotheses. Unpublished Manuscript*, Germany: Humboldt University.

Polanyi, K., 1944, *The Great Transformation: the Political and Economic Origins of Our Time*, Boston: Beacon Pr.

Raventós, D., 2007, *Basic Income: The Material Conditions of Freedom*, Pluto Pr.

Rimlinger, G. V., 2009, 『사회복지의 사상과 역사: 유럽, 미국, 러시아의 사회정책을 중심으로』, (재판. ed.), 파주: 한울.

Robeyns, I., 2008, "Introduction: Revisiting the Feminism and Basic Income Debate", *Basic Income Studies*, 3(3).

Standing, G., 2009, *Work After Globalization: Building Occupational Citizenship*, Cheltenham, UK

Van Parijs, P., 1995, *Real Freedom for All: what (if anything) Can Justify Capitalism?*, Oxford: Oxford University Press, 조현진 역, 2016, 『모두에게 실질적 자유를』, 후마니타스.

_____, 1997, *Basic Income: Guaranteed Minimum Income for the 21st Century?*, Fundació Rafael Campalans.

8장

고경환·강지원·장영식·정영애, 2015, 『2013년 기준 한국의 사회복지지출』, 정책보고서 2014-83, 보건복지부, 한국보건사회연구원

문진영·김윤영, 2015, "소득보장과 사회서비스의 교환관계 (trade-off) 연구", 『한국사회복지학』, 67, 203-226.

윤자영, 2016, "돌봄노동과 기본소득 모형", 『여성학논집』, 33, 3-29.

이명현, 2014, 『복지국가와 기본소득: 논쟁과 전략의 탐색』, 대구: 경북대학교출판부.

Barr, N., 2004, *Economics of the Welfare State*, 이정우·이동수 역, 2008, 『복지국가와 경제이론』, 학지사.

ILO, 2012, Recommendation Concerning National Floors of Social Protection, ILO.

Munday, B., 2007, *Integrated Social Services in Europe: Report*, Strasbourg: Council of Europe.

9장

강성태, 2007, "특수고용직의 노동법적 보호", 『노동정책연구』, 7(3), 93-117.

강성호, 2011, "국민연금 사각지대 규모추정과 연금제도 성숙에 따른 노후빈곤완화 효과", 『재정학연구』, 4(2), 89-121.

구인희·백학영, 2008, "사회보장의 사각지대: 실태와 영향요인", 『사회보장연구』, 24(1), 175-204.

김유선, 2016, "비정규직 규모와 실태: 통계청", 『노동사회』, 189(단일호), 54-94.

김진욱, 2010, "한국 사회보장제도의 확장과 한계", 『한국사회정책』, 17(1), 63-93.

김태환, 2014, "사회보험의 사각지대에 관한 고찰", 『법학논고』, 46, 431-456.

노대명, 2015, "한국 복지제도의 현황과 쟁점", 『보건복지포럼』, 6-21.

박종희, 2003, "근로기준법상 근로자개념", 『노동법학』, 16(6).

방하남, 2010, "고용보험의 사각지대와 정책과제", 『한국사회보장학회 정기학술발표논문집』, 2010(1), 155-177.

방하남·남재욱, 2016, "고용보험의 사각지대와 정책과제에 관한 연구: 실업급여를 중심으로", 『사회복지정책』, 43(1), 51-79.

배지영·홍백의, 2012, "건강보험 지역가입자의 가입자 지위 전환 요인에 관한 연구", 『사회보장연구』, 28(3), 213-233.

백승호, 2005, "분배조정과 생산조정의 제도적 상보성에 관한비교사회정책연구", 『한국사회복지학』, 57(4).

_____, 2014, "서비스경제와 한국사회의 계급, 그리고 불안정 노동 분석", 『한국사회정책』, 21(2), 57-90.

서정희·백승호, 2014, "사회보험의 법적 사각지대", 『노동정책연구』, 14(3), 37-78.

서정희·오욱찬·박경하, 2013, "사회복지 영역 일자리사업 참여자의 근로자성 비교 연구", 『노동정책연구』, 13(2), 95-126.

성재민, 2016, "실업급여의 역사와 과제", 『노동리뷰』, 20-37.

심재진, 2013, "노인일자리사업 참여자의 근로자성에 대한 연구", 『사회보장연구』, 29(2), 197-235.

오건호, 2016, "기초연금 중심 노후소득보장론", 『한국정책학회 기획세미나』, 2016(1), 13-34.

윤정향, 2005, "비정규노동자의 사회보험 배제원인에 관한 구조와 행위 분석-금융업과 자동차산업을 중심으로", 『사회보장연구』, 21(3), 123-155.

이병희, 2015, "고용보험 20년의 평가와 과제: 사각지대와 실업급여를 중심으로",

『한국사회보장학회 정기학술발표논문집』, 2015(1), 125-155.

이승윤·백승호·김윤영, 2017, 『한국의 불안정 노동자』, 서울: 후마니타스.

이정우, 2002, 『사회복지정책』, 서울: 학지사.

이지연, 2014, 실업급여 사업평가. 사업평가 14-05(통권 318호). 국회예산정책처.

정인영·김경아·조영은·이다미, 2014, 『국민연금 사각지대 완화를 위한 지역가입자 관리 개선방안 연구』, 국민연금연구원.

조돈문 외, 2015, 『민간부문 비정규직 인권상황 실태조사: 특수형태 근로종사자를 중심으로』, 국가인권위원회 발간자료, 1-395

최영호, 2002, "계약근로형 노무공급자의 근로자성", 『노동법연구』, 13, 123-146.

최옥금·조영은, 2014, "국민연금 사회보험료 지원의 현황과 과제", 『비판사회정책』, 45, 304-339.

한국노동연구원, 2017, 비정규직 노동통계.

황덕순, 2015, "한국의 노동시장 구조와 사회안전망 정책과제", 『사회보장법학』, 4(2), 85-132.

_____, 2016, "디지털 기술과 플랫폼 노동이 제기하는 사회정책 과제들", 『국제노동브리프』, 14(9), 3-6.

Chang, Kyong-sup., 2009, "Compressed Modernity in Perspective: South Korean Instances and Beyond", Unpublished Paper, Seoul.

Eichhorst, W. and Marx, P., 2012, *The Age of Dualization: The Changing Face of Inequality in Deindustrializing Societies*.

Eichhorst, W. and Marx, P., 2012, "Whatever Works: Dualisation and the Service Economy in Bismarckian Welfare States", in Emmenegger, P. (Ed.), 2012, *The Age of Dualization: the Changing Face of Inequality in Deindustrializing Societies*, OUP USA, 73-99.

Eitrheim, P. and Kuhnle, S., 2000, "3 Nordic Welfare States in the 1990s", *Survival of the European Welfare Wtate*, 39.

Esping-Andersen, G., 1990, *The Three Worlds of Welfare State*, New York: Free Press.

_____, 1996, *Welfare States in Transition: National Adaptations in Global Economies*, Sage.

Häusermann, S. and Schwander, H., 2012, "Varieties of Dualization? Labor Market Segmentation and Insider-outsider Divides Across Regimes", in Emmenegger, P. (Ed.), 2012, *The Age of Dualization: the Changing Face of Inequality in Deindustrializing Societies* OUP USA, 27-51.

Korpi, W. and Palme, J., 1998, "The Paradox of Redistribution and Strategies of Equality: Welfare State Institutions, Inequality and Poverty in the Western Countries", *American Sociological Review*, 661-687.

Lødemel, I. and Trickey, H., 2001, "'An Offer You Can't Refuse': Workfare in International Perspective", Bistol: Policy Press.

Mishra, R. P., 2002, "Social Policy in Retreat or The Hollowing Out of The Welfare

State", *Journal of Social Welfare*, 1(3), 21-50.

O'Connor, J, 1990, 우명동 역, 『현대국가의 재정위기』, 서울: 이론과 실천.

Purdy, D., 1994, "Citizenship, Basic Income and the State", *New Left Review*, 208, 30.

Swank, D., 2001, "Political Institutions and Welfare State Restructuring", *The New Politics of the Welfare State*, 197-237.

Van Parijs, P., 1995, *Real Freedom for All*, Oxford University Press.

국민연금공단 홈페이지, www.nps.or.kr.

두루누리 사회보험 홈페이지, insurancesupport.or.kr.

10장

구인회, 2006, 『한국의 소득불평등과 빈곤』, 서울대학교 출판부.

김교성, 2007, "도시근로자가구의 빈곤추이와 원인에 관한 연구: 조세와 이전소득의 빈곤완화효과를 포함하여", 『한국사회복지학』, 59(2): 143-169.

_____, 2009a, "기본소득 도입을 위한 탐색적 연구", 『사회복지정책』, 36(2), 35-57.

_____, 2009b, "사회부조제도의 유형과 빈곤완화효과에 관한 비교연구", 『사회복지정책』, 36(1), 61-87.

_____, 2011, "사회정책 빈곤연구의 동향과 과제", 『한국사회정책』, 18(1), 43-82.

_____, 2017, "외환위기 20년, 소득보장정책의 발전과 한계", 『한국사회정책』, 24(4), 151-184.

김미곤·김태완, 2004, "우리나라의 빈곤현황 및 정책과제", 『사회보장연구』, 20(3), 173-200.

박찬용, 2006, "이전소득의 빈곤축소효과에 관한 국제비교 분석", 『응용경제』, 8(3).

보건복지부, 2015, 『2015 국민기초생활보장사업안내: 맞춤형 급여 운영방안』.

윤홍식, 2017, "기본소득, 복지국가의 대안이 될 수 있을까?: 탈상품화 대 탈노동화", 『비판사회정책』, 54, 81-119.

이현주·김미곤·노대명·강석훈·손병돈·유진영·임완섭, 2006, 『우리나라 빈곤실태와 정책적 함의: 구조분석을 중심으로』, 한국보건사회연구원.

이태진·김상균·홍경준·석재은·구인회·이선우……강혜규, 2012, 『빈곤정책 제도개선 방안 연구』, 한국보건사회연구원.

Adema, W, 2006, "Social Assistance Policy Development and the Provision of a Decent Level of Income in Selected OECD Countries", OECD Social, Employment and Migration Working Papers No. 38, OECD.

Eardley, T., Bradshaw, J., Ditch, J., Gough, I., and Whiteford, P., 1996, *Social Assistance in OECD Countries*, London: HMSO.

Hölcsch, K. and Kraus, N., 2006, "European Schemes of Social Assistance: An Empirical Analysis of Set-ups and Distributive Impact", *International Journal of Social*

Welfare, 15, 50-62.

ILO, 2014, *World Social Protection Report 2014/15: Building Economic Recovery, Inclusive Development and Social Justice*, International Labour Office – Geneva: ILO.

OECD, 2014, *OECD Economic Surveys: Korea 2014*, OECD Publishing.

Van Parijs, P., 1995, *Real Freedom for All: What (if Anything) Can Justify Capitalism?*, 조현진 역, 2016, 『모두에게 실질적 자유를: 기본소득에 대한 철학적 옹호』, 후마니타스.

11장

김교성, 2017. "외환위기 20년, 소득보장정책의 발전과 한계", 『한국사회정책』, 24(4), 151-184.

김수정, 2002, "복지국가 가족지원체계의 구조변화에 관한 일 연구: 가족수당과 보육지원 프로그램을 중심으로", 서울대학교 대학원 박사학위논문.

노대명·여유진·김태완·김원일, 2009, 『사회수장제도 도입타당성에 대한 연구』, 한국보건사회연구원 연구보고서.

보건복지부, 2016, 『2016년 보육사업안내』, 보건복지부 보육정책과.

송다영, 2010, "'자유선택' 정책설계내 계층과 젠더 문제: 한국 보육정책의 형성과 재편을 중심으로", 『한국가족복지학』, 30, 347-378.

양재진, 2017, "기본소득에 대한 비판적 고찰", 『화우공익재단 제3회 공익세미나 기본소득의 도입가능성 및 한계에 대한 쟁점토론 자료집』.

유해미·서문희·한유미·김문정, 2011, 『영아 양육비용 지원정책의 효과와 개선방안: 양육수당을 중심으로』, 육아정책연구소 연구보고서.

윤승희, 2015, "핀란드와 노르웨이의 양육수당 비교연구: 제도적 맥락을 중심으로", 『한국사회복지조사연구』, 44, 1-24.

윤홍식, 2012, "가족주의와 가족정책 재유형화를 위한 이론적 논의", 『한국사회복지학』, 64(4), 261-284.

_____, 2014, "박근혜 정부의 가족화정책과 성, 계층 불평등의 확대: 보수정부 6년의 가족정책을 중심으로", 『경제와 사회』, 101, 87-116.

_____, 2017, "기본소득, 복지국가의 대안이 될 수 있을까?: 탈상품화 대 탈노동화", 『비판사회정책』, 54, 81-119.

이미경, 2010, "가족지원정책유형에 따른 아동수당제도 비교", 대구가톨릭대학교 석사학위 논문.

이선주·박선영·김은정, 2006, 『아동수당제도의 국제비교 및 도입방안에 관한 연구』, 한국여성개발원.

이승윤·김민혜·이주용, 2016, "한국 양육수당의 확대는 어떠한 정책형성과정을 거쳤는가?: 정책네트워크 분석을 활용하여", 『한국사회정책』, 20(2), 195-232.

최은영, 2010, "한국 아동양육의 난맥상: 양육수당의 문제점", 『복지동향』, 143, 4-7.

홍승아, 2011, "양육수당제도의 젠더효과에 관한 연구: 핀란드 가정양육수당제도를 중심으로", 『비판사회정책』, 31, 85-119.

Fitzpatrick, T., 1999, *Freedom and Security: An Introduction to the Basic Income Debate*, London: Palgrave Macmillan.

Gilbert, N. and Terrell, P., 1998, *Dimensions of Social Welfare Policy*, Boston: Allyn and bacon.

Letabler, M. T., 2003, "Fertility and Family Policies in France", *Journal of Population and Social Security*, Supplement 1, 245-261.

Van Parijs, P., 1995, *Real Freedom for All. What (if anything) is Wrong with Capitalism*, Oxford: Oxford University Press.

ISSA, 2016, *Social Security Programs Throughout the World: Europe, 2016*, Washington, DC: John W. R. Phillips.

The U.S. Basic Income Guarantee Network http://www.usbig.net/

Basic Income Earth Network http://www.bien.or.kr/

12장

강남훈, 2017, "권리로서의 기본소득: 쟁점과 이해," 화우공익재단 제3회 공익세미나 『기본소득의 도입가능성 및 한계에 대한 쟁점토론』 자료집.

강혜규·박수지·양난주·엄태영·이정은, 2012, 『사회서비스 바우처사업의 정책효과 분석 연구』, 한국보건사회연구원.

공공데이터포털, 2013, (공공데이터 제공 신청 자료) 전자바우처 예탁금, 제공인력 및 이용인원 현황(2013년 기준), (검색일 2017. 6. 12.).

공공데이터포털, 2016, (공공데이터 제공 신청 자료) 전자바우처 예탁금, 제공인력 및 이용인원 현황(2016년 기준), (검색일 2017. 6. 12.).

금민, 2017, "기본소득을 위한 해명", 화우공익재단 제3회 공익세미나 『기본소득의 도입가능성 및 한계에 대한 쟁점토론』 자료집.

김선화·방진희·이근희, 2010, "사회서비스 전달체계 변화에 따른 사회적 일자리 창출 효과 비교", 『보건사회연구』, 30(2).

김수영·안상훈·김수완, 2012, "사회서비스 공급체계에서 공사역할분담의 이론과 사례", 허재준·안상훈·김수영·김수완·김영미·백승호·이수연·조욱연·정해식, 2012, 『고용-복지 통합형 사회서비스 전달체계 개선방안』, 한국노동연구원.

김용득, 2008, "사회서비스 정책의 동향과 대안: 시장 기제와 반-시장 기제의 통합", 『사회복지연구』, 36(1), 5-28.

김혜원·안상훈·조영훈, 2006, 『사회서비스 분야 일자리창출 방안에 관한 연구』, 한국노동연구원.

김희삼, 2016, "왜 그걸 못 참느냐고?: 다양한 마시멜로 실험의 정책적 시사점", 『나라경제』,

27, 38-39.

문진영·김윤영, 2015, "소득보장과 사회서비스의 교환관계 연구", 『한국사회복지학』, 67(4), 203-226.

박수지, 2009, "복지국가의 사회서비스 제도화 및 재구조화에 대한 고찰", 『한국사회복지학』, 61(3), 155-177.

박홍엽, 2013, 『바우처 사업 평가』, 국회예산정책처.

보건복지가족부, 2008, 『노인돌보미바우처 사업안내』.

보건복지부, 2010, "사회서비스전자바우처사업 고도화를 위한 사회서비스 품질 향상 및 인력 선진화 방안".

_____, 2010. 8. 18. "보건복지업, 일자리 창출의 블루오션." 보건복지 관련 산업 일자리 보도자료.

_____, 각년도, "사회서비스이용권 제공계획", 『사회서비스 전자바우처 사업 통계』(2014-2016년) http://www.mohw.go.kr/front_new/gm/sgm0601vw.jsp?PAR_MENU_ID =13&MENU_ID=1304020601&page=4&CONT_SEQ=327689

서정희, 2010, "장애인의 접근권: 장애인권리협약과 비준당사국의 이행보고서 지침을 기준으로", 『사회보장연구』, 26(4), 49-75.

양난주, 2015, "사회서비스 바우처 정책 평가", 『한국사회정책』, 22(4), 189-223.

오준호, 2017, 『기본소득이 세상을 바꾼다: 기본이 안 된 시대에 기본을 만드는 소득』, 개마고원.

윤자영·김경희·최영미·김양지영, 2011, 『돌봄서비스 분야 근로조건에 관한 연구(Ⅰ): 돌봄서비스 일자리 근로조건 실태와 정책과제』, 한국노동연구원.

윤자영, 2016, "돌봄노동과 기본소득모형", 『여성학논집』, 33(2), 3-29.

이건우, 2012, "사회복지서비스 지출의 생산 및 고용·파급효과와 시사점", 『e-KIET 산업경제정보』, 543(2012-19), 1-12.

이고은, 2014, "마시멜로 효과, 우리가 몰랐던 후속 실험들", 한겨레 사이언스 온, 2014. 4. 8. http://scienceon.hani.co.kr/157276 (검색일: 2017.7.22.)

이재원, 2012, "사회서비스 정책의 전개과정과 정책과제- 사회서비스 전자바우처 사업을 중심으로, 사회보장기본법 개정에 따른 사회(복지)서비스 정책 쟁점과 과제", 사회보장기본법 개정에 따른 사회(복지)서비스 정책토론회 자료집.

Aaberge, R., Langørgen, A. and Lindgren, P., 2010, "The Impact of Basic Public Services on the Distribution of Income in European Countries", Atkinson, A. B. and Marlier, E. (eds.), *Income and Living Conditions in Europe*, Eurostat Statistical books.

Bahle, T., 2003, "The Changing Institutionalization of Social Services in England and Wales, France and Germany: Is the Welfare State on the Retreat?", *Journal of European Social Policy*, 13(1), 5-20.

Barr, N., 2004, *Economics of the Welfare State*, 이정우·이동수 역, 2008, 『복지국가와 경제이론』, 학지사.

Baumol, W. J., 1967, "Macroeconomics of Unbalanced Growth: the Anatomy of Urban Crisis", *The American Economic Review*, 57(3), 415-426.

Beveridge, W. H. B. B., 1942, *Social Insurance and Allied Services*.

Castles, F. G., 1998, *Comparative Public Policy. Patterns of Post-war Transformation*, Cheltenham: Edward Elgar.

Esping-Andersen, G. and Korpi, W., 1987, "'From Poor Relief to Institutional Welfare States: the Development of Scandinavian Social Policy'", in R. Erikson, E. J. Hansen, S. Ringen and H. Uusitalo (eds.), *The Scandinavian Model: Welfare States and Welfare Research*, Armonk: M. E. Sharpe, 39-74.

Esping-Andersen, G., 1990, *The Three Worlds of Welfare Capitalism*, John Wiley & Sons.

_____, 1999, *Social Foundations of Post-industrial Economies*, 박시종 역, 2006, 『복지체제의 위기와 대응: 포스트 산업경제의 사회적 토대』, 성균관대학교 출판부.

e-나라지표, "건강보험 및 급여율", http://www.index.go.kr/potal/main/EachDtlPageDetail.do?idx_cd=2763 (접속일 2017. 5. 27.)

Ferdman, R. A., 2016. 6. 8., "The Big Problem with One of the Most Popular Assumptions about the Poor", The Washington Post Wonkblog. https://www.washingtonpost.com/news/wonk/wp/2016/06/08/the-problem-with-one-of-the-most-popular-assumptions-about-the-poor/?utm_term=.53d70b5e6536 (검색일: 2017. 7. 22.)

Gilbert, N. and Terrel, P., 2005, *Dimensions of Social Welfare Policy, 6th Edition*, 남찬섭·유태균 역, 2006, 『사회복지정책론: 분석틀과 선택의 차원』, 나눔의 집.

ILO, 2010, World Social Security Report 2010/11: Providing Coverage in Time of Crisis and Beyond. ILO Publication.

_____, 2014, World Social Protection Report 2014/15: Building Economic Recovery, Inclusive Development and Social Justice. International Labour Office -Geneva: ILO.

Kautto, M., 2002, "Investing in Services in West European Welfare States", *Journal of European Social Policy*, 12(1), 53-65.

Minas, R., 2016, "The Concept of Integrated Services in Different Welfare States from a Life Course Perspective", *International Social Security Review*, 69(3-4), 85-107.

Mischel, W., 1974, *Processes in Delay of Gratification*, Academic Press.

Mischel, W., Shoda, Y. and Peake, P. K., 1988, "The Nature of Adolescent Competencies Predicted by Preschool Delay of Gratification", *Journal of Personality and Social Psychology*, 54(4), 687.

Munday, B., 2007, *Integrated Social Services in Europe*, Report Prepared for the Council of Europe, Strasbourg: Council of Europe Publishing.

Muuri, A., 2010, "The Impact Of The Use of the Social Welfare Services or Social Security Benefits on Attitudes to Social Welfare Policies", *International Journal of*

Social Welfare, 19(2), 182-193.

Myrdal, A., 1968, *Nation and Family*, Cambridge, MA: MIT Press.

Palier, B., 2010, "The Dualizations of the French Welfare System", In Palier, B., (ed.), *A Long Goodbye to Bismarck?: The Politics of Welfare Reforms in Continental Europe*, Amsterdam University Press.

Raventós, D., 2007, *Basic Income: The Material Conditions of Freedom*, London: Pluto Press, 이재명·이한주 역, 2016, 『기본소득이란 무엇인가』, 책담.

Rowntree, B. S., 1901, *Poverty: A Study of Town Life*, Macmillan.

Scharpf, F., 2000, 'Globalization and the Welfare State. Constraints, Challenges and Vulnerabilities', in The Year 2000 International Research Conference on Social Security, 'Social Security in a Global Village', Conference Volume, Geneva: International Social Security Association.

Sturge-Apple, M. L., Suor, J. H., Davies, P. T., Cicchetti, D., Skibo, M. A. and Rogosch, F. A., 2016, "Vagal Tone and Children's Delay of Gratification: Differential Sensitivity in Resource-poor and Resource-rich Environments", *Psychological Science*, 27(6), 885-893.

Taylor-Gooby, P., 2004, "Open Markets and Welfare Values Welfare Values, Inequality and Social Change in the Silver Age of the Welfare State", *European Societies*, 6(1), 29-48.

_____, P., 2011, "New Risks and Social Change". In Peter Taylor-Gooby (ed.), *New Risks, New Welfare: The Transformation of the European Welfare State*, Oxford University Press.

Van Kersbergen, K., 1995, *Social Capitalism. A Study of Christian Democracy and the Welfare State*, London: Routledge.

Van Parijs, P., 1995, *Real Freedom for All: What (if Anything) Can Justify Capitalism?*, 조현진 역, 2016, 『모두에게 실질적 자유를: 기본소득에 대한 철학적 옹호』, 후마니타스.

13장

강남훈, 2009, "기본소득의 경제적 효과에 대한 검토", 『비판과 대안을 위한 사회복지학회 추계학술대회 자료집』.

_____, 2010a, "기본소득의 경제적 효과", 『기본소득 국제학술대회 자료집』.

_____, 2010b, "모든 국민에게 기본소득을", 민주노총.

_____, 2010c, "기본소득 도입모델과 경제적 효과", 『진보평론』, 제45호, pp.12-43.

_____, 2017, "권리로서의 기본소득: 쟁점과 이해", 화우공익재단 제3회 공익세미나 『기본소득의 도입가능성 및 한계에 대한 쟁점토론』 자료집.

강남훈·곽노완·이수봉, 2009, "즉각적이고 무조건적인 기본소득을 위하여", 민주노총, 1-57.

곽노완, 2007, "기본소득과 사회연대소득의 경제철학: 빠레이스, 네그리, 베르너에 대한 비판과 변형", 『시대와 철학』, 18(2), 183-218.

_____, 2009, "신자유주의와 실질적 자유지상주의의 경제철학: 하이에크의 시장중심주의와 판 빠레이스의 기본소득 논의를 중심으로", 『사회와 철학』, 18, 1-32.

_____, 2014, "독일 기본소득운동과 전망", 강남훈·곽노완 외, 2014, 『기본소득운동의 세계적 현황과 전망』, 박종철 출판사.

권정임, 2011, "생태사회와 기본소득: 고르의 기본소득론에 대한 비판과 변형", 『시대와 철학』, 22(3), 1-40.

김교성, 2009, "기본소득 도입을 위한 탐색적 연구", 『사회복지정책』, 36(2), 33-57.

_____, 2016, "이 시대 복지국가의 쓸모?!: 불평등 문제 해결을 위한 제언", 『비판사회정책』, 52, 179-222.

김병인, 2016, "기본소득은 사회보장을 위한 최선의 대안인가?: 사회정책의 필요 개념에 입각한 비판적 검토", 『사회복지정책』, 43(4), 79-107.

김혜연, 2014, "이데올로기적 다양성에 따른 기본소득의 정책 특성에 관한 연구", 『비판사회정책』, 42, 92-139.

문진영·김윤영, 2015, "소득보장과 사회서비스의 교환관계 연구", 『한국사회복지학』, 67(4), 203-226.

박경철, 2016, "농민 기본소득제 도입에 대한 탐색적 연구: 충청남도를 중심으로", 『농촌지도와 개발』, 23(1), 73-87.

박석삼, 2010, "기본소득을 둘러싼 쟁점과 비판", 『노동사회과학』, 3, 307-326.

박홍규, 2008, "기본소득 연구", 『민주법학』, 36, 199-223.

백승호, 2010, "기본소득 모델들의 소득재분배 효과 비교분석", 『사회복지연구』, 41(3), 185-212.

서정희, 2017, "기본소득의 국가별 실험", 『월간복지동향』, 221, 22-27.

서정희·조광자, 2008, "새로운 분배제도에 대한 구상: 기본소득과 사회적 지분급여 논쟁을 중심으로", 『사회보장연구』, 24(1), 27-50.

성은미, 2002, "새로운 사회적 권리로서 기본소득", 『사회복지와 노동』, 5, 41-61.

_____, 2003, "비정규노동자에 대한 새로운 사회적 안전망: 기본소득", 『비판과 대안을 위한 사회복지학회 학술대회 발표논문집』, 273-306.

심광현, 2015, "맑스의 관점에서 본 기본소득과 대안사회로의 이행의 과제", 『시대와 철학』, 26(2), 115-159.

안현효, 2010, "기본소득과 고진로 산업정책", 『1등만 기억하는 더러운 세상을 뒤집어라』, 매일노동뉴스, 242-279.

윤도현, 2003, "신자유주의와 대안적 복지정책 모색", 『한국사회학』, 37(1), 55-61.

윤자영, 2016, "돌봄노동과 기본소득 모형", 『여성학 논집』, 33(2), 3-29.

윤정향, 2002, 『기초소득의 도입가능성연구』, 한국노총 중앙연구원.

이명현, 2006, "복지국가 재편을 둘러싼 새로운 대립축: 워크페어 개혁과 기본소득 구상", 『사회보장연구』, 22(3), 53-76.

_____, 2007, "유럽에서의 기본소득 구상의 전개 동향과 과제: 근로안식년과 시민연금을 중심으로", 『사회보장연구』, 23(3), 147-169.

_____, 2014,『복지국가와 기본소득: 논쟁과 전략의 탐색』, 경북대학교 출판부.

이승윤, 2014,『퍼지셋 질적비교연구 방법론의 이론과 적용』, 고려대학교 출판부.

이승윤·이정아·백승호, 2016, "한국의 불안정 청년노동시장과 청년 기본소득 정책안", 『비판사회정책』, 52, 365-405.

최광은, 2010, "기본소득 모델의 이해와 한국에서의 도입가능성 연구", 석사학위논문, 한신대학교 국제평화인권대학원.

Ackerman, B. A., Alstott, A. and Van Parijs, P., 2006, *Redesigning Distribution*, London: Verso, 너른복지연구모임 역, 2010,『분배의 재구성』, 나눔의 집.

Barr, N. A., 1998, *The Economics of the Welfare State*, California: Stanford University Press, 이정우 역, 2008,『복지국가와 경제이론』, 학지사.

_____., 2004, *Economic of the Welfare State*, Oxford: Oxford U.K.

De Wispelaere, J. and Stirton, L., 2004, "The Many Faces of Universal Basic Income", *The Political Quarterly*, 75(3), 266-274.

Douglas, C. H., 1933, *Social Credit*, London: Eyre and Spottiswoode, 이승현 역, 2016, 『사회신용』, 역사비평사.

Dunlop, T., 2016, *Why the Future is Workless*, Sydney: NewSouth Publishing, 엄성수 역, 2016,『노동 없는 미래』, 비즈니스맵.

Fitzpatrick, T., 1999, *Freedom and Security: An Introduction to the Basic Income Debate*, London: Palgrave Macmillan.

Ferguson, J., 2015, *Give a Man a Fish: Reflections on the New Politics of Distribution. Durham*, NC: Duke University Press, 조문영 역, 2017,『분배정치의 시대: 기본소득과 현금지급이라는 혁명적 실험』, 여문책.

International Social Security Association, 2016, *Social Security Programs Throughout the World: Europe 2016*, SSA Publication.

Reitter, K., 2005. "Grundrisse: Zeitschrift für linke Theorie & Debatte", Nr. 13. 김원태 역, 2008, "자본주의 이후의 사회의 권리로서의 기본소득",『진보평론』, 38, 243-277.

Munday, B., 2007, *Integrated Social Services in Europe: Report*, Strasbourg: Council of Europe Publishing.

Offe, C., 2008, "Basic Income and the Labor Contract", *Basic Income Studies*, 3(1), Article 4, 1-30.

Raventós, D., 2007, *Basic Income: The Material Conditions of Freedom*, London: Pluto Press, 이재명·이한주 역, 2016,『기본소득이란 무엇인가』, 책담.

Van Parijs, P., 1995, *Real Freedom for All: what (if anything) Can justify capitalism?*, Oxford: Oxford University Press, 조현진 역, 2016,『모두에게 실질적 자유를』, 후마니타스.

_____., 1997, "Basic Income: Guaranteed Minimum Income for the 21st Century?" Fundació Rafael Campalans.

_____., 2006, "Basic Income: a Simple and Powerful Idea for the 21st Century",

너른복지연구모임 역, 2010,『분배의 재구성』, 나눔의 집, 21-78.
_____., 2006., "Basic Income Versus Stakeholder Grants: Some Afterthoughts on How Best to Redesign Distribution", 너른복지연구모임 역, 2010,『분배의 재구성』, 나눔의 집, 283-296.

기본소득지구네트워크 홈페이지 http://basicincome.org
ILO 홈페이지 http://www.ilo.org

14장

강남훈, 2010, "기본소득 도입모델과 경제적 효과",『진보평론』, 45.
_____, 2015, "한국에서 단계적 기본소득 도입을 위한 재정모형", 녹색전환연구소 포럼 자료집.
강남훈·곽노완·이수봉, 2009, "즉각적이고 무조건적인 기본소득을 위하여", 서울: 민주노총.
고용노동부, 2015, "고용촉진지원제도 운영지침", 세종: 고용노동부.
_____, 2015, "청년고용정책 가이드북", 세종: 고용노동부.
곽노완, 2013, "노동의 재구성과 기본소득",『마르크스주의 연구』, 10(3), 94-114.
국회예산정책처, 2010, "청년고용대책 평가".
_____, 2013, "청년일자리사업 평가".
김교성, 2009, "기본소득 도입을 위한 탐색적 연구",『사회복지정책』, 36(2), 33-57.
김성희, 2015, "박근혜 정부의 경제정책과 노동시장 구조개선 논의의 문제점",『월간 복지동향』, 199, 4-11.
김용성, 2014, 청년취업 활성화를 위한 방안: 재정지원 일자리사업과 창업 활성화를 중심으로. KDI FOCUS, 35, 세종: 한국개발연구원.
김유선, 2015, "최저임금 수혜자와 미달자", KLSI 이슈페이퍼, 2015-05.
김혜연, 2014, "기본소득 제안이 여성의 경제적 상태에 미치는 효과 분석",『사회복지정책』, 41(1), 33-63.
곽노완, 2013, "노동의 재구성과 기본소득, 기본소득은 프레카리아트의 계급 형성과 진화에 필수적인가?",『마르크스주의연구』, 10(3), 94-114.
남재량·이규용·주무현, 2009, 청년고용문제 해소를 위한 인턴십 연구: 중소기업 청년인턴제를 중심으로, 서울: 한국노동연구원.
류장수, 2015, "청년인턴제의 성과 분석",『노동리뷰』, 2015(7), 31-45.
반정호·김경희·김경휘, 2005, "청년취업자의 노동이동 및 고용형태 전환에 영향을 미치는 요인에 관한 연구",『한국사회복지학』, 57(3), 73-103.
백승호, 2010, "기본소득의 소득재분배 효과",『사회복지연구』, 41(3), 185-212.
백승호·안상훈, 2007, "한국복지국가의 구조와 성격에 관한 비교사회정책연구― 공공사회복지지출 분석을 중심으로",『사회복지연구』, 35, 337-362.
서울특별시, 2016. 4. 12., "서울시, '청년활동지원사업' 세부 지원계획 확정", 서울시 보도자료.

성남시, 2016. 1. 27., "청년배당! 뜨거운 호응 속 진행", 성남시 보도자료.

시선뉴스, 2015. 4. 23., "독일의 미니잡(Minijob), 우리나라도 주목받나?".

이명현, 2006, "복지국가 재편을 둘러싼 새로운 대립축-워크페어 개혁과 기본소득 구상", 『사회보장연구』, 22(3), 53-76.

이병희, 2015, "고용보험 20년의 평가와 과제: 사각지대와 실업급여를 중심으로", 『한국사회보장학회 정기학술발표논문집』, 2015(1), 125-155.

이병희·김현종·김혜원·박혁, 2014, "취업성공패키지 성과분석 및 제도 개편 방안", 서울: 한국노동연구원.

정준영, 2015, "특집: 청년 고용문제의 해법 찾기: 청년이 말하는 청년일자리 문제에 대한 소고", 『노동사회』, 184, 42-50.

최저임금위원회, 2017, 최저임금액 현황, http://minimumwage.go.kr/stat/statEffect.jsp.

하승수, 2015, 녹색당의 기본소득 정책(안).

한국비정규노동센터, 2015, 경제활동인구조사를 활용한 청년실업률 분석결과.

홍순탁, 2016, "공평과세와 복지증세-20대 국회의 복지재정확보를 위한 조세개혁과제", 내가만드는복지국가 이슈페이퍼.

Atkinson, A. B., 1996, "The Case for a Participation Income", *The Political Quarterly*, 67(1), 67-70.

Dörre, K., 2010, "Génération Précaire － ein europäisches Phänomen?" M. Busch, J. Jeskow, R. Stutz(Hg.) Zwischen Prekarisierung und protest. Transcript Verlag: Bielefeld

Offe, C., 1997. "Towards a New Equibrilium of Citizen's Rights and Economic Resources?", In OECD (ed.), *Societal Cohesion and the Globalizing Economy: What does the Futer Hold?*, Paris: OECD. 81-108.

Torres, R., 2013, *Repairing the Economic and Social Fabric*, World Employment and Social Outlook, 2013(1), ILO.

Van Parijs, P., 2010, "기본소득: 21세기를 위한 명료하고 강력한 아이디어", in Ackerman (ed.), 『분배의 재구성』, 서울: 나눔의 집, 21-78.

15장

강남훈, 2010a, "기본소득론", 『연구총서』, 2010(1), 359-411.

_____, 2010b, "기본소득 도입모델과 경제적 효과", 『진보평론』, 45, 12-43.

_____, 2011, "한국에서 기본소득 정책과 기초생활보장 정책의 재분배 효과비교", 『마르크스주의 연구』, 8(3), 76-98.

_____, 2013, "생태기본소득의 가구별 소득재분배 효과", 『사회이론』, 43, 239-265.

_____, 2015, "한국에서 단계적 기본소득 도입을 위한 재정 모형", 녹색전환연구소 기본소득포럼 발표문, 1-44.

_____, 2017, "한국형 기본소득 모델의 가구별 소득재분배효과", 『한국사회경제학회 학술대회 자료집』, 1-20.

강남훈·곽노완, 2009, "국민 모두에게 기본소득을!", 민주노총 정책연구원, 1-57.

강남훈·곽노완·이수봉, 2009, "즉각적이고 무조건적인 기본소득을 위하여", 민주노총 정책연구원.

강연배, 2009, "기본소득 논의 현황과 노동운동", 제5차 UNI-APRO 동아시아 노조 포럼 발표문. 전국보건의료산업노동조합.

고병권, 2001, 『니체, 천 개의 눈 천 개의 길』, 소명출판.

곽노완, 2007, "기본소득과 사회연대소득의 경제철학: 빠레이스, 네그리, 베르너에 대한 비판과 변형", 『시대와 철학』, 18(2), 183-218.

_____, 2009, "신자유주의와 실질적 자유지상주의의 경제철학: 하이에크의 시장중심주의와 판 빠레이스의 기본소득 논의를 중심으로", 『사회와 철학』, 18, 1-32.

권정임, 2011, "생태사회와 기본소득: 고르의 기본소득론에 대한 비판과 변형", 『시대와 철학』, 22(3), 1-40.

_____, 2013, "판 빠레이스의 초기기본소득론과 생태사회", 『시대와 철학』, 24(1), 7-46.

금민, 2016, "'미래에서 온 편지'의 기본소득 관련 두 편 글에 대한 반론", 노동당 당원게시판, 2016. 2. 19., http://www.laborparty.kr/bd_member/1640076.

기획재정부, 2016, 『2017년 경제정책방향』, 관계부처 합동.

김교성, 2009, "기본소득 도입을 위한 탐색적 연구", 『사회복지정책』, 36(2), 33-57.

_____, 2014, "사회적 타살과 소득불평등", 『비판사회정책』, 44, 278-325.

_____, 2016a, "이 시대 '복지국가'의 쓸모?! '불평등' 문제 해결을 위한 제언", 『비판사회정책』, 52, 179-222.

_____, 2016b, "실질적 자유의 평등한 분배를 위한 기본소득", 국회 정춘숙 의원실 발표자료, 12-42.

김교성·백승호·서정희·이승윤, 2017, "기본소득의 '이상적' 모형과 '단계적' 이행경로", 『한국사회복지학』, 69(3), 295-321.

김성아·김태완, 2017, "기본소득패키지의 상상, 소득보장정책과의 관계분석을 중심으로", 한국사회보장학회 정기학술대회, 2017(1), 247-274.

김영순, 2016, "청년 노동조합운동의 복지의제와 복지국가 전망: 청년유니온과 알바노조를 중심으로", 『한국정치학회보』, 51(1), 233-259.

_____, 2017, "기본소득제 부상의 사회경제적 배경과 의미", 『월간 복지동향』, 221, 5-13.

김윤민, 2016, "언론이 형성한 국민기초생활보장 수급자 담론", 『비판사회정책』, 53, 282-325.

김태완·김성아·이주미, 2016, "기본소득과 타 사회복지제도와의 관계분석", 미발표원고.

남기업, 2014, "기본소득과 정의로운 재원", 『한국행정학회 학술발표논문집』, 2015(12), 477-486.

_____, 2015, "롤스의 정의론을 통한 지대기본소득 정당화 연구", 『공간과 사회』, 47, 84-112.

딴지일보, 2012. 7. 31., "기본소득은 노동을 어떻게 바꾸는가: 이수봉".

_____, 2012. 8. 20., "기본소득은 사회주의적 제안인가?: 전 사회당 대선후보 금민을 만나다".

박이은실, 2013, "성체제와 기본소득", 『마르크스주의 연구』, 10(2), 43-65.

_____, 2014a, "기본소득, 성해방으로 가는 기본 열쇠", 『여성이론』, 31, 28-75.

_____, 2014b, "페미니스트 기본소득 논의의 지평확장을 위하여: 고용, 노동 중심 논의에서 성적 주체성 실현문제를 포함한 논의로", 『페미니즘 연구』, 14(1), 3-34.

박인화, 2017, "보건복지재정 운용구조와 특성", 『보건복지포럼』, 243, 58-76.

박해광, 2002, 『계급, 문화, 언어』, 한울아카데미.

배성인, 2010, "기본소득에 대한 비판적 단상", 『진보평론』, 45, 205-224.

백승호, 2010, "기본소득 모델들의 소득재분배 효과 비교분석", 『사회복지연구』, 41(3), 185-212.

_____, 2017, "한국의 소득보장정책의 허구적 안정성에 대한 비판적 고찰과 대안전략", 한국사회복지정책학회 2017 춘계학술대회, 185-208.

서울특별시, 2017. 4. 7., "복지부, 서울시 '청년수당' 협의결과 '동의' 통보", 서울시 보도자료.

서정희·조광자, 2008, "새로운 분배제도에 대한 구상: 기본소득과 사회적 지분급여 논쟁을 중심으로", 『사회보장연구』, 24(1), 27-50.

석재은, 2017, "복지체제의 균열과 기본소득의 탐색", 재정전문가 네트워크 중간보고회 자료집, 한국조세재정연구원, 97-107.

성승현, 2012, "지대기본소득을 통한 복지국가 실현에 관한 연구", 석사학위논문, 경북대학교 대학원.

성은미, 2003, "비정규노동자에 대한 새로운 사회적 안전망: 기본소득", 비판과 대안을 위한 사회복지학회 학술대회 발표논문집, 273-306.

신정완, 2010, "스웨덴 연대임금정책의 정착과정과 한국에서 노동자 연대 강화의 길", 『시민과 세계』, 18, 59-74.

신진욱, 2016, "헌법국가에 착근된 민주주의", 『한독사회과학논총』, 26(3), 82-113.

심광현, 2012, "기본소득의 좌우버전과 노동운동 – 문화운동의 선순환고리", 『문화연구』, 1(2), 3-29

안상훈, 2014, 『사회정책 욕구 및 인식조사 보고서』, 한국조세재정연구원.

양재진, 2017, "기본소득보다 사회보장이 우선", 한겨레신문, 2017. 2. 2.

윤연숙, 2012, "성평등 전략으로써 기본소득의 함의에 관한 연구", 『여성학논집』, 29(1), 185-214.

윤자영, 2016, "돌봄노동과 기본소득 모형", 『여성학 논집』, 33(2), 3-29.

윤자영·이숙진·최성애, 2010, "기본소득과 성평등", 『제26차 한국여성학회 춘계학술대회 발표자료집』.

윤현식, 2016, "사회주의 강령과 기본소득론의 충돌", 『미래에서 온 편지』, 28(2).

윤홍식, 2017, "기본소득, 복지국가의 대안이 될 수 있을까?: 기초연금, 사회수당, 그리고 기본소득", 『비판사회정책』, 54, 81-119.

이건민, 2017, "기본소득 정책 모의실험 연구의 성과와 한계", 『비판사회정책』, 54, 522-530.

이명현, 2006, "복지국가 재편을 둘러싼 새로운 대립축: 워크페어 개혁과 기본소득 구상", 『사회보장연구』, 22(3), 53-76.

_____, 2007, "유럽에서의 기본소득 구상의 전개동향과 과제: 근로안식년과 시민연금을 중심으로", 『사회보장연구』, 23(3), 147-169.

_____, 2014,『복지국가와 기본소득: 논쟁과 전략의 탐색』, 경북대학교 출판부.

_____. 2016, "기본소득: 규범과 경험의 정책과학적 분석: 청년배당 지급조례 논의를 중심으로",『한국사회복지학』, 68(4), 119-141.

이승윤·이정아·백승호, 2016, "한국의 불안정 청년노동시장과 청년 기본소득 정책안",『비판사회정책』, 52, 365-405.

이주희, 2012, "여성의 평등한 노동권을 위한 고용과 복지의 재구조화: 울스톤크래프트 딜레마의 극복을 위한 대안",『한국여성학』, 28(3), 35-62.

이찬우, 2017, "지역사회 기본소득운동과 '띄어쓰기' 프로젝트", 복지이슈 today, 48(3), 서울시복지재단, 9.

이태수 외, 2015,『한국형 복지국가 모델 구축 연구: 진보진영의 한국판 베버리지 보고서』. 비판과 대안을 위한 사회복지학회.

조진우·김기헌, 2016, "지방자치단체 청년정책사업 현황 및 정책방안 연구",『청소년정책 이슈브리프』, 제28호, 1-27.

정원호·이상준·강남훈, 2016,『4차 산업혁명 시대 기본소득이 노동시장에 미치는 효과연구』, 한국직업능력개발원.

정준호·전병유, 2016, "한국경제의 이중화와 성장체제 전환의 가능성",『노동리뷰』, 51-64.

주은선, 2013, "한국의 대안적 소득보장제도 모색: 현행의 복지국가 프로그램과 한시적 시민수당의 결합에 대한 시론",『비판사회정책』, 38, 83-126.

최한수, 2017, "각국의 기본소득 실험과 정책적 시사점",『재정포럼』, 5월호, 32-58.

한국경제연구원, 2017,『안심소득제의 소득불균등 완화 효과 및 소요예산 추정』.

현대경제연구원, 2016,『경제적 행복의 장애요인』.

홍원표, 2016, "단순하지만은 않은 아이디어, 기본소득",『미래에서 온 편지』, 28(2).

법제처, 통계청, 한국보건사회연구원, 서울시, 성남시, OECD, BIKN, BIEN 홈페이지.
더불어민주당, 정의당, 국민의당, 노동당, 녹색당, 자유한국당 홈페이지(각 당 공약집).

Ackerman, B. A., Alstott, A. and Van Parijs, P., 2006, *Redesigning Distribution*, London: Verso, 너른복지연구모임 역, 2010,『분배의 재구성』, 나눔의 집.

Alesina, A., Glaeser, E. and Sacerdote, B., 2001, "Why Doesn't the United States Have a European-style Welfare State?", *National Bureau of Economic Research*, 2001(2), 187-254.

Atkinson, A. B., 1993, "Participation Income," *Citizen's Income Bulletin*, 16, 7-11.

_____, 1996, "The Case for a Participation Income," *The Political Quarterly*, Oxford, 67(1), 67-70.

_____, 1998, *Poverty in Europe*, Oxford: Blackwell.

De Wispelaere, J. and Noguera, J. A., 2012, "On the Political Feasibility of Universal Basic Income: an Analytic Framework", Caputo, RK(comp.), *Basic Income Guarantee and Politics*, Palgrave Macmillan, Nueva York, 17-38.

Fairclough, N., 1995, *Media Discourse*, London: E. Arnold.

Ferguson, J., 2015, *Give a Man a Fish: Reflections on the New Politics of Distribution*, Durham, NC: Duke University Press, 조문영 역, 2017, 『분배정치의 시대: 기본소득과 현금지급이라는 혁명적 실험』, 여문책.

Fitzpatrick, T., 1999, *Freedom and Security: An Introduction to the Basic Income Debate*, London: Palgrave Macmillan.

Forget, E. L., 2011, "The Town with No Poverty: the Health Effects of a Canadian Guaranteed Annual Income Field Experiment", *Canadian Public Policy*, 37(3), 283-305.

Iversen, T. and Soskice, D., 2006, "Electoral Institutions and the Politics of Coalitions: Why Some Democracies Redistribute more than Others", *American Political Science Review*, 100(2), 165-181.

MacFarland, K., 2017, "Current Basic Income Experiments(and those so called)", Basic Income News, 2017. 5. 23.

Marinescu, I., 2017, "Alaska: Un Laboratoire Grandeur Nature," La Liberation, 2017. 3. 7.

Murphy, J. B., 2017, "Study of Iran's Basic Income Shows It did not Harm Employment", Basic Income News, 2017. 6. 7.

OECD, 2016, Tax Database. www.oecd.org

_____, 2017, OECD Tax Revenue Statistics 2017 Edition, OECD.

Raventós, D., 2007, *Basic Income: The Material Conditions of Freedom*, London: Pluto Press, 이재명·이한주 역, 2016, 『기본소득이란 무엇인가』, 책담.

Salehi-Isfahani, D. and Mostafavi, M. H., 2017, *Cash Transfers and Labor Supply: Evidence from a Large-scale Program in Iran*, The Economic Research Forum Working Paper, no. 1090.

Tabatabai, H., 2012, "Iran: a Bumpy Road toward Basic Income", Caputo, RK(comp.), *Basic Income Guarantee and Politics*, Palgrave Macmillan, Nueva York, 285-300.

Torry, M., 2016, *The Feasibility of Citizen's Income*, Palgrave Macmillan US.